EUROPA LEHRMITTEL

BIBLIOTHEK DES TECHNISCHEN WISSENS

Horst Herr · Ulrich Maier

Technische Physik

Formel- und Tabellensammlung

Mechanik der festen Körper
Mechanik der Fluide
Wärmelehre
Schwingungs- und Wellenlehre
Optik und Akustik
Elektrizitätslehre
Atom- und Kernphysik

4. Auflage

VERLAG EUROPA-LEHRMITTEL · Nourney, Vollmer GmbH & Co.KG
Düsselberger Straße 23 · 42781 Haan-Gruiten

Europa-Nr.: 52514

Technische Physik

Herausgeber:

Dipl.-Ing. Horst Herr, VDI

Formel- und Tabellensammlung

Bearbeiter:

Horst Herr (Leiter des Arbeitskreises)	Dipl.-Ing., Fachoberlehrer Kelkheim/Taunus	Teile A, B, C, D, E
Ulrich Maier	Dr. rer. nat., Oberstudienrat Heilbronn/Neckar	Teile F, G

Umschlaggestaltung:

M. Woscyna / Michael M. Kappenstein, Frankfurt/Main

Bildbearbeitung:

Petra Gladis-Toribio, Kelkheim/Taunus
Martina Schantz, Kelkheim/Taunus

Das vorliegende Buch wurde auf der **Grundlage der neuen amtlichen Rechtschreibregeln** erstellt.

4. Auflage 2007

Druck 5 4 3 2 1

Alle Drucke derselben Auflage sind parallel einsetzbar, da sie bis auf die Behebung von Druckfehlern untereinander unverändert sind.

ISBN 978-38085-5254-4

Satz und Druck: Tutte Druckerei GmbH, 94121 Salzweg/Passau

Vorwort

Wenn man seinen Weg nicht ganz klar vor sich sieht, dann tut man am besten, zu schweigen und zu warten.

Selma Lagerlöf

Für die Arbeit eines Technikers gibt es einige wichtige Grundregeln. Missachtet er – bewusst oder unbewusst – eine oder mehrere dieser Grundregeln, ist eine erfolgreiche Arbeit kaum möglich. Eine dieser Regeln besagt, dass eine Weiterarbeit nur dann erfolgen sollte, wenn man von der Richtigkeit jedes folgenden Schrittes uneingeschränkt überzeugt ist. Das diesem Vorwort vorangestellte Motto von Selma Lagerlöf unterstreicht dies sehr deutlich. Setzt man sich nämlich gedanklich mit einem Problem auseinander, dann ist es oft so, dass der „Einfall“ nicht lange auf sich warten lässt. Eine weitere Voraussetzung hierfür ist allerdings, dass man irgendwann einmal die naturwissenschaftlichen und technologischen Gesetze und Regeln in ihrem Zusammenhang verstanden hat.

Die Zusammenhänge zwischen den messbaren und berechenbaren Größen in Naturwissenschaft und Technik werden fast immer in ihrer kürzesten Ausdrucksweise, durch **Formeln** repräsentiert. Somit liegt es auf der Hand, diese in Formelsammlungen zusammenzustellen, denn wegen der großen Anzahl der in der Berechnungsarbeit des Technikers notwendigen Informationen ist es unmöglich, jede Formel abrufbereit im Kopf zu haben. Auch hier gilt: Eine sichere Arbeit ist ohne ein fundiertes Verständnis der Sachzusammenhänge – auch mit der besten Formelsammlung – nicht möglich.

Neben den vielfältigen Formeln benötigt der Techniker auch umfangreiche **Tabellen**, oft auch in der Form von **DIN-Blättern**. Bitte beachten Sie hierzu den Hinweis nach dem Inhaltsverzeichnis auf Seite 8.

Im oben genannten Sinn fasst diese

Formel- und Tabellensammlung Technische Physik

die Lehrinhalte des Unterrichtswerkes „Technische Physik“ (Europa-Nr. 5231X) sowie der fünf Teilbände Technische Physik (entsprechend der Zusammenstellung auf der Rückseite dieses Buches) zusammen. Außerdem wurden noch weitere Formeln mit aufgenommen.

Abgesehen von einer Fehlerkorrektur ist diese 4. Auflage gegenüber der dritten Auflage unverändert.

Wir – Herausgeber, Autoren und Verlag – wären dem Benutzer dieser Formel- und Tabellensammlung dankbar, wenn er uns etwaige Fehler nennen und seine Erfahrungen beim Umgang mit diesem Buch mitteilen würde.

Kelkheim im Taunus, Sommer 2007 Horst Herr, Herausgeber

Hinweise für die Benutzung

Die Formel- und Tabellensammlung Technische Physik ist – entsprechend dem Gesamtband Technische Physik – in die Teile

- **A** **Mechanik der festen Körper**
- **B** **Mechanik der Fluide**
- **C** **Wärmelehre**
- **D** **Schwingungs- und Wellenlehre**
- **E** **Optik und Akustik**
- **F** **Elektrizitätslehre**
- **G** **Atom- und Kernphysik**

unterteilt. Dies wird durch den **Randdruck der Seiten** besonders hervorgehoben. Im Anhang befindet sich der Teil

- **T** **Tabellen.**

Die Hauptüberschriften sind innerhalb der Teilgebiete durchgehend nummeriert. Diese **Nummerierung** entspricht der Nummer des Hauptabschnittes im Gesamtband Technische Physik (Europa-Nr. 5231X).

Beispiele:

D7 → Hauptabschnitt 7 im Teil D

T23 → Tabelle 23

Die Hauptabschnitte der Formel- und Tabellensammlung sind durch ein **besonderes Hinweissystem** miteinander verkettet. Dadurch wird der Gebrauchswert erheblich gesteigert.

Beispiele:

(→ **C16, G3**): Weitere Informationen in den Hauptabschnitten C16, G3.

(→ **A4, F13, T12**): Weitere Informationen in den Hauptabschnitten A4, F13 sowie in der Tabelle T12.

Wegen der identischen Nummerierung sowohl im Gesamtband Technische Physik als auch in der Formel- und Tabellensammlung können beide Bücher sehr gut parallel verwendet werden.

Wir möchten noch darauf verweisen, dass diese Formel- und Tabellensammlung natürlich unabhängig vom Unterrichtswerk „Technische Physik“ verwendet werden kann.

Es wäre schön, wenn der besondere didaktische Wert dieser Formel- und Tabellensammlung überall erkannt würde, und wir wünschen Ihnen beim Umgang damit viel Freude und Erfolg. Hinweise zur Verbesserung nehmen wir gerne entgegen.

Herrn Oberstudienrat Ewald Bach, 73066 Uhingen/Fils, sei an dieser Stelle ganz herzlich für die teilweise Durchsicht des Skriptums gedankt.

Kelkheim/Taunus
Heilbronn/Neckar im Frühjahr 2007

Horst Herr
Ulrich Maier

Inhaltsverzeichnis

Das **Inhaltsverzeichnis** erlaubt lediglich einen groben Überblick in dieser Formel- und Tabellensammlung. Zur eigentlichen Orientierung ist das umfangreiche **Sachwortverzeichnis** (Seiten 180 bis 184) zu verwenden. Dabei ist zu beachten:

Die Zahlenangaben im Sachwortverzeichnis sind Seitenzahlen!

Seite

Vorwort, Hinweise für die Benutzung ... 3 bis 4

Inhaltsverzeichnis ... 5 bis 8

A Mechanik der festen Körper ... **9 bis 42**

A1 Aufgaben und Methoden der Physik ... 9
A2 Physikalische Größen und ihre Einheiten ... 9
A3 Die Körper ... 9
A4 Messungen an Körpern und Körpersystemen ... 10
A5 Die Teilgebiete der Mechanik ... 11
A6 Gleichförmige geradlinige Bewegung ... 11
A7 Ungleichförmige geradlinige Bewegung ... 11
A8 Zusammensetzen von Geschwindigkeiten ... 14
A9 Freie Bewegungsbahnen ... 14
A10 Beschleunigende Wirkung einer Kraft ... 15
A11 Verformende Wirkung einer Kraft ... 16
A12 Die Kraft als Vektor ... 17
A13 Das Kraftmoment und seine Wirkungen ... 18
A14 Kurzzeitig wirkende Kräfte ... 25
A15 Reibungskräfte ... 26
A16 Reibung auf der schiefen Ebene ... 29
A17 Das Prinzip von d'Alembert ... 31
A18 Arbeit und Energie ... 32
A19 Mechanische Leistung ... 34
A20 Reibungsarbeit, Reibleistung und Wirkungsgrad ... 34
A21 Drehleistung ... 35
A22 Rotationskinematik ... 36
A23 Rotationsdynamik ... 39
A24 Kinetische Energie rotierender Körper ... 39
A25 Gravitation ... 42

B Mechanik der Fluide ... **43 bis 56**

B1 Wirkungen der Molekularkräfte ... 43
B2 Hydrostatischer Druck ... 43
B3 Aerostatischer Druck ... 44

B4	Druckkraft	45
B5	Flüssigkeitsgewicht und hydrostatischer Druck	46
B6	Der Auftrieb in Flüssigkeiten und Gasen	48
B7	Ausbildung von Flüssigkeitsoberflächen	49
B8	Geschwindigkeitsänderungen inkompressibler Fluide	50
B9	Energieerhaltung inkompressibler Fluide	50
B10	Fluidreibung	53
B11	Kräfte am umströmten Körper	54
B12	Kontinuitätsgleichung des kompressiblen Massenstroms	56
C	**Wärmelehre**	**57 bis 82**
C1	Temperatur und Temperaturmessung	57
C2	Wärme als Energieform	57
C3	Wärmeausdehnung fester und flüssiger Stoffe	58
C4	Wärmeausdehnung von Gasen und Dämpfen	58
C5	Allgemeine Zustandsgleichung der Gase	59
C6	Molare (stoffmengenbezogene) Zustände und Größen	60
C7	Mischung idealer Gase	61
C8	Diffusion, Osmose und Dialyse	61
C9	Wärmekapazität fester und flüssiger Stoffe	62
C10	Kalorimetrie	63
C11	Wärmequellen	63
C12	Schmelzen und Erstarren	64
C13	Verdampfen und Kondensieren, Sublimieren	65
C14	Feuchte Luft	66
C15	Technische Möglichkeiten der Umwandlung von Wärme in mechanische Arbeit	69
C16	Der erste Hauptsatz der Thermodynamik	69
C17	Thermodynamische Zustandsänderungen	71
C18	Kreisprozesse im p,V-Diagramm und im T,s-Diagramm	73
C19	Umwandlung von Wärmeenergie in elektrische Energie	78
C20	Umwandlung von elektrischer Energie in Wärmeenergie	79
C21	Wärmetransport	79
D	**Schwingungen und Wellen**	**83 bis 94**
D1	Entstehung periodischer Bewegungen	83
D2	Harmonische Schwingungen und harmonische Bewegungen	84
D3	Pendel- und Drehschwingungen	85
D4	Dämpfung von Schwingungen	87

D5	Anregung von Schwingungen und kritische Drehzahl	88
D6	Überlagerung von Schwingungen	89
D7	Physikalische Grundbegriffe der Wellenausbreitung	90
D8	Besonderheiten bei der Wellenausbreitung	93
E	**Optik und Akustik**	**95 bis 110**
E1	Geometrische Optik	95
E2	Wellenoptik	100
E3	Fotometrie und Farbenlehre	102
E4	Schall und Schallfeld	105
E5	Schallempfindung, Schallbewertung und Schallausbreitung	106
E6	Ultraschall	110
F	**Elektrizitätslehre**	**111 bis 140**
F1	Elektrophysikalische Grundlagen	111
F2	Gesetzmäßigkeiten im elektrischen Stromkreis	112
F3	Gesetzmäßigkeiten in Widerstandsschaltungen	113
F4	Das elektrische Feld	117
F5	Das magnetische Feld	120
F6	Elektromagnetische Induktion	123
F7	Elektromagnetische Schalter und elektrische Messgeräte	125
F8	Der Wechselstromkreis	127
F9	Dreiphasenwechselspannung, Drehstrom	132
F10	Transformatoren	134
F11	Elektrische Maschinen, Schutzmaßnahmen	135
F12	Elektromagnetische Schwingungen	137
F13	Grundlagen der Halbleitertechnik	139
G	**Atom- und Kernphysik**	**141 bis 154**
G1	Atomhülle, Quantentheorie	141
G2	Radioaktive Strahlung	149
G3	Atomkern	149
G4	Kernenergie	151
G5	Dosimetrie und Strahlenschutz	152
T	**Tabellen**	**155 bis 179**
T1	Physikalische Größen, deren Formelzeichen und Einheiten	155
T2	Dichte technisch wichtiger Stoffe	160
T3	Haft- und Gleitreibungszahlen	162

T4 Ausgewählte Gewindetabellen ... 163
T5 Thermische Längenausdehnungskoeffizienten ... 166
T6 Elastizitätsmodul von Werkstoffen ... 166
T7 Definitionen der Einheitennormale ... 167
T8 Oberflächenspannung ... 167
T9 Kompressibilität von Flüssigkeiten ... 168
T10 Kinematische Viskosität ... 168
T11 Thermodynamische Daten von Gasen und Dämpfen ... 168
T12 Spezifische Wärmekapazität, spezifische Schmelzwärme, spezifische Verdampfungswärme ... 169
T13 Spezifischer Brennwert und spezifischer Heizwert ... 170
T14 Wärmeleitfähigkeit ... 170
T15 Gesamtspektrum der elektromagnetischen Wellen ... 171
T16 Elektrochemische Äquivalente ... 172
T17 Spezifischer elektrischer Widerstand, elektrischer Leitwert, Temperaturkoeffizient ... 172
T18 Spezifischer elektrischer Widerstand von Isolierstoffen ... 173
T19 Elektrochemische Spannungsreihe ... 173
T20 Permittivitätszahlen ... 173
T21 Permeabilitätszahlen ... 174
T22 Strombelastbarkeit ... 174
T23 Wellenlänge der K_α-Linie ... 175
T24 Schwächungskoeffizienten für γ-Strahlen ... 175
T25 Halbwertsdicken ... 175
T26 Elektronenaustrittsarbeit, langwellige Grenze, Grenzfrequenz ... 175
T27 Wichtige Nuklide ... 176
T28 Periodensystem der Elemente ... 178
T29 Naturkonstanten ... 179

Sachwortverzeichnis ... 180 bis 189

Griechisches Alphabet ... 190

A Mechanik der festen Körper

A1 Aufgaben und Methoden der Physik

Klassische Physik → Keine Allgemeingültigkeit in interstellaren und in atomaren Bereichen (→ **G1 ... G5**).

Moderne Physik → Atom- und Quantenphysik (→ **G1 ... G5**).

Grenzgeschwindigkeit = Lichtgeschwindigkeit (→ **E2**)

Teilgebiet	Entwicklungszeitraum
Mechanik der festen Körper	seit Altertum, 16. Jahrhundert
Mechanik der Flüssigkeiten und Gase	seit Altertum, 17. Jahrhundert
Optik	seit Altertum, 17. Jahrhundert
Akustik	seit Altertum, 18. Jahrhundert
Wärmelehre	19. und 20. Jahrhundert
Schwingungs- und Wellenlehre	19. und 20. Jahrhundert
Elektrizitätslehre	19. und 20. Jahrhundert
Atom- und Kernphysik	20. Jahrhundert

Arbeitsweisen in der Physik

Experiment (Versuch)

Induktion
Schluss von n auf $(n+1)$

Deduktion
Theoretischer Weg, ausgehend von bestehenden zu neuen Gesetzen bzw. Theorien.

A2 Physikalische Größen und ihre Einheiten

Bestandteile und Eigenschaft einer physikalischen Größe (→ T1)

Eine **physikalische Größe** besteht aus dem **Produkt eines Zahlenwertes mit einer Einheit.**

Größe und Einheit verhalten sich invariant.

Beispiele: 1 500 m = 1,5 km; 1 bar = 1 000 mbar

SI-Einheitensystem

Grundlage sind die **Basisgrößen** mit den zugehörigen **Basiseinheiten** (nebenstehende Tabelle).

Alle **abgeleiteten Größen** lassen sich auf die sieben Basisgrößen zurückführen.

Beispiel: $\text{Geschwindigkeit} = \frac{\text{Weg}}{\text{Zeit}}$ (→ **A6**)

$v = \frac{s}{t} \rightarrow [\mathbf{v}] = \frac{[s]}{[t]} = \frac{\mathbf{m}}{\mathbf{s}}$ z. B. $5\,\frac{\text{m}}{\text{s}}$

Die **Definition der Basiseinheiten** erfolgt durch die **Einheitennormale.** (→ **T7**)

Basisgröße	Basiseinheit	Kurzzeichen
Länge	Meter	m
Masse	Kilogramm	kg
Zeit	Sekunde	s
Elektrische Stromstärke	Ampere	A
Thermodynamische Temperatur	Kelvin	K
Lichtstärke	Candela	cd
Stoffmenge	Mol	mol

A3 Die Körper

Aggregatzustand (Zustandsform)			Eigenschaften
Festkörper		→ fest	**Große Kohäsionskräfte** und **Festigkeit**, definierte Form.
Fluide	Flüssigkeit	→ flüssig	**Kleine Kohäsionskräfte**, nehmen Gefäßform an.
Fluide	Gas, Dampf	→ gasförmig	**Sehr kleine Kohäsionskräfte**, i.d.R. Verteilung im ganzen zur Verfügung stehenden Raum, oft auch als **Fluidgemische**.

Messungen an Körpern und Körpersystemen

Messen und Messwert	**Messen**	→ Vergleichen einer **Größe** mit einer **Einheit** (→ **A2, T1, T7**)
	Messwert	→ Produkt aus Zahlenwert und Einheit (z. B. 7,5 kg)

Dezimale Teile und dezimale Vielfache von Einheiten

Bei sehr großen oder sehr kleinen Messwerten: **Zehnerpotenzen** oder gemäß folgender Tabelle.

Vorsilbe	Abkürzung	Vielfaches der Einheit	Beispiel
Tera-	T	10^{12}	TW = Terawatt = 10^{12} W
Giga-	G	10^{9}	Gm = Gigameter = 10^{9} m
Mega-	M	10^{6}	MJ = Megajoule = 10^{6} J
Kilo-	k	10^{3}	km = Kilometer = 10^{3} m
Hekto-	h	10^{2}	hl = Hektoliter = 10^{2} l
Deka-	da	10^{1}	daN = Dekanewton = 10 N
Dezi-	d	10^{-1}	dm = Dezimeter = 10^{-1} m
Zenti-	c	10^{-2}	cl = Zentiliter = 10^{-2} l
Milli-	m	10^{-3}	mV = Millivolt = 10^{-3} V
Mikro-	µ	10^{-6}	µm = Mikrometer = 10^{-6} m
Nano-	n	10^{-9}	ns = Nanosekunde = 10^{-9} s
Pico-	p	10^{-12}	pF = Picofarad = 10^{-12} F
Femto-	f	10^{-15}	fm = Femtometer = 10^{-15} m

Grundlegende mechanische Größen (→ T1)

Messgröße	gebräuchliche SI-Einheiten und SI-fremde Einheiten	Hinweise, wichtige Zusammenhänge
Länge	µm, mm, cm, dm, km sm = **Seemeile** in = **inch** = **Zoll**	1 m = 10^6 µm, 1 km = 1 000 m 1 sm = 1 852 m = 1,852 km 1 Zoll = 1″ = 1 inch = 1 in = 25,4 mm
Fläche	mm^2, cm^2, dm^2, m^2, km^2 **Ar** (a), **Hektar** (ha)	1 m^2 = 100 dm^2 = 10 000 cm^2 = 1 000 000 mm^2 1 km^2 = 1 000 000 m^2 1 a = 100 m^2, 1 ha = 100 a = 10 000 m^2
Volumen	mm^3, cm^3, dm^3, m^3, km^3 **Liter** (l)	1 l = 10^{-3} m^3 = 1 dm^3 = 10^3 cm^3
Zeit	**Tag** (d), **Stunde** (h), **Minute** (min), **Sekunde** (s)	1 d = 24 h = 1 440 min = 86 400 s 1 h = 60 min = 3 600 s 1 min = 60 s
Winkel	**Grad** (°), **Minute** (′), **Sekunde** (″) **Radiant** (rad)	1° = 60′ = 3 600″, 1 rad ≈ 57,3°

$$\widehat{\alpha} = \frac{\pi}{180°} \cdot \alpha°$$

Winkel im Bogenmaß

$$\alpha° = \frac{180°}{\pi} \cdot \widehat{\alpha} = \frac{180°}{\pi} \cdot \frac{b}{r}$$

Winkel im Gradmaß

$$b = \frac{\pi}{180°} \cdot \alpha° \cdot r$$

Bogenlänge

$\alpha°$	Winkel in Gradmaß	°, ′, ″
$\widehat{\alpha}$	Winkel im Bogenmaß	rad
b	Bogenlänge des Kreisausschnittes	m, mm
r	Radius des Kreises	m, mm

Masse	**Kilogramm** (kg), **Tonne** (t) (→ **A10**) **atomare Masseneinheit** u (→ **C6, G3**) **metrisches Karat** (Kt)	1 t = 10^3 kg = 1 Mg; 1 kg = 1 000 g 1 Kt = 0,2 g 1 u = 1,6605655 · 10^{-27} kg

$\varrho = \frac{m}{V}$	**Dichte**	ϱ	Dichte	kg/m³
		m	Masse (→ **A10**)	kg
		V	Volumen	m³

A5 Die Teilgebiete der Mechanik

Statik → Lehre vom **Kräftegleichgewicht** an ruhenden Körpern (→ **A12**).

Kinematik → Lehre von den Bewegungen ohne Beachtung der wirkenden **Kräfte**.

Kinetik → Einfluss der die Bewegung verursachenden Kräfte wird berücksichtigt.

Dynamik → Wie Kinetik. Außerdem werden die Beziehungen zwischen den **Beschleunigungen** und den sie verursachenden Kräften einbezogen.

Bewegungskriterien

Zeitliche Kriterien → **Bewegungszustand** → Beispiele: Geschwindigkeit ist konstant, Körper wird beschleunigt.

Räumliche Kriterien → **Bewegungsbahn** → Beispiele: Bewegungsrichtung ist konstant, Körper ändert seine Bewegungsrichtung (z. B. Flugbahn einer Rakete).

Freiheitsgrade eines Festkörpers

Freiheitsgrad = Bewegungsmöglichkeit

3 Freiheitsgrade in der Ebene (2 x T, 1 x R)
6 Freiheitsgrade im Raum (3 x T, 3 x R)

R = **Rotationsbewegung**, T = **Translationsbewegung**

A6 Gleichförmige geradlinige Bewegung

Bei einer **gleichförmigen geradlinigen Bewegung** bewegt sich ein Körper mit **konstanter Geschwindigkeit** v auf geradliniger Bahn.

$v = \frac{\Delta s}{\Delta t}$ **Geschwindigkeit** in $\frac{\text{m}}{\text{s}}$, $\frac{\text{km}}{\text{h}}$, ...

$v = \frac{s}{t}$ $s = v \cdot t$ $t = \frac{s}{v}$ $1\,\frac{\text{m}}{\text{s}} = 3{,}6\,\frac{\text{km}}{\text{h}}$

Im ***v,t*-Diagramm** (→ Bild 2) stellt sich der Weg s als Rechteckfläche dar.

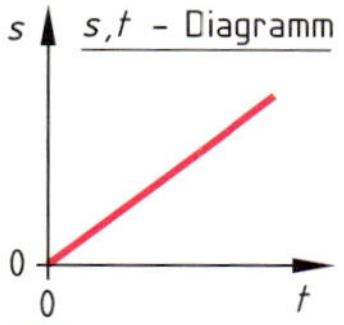

1

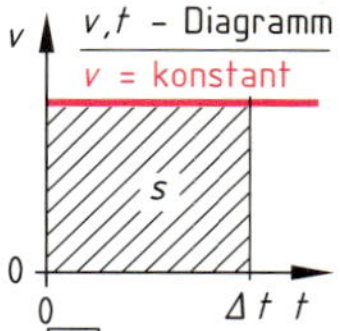

2

v	Geschwindigkeit	m/s
$\Delta s = s$	zurückgelegter Weg (Strecke)	m
$\Delta t = t$	Zeitspanne	s

A7 Ungleichförmige geradlinige Bewegung

Merkmale einer ungleichförmigen Bewegung

Bei einer **ungleichförmigen Bewegung** ändert sich die Geschwindigkeit, der Körper wird beschleunigt oder verzögert.

a	Beschleunigung (Verzögerung)	m/s²
Δv	Geschwindigkeitsänderung	m/s
Δt	Zeitspanne	s

$a = \frac{\Delta v}{\Delta t}$ **Beschleunigung**

a positiv: Beschleunigung → Geschwindigkeitszunahme
a negativ: **Verzögerung** → Geschwindigkeitsabnahme

a = konstant → **gleichmäßig beschleunigte bzw. verzögerte Bewegung**

a = variabel → **ungleichmäßig beschleunigte bzw. verzögerte Bewegung**

Gleichmäßig beschleunigte geradlinige Bewegung mit $v_0 = 0$ und $v_0 > 0$

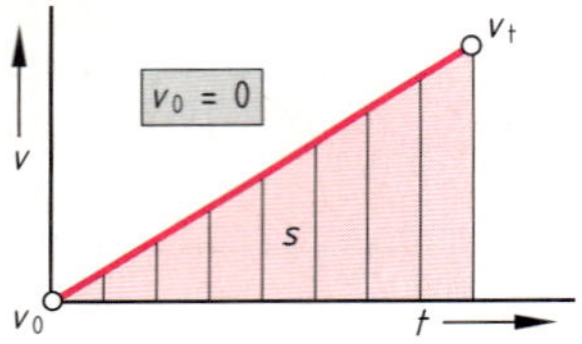

1

v,t-Diagramme
a = konst. und positiv

$t = \Delta t$

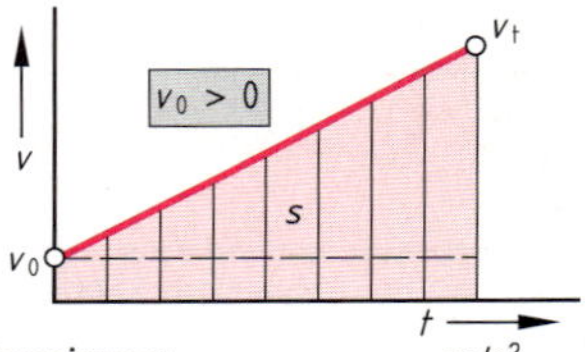

2

v_0 = Anfangsgeschwindigkeit
v_t = Endgeschwindigkeit

a	Beschleunigung	m/s²
s	Weg	m
t	Zeit	s
v	Geschwindigkeit	m/s

Anfangsgeschwindigkeit	$v_0 = 0$	$v_0 > 0$	m/s
Beschleunigung a	$a = \frac{v_t}{t}$	$a = \frac{v_t - v_0}{t}$	m/s²
	$a = \frac{2 \cdot s}{t^2}$	$a = \frac{2 \cdot s}{t^2} - \frac{2 \cdot v_0}{t}$	m/s²
	$a = \frac{v_t^2}{2 \cdot s}$	$a = \frac{v_t^2 - v_0^2}{2 \cdot s}$	m/s²
Endgeschwindigkeit v_t	$v_t = a \cdot t$	$v_t = v_0 + a \cdot t$	m/s
	$v_t = \sqrt{2 \cdot a \cdot s}$	$v_t = \sqrt{2 \cdot a \cdot s + v_0^2}$	m/s
	$v_t = \frac{2 \cdot s}{t}$	$v_t = \frac{2 \cdot s}{t} - v_0$	m/s
Weg s	$s = \frac{v_t}{2} \cdot t$	$s = \frac{v_0 + v_t}{2} \cdot t$	m
	$s = \frac{v_t^2}{2 \cdot a}$	$s = \frac{v_t^2 - v_0^2}{2 \cdot a}$	m
	$s = \frac{a}{2} \cdot t^2$	$s = v_0 \cdot t + \frac{a}{2} \cdot t^2$	m
Zeit t (Zeitspanne Δt)	$t = \frac{v_t}{a}$	$t = \frac{v_t - v_0}{a}$	s
	$t = \frac{2 \cdot s}{v_t}$	$t = \frac{2 \cdot s}{v_0 + v_t}$	s
	$t = \sqrt{\frac{2 \cdot s}{a}}$	$t = \frac{\sqrt{2 \cdot a \cdot s + v_0^2} - v_0}{a}$	s

Gleichmäßig verzögerte geradlinige Bewegung mit $v_t = 0$ und $v_t > 0$

Formeln auf Seite 13

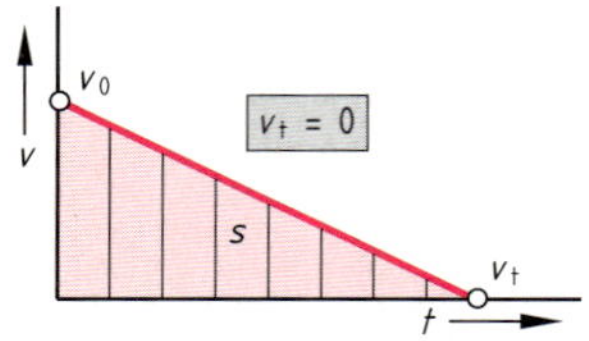

3

v,t-Diagramme
a = konst. und negativ

$t = \Delta t$

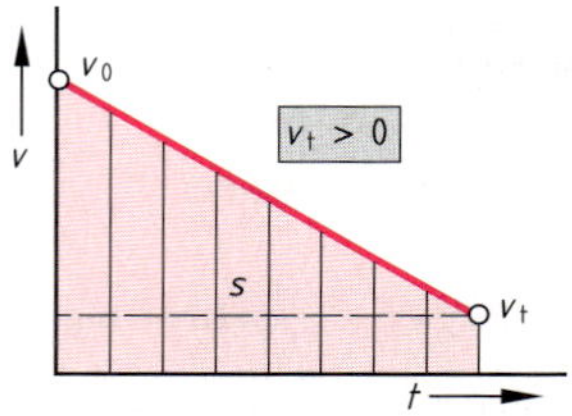

4

Endgeschwindigkeit	$v_t = 0$	$v_t > 0$	m/s
Verzögerung a (Bei diesen Gleichungen ist der Betrag von a, d.h. $\lvert a \rvert$ einzusetzen)	$a = \frac{v_0}{t}$	$a = \frac{v_0 - v_t}{t}$	m/s²
	$a = \frac{2 \cdot s}{t^2}$	$a = \frac{2 \cdot v_0}{t} - \frac{2 \cdot s}{t^2}$	m/s²
	$a = \frac{v_0^2}{2 \cdot s}$	$a = \frac{v_0^2 - v_t^2}{2 \cdot s}$	m/s²
Anfangsgeschwindigkeit v_0	$v_0 = a \cdot t$	$v_0 = v_t + a \cdot t$	m/s
	$v_0 = \sqrt{2 \cdot a \cdot s}$	$v_0 = \sqrt{v_t^2 + 2 \cdot a \cdot s}$	m/s
	$v_0 = \frac{2 \cdot s}{t}$	$v_0 = \frac{2 \cdot s}{t} - v_t$	m/s
Weg s	$s = \frac{v_0}{2} \cdot t$	$s = \frac{v_0 + v_t}{2} \cdot t$	m
	$s = \frac{v_0^2}{2 \cdot a}$	$s = \frac{v_0^2 - v_t^2}{2 \cdot a}$	m
	$s = \frac{a}{2} \cdot t^2$	$s = v_0 \cdot t - \frac{a}{2} \cdot t^2$	m
Zeit t (Zeitspanne Δt)	$t = \frac{v_0}{a}$	$t = \frac{v_0 - v_t}{a}$	s
	$t = \frac{2 \cdot s}{v_0}$	$t = \frac{2 \cdot s}{v_0 + v_t}$	s
	$t = \sqrt{\frac{2 \cdot s}{a}}$	$t = \frac{v_0 - \sqrt{v_0^2 - 2 \cdot a \cdot s}}{a}$	s

Freier Fall und senkrechter Wurf nach oben (→ A9, A10, A18)

Freier Fall → gleichmäßige Beschleunigung

Senkrechter Wurf nach oben → gleichmäßige Verzögerung

$s \mathrel{\hat{=}} h$ = Fallhöhe bzw. Steighöhe

$a \mathrel{\hat{=}} g$ = **Fallbeschleunigung (→ A10)**

g_n = **Normfallbeschleunigung** = 9,80665 m/s²

Die **Fallgesetze** gelten streng genommen nur im **Vakuum.**

$$h = \frac{1}{2} \cdot g \cdot t^2$$ **Fallhöhe**

$$t = \sqrt{\frac{2 \cdot h}{g}}$$ **Fallzeit = Steigzeit**

$$v_t = g \cdot t = \sqrt{2 \cdot g \cdot h}$$ **Fallgeschwindigkeit**

$$h = v_0 \cdot t - \frac{1}{2} \cdot g \cdot t^2$$ **Wurfhöhe zur Zeit *t***

$$h_{max} = \frac{v_0^2}{2 \cdot g}$$ **Gipfelhöhe**

$$g_h = g \cdot \left(\frac{r}{r + h'}\right)^2$$ **Fallbeschleunigung in der Höhe *h′***

$g_{max} \approx$ **9,83 m/s²** an den Erdpolen

$g_{min} \approx$ **9,78 m/s²** am Äquator

Durchschnittswert: $g \approx 9{,}81 \ \frac{\text{m}}{\text{s}^2}$

h	Fallhöhe, Steighöhe	m
t	Fallzeit, Steigzeit	s
v_t	Geschwindigkeit zur Zeit t	m/s
v_0	Abwurfgeschwindigkeit	m/s
h'	Abstand von der Erdoberfläche	m
r	**mittlerer Erdradius** (6,378 · 10⁶ m)	m

Himmelskörper	Fallbeschleunigung in m/s²
Sonne	275
Mond	1,62
Merkur	3,6
Venus	8,3
Erde	9,81
Mars	3,6
Jupiter	24
Saturn	10
Uranus	8
Neptun	11
Pluto	0,2 (?)

A

A8 Zusammensetzen von Geschwindigkeiten

Skalare und Vektoren

Skalar → **ungerichtete physikalische Größe,** z. B. Temperatur, Volumen, Zeit, Energie ...

Vektor → **gerichtete physikalische Größe,** z. B. Kraft, elektrischer Strom, Geschwindigkeit ...

Vektoren werden addiert, indem man sie unter Beachtung ihrer **Größe** und **Richtung** aneinanderreiht. **Summenvektor** bzw. **Resultierende:** Strecke zwischen dem Anfangspunkt des ersten Vektors und dem Endpunkt des letzten Vektors.

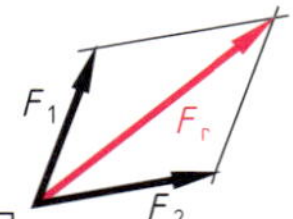

1

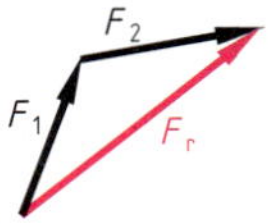

2

Bei zwei Vektoren: Parallelogrammkonstruktion (→ Bild 1), z. B. **Kräfteparallelogramm** oder mit einer Dreieckskonstruktion (→ Bild 2), z. B. **Geschwindigkeitsdreieck** oder **Kräftedreieck.**

Bei mehr als zwei Vektoren: Vektorvieleck bzw. **Vektorpolygon** (→ Bild 3), z. B. **Kräftepolygon** bzw. **Krafteck.**

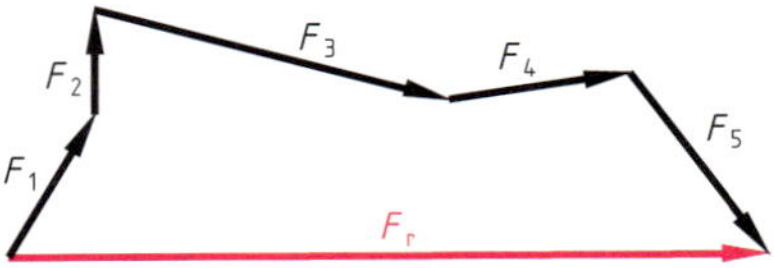

3

Rechnerische Lösung (→ A12)

Weitergehende Lehrinhalte: **Formel- und Tabellensammlung Technische Mechanik** (Europa-Nr. 52212)

Geschwindigkeit als Vektor

Rechnerische Lösung (→ A12)

Die **Geschwindigkeit** ist eine **vektorielle Größe.** Die Ermittlung der **Gesamtgeschwindigkeit = resultierende Geschwindigkeit** erfolgt entsprechend der **Addition von Kräften,** d. h. durch eine vektorielle Addition.

Beispiel für Einzelgeschwindigkeiten	Geschwindigkeitsparallelogramm	Mögliche Geschwindigkeitsdreiecke	
Laufkran mit Laufkatze	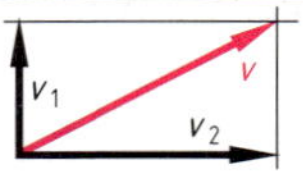 4	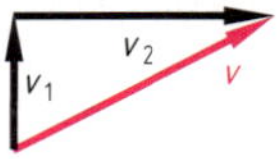 5	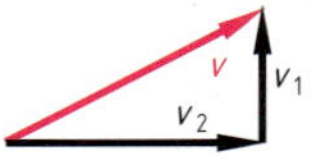 6
Flugzeug mit Seitenwind	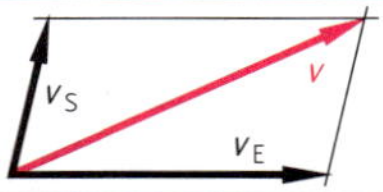 7	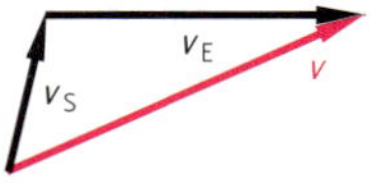 8	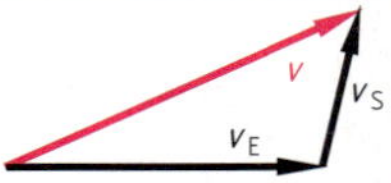 9

A9 Freie Bewegungsbahnen

Der Grundsatz der Unabhängigkeit

Unabhängig davon, ob ein Körper mehrere **Einzelbewegungen** gleichzeitig oder zeitlich nacheinander ausführt, gelangt er immer an den gleichen Ort.

Die kürzeste Zeit zur Realisierung der **Ortsveränderung** eines Körpers ergibt sich, wenn alle Einzelbewegungen gleichzeitig ablaufen.

Erzwungene Bewegungsbahnen → z. B.: Schwenken einer Tür, rollen der Eisenbahn auf Schienen, Mutter auf Schraube, Führungen ...

Freie Bewegungsbahnen → z. B.: Freier Fall, senkrechter Wurf (→ **A7**), schiefer Wurf, waagerechter Wurf ...

Der schiefe Wurf (→ Bild 1) (→ A6, A7)

$v_x = v_0 \cdot \cos\alpha$	**Geschwindigkeit in *x*-Richtung**
$v_y = v_0 \cdot \sin\alpha - g \cdot t$	**Geschwindigkeit in *y*-Richtung**
$x = v_0 \cdot \cos\alpha \cdot t$	**Weg in *x*-Richtung**
$y = v_0 \cdot \sin\alpha \cdot t - \frac{g}{2} \cdot t^2$	**Weg in *y*-Richtung**
$t_w = \frac{2 \cdot v_0 \cdot \sin\alpha}{g}$	**Wurfzeit**
$x_w = \frac{v_0^2 \cdot \sin 2\alpha}{g}$	**Wurfweite**

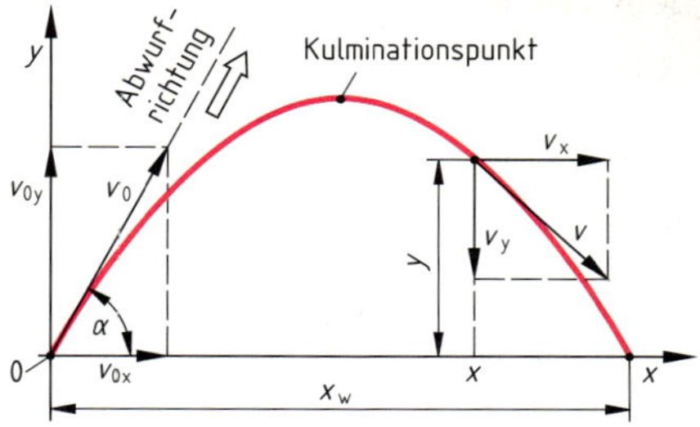

1

α	Abwurfwinkel	Grad
v_0	Abwurfgeschwindigkeit	m/s
g	Fallbeschleunigung (→ **A7**)	m/s²
t	Zeit (Δt)	s

Beim **schiefen Wurf** wird die größte Wurfweite $x_{w\,max}$ bei einem **Abwurfwinkel** von α **= 45°** – wegen sin 2 α = sin 90° = 1 – erreicht.

Der **schiefe Wurf (schräger Wurf)** setzt sich in jedem Augenblick aus einer waagerechten gleichförmigen Bewegung (*x*-Richtung) und einer senkrechten beschleunigten Bewegung (*y*-Richtung) zusammen.

Der waagerechte Wurf (→ Bild 2) (→ A6, A7)

$s_y = h = \frac{g}{2} \cdot \frac{s_x^2}{v_0^2}$	**Weg in *y*-Richtung** (Fallhöhe)
$s_x = v_0 \cdot t = v_0 \cdot \sqrt{\frac{2 \cdot h}{g}}$	**Weg in *x*-Richtung** (Wurfweite)
$v_y = \sqrt{2 \cdot g \cdot h}$	**Geschwindigkeit in *y*-Richtung**

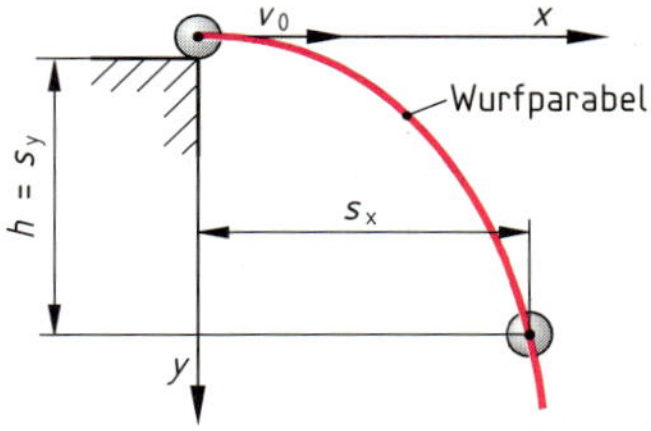

2

Beim **waagerechten Wurf (horizontaler Wurf)** gelten die Gesetze des schiefen Wurfs, und zwar mit dem Abwurfwinkel α = 0° (y positiv nach unten).

A10 Beschleunigende Wirkung einer Kraft

Das erste Newton'sche Axion bzw. Trägheitsgesetz bzw. Beharrungsgesetz

Der Zustand der Ruhe oder der gleichförmigen Bewegung (→ **A6**) wird von einem Körper so lange beibehalten, wie keine äußere Kraft auf ihn wirkt.

Das zweite Newton'sche Axion bzw. Dynamisches Grundgesetz

$F = m \cdot a$	**Massenträgheitskraft**
$F_G = m \cdot g$	**Gewichtskraft**

F	Kraft		N
m	Masse		kg
a	Beschleunigung	(→ **A7**)	m/s²
g	Fallbeschleunigung	(→ **A7**)	m/s²

Die Krafteinheit

$[F] = [m] \cdot [a] = \text{kg} \cdot \frac{\text{m}}{\text{s}^2} = \frac{\textbf{kgm}}{\textbf{s}^2}$

$1\,\frac{\text{kgm}}{\text{s}^2} = 1\,\text{Newton} = 1\,\text{N}$

Ein **Newton** ist gleich der Kraft, die einem Körper mit der Masse m = 1 kg die Beschleunigung a = 1 m/s² erteilt.

1 daN	= 1 Dekanewton	= 10 N	je nach Größenordnung der Kraft
1 kN	= 1 Kilonewton	= 10^3 N	
1 MN	= 1 Meganewton	= 10^6 N	

Das dritte Newton'sche Axiom bzw. **Wechselwirkungsgesetz**

Wirkende Kraft = zurückwirkende Kraft bzw. Aktionskraft = Reaktionskraft (actio = reactio)

A 11 Verformende Wirkung einer Kraft

Hooke'sches Gesetz

Nur **im elastischen Verformungsbereich** gültig.

$F = c \cdot s$	**Hooke'sches Gesetz**
$c = \dfrac{F}{s}$	**Federkonstante (→ A18)**

Die **Federkonstante** wird auch als **Federrate** oder **Federsteifigkeit** bezeichnet. Sie gibt an, welche Kraft F in N für einen **Federweg** s in mm oder in m erforderlich ist.

$1 \dfrac{\text{N}}{\text{mm}} = 10^3 \dfrac{\text{N}}{\text{m}}$ (→ **A18**) → **Federspannarbeit**

Obige Gleichungen gelten nur bei Federn mit **linearer Federkennlinie** (→ Bild 1), nicht bei progressivem oder degressivem Verhalten.

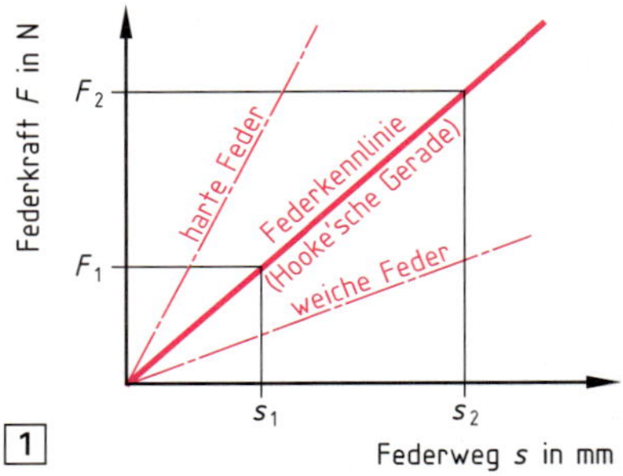

1

F	Federkraft	N
c	Federkonstante	N/m, N/mm
s	Federweg	m, mm

Deformation kompakter Körper (→ Bild 2)

$\Delta l = l - l_0$	**Längenänderung**	
$\varepsilon = \dfrac{\Delta l}{l_0}$	**Dehnung**	$\varepsilon = \dfrac{\Delta l}{l_0} \cdot 100\ \%$ **Dehnung in %**
$\varepsilon = \alpha \cdot \sigma$	**Hooke'sches Gesetz** → $\alpha = \dfrac{1}{E}$	Somit:
$\varepsilon = \dfrac{1}{E} \cdot \sigma = \dfrac{\sigma}{E}$	**Hooke'sches Gesetz**	
$\varepsilon = \dfrac{1}{E} \cdot \sigma^n$	**Bach-Schüle-Potenzgesetz**	

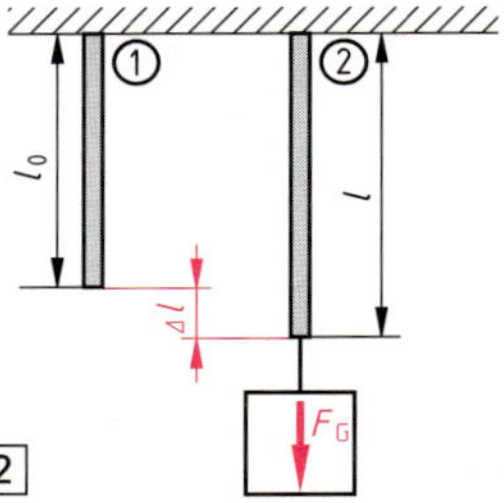

2

Der **E-Modul** ist stark temperaturabhängig.

$n = 1$: Hooke, z. B. alle Stähle
$n < 1$: z. B. Leder, viele Kunststoffe
$n > 1$: z.B. GG, Cu, Steine, Mörtel

Δl	Längenänderung	mm
l_0	Ausgangslänge	mm
l	Endlänge	mm
E	Elastizitätsmodul **(→ T6)**	N/mm²
σ	Spannung (Zug oder Druck)	N/mm²
n	Exponent (nebenst. Tabelle)	1

Querkontraktion (→ Bilder 3 + 4)

$\varepsilon_q = \dfrac{\Delta d}{d_0} = \dfrac{\Delta s}{s_0}$	**Querkontraktion**
$\varepsilon_q = \mu \cdot \varepsilon = \mu \cdot \dfrac{\Delta l}{l_0}$	**Querkontraktion,** auch **Querdehnung, Querkürzung**
$\mu = \dfrac{\varepsilon_q}{\varepsilon}$	**Poisson'sche Zahl**

Bei Stahl und beinahe allen Metallen ist

$\mu \approx 0{,}3$ → **Formel- und Tabellensammlung Technische Mechanik**

Beispiele für Stabquerschnitte:

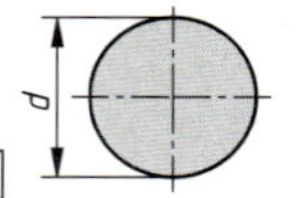

3

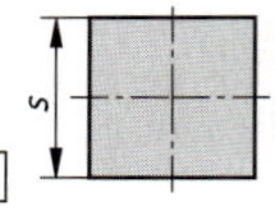

4

d	Enddurchmesser	mm
d_0	Ausgangsdurchmesser	mm
s	Endkantenlänge	mm
s_0	Ausgangskantenlänge	mm
ε	Dehnung	1
l	Endlänge	mm
l_0	Ausgangslänge	mm

Spannungs-, Dehnungs-Diagramm für Zug (→ Bild 1) und Belastungsgrenzen

Punkt im σ, ε-Diagramm	Grenzspannung in N/mm²
P → Proportionalitätsgrenze	σ_P
E → Elastizitätsgrenze	σ_E
S → Streckgrenze oder Fließgrenze	R_e
B → Zugfestigkeit	R_m
D → 0,2%-Dehngrenze	$R_{P\,0,2}$

Außer durch **Zug** sind Verformungen bei **Druck, Scherung, Flächenpressung, Biegung, Torsion** und **Knickung** möglich.

→ **Formel- und Tabellensammlung Technische Mechanik**

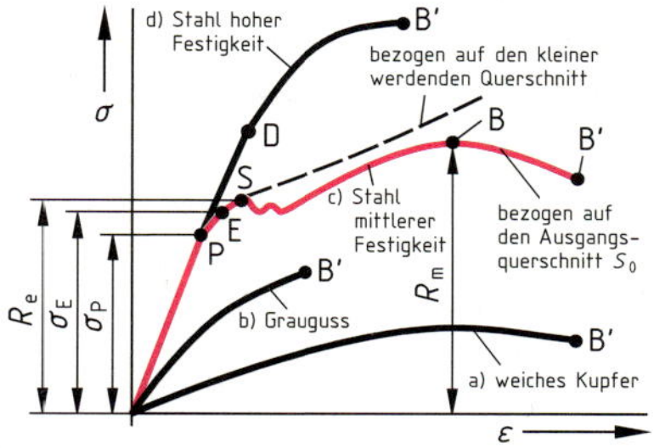

1

A 12 Die Kraft als Vektor

Merkmale einer Kraft (→ Bild 2)

Größe → Dies ist der **Betrag der Kraft,** der in Verbindung mit einem **Kräftemaßstab (KM)** bestimmt wird.

Richtung → Diese entspricht der Richtung der **Wirkungslinie (WL).** Sie ist durch einen Winkel festgelegt.

Angriffspunkt → Ort, an dem die Kraft *F* am Körper angreift.

Sinn → **Zugkraft** oder **Druckkraft.** Festlegung mittels **Vorzeichen.**

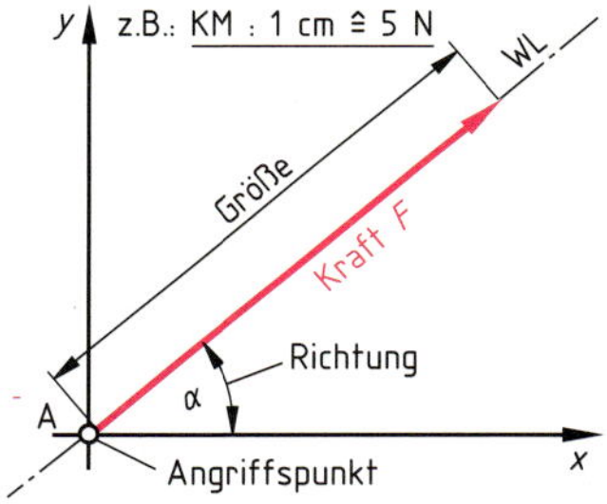

2

Erweiterungssatz

Bei einem **Kräftesystem** (→ Bild 3) dürfen Kräfte hinzugefügt oder weggenommen werden, wenn sie gleich groß und entgegengesetzt gerichtet sind und auf derselben WL liegen (→ Bild 4).

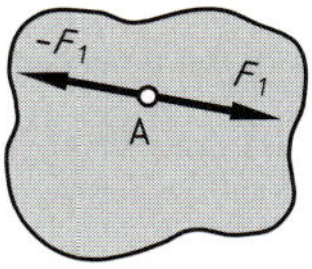

3

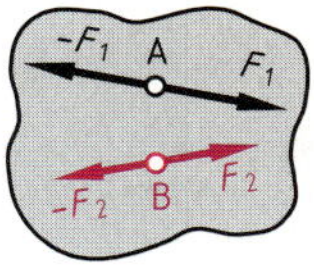

4

Längsverschiebungssatz

Eine Kraft darf auf ihrer WL verschoben werden (→ Bild 5). Dadurch ändert sich ihre Wirkung auf den Körper nicht.

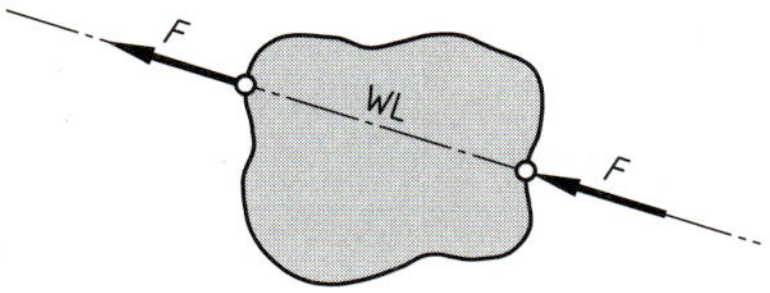

5

Zusammensetzen von Einzelkräften im zentralen Kräftesystem (→ Bild 6)

Zeichnerische Lösung (→ **A8**)

Allgemeines Kräftesystem → Formel- und Tabellensammlung Technische Mechanik

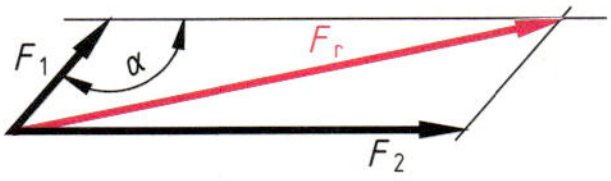

6

Zwei Kräfte im zentralen Kräftesystem (→ Bild 6, Seite 17)

$F_r = \sqrt{F_1^2 + F_2^2 - 2 \cdot F_1 \cdot F_2 \cdot \cos\alpha}$ **Größe von F_r**

F_r ist die **resultierende Kraft**, kurz: **Resultierende (Ersatzkraft).**

Beliebig viele Kräfte im zentralen Kräftesystem (→ Bilder 1 und 2)

Gemäß dem **Lageplan** (LP) (→ Bild 1) alle **Horizontalkomponenten** (F_{1x}, F_{2x} ...) und alle **Vertikalkomponenten** (F_{1y}, F_{2y} ...) ermitteln, und zwar unter Beachtung der **Vorzeichen.**

Unverbindlicher Vorschlag nur **Vorzeichenwahl:**

← ↓ Nach links und nach unten gerichtete Kräfte: minus (–)

→ ↑ Nach rechts und nach oben gerichtete Kräfte: plus (+)

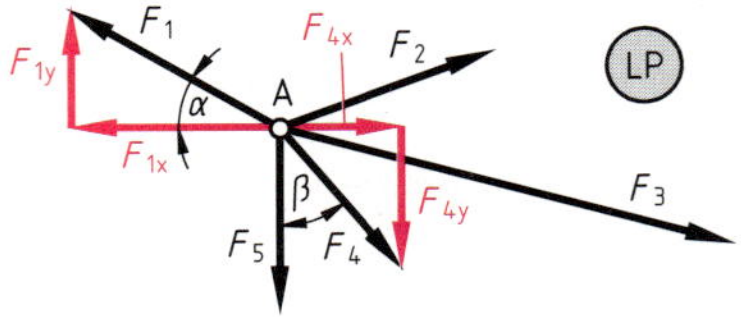

1

z. B. (Bild 1): $F_{1x} = -F_1 \cdot \cos\alpha$; $F_{1y} = +F_1 \cdot \sin\alpha$

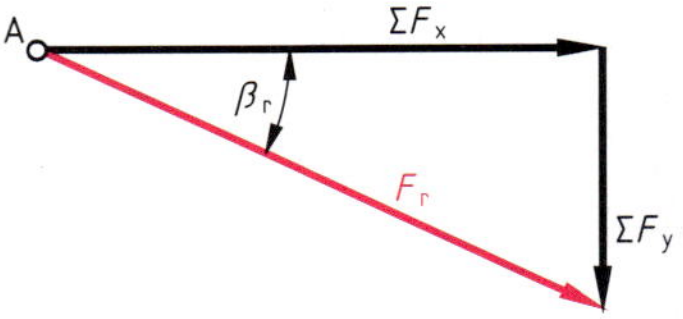

2

$\Sigma F_x = F_{1x} + F_{2x} + ...$ **Summe der Horizontalkomponenten**

$\Sigma F_y = F_{1y} + F_{2y} + ...$ **Summe der Vertikalkomponenten**

$F_r = \sqrt{(\Sigma F_x)^2 + (\Sigma F_y)^2}$ **Größe von F_r**

Bei **Kräften auf derselben Wirkungslinie: $F_r = \Sigma F$**

$\tan\beta_r = \dfrac{\Sigma F_y}{\Sigma F_x}$ **Richtung von F_r** (mit den Bezeichnungen der Bilder 1 und 2)

Zerlegung von Einzelkräften in Kraftkomponenten

Die **Richtungen beider Komponenten sind bekannt** (→ Bild 3). Lösung entsprechend Bild 4. Sonderfall: Die Komponenten sind horizontal und vertikal gerichtet (→ Bild 5).

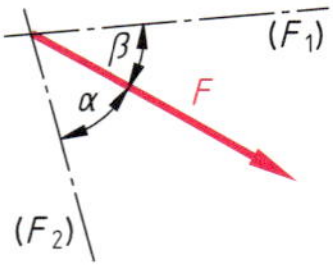

3

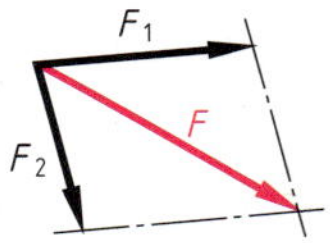

4

$F_x = F \cdot \cos\alpha = F \cdot \sin\beta$ **Horizontalkomponente**

$F_y = F \cdot \sin\alpha = F \cdot \cos\beta$ **Vertikalkomponente**

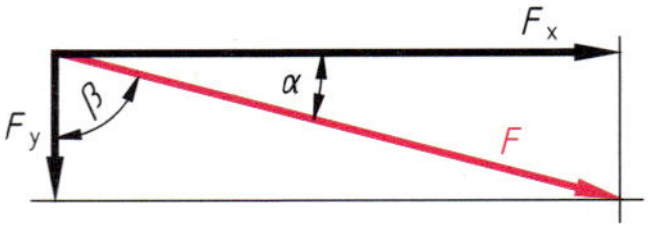

5

Werden nur die Wirkungslinien der Kräfte gezeichnet (→ Bild 3), setzt man die Kraftbezeichnungen in runde Klammern.

Größe und Richtung einer Kraftkomponente ist bekannt (→ Bild 6). Lösung mit **Kräfteparallelogramm** (→ Bild 7) oder mit **Kräftedreieck** (→ Bild 8).

Die zu zerlegende Kraft F ist im Kräfteparallelogramm die Diagonale.

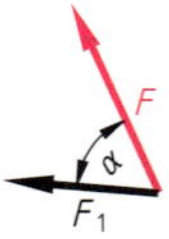

6

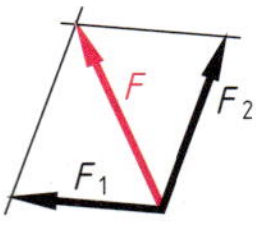

7

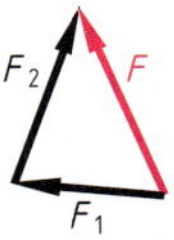

8

A 13 Das Kraftmoment und seine Wirkungen

Das Kraftmoment als physikalische Größe

DIN 1304: Das **Kraftmoment** M ist gleich dem Produkt aus Kraft F und dem senkrechten Abstand ihrer Wirkungslinie r zu einem bestimmten Punkt, dem Drehpunkt (→ Bild 9).

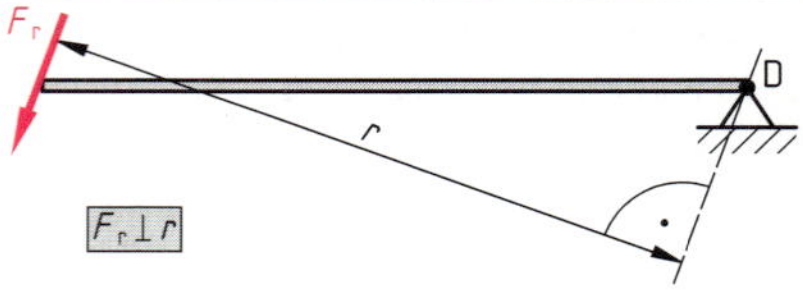

9

$M_d = F_r \cdot r$	**Kraftmoment** bzw. **Drehmoment**

Geht die Wirkungslinie WL von F_r nicht durch den Drehpunkt D eines Drehkörpers, dann erzeugt F_r ein Kraftmoment.

M_d	Kraftmoment (Drehmoment)	Nm
F_r	Resultierende (oder Einzelkraft)	N
r	Hebelarm senkrecht zur Kraft	m

Einheit des Drehmomentes: Newtonmeter

Drehsinn und Vorzeichen von M_d (→ Bilder 1 und 2)

positives Drehmoment →  → ⊕ → **Linksdrehsinn** (entgegen dem Uhrzeigersinn)

1

negatives Drehmoment →  → ⊖ → **Rechtsdrehsinn** (im Uhrzeigersinn)

2

Resultierendes Drehmoment und Wirkung von Schrägkräften

Das **Gesamtdrehmoment = resultierendes Drehmoment** M_{dr} entspricht der Summe der Einzeldrehmomente (→ Bild 3).

Vorzeichenregel beachten! Somit:

$M_{dr} = F_r \cdot r = F_1 \cdot r_1 + F_2 \cdot r_2 + \ldots$	**resultierendes Drehmoment**

Bei **Schrägkräften** (→ Bild 4) ist der im rechten Winkel zur Kraft F gerichtete Hebelarm in die Rechnung einzusetzen.

$M_d = F \cdot r = F_y \cdot r_y$	**Drehmoment bei Schrägkräften** (→ Bild 4)

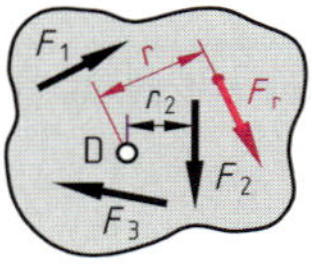

3

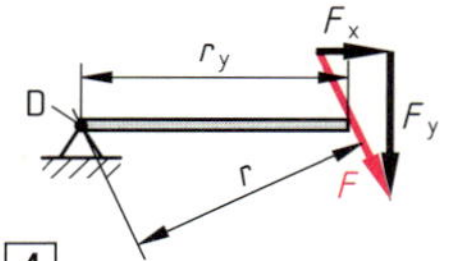

4

M_{dr}	resultierendes Drehmoment	Nm
F_r	Resultierende	N
r	senkrechter Hebelarm von F_r	m
F_1, F_2	Einzelkräfte	N
F_y	senkrechte Komponente von F	N
r_y	senkrechter Hebelarm von F_y	m

Hebelarten und Hebelgesetz

Einseitiger Hebel → der stabförmige Hebel hat seinen Drehpunkt an einem Ende

Zweiseitiger Hebel → der stabförmige Hebel hat seinen Drehpunkt zwischen seinen beiden Enden

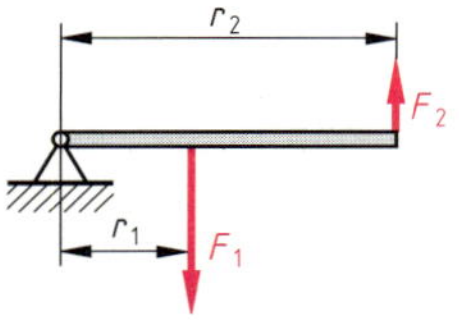

5 einseitiger Hebel

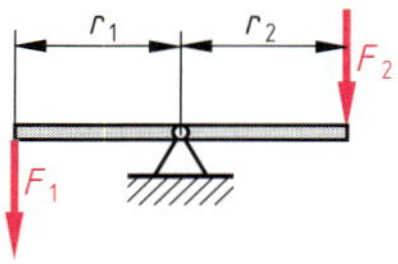

6 zweiseitig gleicharmiger Hebel

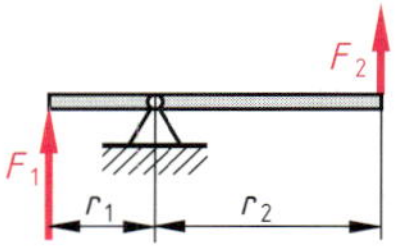

7 zweiseitig ungleicharmiger Hebel

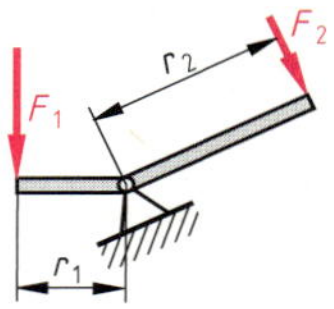

8 Winkelhebel

Unabhängig von der **Hebelart** werden die **Hebelarme** vom Angriffspunkt der Kraft bis zum Drehpunkt, d.h. bis zum Hebellager, gemessen ($F \perp r$).

$F_1 \cdot r_1 = F_2 \cdot r_2$	**Hebelgesetz**
$\Sigma M_d = 0$	**Momentengleichgewicht**

F_1, F_2	Kräfte	N
r_1, r_2	Hebelarme	m

Kräftepaar und Parallelverschiebungssatz

Zwei gleich große, entgegengesetzt gerichtete und parallele Kräfte (Abstand r, Bild 9) heißen **Kräftepaar.**

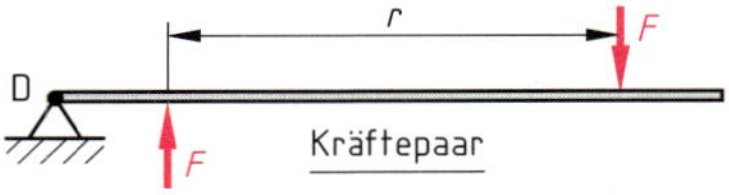

9

$M_d = F \cdot r$ **Moment des Kräftepaares** → Der Abstand des Kräftepaares vom Drehpunkt beeinflusst nicht das vom Kräftepaar erzeugte Drehmoment M_d.

Daraus folgt der **Parallelverschiebungssatz:**

Verschiebt man eine Kraft F um das Maß r auf eine zu ihr parallele WL, so wird mit einem entgegenwirkenden Kraftmoment $F \cdot r$ **Momentengleichgewicht** erzeugt.

Rechnerische Ermittlung von F_r mit Hilfe des Momentensatzes

$M_{dr} = F_r \cdot r = F_1 \cdot r_1 + F_2 \cdot r_2 + ...$ **Momentensatz** bzw. **resultierendes Drehmoment**

$r = \frac{M_{dr}}{F_r} = \frac{\Sigma M_d}{F_r} = \frac{F_1 \cdot r_1 + F_2 \cdot r_2 + ...}{F_r}$ **Lage von F_r** (→ Bild 1)

$F_r = \sqrt{(\Sigma F_x)^2 + (\Sigma F_y)^2}$ $\tan \alpha = \frac{\Sigma F_x}{\Sigma F_Y}$ **Größe** und **Richtung von F_r**

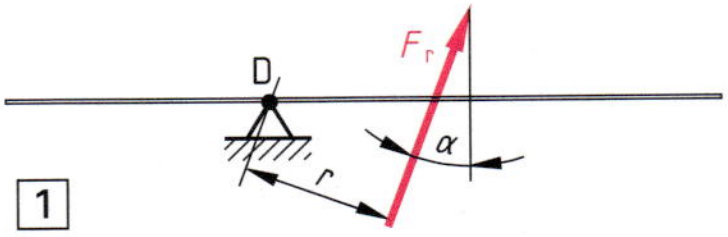

1

Auflagerkräfte beim Träger auf zwei Stützen (→ Bild 2)

$\Sigma M_{d\,(A)} = 0$

$\Sigma M_{d\,(B)} = 0$ → $F_{Ay} = \frac{\Sigma(F_y \cdot b)}{l}$, $F_B = \frac{\Sigma(F_y \cdot a)}{l}$ → Kontrolle: $F_{Ay} + F_B = \Sigma F_y$

$\Sigma F_y = 0$

$\Sigma F_x = 0$ → $F_{Ax} = -\Sigma F_x$

Vorzeichenregel beachten.

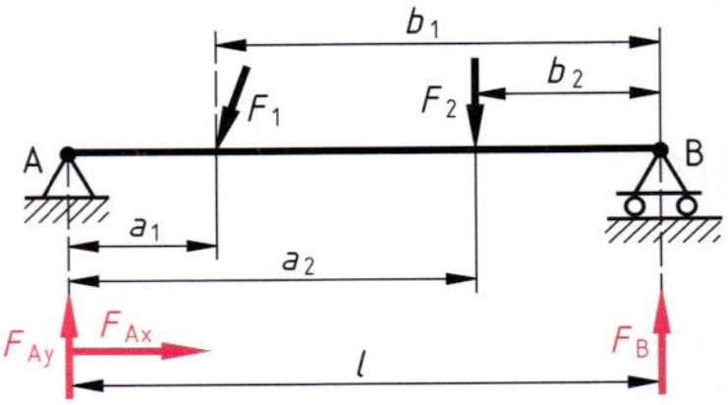

2

Bestimmung von Schwerpunkten mittels Momentensatz

Linienschwerpunkte (→ Bild 3)

Der **Momentensatz** kann im erweiterten Sinn zur Anwendung kommen. Statt mit Kraftmomenten wird mit **Linienmomenten** gearbeitet.

Linienmoment: Produkt aus Linienlänge und dem Abstand ihres Schwerpunktes zu einem Drehpunkt oder einer Drehachse (→ Bild 3).

$x = \frac{l_1 \cdot x_1 + l_2 \cdot x_2 + ...}{l_1 + l_2 + ...}$ ***x*-Komponente**

$y = \frac{l_1 \cdot y_1 + l_2 \cdot y_2 + ...}{l_1 + l_2 + ...}$ ***y*-Komponente**

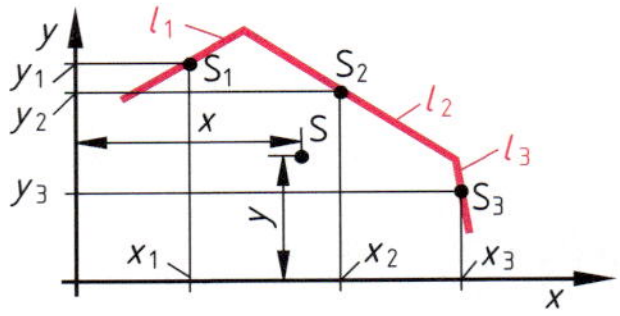

3

l_1, l_2	Linienlängen	m
x_1, y_1 / x_2, y_2	Schwerpunktabstände	m

Bei gekrümmten Linienzügen teilt man diese in viele kurze gerade Stücke ein und kommt so mit dem Momentensatz zu einer Näherungslösung.

gerader Linienzug

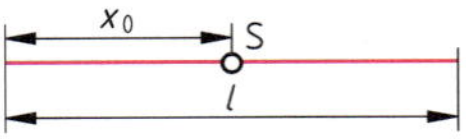

4

$x_0 = \frac{l}{2}$

Umfang eines Dreiecks

$y_0 = \frac{h \cdot (b + c)}{2 \cdot (a + b + c)}$

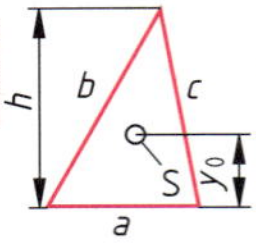

5

Halbkreisbogen

$y_0 = \frac{2 \cdot r}{\pi}$

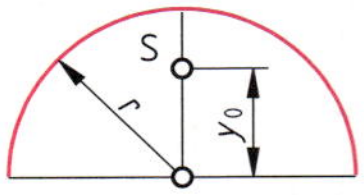

6

Kreisbogen

$y_0 = r \cdot \frac{s}{b}$

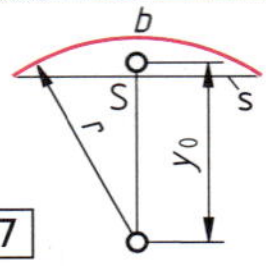

7

Umfang eines Rechteckes

$y_0 = \frac{h}{2}$

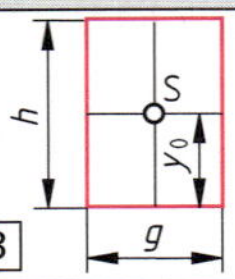

8

rechter Winkel

$x_0 = \frac{b^2}{2 \cdot (a + b)}$

$y_0 = \frac{a^2}{2 \cdot (a + b)}$

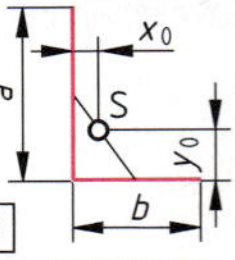

9

Flächenschwerpunkte (→ Bild 1)

Die **Gesamtfläche in Teilflächen** (A_1, A_2, ...) mit bekannter Schwerpunktlage **zerlegen.** Der **Momentensatz** liefert (entsprechend Bild 1):

$$x = \frac{A_1 \cdot x_1 + A_2 \cdot x_2 + ...}{A_1 + A_2 + ...}$$ **x-Komponente**

$$y = \frac{A_1 \cdot y_1 + A_2 \cdot y_2 + ...}{A_1 + A_2 + ...}$$ **y-Komponente**

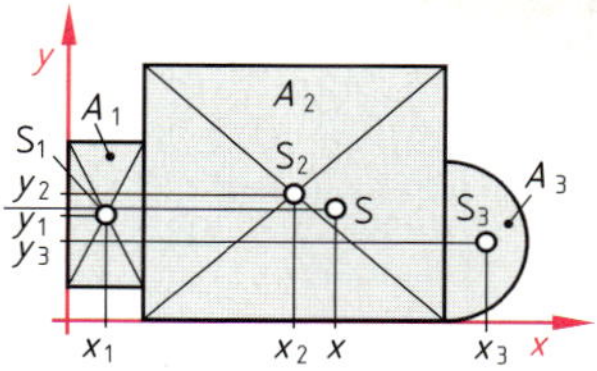

1

Flächenmomente und Flächen von Bohrungen sind in der Rechnung zu berücksichtigen!

Das Produkt Fläche multipliziert mit dem Abstand von Flächenschwerpunkt zu einem Drehpunkt oder einer Drehachse heißt **Flächenmoment.**

Dreieck

$$y_0 = \frac{h}{3}$$

Der Schwerpunkt liegt im Schnittpunkt der Seitenhalbierenden.

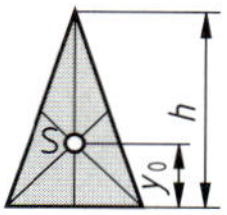

2

Halbkreis

$$y_0 = \frac{4}{3} \cdot \frac{r}{\pi}$$

$y_0 \approx 0{,}424 \cdot r$

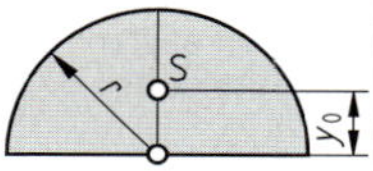

3

Kreis, Kreisring

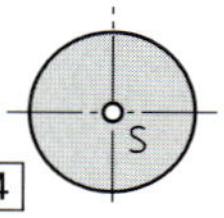

4

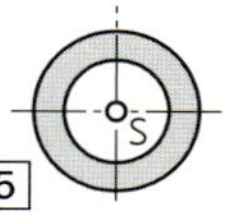

5

Der Schwerpunkt liegt im Mittelpunkt.

Kreisabschnitt

$$y_0 = \frac{s^3}{12 \cdot A}$$

A = Fläche

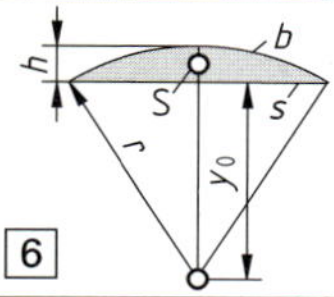

6

Kreisausschnitt (Sektor)

$$y_0 = \frac{2 \cdot r \cdot s}{3 \cdot b}$$

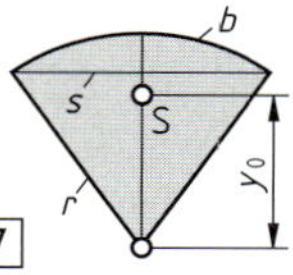

7

Parabelhalbierung

$$x_0 = \frac{3}{5} \cdot a$$

$$y_0 = \frac{3}{8} \cdot b$$

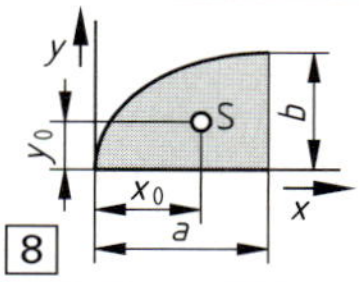

8

Trapez

$$y_0 = \frac{h}{3} \cdot \frac{a + 2 \cdot b}{a + b}$$

oder konstruktiv.

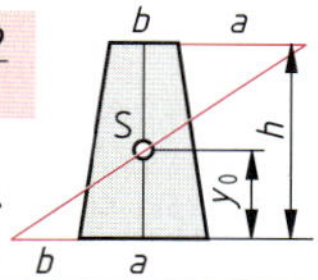

9

Quadrat, Rechteck

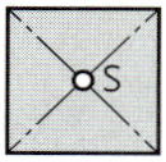

10

11

Der Schwerpunkt liegt im Mittelpunkt = Diagonalenschnittpunkt.

Parallelogramm

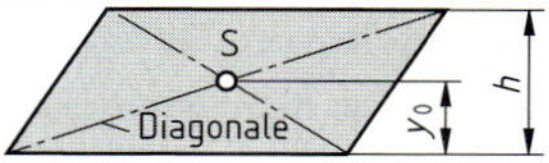

$$y_0 = \frac{h}{2}$$

12

Körperschwerpunkte

$$x = \frac{V_1 \cdot x_1 + V_2 \cdot x_2 + ...}{V_1 + V_2 + ...}$$ **x-Komponente**

$$y = \frac{V_1 \cdot y_1 + V_2 \cdot y_2 + ...}{V_1 + V_2 + ...}$$ **y-Komponente**

$$z = \frac{V_1 \cdot z_1 + V_2 \cdot z_2 + ...}{V_1 + V_2 + ...}$$ **z-Komponente**

x_1 ..., y_1 ..., z_1 ... → Koordinaten der Einzelschwerpunkte
V_1, V_2 ... → Volumina der Einzelkörper

Kugel, Hohlkugel

Der Schwerpunkt liegt im Mittelpunkt.

$$y_0 = r = \frac{d}{2}$$

r = Außenradius
d = Außendurchmesser

Halbkugel

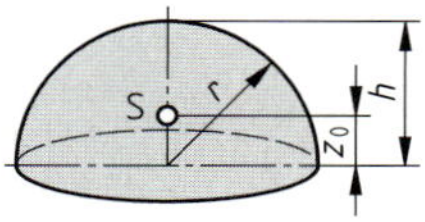

13

$$z_0 = \frac{3}{8} \cdot r = 0{,}375 \cdot r$$

Kugelabschnitt

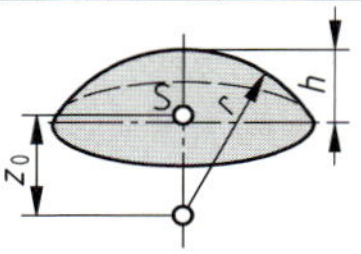

14

$$z_0 = \frac{3}{4} \cdot \frac{(2 \cdot r - h)^2}{3 \cdot r - h}$$

Zylinder, Hohlzylinder

$$z_0 = \frac{h}{2}$$

wie Prisma

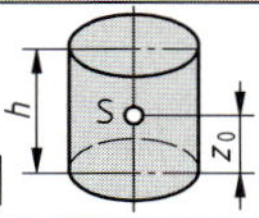

15

Quader, Rechtecksäule, Würfel

Der Schwerpunkt ist mit dem **Schnittpunkt der Raumdiagonalen** identisch.

Tetraeder

$$z_0 = \frac{h}{4}$$

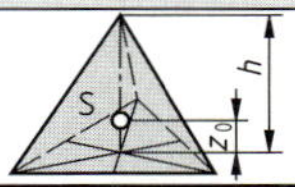

16

Kugelausschnitt

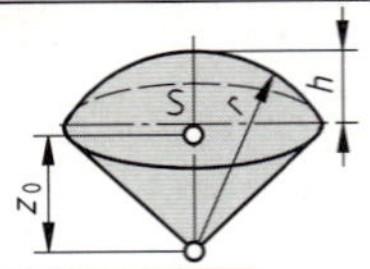

1

$$z_0 = \frac{3}{8} \cdot (2 \cdot r - h)$$

Kegel

$$z_0 = \frac{h}{4} = 0{,}25 \cdot h$$

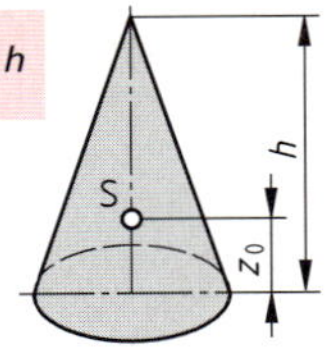

2

Keil

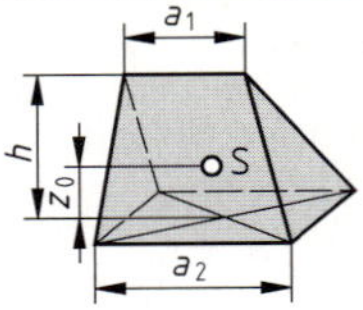

3

$$z_0 = \frac{h}{2} \cdot \frac{a_2 + a_1}{2 \cdot a_2 + a_1}$$

Pyramide

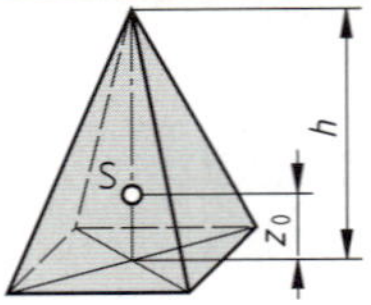

4

$$z_0 = \frac{h}{4} = 0{,}25 \cdot h$$

Prisma

$$z_0 = \frac{h}{2}$$

Gültig für alle Körper mit parallelen Körperkanten

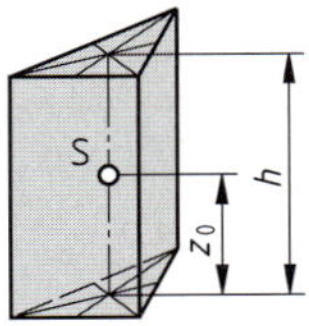

5

Pyramidenstumpf

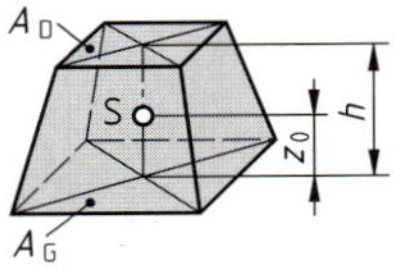

6

$$z_0 = \frac{h}{4} \cdot \frac{A_G + \sqrt{A_G \cdot A_D} + 3 \cdot A_D}{A_G + \sqrt{A_G \cdot A_D} + A_D}$$

schief abgeschnittener Zylinder

$$r = \frac{d}{2}$$

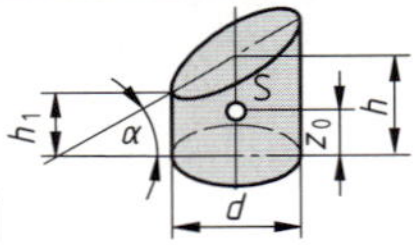

7

$$z_0 = \frac{h + h_1}{4} + \frac{1}{4} \cdot \frac{r^2 \cdot \tan^2 \alpha}{h + h_1}$$

Kegelstumpf

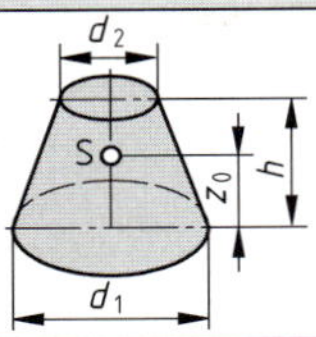

8

$$z_0 = \frac{h}{4} \cdot \frac{d_1^2 + 2 \cdot d_1 \cdot d_2 + 3 \cdot d_2^2}{d_1^2 + d_1 \cdot d_2 + d_2^2}$$

Die Regeln von Guldin

Volumen von Rotationskörpern

$V = \pi \cdot d_1 \cdot A$ (→ Bild 9)

Der **Rauminhalt** (Volumen) eines **Rotationskörpers** (Drehkörpers) errechnet sich aus dem Produkt der Drehfläche (Profilfläche) A und ihrem Schwerpunktweg bei einer Umdrehung um die Rotationsachse $d_1 \cdot \pi$.

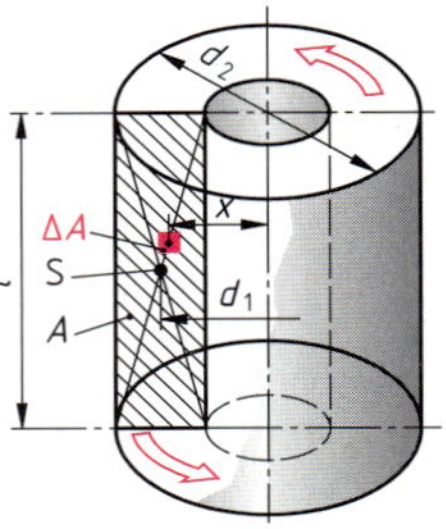

9

A	Drehfläche (Profilfläche)	m^2
d_1	Durchmesser des Schwerpunktweges der Drehfläche	m
V	Volumen des Rotationskörpers	m^3

Mantelfläche von Rotationskörpern

$A = \pi \cdot d_1 \cdot l$ (→ Bild 10)

Die **Mantelfläche** eines Rotationskörpers errechnet sich aus dem Produkt der Länge der Mantellinie l und ihrem Schwerpunktweg bei einer Umdrehung um die Rotationsachse $d_1 \cdot \pi$.

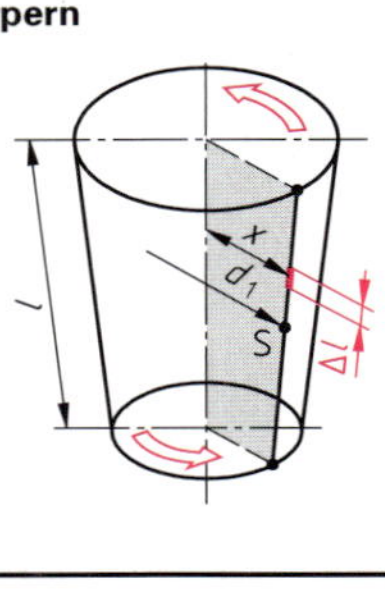

10

Anmerkung: Die **Oberfläche** errechnet sich aus der Summe von Mantelfläche, Grundfläche und Deckfläche des Rotationskörpers.

A	Mantelfläche	m^2
d_1	Durchmesser des Schwerpunktweges der Mantellinie	m
l	Länge der Mantellinie	m

Standfestigkeit und Kippsicherheit

$F_1 \cdot r_1$ ⟶ **Kippmoment** ⟶ M_K in Nm

$F_G \cdot r, F_2 \cdot r_2$ → **Standmomente** → M_S in Nm

(→ Bild 1)

$\nu_K = \frac{\Sigma M_S}{\Sigma M_K}$ **Kippsicherheit**

Stabiles Gleichgewicht bei $\nu_K > 1$

Greifen bei einem Körper außer der Gewichtskraft keine weiteren äußeren Kräfte an, dann steht der Körper stabil, wenn er Kippkanten (Kipp-Punkte) hat (Punkt G in Bild 1) und das Lot vom Schwerpunkt die Standfläche innerhalb der Kippkanten trifft.

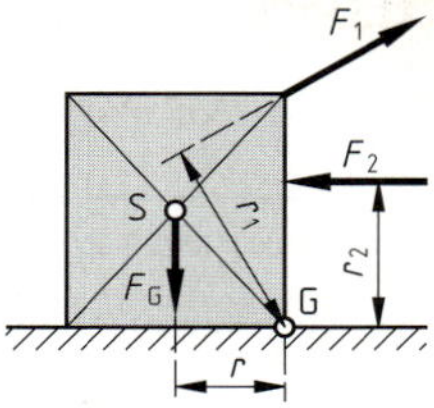

1

r	Hebelarme	m
F	Kräfte	N
ΣM_S	Summe aller Standmomente	Nm
ΣM_K	Summe aller Kippmomente	Nm

Kraftübersetzung an der schiefen Ebene (→ A16)

$F_H = F_G \cdot \sin \alpha$ **Hangabtriebskraft** in N

$F_N = F_G \cdot \cos \alpha$ **Normalkraft** in N

$i = \frac{F_H}{F_G}$ **Kraftübersetzungsverhältnis**

Mit $i = \frac{F_H}{F_G} = \frac{F_G \cdot \sin \alpha}{F_G}$ (→ Bild 2) wird

$i = \sin \alpha$ **Kraftübersetzungsverhältnis**

Kraftübersetzungsverhältnis an der **schiefen Ebene** = Sinus des Neigungswinkels α.

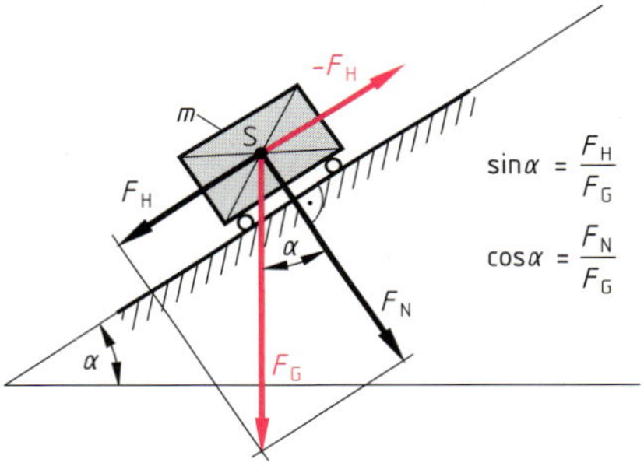

2

F_G	Gewichtskraft (→ **A10**)	N
α	Neigungswinkel	Grad

Kraftübersetzungsverhältnis am Wellrad

$i = \frac{F_G}{F} = \frac{d_1}{d_2}$ **Kraftübersetzungsverhältnis** (→ Bild 3)

Das Kraftübersetzungsverhältnis beim **Wellrad** ergibt sich mit Hilfe des Hebelgesetzes aus dem Quotienten von Wellendurchmesser und Raddurchmesser.

Als **Kraftübersetzungsverhältnis** ergibt sich ein **Zahlenwert ohne Einheit.**

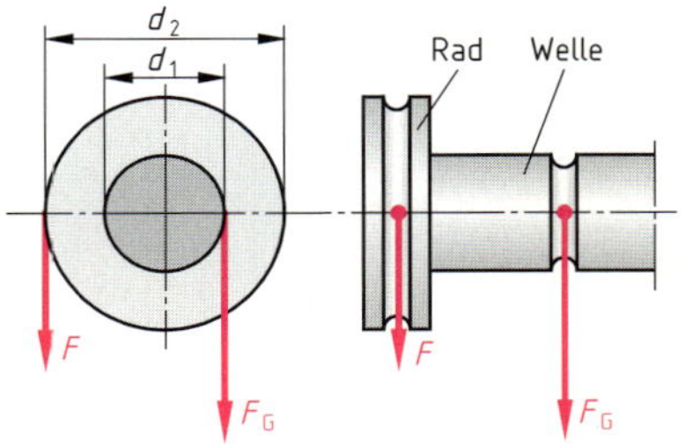

3

Flächenmomente 2. Grades (→ A24)

$I_x = \Sigma \Delta A \cdot y^2$

$I_y = \Sigma \Delta A \cdot x^2$

äquatoriale Trägheitsmomente (Flächenmomente 2. Grades bzw. **Flächenträgheitsmomente)** in mm^4 (→ Bild 4)

$I_p = \Sigma \Delta A \cdot r^2$ **polares Trägheitsmoment** (→ Bild 5)

$I_p = I_x + I_y$ **polares Trägheitsmoment** in mm^4

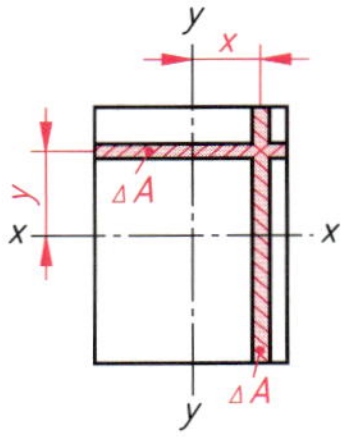

4

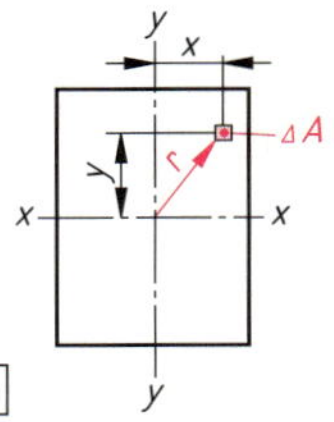

5

Der Verschiebungssatz von Steiner (→ A24)

Das auf eine beliebige Achse a – a (→ Bild 6) bezogene Flächenmoment 2. Grades errechnet sich aus dem Eigenträgheitsmoment I_x der Fläche plus dem Produkt aus Fläche A multipliziert mit dem Abstand zum Quadrat r^2 zwischen den Achsen a – a und x – x.

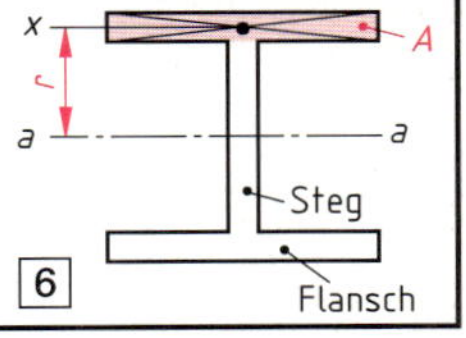

6

$I_a = I_x + A \cdot r^2$	**Verschiebungssatz von Steiner** (tatsächliches Trägheitsmoment in mm⁴)	r Abstand Bezugsachse – Schwerachse mm A Bezugsfläche mm^2 I_x Eigenträgheitsmoment mm^4

Flächenmomente 2. Grades (Eigenträgheitsmomente) und Widerstandsmomente

axiales Flächenmoment 2. Grades I	axiales Widerstandsmoment W	Abmessungen der zu berechnenden Querschnitte
$I_x = \frac{b \cdot h^3}{12} = \frac{A \cdot h^2}{12}$ $I_y = \frac{b^3 \cdot h}{12} = \frac{A \cdot b^2}{12}$ $I_1 = \frac{b \cdot h^3}{3} = \frac{A \cdot h^2}{3}$ $I_2 = \frac{b \cdot (H^3 - e_1^3)}{3} = I_x + A \cdot e_2^2$	$W_x = \frac{b \cdot h^2}{6} = \frac{A \cdot h}{6}$ $W_y = \frac{b^2 \cdot h}{6} = \frac{A \cdot h}{6}$	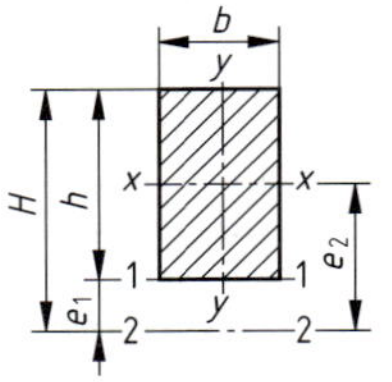 1
$I_x = \frac{b}{12} \cdot (H^3 - h^3)$ $I_y = \frac{b^3}{12} \cdot (H - h)$	$W_x = \frac{b}{6 \cdot H} \cdot (H^3 - h^3)$ $W_y = \frac{b^2}{6} \cdot (H - h)$	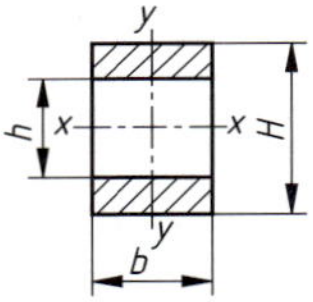 2
$I_x = I_y = I_1 = I_2 = \frac{h^4}{12}$ $I_3 = \frac{h^4}{3}$	$W_x = W_y = \frac{h^3}{6}$ $W_1 = W_2 = \sqrt{2} \cdot \frac{h^3}{12}$	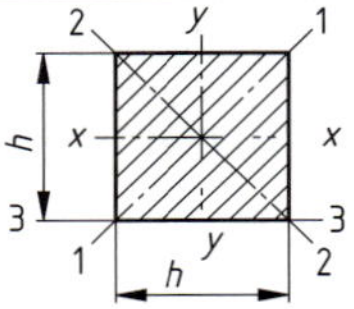 3
$I_x = I_y = I_1 = I_2 = \frac{H^4 - h^4}{12}$	$W_x = W_y = \frac{H^4 - h^4}{6 \cdot H}$ $W_1 = W_2 = \sqrt{2} \cdot \frac{H^4 - h^4}{12 \cdot H}$	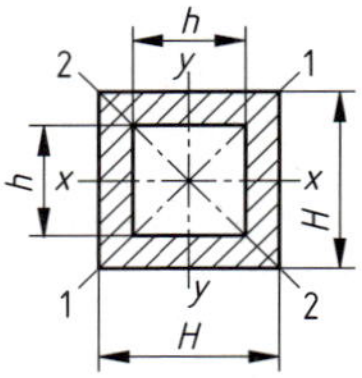 4
$I_x = \frac{1}{12} \cdot (B \cdot H^3 - b \cdot h^3)$	$W_x = \frac{1}{6 \cdot H} \cdot (B \cdot H^3 - b \cdot h^3)$	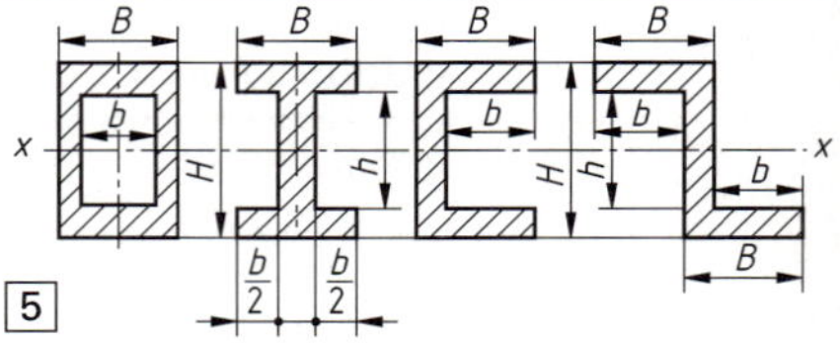 5
$I_x = \frac{1}{12} \cdot (B \cdot H^3 + b \cdot h^3)$	$W_x = \frac{1}{6 \cdot H} \cdot (B \cdot H^3 + b \cdot h^3)$	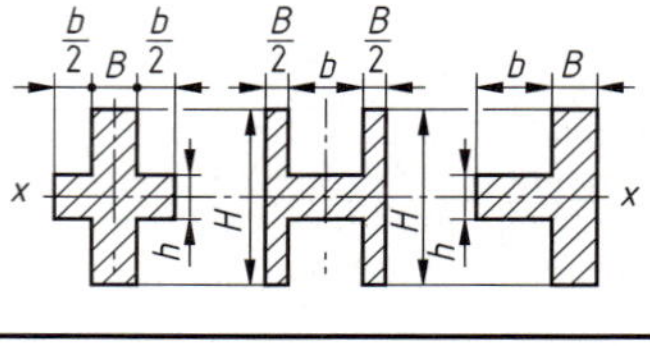 6

axiales Flächenmoment 2. Grades I	axiales Widerstandsmoment W	Abmessungen der zu berechnenden Querschnitte
$I_x = I_y = \frac{\pi}{64} \cdot d^4 \approx \frac{d^4}{20}$	$W_x = W_y = \frac{\pi}{32} \cdot d^3 \approx \frac{d^3}{10}$	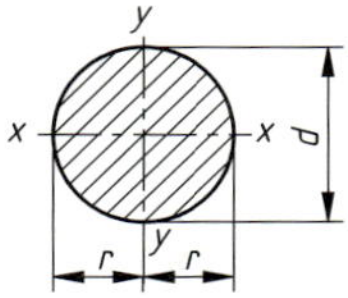 1
$I_x = I_y = \pi \cdot \frac{D^4 - d^4}{64}$ $I_x = I_y \approx \frac{D^4 - d^4}{20}$	$W_x = W_y = \pi \cdot \frac{D^4 - d^4}{32 \cdot D}$ $W_x = W_y \approx \frac{D^4 - d^4}{10 \cdot D}$	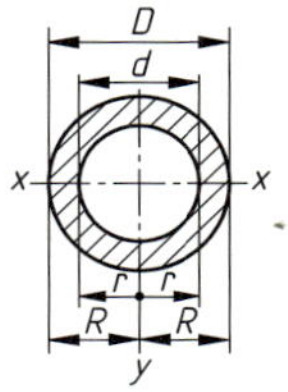 2
$I_x = I_y = \frac{5 \cdot \sqrt{3}}{16} \cdot R^4 \approx 0{,}06 \cdot d^3$	$W_x \approx 0{,}5413 \cdot R^3$ $W_x \approx 0{,}104 \cdot d^3$ $W_y \approx 0{,}625 \cdot R^3$ $W_y \approx 0{,}12 \cdot d^3$	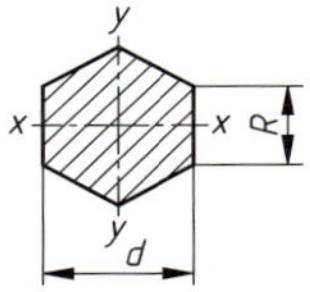 3

Trägheits- und Widerstandsmomente zusammengesetzter Flächen

$I = \Sigma I_i = I_1 + I_2 + \ldots$ **Gesamtträgheitsmoment (→ A24)**

Mit Hilfe des **Steiner'schen Verschiebungssatzes**:

$I_1 = I_{1\,\text{eigen}} + A_1 \cdot r_1^2$ $\quad I_2 = I_{2\,\text{eigen}} + A_2 \cdot r_2^2$ $\quad \ldots I_n$

$W_{xo} = \frac{I}{e_o}$ $\quad W_{xu} = \frac{I}{e_u}$ **Widerstandsmomente**

Die beiden **Widerstandsmomente** errechnen sich aus den Quotienten des Gesamtträgheitsmomentes I und der beiden Randabstände e_o und e_u.

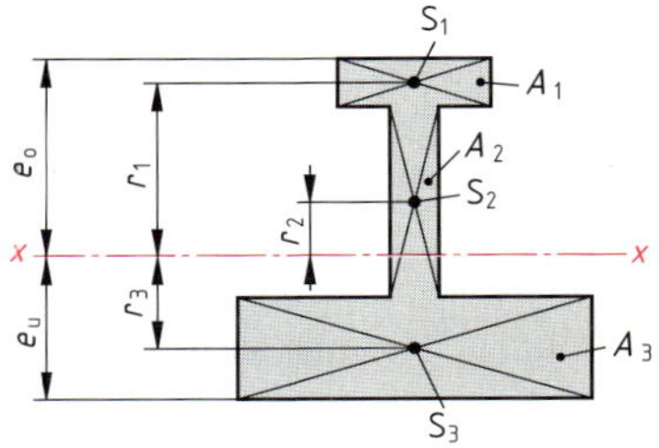

4

A 14 Kurzzeitig wirkende Kräfte

Bewegungsgröße (Impuls), Impulserhaltung und Impulsänderung

$p = m \cdot v$ **Bewegungsgröße (Impuls)**

$m \cdot v_t = m \cdot v_0$ $\rightarrow \Delta p = 0$: **Impulserhaltung**

Impulssatz: Bei $\Sigma F = 0$ (äußere Kräfte) ändert sich der Impuls nicht, d.h. $\Delta p = 0$.

$I = F \cdot \Delta t = m \cdot v_t - m \cdot v_0$ **Kraftstoß**

p	Bewegungsgröße (Impuls)	kgm/s
m	Masse des Körpers	kg
v	Geschwindigkeit des Körpers	m/s
v_t	Endgeschwindigkeit	m/s
v_0	Anfangsgeschwindigkeit	m/s
I	Kraftstoß (Impulsänderung)	kgm/s
F	kurzzeitg wirkende Kraft	N
Δt	Wirkzeit	s

Der Kraftstoß entspricht der Änderung des Impulses eines bewegten Körpers.

Der Stoß (→ A18)

Der unelastische Stoß (→ Bilder 1 und 2)

$$v = \frac{m_1 \cdot v_1 + m_2 \cdot v_2}{m_1 + m_2}$$ **Geschwindigkeit** von m_1 und m_2 **nach dem Stoß**

Der elastische Stoß (→ Bild 3)

$$v_{1e} = 2 \cdot \frac{m_1 \cdot v_1 + m_2 \cdot v_2}{m_1 + m_2} - v_1$$ **Endgeschwindigkeit der Masse m_1** in m/s

$$v_{2e} = 2 \cdot \frac{m_1 \cdot v_1 + m_2 \cdot v_2}{m_1 + m_2} - v_2$$ **Endgeschwindigkeit der Masse m_2** in m/s

Halbelastischer Stoß (realer Stoß) und **schiefer Stoß (→ A18)**

vor Stoß

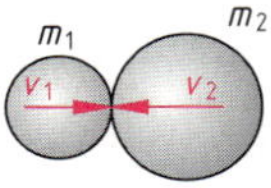

1

beim Stoß

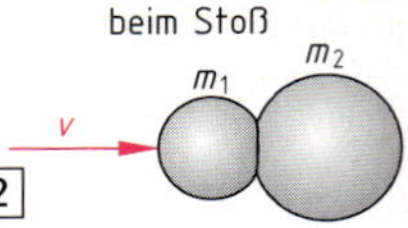

2

nach Stoß

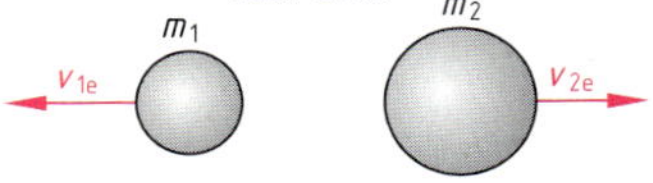

3

Bewegen sich vor dem Stoß die beiden Massen aufeinander zu, so haben v_1 und v_2 unterschiedliche Vorzeichen. Bei gleicher Bewegungsrichtung haben v_1 und v_2 gleiche Vorzeichen. Dies gilt auch für v_{1e} und v_{2e}.

A 15 Reibungskräfte

Innere und äußere Reibung

Innere Reibung	→ **Fluidreibung** → Mechanik der Fluide (→ **B10, B11**)
Äußere Reibung	→ Reibung zwischen den Außenflächen fester Körper (→ **A15, A16, A17**)

Haft- und Gleitreibungskraft, Reibungsgesetz nach Coulomb

Haftreibungskraft	→ F_{R0} → Reibungskraft im Ruhezustand
Gleitreibungskraft	→ F_R → Reibungskraft im Bewegungszustand

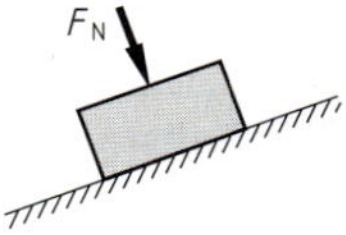

4

$F_R = \mu \cdot F_N$ **Coulomb'sches Reibungsgesetz**

Die **Normalkraft** F_N ist die Kraft, mit der die beiden festen Körper gegeneinander gepresst werden.

$F_{R0} = \mu_0 \cdot F_N$ **Haftreibungskraft**

$F_R = \mu \cdot F_N$ **Gleitreibungskraft**

F_{R0}	Haftreibungskraft	N
μ_0	Haftreibungszahl (-koeffizient)	1
F_R	Gleitreibungskraft	N
μ	Gleitreibungszahl (-koeffizient)	1
F_N	Normalkraft (→ Bild 4)	N

Reibungszahlen (→ T3)

Reibung an Prismenführungen

Unsymmetrisch (→ Bilder 5 und 6)

$F_R = \mu \cdot (F_{N1} + F_{N2})$ **Gesamtreibungskraft** bei Gleitung in N

$$F_{N1} = F \cdot \frac{\sin \beta}{\sin \gamma}$$

$$F_{N2} = F \cdot \frac{\sin \alpha}{\sin \gamma}$$

$\gamma = 180° - \alpha - \beta$

F = Anpresskraft

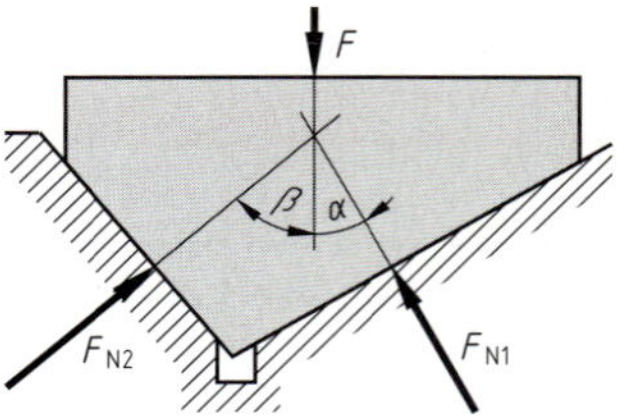

5

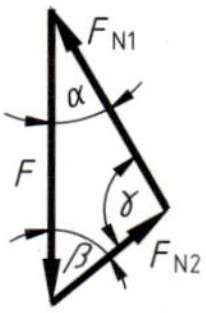

6

Symmetrisch (→ Bilder 7 und 8)

$$F_R = F \cdot \frac{\mu}{\sin \alpha}$$ **Gesamtreibungskraft** bei Gleitung in N

α = halber Prismenwinkel

F = Einpresskraft in N

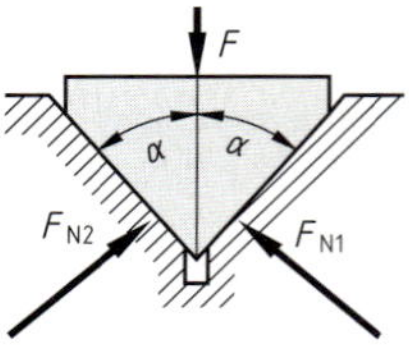

7

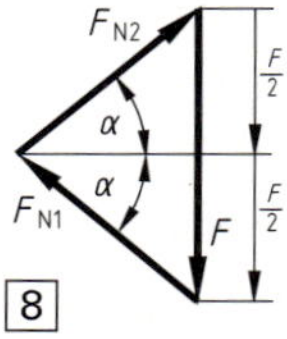

8

Reibung in Gleitlagern

Tragzapfen (Querlager): (→ Bild 1)

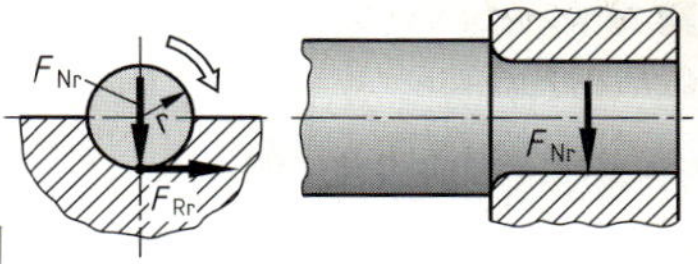

1

$F_{Rr} = \mu \cdot F_{Nr}$	**Lagerreibungskraft** in N
$M_{dRr} = F_{Rr} \cdot r = \mu \cdot F_{Nr} \cdot r$	**Reibungsmoment** in Nm
$M_{dRr0} = \mu_0 \cdot F_{Nr} \cdot r$	**Anlauf-Reibungsmoment** in Nm

Spurzapfen (Längslager): (→ Bild 2)

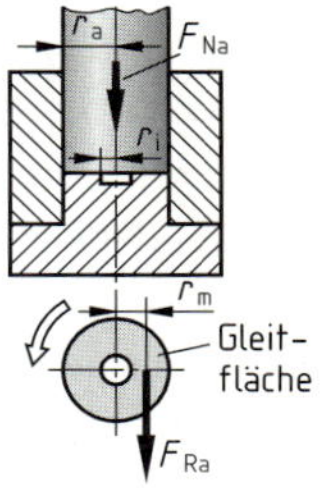

2

$F_{Ra} = \mu \cdot F_{Na}$	**Lagerreibungskraft** in N
$M_{dRa} = F_{Ra} \cdot r_m = \mu \cdot F_{Na} \cdot \frac{r_a + r_i}{2}$	**Reibungsmoment** in Nm
$M_{dRa0} = \mu_0 \cdot F_{Na} \cdot \frac{r_a + r_i}{2}$	**Anlauf-Reibungsmoment** in Nm

Reibungszahlen in Gleitlagern	
Trockenreibung	$\mu \geqq 0{,}3$
Mischreibung	$\mu = 0{,}005 \ldots 0{,}1$
Flüssigkeitsreibung	$\mu = 0{,}001 \ldots 0{,}005$

μ Reibungszahl

Bei **Kombilagern** (Längs- **und** Querlager) addieren sich die Reibungskräfte der beiden Lagerteile.

Seilreibung (→ Bild 3)

$F_1 = F_2 \cdot e^{\mu\alpha}$	**übertragbare Seilkraft** in N
$F_R = F_2 \cdot (e^{\mu\alpha} - 1)$	**Seilreibungskraft** in N
$F_R = F_1 \cdot \frac{e^{\mu\alpha} - 1}{e^{\mu\alpha}}$	**Seilreibungskraft** in N

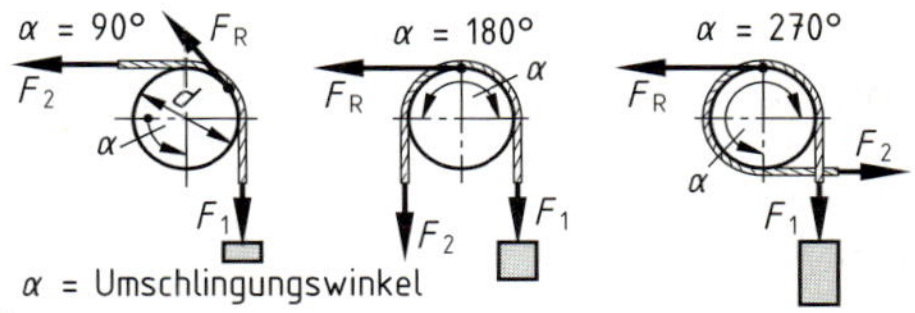

3

e = Euler'sche Zahl = 2,718… α in rad (→ **A4**)

μ Reibungszahl

Rollreibung (→ Bild 4)

$F_{RR} = \frac{f}{r} \cdot F_N = \mu_R \cdot F_N$	**Rollreibungskraft** in N
$F = F_{RR}$	**Rollkraft** in N
$\mu_R = \frac{f}{r}$	**Reibungszahl der Rollreibung**

f	Hebelarm der Rollreibung (siehe Tabelle unten)	cm
$y \approx r$	Radius des Rollkörpers	cm
F_N	Normalkraft	N

Werkstoff Rollkörper	Werkstoff Rollbahn	Hebelarm f der Rollreibung in cm
GG	St	0,05
Stahl (St)	Stahl (St)	0,05
GG	GG	0,05
Holz	Holz	0,5
St gehärtet	St gehärtet	0,0005...0,001
Kupfer	St	0,1
Kupfer	Kupfer	0,8
Messing	St	0,05

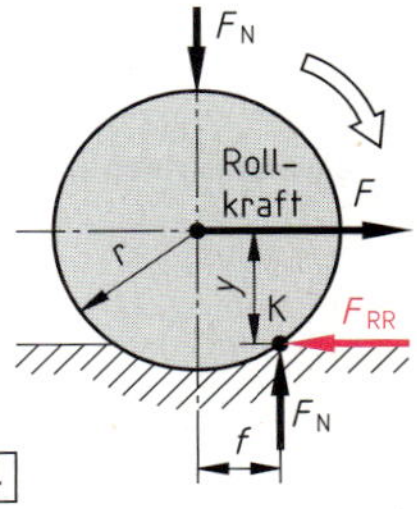

4

Fahrwiderstand

$F_F = \mu_F \cdot F_N$ **Fahrwiderstandskraft** in N

μ_F	Fahrwiderstandszahl		1
	Schienenfahrzeuge	$\mu_F \approx 0{,}0015 \ldots 0{,}0030$	
	Kfz auf Straße	$\mu_F \approx 0{,}015 \ldots 0{,}03$	

Reibungsbremsen und Reibungskupplungen

Backenbremsen

μ	Reibungszahl	1

überhöhtes Hebellager D

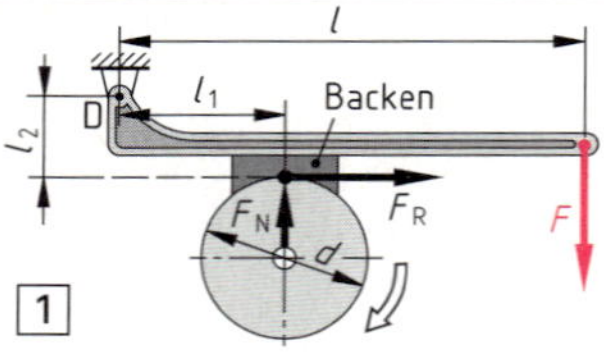

1

F_R bei Rechtslauf am Backen
$\Sigma \boldsymbol{M}_{d(D)} = \mathbf{0}$ liefert mit $\boldsymbol{F_R = \mu \cdot F_N}$:

$$F_N \cdot l_1 + \mu \cdot F_N \cdot l_2 - F \cdot l = 0$$

Hebelkraft $F = F_N \cdot \dfrac{l_1 \pm \mu \cdot l_2}{l}$

⊕ bei Rechtslauf
⊖ bei Linkslauf

Selbsthemmung tritt **bei Linkslauf** ein mit $l_1 - \mu \cdot l_2 = 0$:
Selbsthemmungskriterium:

$$l_1 \leqq \mu \cdot l_2$$

unterzogenes Hebellager D

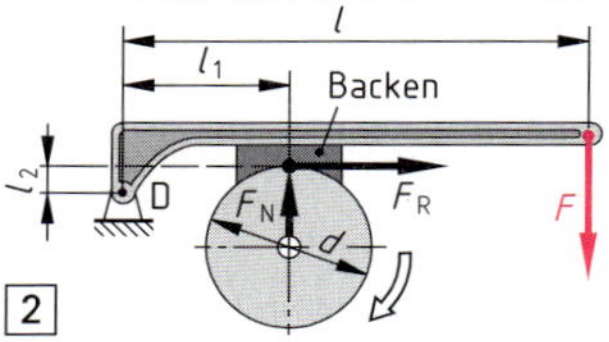

2

F_R bei Rechtslauf am Backen
$\Sigma \boldsymbol{M}_{d(D)} = \mathbf{0}$ liefert mit $\boldsymbol{F_N = \mu \cdot F_N}$:

$$F_N \cdot l_1 - \mu \cdot F_N \cdot l_2 - F \cdot l = 0$$

Hebelkraft $F = F_N \cdot \dfrac{l_1 \mp \mu \cdot l_2}{l}$

⊖ bei Rechtslauf
⊕ bei Linkslauf

Selbsthemmung tritt **bei Rechtslauf** ein mit $l_1 - \mu \cdot l_2 = 0$:
Selbsthemmungskriterium:

$$l_1 \leqq \mu \cdot l_2$$

tangentiales Hebellager D

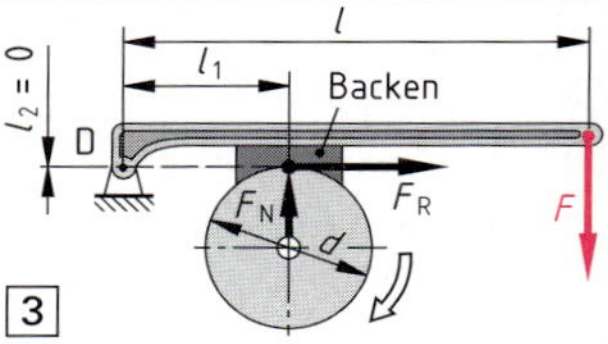

3

F_R bei Rechtslauf am Backen
$\Sigma \boldsymbol{M}_{d(D)} = \mathbf{0}$ liefert mit $\boldsymbol{F_R = \mu \cdot F_N}$:

$$F_N \cdot l_1 - F \cdot l = 0$$

Hebelkraft $F = F_N \cdot \dfrac{l_1}{l}$

unabhängig von Rechts- oder Linkslauf, d. h.:

keine Selbsthemmung

$$M_{Br} = F_R \cdot \frac{d}{2} = \mu \cdot F_N \cdot \frac{d}{2}$$

Bremsmoment der Außenbackenbremse in Nm (→ **A13**)

Bandbremsen

einfache Bandbremse

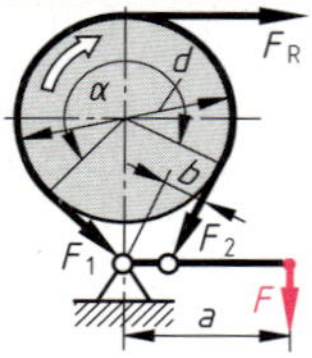

4

Reibungskraft:

$$F_R = F \cdot \frac{a}{b} \cdot (e^{\mu\alpha} - 1) \quad \text{in N}$$

Bremsmoment:

$$M_{Br} = F_R \cdot \frac{d}{2} = F \cdot \frac{a}{b} \cdot (e^{\mu\alpha} - 1) \cdot \frac{d}{2}$$

Summenbandbremse

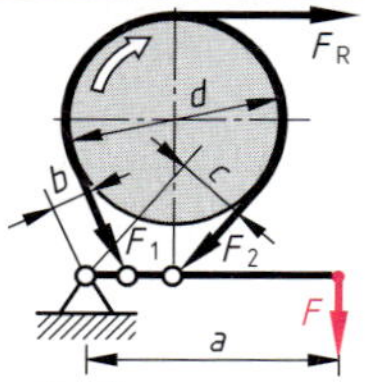

5

Reibungskraft:

$$F_R = F \cdot a \cdot \frac{e^{\mu\alpha} - 1}{e^{\mu\alpha} \cdot b + c} \quad \text{in N}$$

Bremsmoment:

$$M_{Br} = F_R \cdot \frac{d}{2} = F \cdot a \cdot \frac{e^{\mu\alpha} - 1}{e^{\mu\alpha} \cdot b + c} \cdot \frac{d}{2}$$

Differentialbandbremse

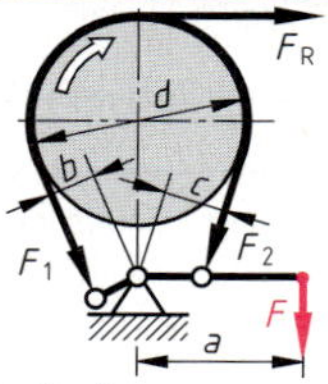

6

Reibungskraft:

$$F_R = F \cdot a \cdot \frac{1 - e^{\mu\alpha}}{c - e^{\mu\alpha} \cdot b} \quad \text{in N}$$

Bremsmoment:

$$M_{Br} = F_R \cdot \frac{d}{2} = F \cdot a \cdot \frac{1 - e^{\mu\alpha}}{c - e^{\mu\alpha} \cdot b} \cdot \frac{d}{2}$$

Scheibenbremsen und Reibungskupplungen (→ Bild 7)

$$F_R = \mu \cdot F_N$$

Reibungskraft in N

$$M_{Br} = F_R \cdot r_m = \mu \cdot F_N \cdot \frac{d_1 + d_2}{2}$$

Bremsmoment in Nm

$$M_{dK} = F_R \cdot r_m = \mu \cdot z \cdot F_N \cdot \frac{d_1 + d_2}{2}$$

Kupplungsmoment in Nm

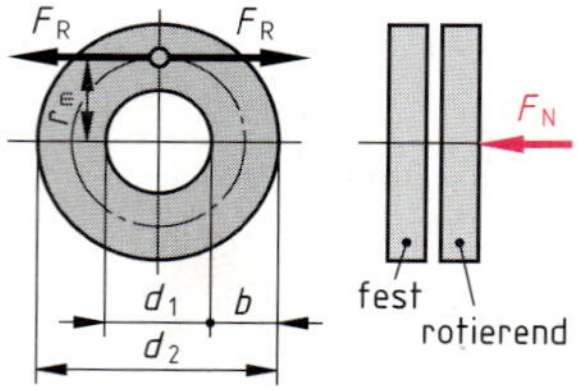

7

Reibungstechnisch werden Scheibenbremsen und Reibungskupplungen gleich berechnet.

z	Anzahl der Lamellen	1
μ	Reibungszahl	1

Reibung auf der schiefen Ebene

Bestimmung der Reibungszahlen

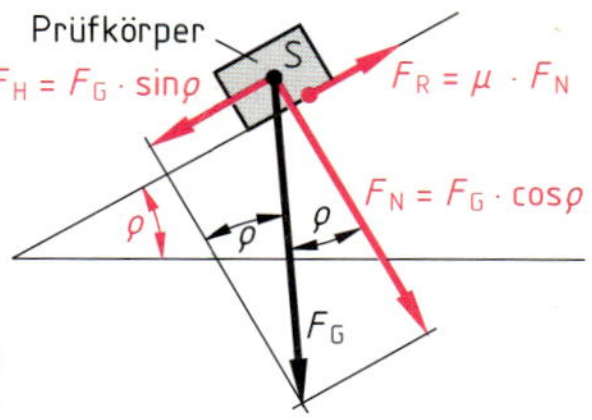

1

$\mu_0 = \tan \varrho_0$ **Haftreibungszahl** → Körper beginnt sich bei ϱ_0 zu bewegen.

$\mu = \tan \varrho$ **Gleitreibungszahl** → Körper gleitet bei ϱ mit konstanter Geschwindigkeit

$\varrho_0 > \varrho$ → $\mu_0 > \mu$

Gewichtskraft (→ A10)

Hangabtriebskraft (→ A13)

Haftreibungszahl
Gleitreibungszahl } **(→ A15, T3)**

F_H	Hangabtriebskraft	N
F_G	Gewichtskraft	N
ϱ_0	Haftreibungswinkel	Grad
ϱ	Gleitreibungswinkel	Grad

Selbsthemmung, Reibungskegel

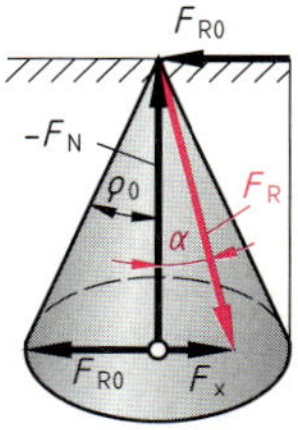

2

$\tan \alpha \leqq \tan \varrho_0 = \mu_0$ → **Selbsthemmung**

$\tan \alpha \leqq \tan \varrho = \mu$ → **erweiterte Bedingung für Selbsthemmung**

Mit Sicherheit wird Gleiten nur dann ausgeschlossen, wenn der Neigungswinkel α kleiner als der **Gleitreibungswinkel** ϱ ist.

Geht die Resultierende F_r aller am Körper angreifenden Kräfte durch den **Reibungskegel** (→ Bild 2), dann befindet sich der Körper bezüglich seiner Unterlage im Gleichgewicht (Ruhezustand).

α	Neigungswinkel	Grad
ϱ_0	Haftreibungswinkel	Grad
ϱ	Gleitreibungswinkel	Grad
μ_0	Haftreibungszahl	1
μ	Gleitreibungszahl	1

Wirkkräfte auf der schiefen Ebene

Kraft parallel nur schiefen Ebene und Aufwärtsbewegung (→ Bild 3)

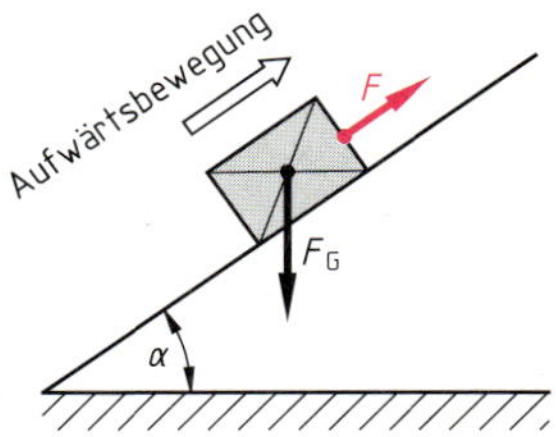

3

$F = F_G \cdot (\sin \alpha + \mu \cdot \cos \alpha)$

$F = F_G \cdot \dfrac{\sin (\alpha + \varrho)}{\cos \varrho}$

} **Zugkraft** zur Überwindung der Gleitreibung in N

$F = F_G \cdot (\sin \alpha + \mu_0 \cdot \cos \alpha)$

$F = F_G \cdot \dfrac{\sin (\alpha + \varrho_0)}{\cos \varrho_0}$

} **Zugkraft** zur Überwindung der Haftreibung in N

Kraft parallel zur schiefen Ebene und Abwärtsbewegung (→ Bild 4)

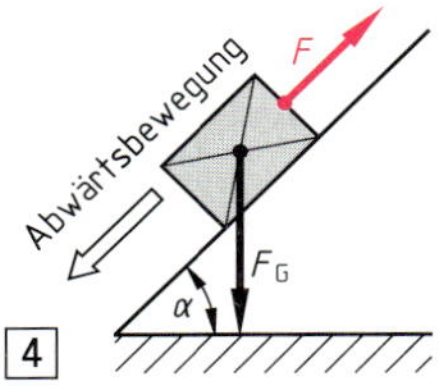

4

$F = F_G \cdot (\sin \alpha - \mu \cdot \cos \alpha)$

$F = F_G \cdot \dfrac{\sin (\alpha - \varrho)}{\cos \varrho}$

} **Haltekraft** bei Abwärtsbewegung (Gleitung) in N

$F = F_G \cdot (\sin \alpha - \mu_0 \cdot \cos \alpha)$

$F = F_G \cdot \dfrac{\sin (\alpha - \varrho_0)}{\cos \varrho_0}$

} **Haltekraft** bei Haftung in N

F_G	Gewichtskraft	N
α	Neigungswinkel	Grad
μ_0	Haftreibungszahl	1
μ	Gleitreibungszahl	1
ϱ_0	Haftreibungswinkel	Grad
ϱ	Gleitreibungswinkel	Grad

Kraft parallel zur Grundfläche der schiefen Ebene und Aufwärtsbewegung (→ Bild 1)

$F = F_G \cdot \tan(\alpha + \varrho)$ **Zugkraft** zur Überwindung der Gleitreibung

$F = F_G \cdot \tan(\alpha + \varrho_0)$ **Zugkraft** zur Überwindung der Haftreibung

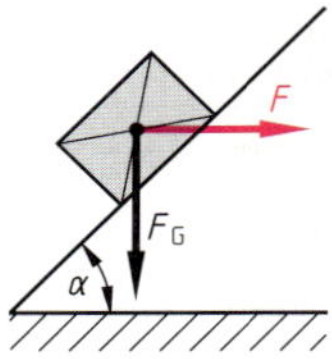

1

Kraft parallel zur Grundfläche der schiefen Ebene und Abwärtsbewegung

$F = F_G \cdot \tan(\alpha - \varrho)$ **Haltekraft** bei Abwärtsbewegung (Gleitung) in N

$F = F_G \cdot \tan(\alpha - \varrho_0)$ **Haltekraft** bei Haftung in N

Kraft weder parallel zur schiefen Ebene noch parallel zur Grundfläche

Alle **Kraftkomponenten** in Richtung der schiefen Ebene und senkrecht dazu sind zu berücksichtigen, auch die Komponenten der Kraft F.

Verschieben nach oben (→ Bilder 2 und 3)

F_y verkleinert die Normalkraft

F_x wirkt auf der schiefen Ebene nach oben

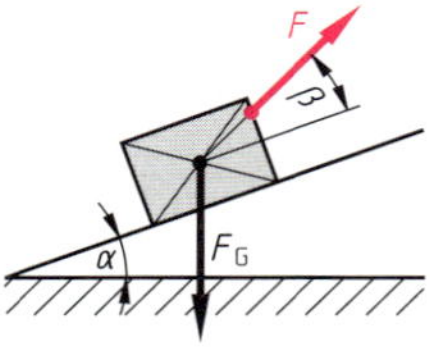

2

3

4

Verschiebung nach unten (→ Bild 4)

F_y vergrößert die Normalkraft, F_x wirkt auf der schiefen Ebene nach unten

Gewindereibung

Die Gewindereibung kann auf die **Reibung auf der schiefen Ebene** zurückgeführt werden, und zwar auf den speziellen Fall **Kraft parallel zur Grundfläche der schiefen Ebene** (→ Bild 1).

Gewindeabmessungen und Kräfte am Gewinde

Die Gewindeabmessungen sind genormt (→ Bilder 5 und 6).

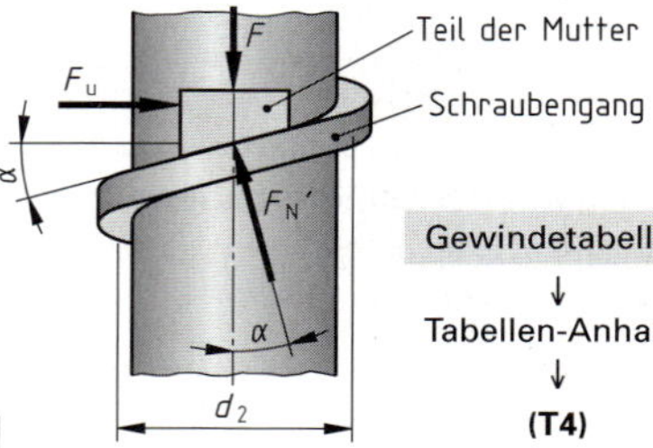

7

Gewindetabellen

↓

Tabellen-Anhang

↓

(T4)

Metrisches ISO-Spitzgewinde DIN 13

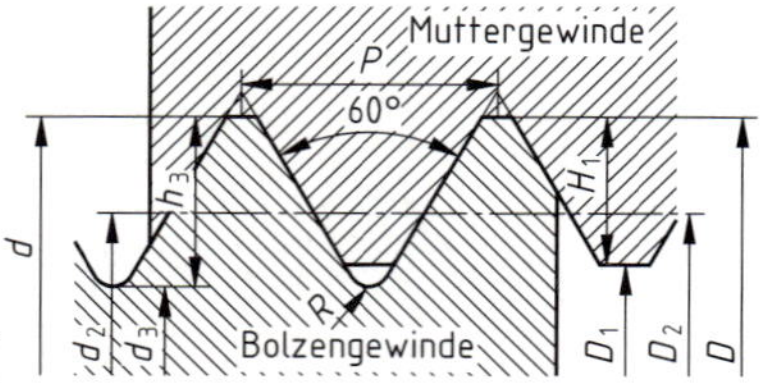

5

Metrisches ISO-Trapezgewinde DIN 103

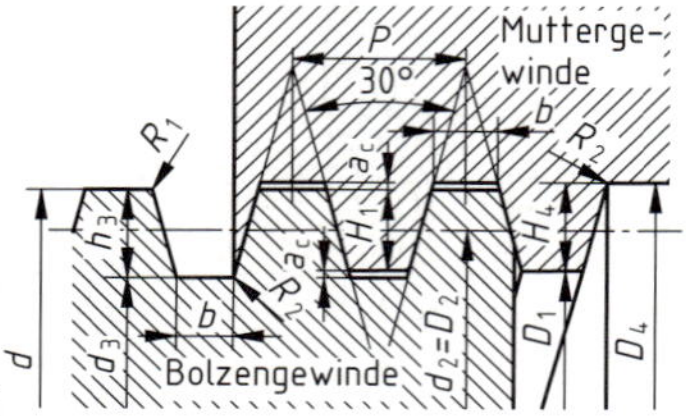

6

F	axiale Schraubenkraft	N
F_u	Umfangskraft am ∅ d_2	N
d, D	Nenndurchmesser	mm
P	Steigung bei eingängigen bzw. Teilung bei mehrgängigen Gewinden	mm
d_2	Flankendurchmesser	mm
d_3	Kerndurchmesser Bolzen	mm
D_1	Kerndurchmesser Mutter	mm
D_4	Außendurchmesser Mutter	mm
h_3	Gewindetiefe Bolzen und Mutter	mm
H_1	Flankenüberdeckung	mm
a_c	Spitzenspiel	mm
R_1, R_2	Rundungen	mm
F_N	Normalkomponente	N

Gewindearten

Man unterscheidet **Innengewinde** und **Außengewinde** sowie **Linksgewinde** und **Rechtsgewinde.** Bei der **Schraubenberechnung** wird insbesondere unterschieden zwischen

Bewegungsgewinde → **Bewegungsschrauben** mit Spitzgewinde, meist aber Trapezgewinde (z. B. Transportspindeln, Messspindeln).

Befestigungsgewinde → **Befestigungsschrauben** meist mit Spitzgewinde.

Reibung am Bewegungsgewinde

$F_u = F \cdot \tan(\alpha \pm \varrho')$	**Umfangskraft** in N
$M_{RG} = F \cdot \dfrac{d_2}{2} \cdot \tan(\alpha \pm \varrho')$	**Gewindereibungsmoment** in Nm
$F_R = \mu' \cdot F = \mu \cdot F_N{}'$	**Reibungskraft** in N
$\mu' = \dfrac{\mu}{\cos(\beta/2)} = \tan \varrho'$	**Gewindereibungszahl**
$F_N{}' = \dfrac{F}{\cos(\beta/2)}$	**Normalkomponente** in N (→ **A13**)
$\tan \alpha = \dfrac{P}{d_2 \cdot \pi}$	**Tangens des Steigungswinkels**

→ + beim Heben bzw. Anziehen
– beim Senken bzw. Lösen

β	Flankenwinkel (DIN 13: 60°; DIN 103: 30°)	
μ	Gleitreibungszahl	1
α	Steigungswinkel	Grad

Weitere Formelzeichen → Gewindeabmessungen Seite 30

Reibung am Befestigungsgewinde (→ Bild 1)

F_u und M_{RG}	→ Bewegungsgewinde
$M_{Ra} = F \cdot \mu \cdot r_a$	**Auflagereibungsmoment** in Nm
$M_{Rges} = M_{RG} + M_{Ra}$	**Anzugs- bzw. Lösemoment** in Nm

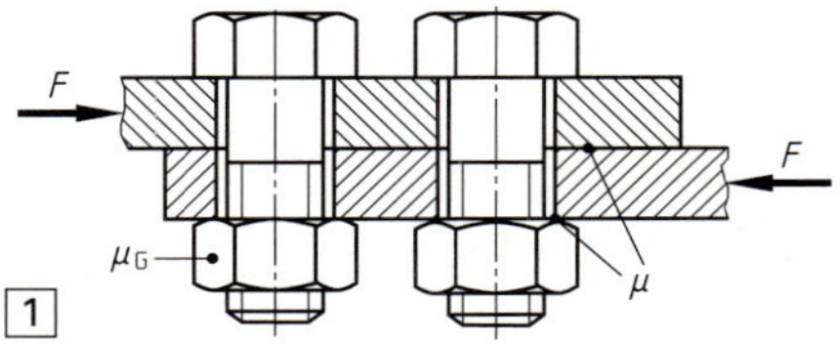

1

r_a ist ein fiktiver Radius, z. B. bei Maschinenschrauben: $r_a = 0{,}7 \cdot d$

A 17 Das Prinzip von d'Alembert

Alle auf einen Körper wirkenden Kräfte in und entgegen der Bewegungsrichtung, einschließlich der **Massenträgheitskraft** $m \cdot a$ (→ **A10**), haben zusammengenommen den Wert Null.

Unter diesem Gesichtspunkt ergeben sich z. B. die folgenden Bewegungsfälle:

Beschleunigte Masse auf horizontaler Bahn (→ Bild 2)

$$F_R + m \cdot a - F = 0$$

$F = F_R + m \cdot a$	**Beschleunigungskraft**

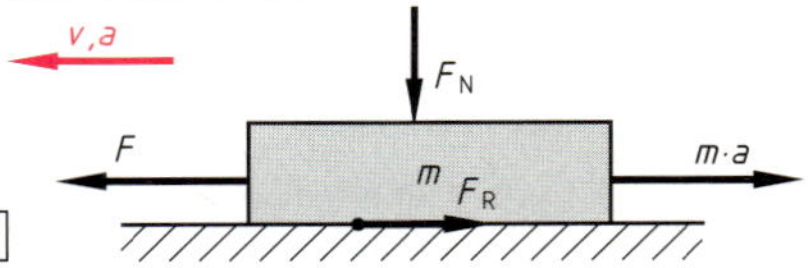

2

Verzögerte Masse auf horizontaler Bahn (→ Bild 3)

$$F_R + F_{Br} - m \cdot a = 0$$

$F_{Br} = m \cdot a - F_R$	**Bremskraft**

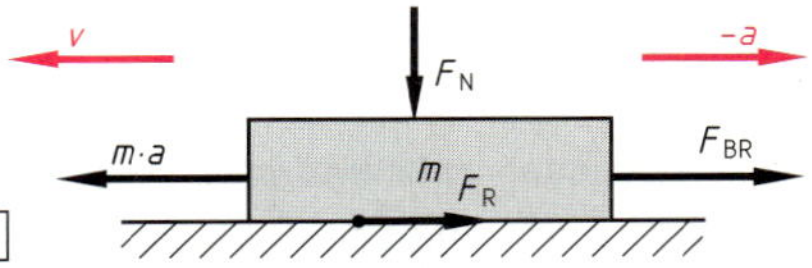

3

F	Beschleunigungskraft	N
F_{Br}	Bremskraft	N
F_R	Reibungskraft (→ **A15**)	N
m	Masse	kg
a	Beschleunigung (→ **A7, A10**)	m/s²

Bewegung auf vertikaler Bahn

$F = m \cdot a + F_G + F_R$	**Seilzugkraft** einer nach oben beschleunigten Masse (z. B. Aufzug) in N

Unabhängig vom Bewegungsfall gilt:

$m \cdot a$ →	wirkt entgegen Beschleunigung
F_G ⟶	wirkt senkrecht nach unten
F_R ⟶	wirkt entgegen Bewegung

Bewegung auf der schiefen Ebene

$F_H = F_G \cdot \sin \alpha$	**Hangabtriebskraft (→ A13)**
$F_N = F_G \cdot \cos \alpha$	**Normalkraft (→ A13)**
$S = \frac{h}{b} = \tan \alpha$	**Steigung der schiefen Ebene** (→ Bild 2)
$S_{\%} = \tan \alpha \cdot 100\ \%$	**Steigung in Prozent**

Bei $h = b$ ist α **= 45°** → $\tan \alpha = 1$ → $\boldsymbol{S}$ **= 100 %**

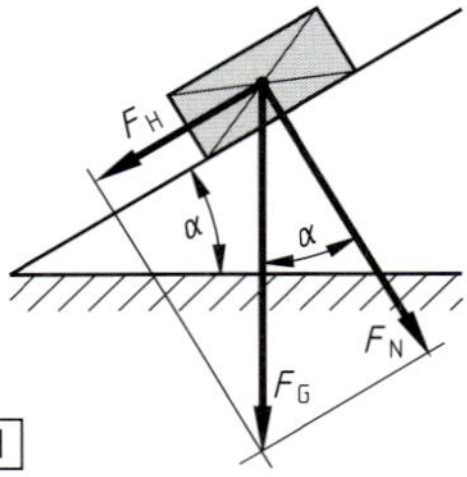

1

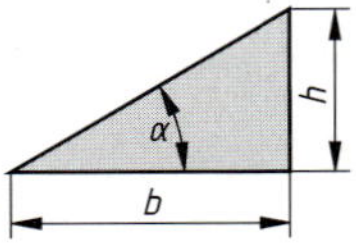

2

Kräfte bei beschleunigter Aufwärtsbewegung (→ Bild 3)

$F = F_G \cdot \sin \alpha + \mu \cdot F_G \cdot \cos \alpha + m \cdot a$	**Zugkraft** in N

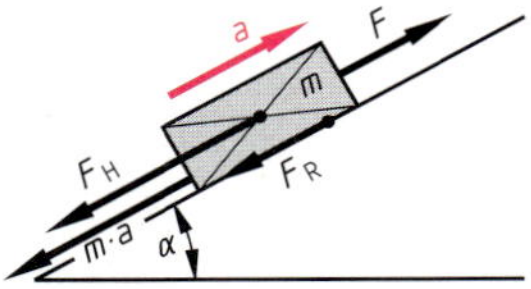

3

Kräfte bei beschleunigter Abwärtsbewegung (→ Bild 4)

$F = \mu \cdot F_G \cdot \cos \alpha + m \cdot a - F_G \cdot \sin \alpha$	**Zugkraft** in N
$a = \frac{F}{m} + g \cdot (\sin \alpha - \mu \cdot \cos \alpha)$	**Beschleunigung**

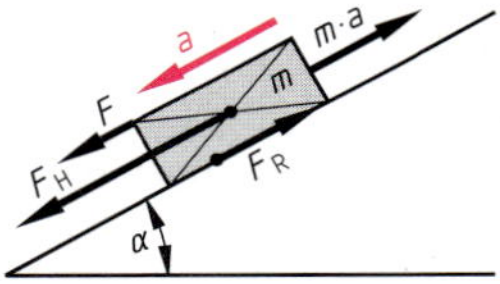

4

Bei gleichförmiger Bewegung ist $a = 0$ und damit ist auch $\boldsymbol{m \cdot a = 0}$. Dies bedeutet, dass in den obigen Gleichungen der Summand $m \cdot a$ entfällt.

S	Steigung	1, %
F_G	Gewichtskraft	N
α	Steigungswinkel	Grad
μ	Reibungszahl	1
a	Beschleunigung	m/s^2
m	Masse	kg

A18 Arbeit und Energie

Die mechanische Arbeit

$W = F \cdot s$	**mechanische Arbeit**

$[\boldsymbol{W}] = [F] \cdot [s] = \text{N} \cdot \text{m} = \textbf{Nm}$
(F und s gleichgerichtet)

Arbeits- und Energieeinheiten

1 J = 1 Nm = 1 Ws	**Energieäquivalenz**

J	= **Joule**	→ bevorzugt in Wärmelehre
Nm	= **Newtonmeter**	→ bevorzugt in Mechanik
Ws	= **Wattsekunde**	→ bevorzugt in Elektrotechnik

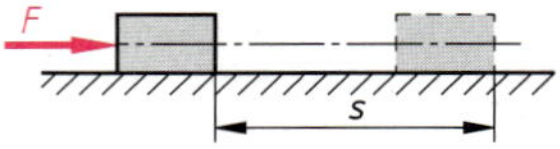

5

W	mechanische Arbeit	Nm
F	Kraft	N
s	Kraft in Wegrichtung	m

Die abgeleitete SI-Einheit für die mechanische Arbeit ist das **Joule** (Einheitenzeichen: J). 1 J ist gleich der Arbeit, die verrichtet wird, wenn der Angriffspunkt der Kraft F = 1 N in Richtung der Kraft um s = 1 m verschoben wird (→ Bild 5).

Die Arbeitskomponente der Kraft (→ Bild 6)

Als Arbeitskomponente wird die Kraftkomponente in Wegrichtung bezeichnet.

$F_x = F \cdot \cos \alpha$	**Arbeitskomponente** (→ Bild 6)
$W = F \cdot \cos \alpha \cdot s$	**mechanische Arbeit**

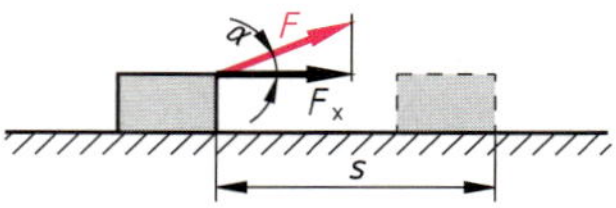

6

Hubarbeit und potentielle Energie

$W_h = F \cdot h$ — **Hubarbeit in** Nm

$W_{pot} = F_G \cdot h = m \cdot g \cdot h$ — **potentielle Energie = Energie der Lage**

Bei Vernachlässigung der **Zapfen- und Seilreibung (→ A15)** ist $F = F_G$. Dann ist bei gleichem Weg $W_h = W_{pot}$.

Die zugeführte Hubarbeit W_h entspricht der Zunahme an potentieller Energie W_{pot}.

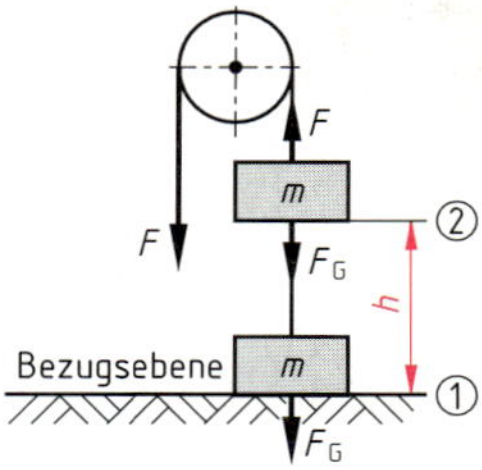

1

Arbeit auf der schiefen Ebene (→ A13) und Goldene Regel der Mechanik

$W = F_h \cdot s = F_G \cdot h$ — **Arbeit auf der schiefen Ebene** in Nm

Aus dieser Gleichung folgt die
Goldene Regel der Mechanik:

$$\frac{F_H}{F_G} = \frac{h}{s}$$

Was bei Maschinen an Kraft weniger aufgewendet wird, muss im gleichen Verhältnis mehr an Weg zurückgelegt werden.

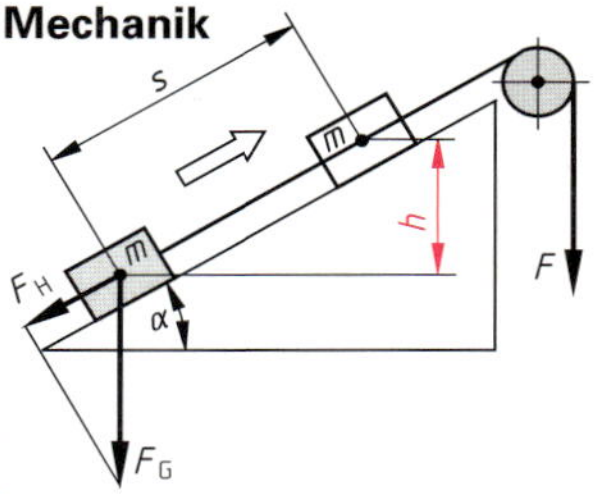

2

Beschleunigungsarbeit und kinetische Energie

$W_a = m \cdot a \cdot s = \frac{m}{2} \cdot v_t^2$ — **Beschleunigungsarbeit aus der Ruhe** in Nm

$W_{kin} = \frac{m}{2} \cdot v^2$ — **kinetische Energie = Bewegungsenergie** in Nm

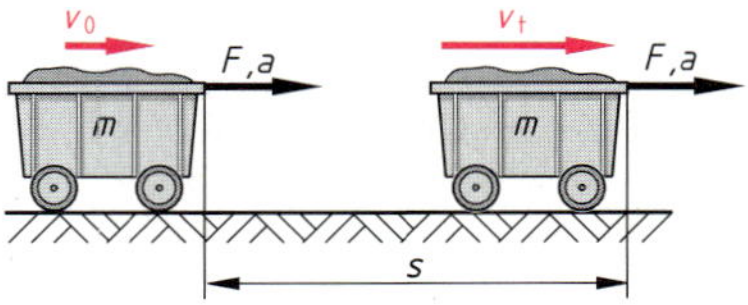

3

$\Delta W_{kin} = \frac{m}{2} \cdot (v_t^2 - v_0^2)$ — **Änderung der kinetischen Energie** in Nm

Zugeführte Beschleunigungsarbeit W_a = Zunahme der kinetischen Energie ΔW_{kin}.

DIN 1304: auch E für Energie

a	Beschleunigung	m/s²
m	Masse	kg
v_0	Anfangsgeschwindigkeit	m/s
v_t	Endgeschwindigkeit	m/s

Umwandlung von potentieller Energie in kinetische Energie (→ Bild 4)

$W_{kin②} = \frac{m}{2} \cdot v_t^2 = m \cdot g \cdot h = W_{pot①}$ — **Energieumwandlung** beim freien Fall (→ **A7**)

Sieht man von **Reibungsverlusten (→ A15)** ab, dann lässt sich die potentielle Energie in eine äquivalente (gleichwertige) kinetische Energie umwandeln.

4

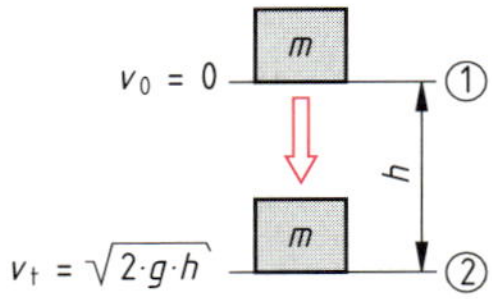

Energieerhaltungssatz und Energieerhaltung beim realen Stoß (→ A14)

$W_{Ende} = W_{Anfang} + W_{zu} - W_{ab}$

↓

Energieerhaltungssatz ⟶ Die Summe aller Energieformen am Ende eines technischen Vorganges ist genauso groß wie die Summe aller Energieformen am Anfang und der während des technischen Vorganges zu- und abgeführten Energie.

Beim **realen Stoß** erwärmen sich die Stoßkörper. Die entstandene Wärmeenergie **(→ C2)** (umgesetzte mechanische Energie) dissipiert (verflüchtigt sich), d.h., dass sie am Ende des Stoßes dem technischen Vorgang entzogen ist.

Dies hat zur Folge:

Die Endgeschwindigkeiten beim realen Stoß sind kleiner als beim elastischen Stoß.

Endgeschwindigkeiten beim realen Stoß:

$$v_{1e} = \frac{m_1 \cdot v_1 + m_2 \cdot v_2 - m_2 \cdot (v_1 - v_2) \cdot k}{m_1 + m_2}$$ in m/s

k ⟶

$$v_{2e} = \frac{m_1 \cdot v_1 + m_2 \cdot v_2 - m_1 \cdot (v_1 - v_2) \cdot k}{m_1 + m_2}$$ in m/s

Vorzeichenregel entsprechend Seite 26.

Stoßrealität (Stoßpartner völlig elastisch)	**Stoßzahl *k***
unelastischer Stoß	0
elastischer Stoß	1
Stahl bei 20 °C	ca. 0,7
Kupfer bei 200 °C	ca. 0,3
Elfenbein bei 20 °C	ca. 0,9
Glas bei 20 °C	ca. 0,95

Federspannarbeit (→ Bild 1)

$$W_f = \frac{F}{2} \cdot s$$ **Federspannarbeit aus ungespanntem Zustand** in Nm

$$W_f = \frac{F_1 + F_2}{2} \cdot (s_2 - s_1)$$

$$W_f = \frac{c}{2} \cdot (s_2^2 - s_1^2)$$

Federspannarbeit aus gespanntem Zustand in Nm (→ Bild 1)

$$c = \frac{F}{s}$$ **Federkonstante (Federate)** in $\frac{\text{N}}{\text{m}}$ (→ **A11**)

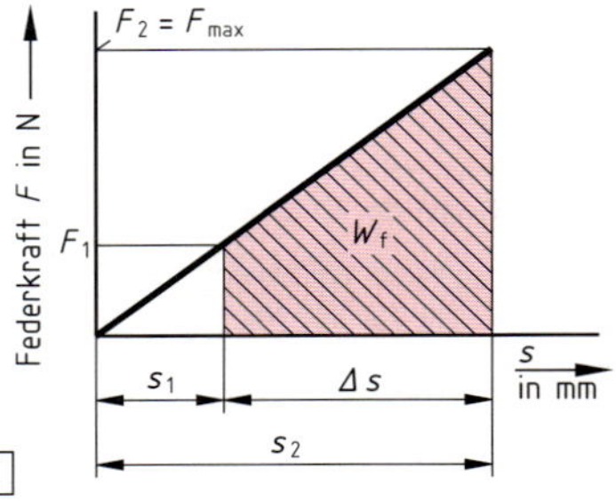

1

Obige Gleichungen gelten nur bei **Federn mit linearer Federkennlinie,** nicht bei Federn mit progressivem oder degressivem Federverhalten.

F	Spannkraft	N
s	Federweg (Spannweg)	m
c	Federkonstante (→ **A11**)	N/m

A 19 Mechanische Leistung

$$P = \frac{F \cdot s}{t} = \frac{W}{t}$$ **mittlere Leistung**

$$P = F \cdot v$$ **Momentanleistung**

F	Verschiebekraft	N
s	zurückgelegter Weg	m
t	Zeit (Δt)	s
W	mechanische Arbeit	Nm
v	Verschiebegeschwindigkeit	m/s

$$[P] = \frac{[F] \cdot [s]}{[t]} = \frac{\text{N} \cdot \text{m}}{\text{s}} = \frac{\text{Nm}}{\text{s}} = \frac{\text{J}}{\text{s}} = \frac{\text{Ws}}{\text{s}} = \text{W}$$ = **Watt** (→ **A18**)

1 Watt ist gleich der Leistung, bei der während der Zeit 1 s die Energie 1 J umgesetzt wird.

1 kW = 10^3 W

1 MW = 10^6 W

Pferdestärke (keine SI-Einheit): 1 kW ≈ 1,36 PS

A 20 Reibungsarbeit, Reibleistung und Wirkungsgrad

Reibungsarbeit und **Reibleistung**

$$W_R = \mu_0 \cdot F_N \cdot s$$ **Haftreibungsarbeit**

$$W_R = \mu \cdot F_N \cdot s$$ **Gleitreibungsarbeit**

$$P_R = \frac{W_R}{t} = F_R \cdot v$$ **Reibleistung** in Watt

μ_0	Haftreibungskoeffizient (→ **A15**)	1
μ	Gleitreibungskoeffizient (→**A15**)	1
F_N	Normalkraft	N
s	zurückgelegter Weg	m
W_R	Reibungsarbeit	Nm
t	Zeit (Δt)	s
F_R	Reibungskraft (→ **A15**)	N
v	Verschiebegeschwindigkeit (→ **A6**)	m/s

Mechanischer Wirkungsgrad

$\eta = \frac{W_n}{W_a} = \frac{P_n}{P_a}$ **Wirkungsgrad** (· 100 in %)

$\eta_{ges} = \eta_1 \cdot \eta_2 \cdot \eta_3 \cdot \ldots \cdot \eta_n$ **Gesamtwirkungsgrad**

W_n	Nutzarbeit	Nm
W_a	aufgewendete Arbeit	Nm
P_n	Nutzleistung	W, kW
P_a	aufgewendete Leistung	W, kW
$\eta_1 \ldots \eta_n$	Einzelwirkungsgrade	1

Wirkungsgrad wichtiger Maschinenelemente und Baugruppen

Flachführung (→ A15)

$\eta = 1 - \mu \cdot \frac{F_N}{F_1}$ < 1

μ	Reibungskoeffizient	1
F_N	Normalkraft	N
F_1	Verschiebekraft	N

Symmetrische Prismenführung (→ A15)

$\eta = 1 - \frac{\mu}{\sin\alpha} \cdot \frac{F}{F_1}$ < 1

μ	Reibungskoeffizient	1
α	halber Prismenwinkel	Grad
F	Anpresskraft	N
F_1	Verschiebekraft	N

Unsymmetrische Prismenführung (→ A15)

$\eta = 1 - \mu \cdot \frac{F_{N1} + F_{N2}}{F_1}$ < 1

μ	Reibungskoeffizient	1
F_{N1}, F_{N2}	Normalkräfte	N
F_1	Verschiebekraft	N

Zylindrische Säulenführung (→ A15)

$\eta = 1 - \frac{F_R}{F}$ < 1

F_R	Reibungskraft	N
F	axiale Belastung	N

Schraubenwirkungsgrad (→ A16)

$\eta_H = \frac{\tan\alpha}{\tan(\alpha + \varrho')}$ η **beim Heben** bzw. **beim Anziehen**

$\eta_S = \frac{\tan(\alpha + \varrho')}{\tan\alpha}$ η **beim Senken** bzw. **beim Lösen**

$\mu' = \tan\varrho' = \frac{\mu}{\cos\frac{\beta}{2}}$ **Gewindereibungszahl**

α	Steigungswinkel	Grad
ϱ'	Gewindereibungswinkel	Grad
μ'	Gewindereibungszahl = tan ϱ'	1
μ	Gleitreibungszahl	1
β	Flankenwinkel	Grad

Gewindetabellen (→T4)

A21 Drehleistung

Drehzahl und Umfangsgeschwindigkeit (→ A6, A22)

$v_u = \pi \cdot d \cdot n$ **Umfangsgeschwindigkeit**

$v_u = \frac{\pi \cdot d \cdot n}{1000}$

v_u	d	n
m/min	mm	min^{-1}

$v_u = \frac{\pi \cdot d \cdot n}{1000 \cdot 60}$

v_u	d	n
m/s	mm	min^{-1}

v_u	Umfangsgeschwindigkeit	m/s
d	Durchmesser des Drehkörpers	m
n	Drehzahl (Umdrehungsfrequenz)	s^{-1}

Insbesondere in der **Fertigungstechnik** wird zwischen m/min und m/s unterschieden, und zwar bei der Angabe der **Schnittgeschwindigkeit v_c**.

Drehleistung bei gleichförmiger Drehbewegung (→ A6, A22)

Formelzeichen v_u, n, d wie vorher (→ Bild 1, Seite 36).

$M = F_u \cdot \frac{d}{2}$	**Drehmoment** in Nm		
$F_u = \frac{2 \cdot M}{d}$	**Umfangskraft** in N		
$P = \frac{2 \cdot M \cdot v_u}{d}$	**Drehleistung**		
$P = \frac{M \cdot n}{9550}$	**Drehleistung**		
$M = 9550 \cdot \frac{P}{n}$	**Drehmoment**		

P	M	v_u	d
W	Nm	m/s	m

P	M	n
kW	Nm	min^{-1}

→ Zahlenwertgleichungen

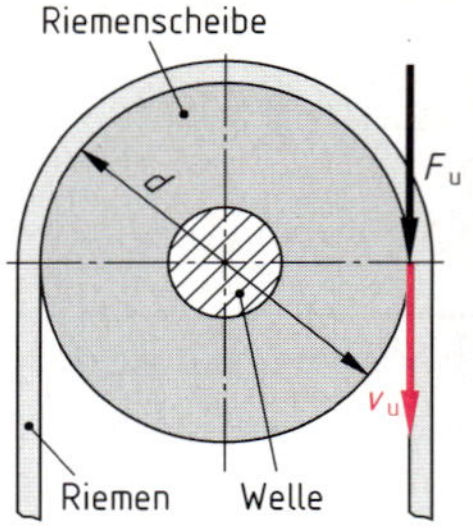

1

A 22 Rotationskinematik

Winkelgeschwindigkeit (→ A6)

$\omega = 2 \cdot \pi \cdot n$	**Winkelgeschwindigkeit**	ω: s^{-1} = rad/s	n: s^{-1}
$\omega = \frac{\pi \cdot n}{30}$	**Winkelgeschwindigkeit** (Zahlenwertgleichung)	ω: s^{-1} = rad/s	n: min^{-1}

$v_u = \omega \cdot r$ — **Umfangsgeschwindigkeit**

v_u	ω	r
m/s	s^{-1}	m

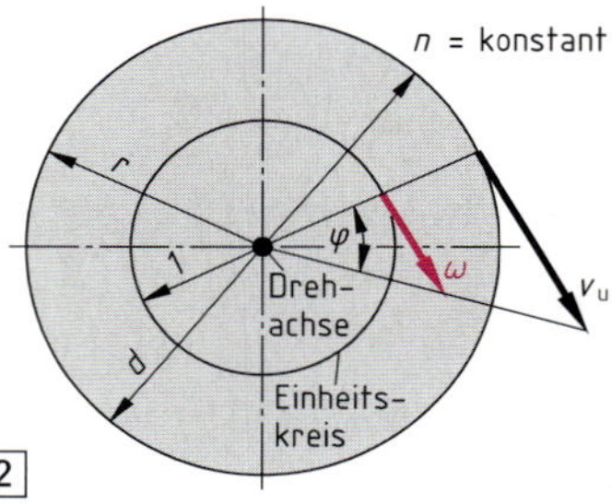

2

Drehleistung und Winkelgeschwindigkeit, Drehwinkel

$P = M \cdot \omega$ — **Drehleistung** in W

M	Drehmoment	Nm
ω	Winkelgeschwindigkeit	s^{-1}

$P = M \cdot \frac{\pi \cdot n}{30}$ — **Drehleistung** (Zahlenwertgleichung)

P	M	n
W	Nm	min^{-1}

$\varphi = \omega \cdot t$ — **Drehwinkel** in rad

Gleichmäßig beschleunigte oder verzögerte Drehbewegung (→ A7)

$a_t = \frac{\Delta v_u}{\Delta t}$ — **Tangentialbeschleunigung**

$\alpha = \frac{a_t}{r}$ — **Winkelbeschleunigung**

$\omega = \alpha \cdot t$

$w = \frac{a_t}{r} \cdot t$

} **Winkelgeschwindigkeit** in s^{-1}

$\Delta\omega = \alpha \cdot \Delta t$ — **Änderung der Winkelgeschwindigkeit**

a_t	Tangentialbeschleunigung	m/s^2
v_u	Umfangsgeschwindigkeit = $a_t \cdot t$	m/s
t	Zeit (Δt)	s
α	Winkelbeschleunigung	rad/s^2
r	Radius des Drehkörpers	m

Weitere Gleichungen zur gleichmäßig beschleunigten oder verzögerten Drehbewegung sind in der **Tabelle Seite 37** zusammengestellt.

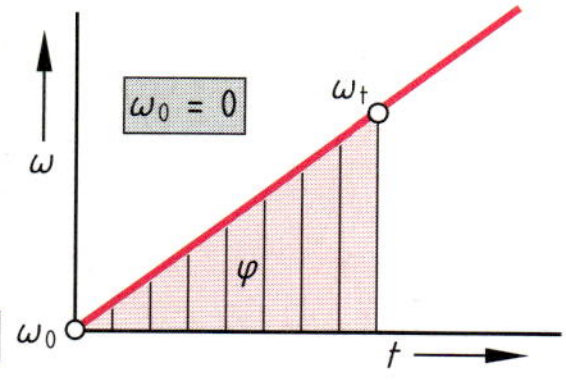

1

$t = \Delta t$

ω, t-Diagramme

α = konst. u. positiv

Bei verzögerter Bewegung ist die **Winkelbeschleunigung** α **negativ** in die folgenden Formeln einzusetzen!

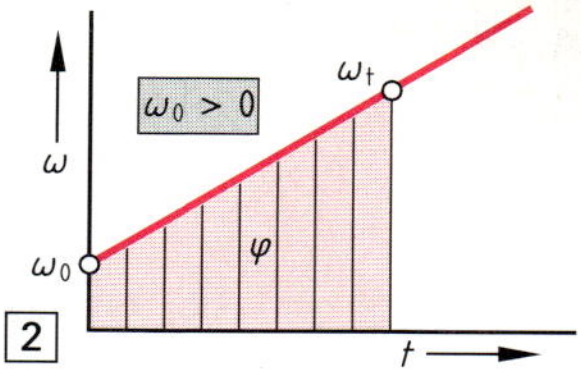

2

α, φ, ω, t → wie vorher; ω_0 = **Anfangswinkelgeschwindigkeit**
ω_t = **Endwinkelgeschwindigkeit**

Winkelgeschwindigkeit am Anfang ω_0	**$\omega_0 = 0$**	**$\omega_0 > 0$**	rad/s
Drehwinkel φ nach der Zeit t (Δt)	$\varphi = \frac{\omega_t \cdot t}{2}$	$\varphi = (\omega_0 + \omega_t) \cdot \frac{t}{2}$	rad
	$\varphi = \frac{\alpha}{2} \cdot t^2$	$\varphi = \omega_0 \cdot t + \frac{\alpha}{2} \cdot t^2$	rad
	$\varphi = \frac{\omega_t^2}{2 \cdot \alpha}$	$\varphi = \frac{\omega_t^2 - \omega_0^2}{2 \cdot \alpha}$	rad
Winkelbeschleunigung α (Anstieg $\tan \beta \sim \alpha$)	$\alpha = \frac{\omega_t}{t}$	$\alpha = \frac{\omega_t - \omega_0}{t}$	rad/s²
	$\alpha = \frac{2 \cdot \varphi}{t^2}$	$\alpha = \frac{2 \cdot (\varphi - \omega_0 \cdot t)}{t^2}$	rad/s²
	$\alpha = \frac{\omega_t^2}{2 \cdot \varphi}$	$\alpha = \frac{\omega_t^2 - \omega_0^2}{2 \cdot \varphi}$	rad/s²
Winkelgeschwindigkeit ω_0 (am Anfang)	$\omega_0 = 0$	$\omega_0 = \omega_t - \alpha \cdot t$	rad/s
		$\omega_0 = \frac{2 \cdot \varphi}{t} - \omega_t$	rad/s
		$\omega_0 = \sqrt{\omega_t^2 - 2 \cdot \alpha \cdot \varphi}$	rad/s
Winkelgeschwindigkeit ω_t (nach der Zeit t)	$\omega_t = \alpha \cdot t$	$\omega_t = \omega_0 + \alpha \cdot t$	rad/s
	$\omega_t = \frac{2 \cdot \varphi}{t}$	$\omega_t = \omega_0 + \frac{2 \cdot \varphi}{t}$	rad/s
	$\omega_t = \sqrt{2 \cdot \alpha \cdot \varphi}$	$\omega_t = \sqrt{\omega_0^2 + 2 \cdot \alpha \cdot \varphi}$	rad/s
Zeit t (Zeitspanne Δt)	$t = \frac{\omega_t}{\alpha}$	$t = \frac{\omega_t - \omega_0}{\alpha}$	s
	$t = \frac{2 \cdot \varphi}{\omega_t}$	$t = \frac{2 \cdot \varphi}{\omega_0 + \omega_t}$	s
	$t = \sqrt{\frac{2 \cdot \varphi}{\alpha}}$	$t = \frac{\sqrt{\omega_0^2 + 2 \cdot \alpha \cdot \varphi} - \omega_0}{\alpha}$	s

Übersetzungen beim Riementrieb

Einfacher Riementrieb (→ Bild 1, Seite 38)

Beim **Riementrieb** ist es üblich, die Größen der treibenden Scheibe mit ungeraden Indizes (z.B. d_1, n_1, ω_1) und die Größen der getriebenen Scheibe mit geraden Indizes (z.B. d_2, n_2, ω_2) zu bezeichnen.

$d_1 \cdot n_1 = d_2 \cdot n_2$ **Grundgleichung**

$$\frac{n_1}{n_2} = \frac{d_2}{d_1}$$

$$i = \frac{n_1}{n_2} = \frac{\omega_1}{\omega_2} = \frac{d_2}{d_1}$$ **Übersetzungsverhältnis**

Drehzahlen und **Winkelgeschwindigkeiten** verhalten sich umgekehrt wie die Durchmesser der Scheiben.

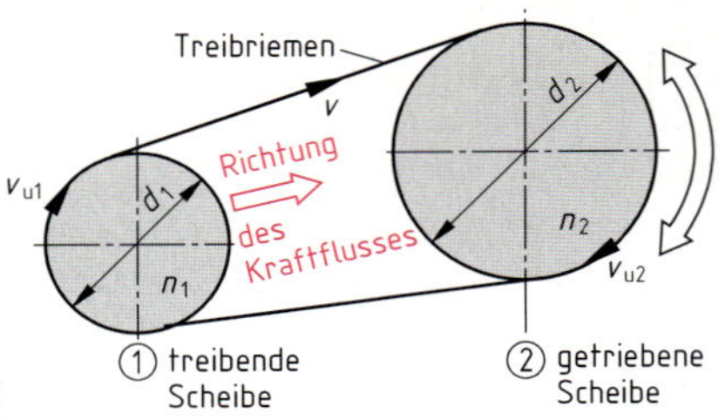

1

d	Durchmesser	mm
ω	Winkelgeschwindigkeit	s^{-1}
n	Drehzahl (Umdrehungsfrequenz)	min^{-1}

Mehrfachriementrieb (→ Bild 2)

$n_a \cdot d_1 \cdot d_3 \cdot d_5 \cdot ... = n_e \cdot d_2 \cdot d_4 \cdot d_6 \cdot ...$ **Grundgleichung**

n_a = Anfangsdrehzahl; n_e = Enddrehzahl

$i_{ges} = i_1 \cdot i_2 \cdot i_3 \cdot ...$ **Gesamtübersetzungsverhältnis**

Beim **Mehrfachriementrieb** errechnet sich das Gesamtübersetzungsverhältnis aus dem Produkt aller Einzelübersetzungsverhältnisse.

$$i_{ges} = \frac{n_a}{n_e} = \frac{\omega_a}{\omega_e}$$ **Gesamtübersetzungsverhältnis**

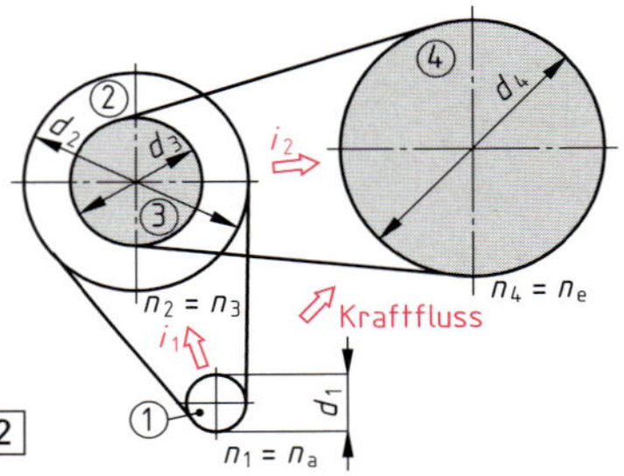

2

Übersetzung beim Zahntrieb (→ Bild 3)

$U = p \cdot z$ **Teilkreisumfang** in mm

$d = m \cdot z$ **Teilkreisdurchmesser** in mm

$$m = \frac{p}{\pi}$$ **Modul** in mm

$$i = \frac{n_1}{n_2} = \frac{\omega_1}{\omega_2} = \frac{d_2}{d_1}$$

$$i = \frac{z_2}{z_1}$$

Übersetzungsverhältnis

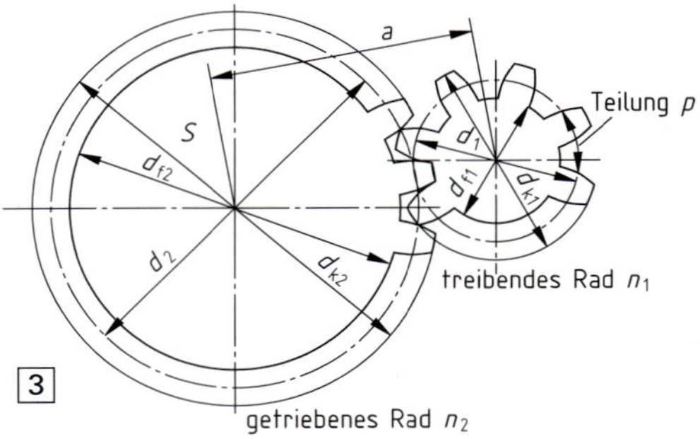

3

d_f	Fußkreisdurchmesser	mm
d_a	Kopfkreisdurchmesser	mm
d	Teilkreisdurchmesser	mm
p	Teilung (Abstand der Zähne auf dem Teilkreisdurchmesser)	mm
a	Achsabstand	mm
z	Anzahl der Zähne (Zähnezahl)	1

Doppelter Zahntrieb und Mehrfachzahntrieb

$n_a \cdot d_1 \cdot d_3 \cdot d_5 ... = n_e \cdot d_2 \cdot d_4 \cdot d_6 ...$

$n_a \cdot z_1 \cdot z_3 \cdot z_5 ... = n_e \cdot z_2 \cdot z_4 \cdot z_6 ...$

Grundgleichungen des Mehrfachzahntriebes

$$i_{ges} = i_1 \cdot i_2 \cdot i_3 ... = \frac{d_2 \cdot d_4 \cdot d_6 ...}{d_1 \cdot d_3 \cdot d_5 ...} = \frac{z_2 \cdot z_4 \cdot z_6 ...}{z_1 \cdot z_3 \cdot z_5 ...} = \frac{n_a}{n_e}$$ **Gesamtübersetzungsverhältnis**

A23 Rotationsdynamik

Die Fliehkraft

Zentrifugalkraft F_z → vom Drehmittelpunkt weggerichtet.

Zentripetalkraft F'_z → zum Drehmittelpunkt hingerichtet.

$$F_z = -F'_z = m \cdot \frac{v_u^2}{r} = m \cdot r \cdot \omega^2$$

Zentrifugalkraft
Zentripetalkraft in N

$$a_z = \frac{v_u^2}{r}$$

Zentripetalbeschleunigung in m/s²

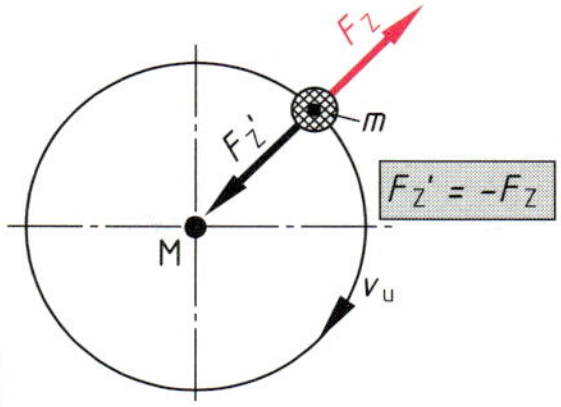

1

m	Masse	kg
v_u	Umfangsgeschwindigkeit (→ **A21**)	m/s
r	Bahnradius	m
ω	Winkelgeschwindigkeit (→ **A22**)	s^{-1}

Coriolisbeschleunigung und Corioliskraft

$$a_c = 2 \cdot \omega \cdot v \cdot \sin\alpha$$

Coriolisbeschleunigung in m/s²

$$F_c = m \cdot a_c = m \cdot 2 \cdot \omega \cdot v \cdot \sin\alpha$$

Corioliskraft in N

ω	Winkelgeschwindigkeit (→ **A22**)	s^{-1}
v	Bewegungsgeschwindigkeit eines Körpers auf dem Drehkörper	m/s
m	Masse des bewegten Körpers	kg
α	Winkel zwischen Drehachse und Geschwindigkeitsvektor (→ **A8**)	Grad

A24 Kinetische Energie rotierender Körper

Rotationsenergie als kinetische Energie

Die einem rotierenden Körper **zugeführte mechanische Arbeit** entspricht der **Erhöhung der kinetischen Energie** dieser rotierenden Masse, d.h. der Erhöhung der **Rotationsenergie (Drehenergie)**.

$$W_{rot} = m \cdot r^2 \cdot \frac{\omega^2}{2}$$

Drehenergie eines Massenpunktes in Nm

$$W_{rot} = \frac{J}{2} \cdot \omega^2$$

Drehenergie (allgemein)

$$m = V \cdot \varrho$$

Masse des Drehkörpers in kg

W_{rot}	Rotations- bzw. Drehenergie	Nm
r	Abstand des Massenpunktes vom Drehmittelpunkt	m
ω	Winkelgeschwindigkeit (→ **A22**)	s^{-1}
J	Massenträgheitsmoment des Drehkörpers ↓ **Trägheitsmomente einfacher Drehkörper auf der folgenden Seite!**	kg m²
m	Masse des Drehkörpers (→ **A4**)	kg
V	Volumen des Drehkörpers	m³
ϱ	Dichte des Drehkörpers (→ **A4**)	kg m³

Trägheitsmomente zusammengesetzter Körper (→ A13)

$$J = J_1 + J_2 + \ldots + J_n$$

Gesamtträgheitsmoment in kg m²

Das Gesamtträgheitsmoment eines Körpers errechnet sich aus der Summe der Einzelträgheitsmomente.

Bild 2: Die Schwerpunkte aller Einzelkörper liegen auf der Drehachse.

Bild 3: Die Schwerpunkte der Einzelkörper liegen nicht alle auf der Drehachse. Für diesen Fall gilt:

$$J = J_s + m \cdot r^2$$

Steiner'scher Verschiebungssatz (→ **A13**)

In dieser Gleichung bedeuten:

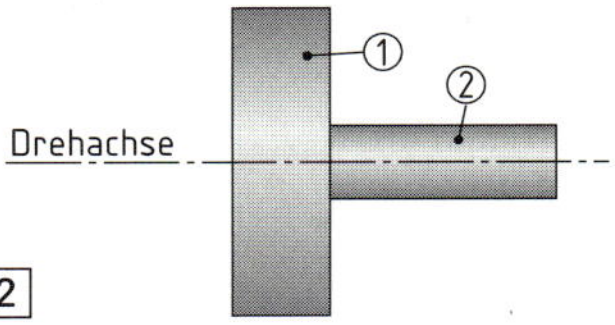

2

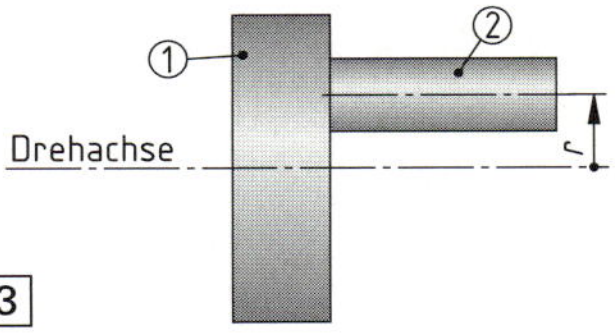

3

A

J	→ das auf die Drehachse bezogene Trägheitsmoment des Einzelkörpers (z.B. Körper ②).
J_s	→ das Trägheitsmoment des Einzelkörpers (z.B. Körper ②). Dies ist das **Eigenträgheitsmoment** (→ Tabelle unten).
m	→ Masse des Körpers, dessen Schwerpunkt nicht auf der Drehachse liegt.
r	→ Abstand der Schwerachse dieses Körpers von der Drehachse.

Trägheitsmomente einfacher Körper (Massenträgheitsmomente)

Kreiszylinder

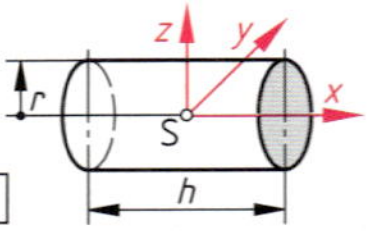

1

$m = \varrho \cdot \pi \cdot r^2 \cdot h$

$J_x = \dfrac{m \cdot r^2}{2}$

$J_y = J_z = \dfrac{m \cdot (3 \cdot r^2 + h^2)}{12}$

Hohlzylinder

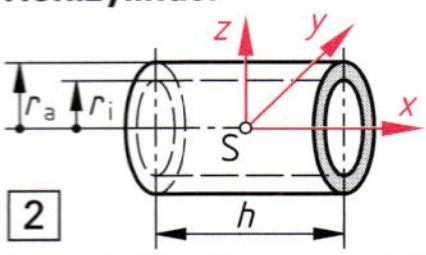

2

$m = \varrho \cdot \pi \cdot (r_a^2 - r_i^2) \cdot h$

$J_x = \dfrac{m \cdot (r_a^2 + r_i^2)}{2}$

$J_y = J_z = \dfrac{m \cdot \left(r_a^2 + r_i^2 + \dfrac{h^2}{3}\right)}{4}$

Kugel

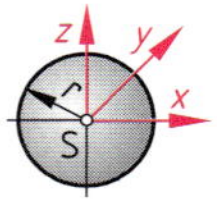

3

$m = \varrho \cdot \dfrac{4}{3} \cdot \pi \cdot r^3$

$J_x = J_y = J_z = \dfrac{2}{5} \cdot m \cdot r^2$

Kreiskegel

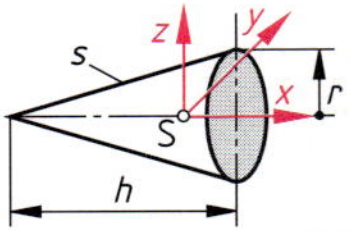

4

$m = \varrho \cdot \pi \cdot r^2 \cdot \dfrac{h}{3}$

$J_x = \dfrac{3}{10} \cdot m \cdot r^2$

$J_y = J_z = \dfrac{3 \cdot m \cdot (4 \cdot r^2 + h^2)}{80}$

Quader

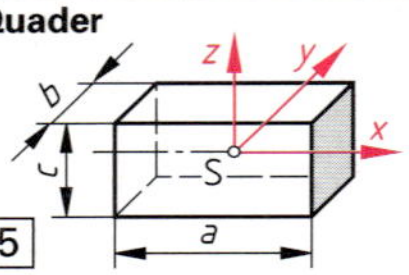

5

$m = \varrho \cdot a \cdot b \cdot c$

$J_x = \dfrac{m \cdot (b^2 + c^2)}{12}$

$J_y = \dfrac{m \cdot (a^2 + c^2)}{12}$

$J_z = \dfrac{m \cdot (a^2 + b^2)}{12}$

Dünner Stab

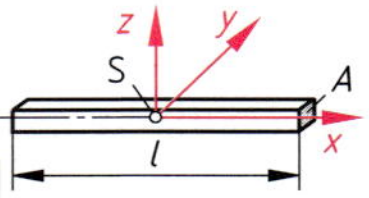

6

$m = \varrho \cdot A \cdot l$

$J_y = J_z = \dfrac{m \cdot l^2}{12}$

Hohlkugel

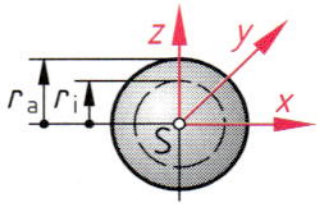

7

$m = \varrho \cdot \dfrac{4}{3} \cdot \pi \cdot (r_a^3 - r_i^3)$

$J_x = J_y = J_z = \dfrac{2}{5} \cdot m \cdot \dfrac{r_a^5 - r_i^5}{r_a^3 - r_i^3}$

Kreiskegelstumpf

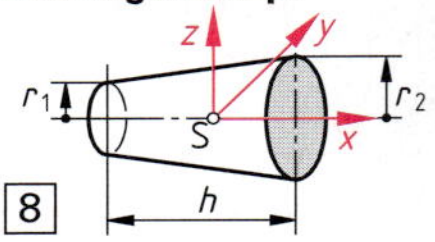

8

$m = \varrho \cdot \dfrac{1}{3} \cdot \pi \cdot h \cdot (r_2^2 + r_1 \cdot r_2 + r_1^2)$

$J_x = \dfrac{3}{10} \cdot m \cdot \dfrac{r_2^5 - r_1^5}{r_2^3 - r_1^3}$

Rechteckpyramide

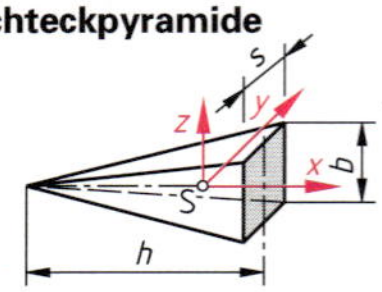

9

$m = \dfrac{\varrho \cdot a \cdot b \cdot h}{3}$

$J_x = \dfrac{m \cdot (a^2 + b^2)}{20}$

$J_y = \dfrac{m \cdot \left(b^2 + \dfrac{3}{4} \cdot h^2\right)}{20}$

$J_z = \dfrac{m \cdot \left(a^2 + \dfrac{3}{4} \cdot h^2\right)}{20}$

Kreistorus

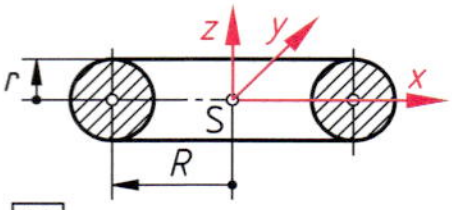

10

$m = \varrho \cdot 2 \cdot \pi^2 \cdot r^2 \cdot R$

$J_x = J_y = \dfrac{m \cdot (4 \cdot R^2 + 5 \cdot r^2)}{8}$

$J_z = \dfrac{m \cdot (4 \cdot R^2 + 3 \cdot r^2)}{4}$

Halbkugel

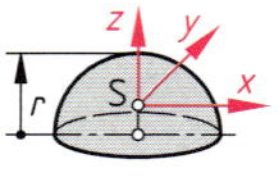

11

$m = \varrho \cdot \dfrac{2}{3} \cdot \pi \cdot r^3$

$J_x = J_y = \dfrac{83}{320} \cdot m \cdot r^2$

$J_z = \dfrac{2}{5} \cdot m \cdot r^2$

Beliebiger Rotationskörper

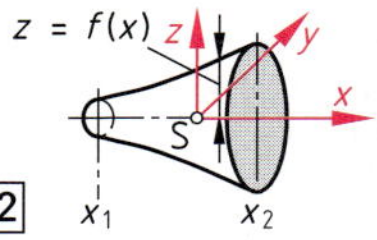

12

$m = \varrho \cdot \pi \cdot \int_{x_1}^{x_2} f^2(x)\, dx$

$J_x = \dfrac{1}{2} \cdot \varrho \cdot \pi \cdot \int_{x_1}^{x_2} f^4(x)\, dx$

Reduzierte Masse (→ Bild 1)

$$m_{red} = \frac{J}{(r')^2}$$ **reduzierte Masse** in kg

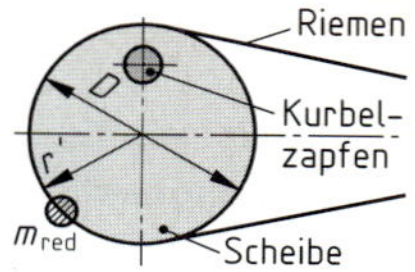

1

Die reduzierte Masse ist eine punktförmig angenommene Masse an beliebig angenommenem Radius mit gleichem Trägheitsmoment wie es der Körper hat.

J	Massenträgheitsmoment	kg m²
r'	beliebig (aber sinnvoll) angenommener Radius	m

Trägheitsradius

$$i = \sqrt{\frac{J}{m}}$$ **Trägheitsradius** in m

J	Massenträgheitsmoment	kg m²
r	Masse des Drehkörpers	kg

Dynamisches Grundgesetz der Drehbewegung und Dreharbeit (→ A10, A18, A22)

$$M = J \cdot \alpha$$ **Drehmoment** in Nm bei der **Rotationsbeschleunigung**

$$W_{rot} = M \cdot \varphi$$ **Dreharbeit** in Nm

J	Massenträgheitsmoment	kg m²
α	Winkelbeschleunigung (→ **A22**)	1/s²
φ	Drehwinkel (→ **A22**)	rad

Drehimpuls und Drehstoß (→ A14)

$$H = M \cdot \Delta t$$ **Drehstoß (Momentenstoß)** in Nms

$$L = J \cdot \omega$$ **Drehimpuls (Drall)** in $\frac{\text{kg m}^2}{\text{s}}$

$$J_0 \cdot \omega_0 = J_t \cdot \omega_t$$ **Drehimpulserhaltung (Drallerhaltung)**

M	Drehmoment (→ **A13**)	Nm
t	Zeit (Δt)	s
J	Massenträgheitsmoment	kg m²
ω	Winkelgeschwindigkeit (→ **A22**)	s^{-1}
ω_o	ω am Anfang der Drehbeschleunigung	s^{-1}
ω_t	ω am Ende der Drehbeschleunigung	s^{-1}

Verkleinert sich das **Massenträgheitsmoment** J, dann vergrößert sich – ohne Energiezufuhr von außen – die **Winkelgeschwindigkeit** ω und damit die **Drehzahl** n.

Vergleich der Translationsgrößen mit den Rotationsgrößen

Translationsgröße	Formelzeichen	Einheit	**Rotationsgröße**	Formelzeichen	Einheit
Weg	Δs	m	Drehwinkel	$\Delta\varphi$	rad
Zeit	Δt	s	Zeit	Δt	s
Geschwindigkeit	$v = \frac{\Delta s}{\Delta t}$	m/s	Winkelgeschwindigkeit	$\omega = \frac{\Delta\varphi}{\Delta t}$	$\frac{\text{rad}}{\text{s}} = s^{-1}$
Beschleunigung	$a = \frac{\Delta v}{\Delta t}$	m/s²	Winkelbeschleunigung	$\alpha = \frac{\Delta\omega}{\Delta t}$	$\frac{\text{rad}}{\text{s}^2} = s^{-2}$
Leistung	$P = F \cdot v = \frac{W}{t}$	W	Drehleistung	$P = M \cdot \omega = \frac{W_{rot}}{t}$	W
Weg	$s = v \cdot t$	m	Drehwinkel	$\varphi = \omega \cdot t$	rad
Beschleunigung	$a = \frac{\Delta v}{\Delta t}$	m/s²	Tangentialbeschleunigung	$a_t = \frac{\Delta v_u}{\Delta t}$	m/s²
Geschwindigkeit	$v = a \cdot t$	m/s	Umfangsgeschwindigkeit	$v_u = a_t \cdot t$	m/s
kinetische Energie	$W_{kin} = \frac{m}{2} \cdot v^2$	Nm	Rotationsenergie	$W_{rot} = \frac{J}{2} \cdot \omega^2$	Nm
Kraft	F	N	Drehmoment	M	Nm
Masse	m	kg	Trägheitsmoment	J	kg m²
Arbeit	$W = F \cdot s$	Nm	Rotationsarbeit	$W_{rot} = M \cdot \varphi$	Nm
Impuls	$p = m \cdot v$	$\frac{\text{kg m}}{\text{s}}$	Drehimpuls	$L = J \cdot \omega$	$\frac{\text{kg m}^2}{\text{s}}$
Kraftstoß	$I = F \cdot \Delta t$	N · s	Drehstoß	$H = M \cdot \Delta t$	N · m · s

Gravitation

Das Gravitationsgesetz

$G = 6{,}673 \cdot 10^{-11} \dfrac{m^3}{kg \cdot s^2}$ **Gravitationskonstante (→ T23)**

$F = G \cdot \dfrac{m_1 \cdot m_2}{r^2}$ **Gravitationskraft**

$[\boldsymbol{F}] = [G] \cdot \dfrac{[m_1] \cdot [m_2]}{[r^2]} = \dfrac{m^3}{kg \cdot s^2} \cdot \dfrac{kg \cdot kg}{m^2} = \dfrac{kgm}{s^2} = \mathbf{N}$

Die Gravitationskraft ist proportional dem Produkt der beiden Massen und umgekehrt proportional zum Quadrat des Abstandes der beiden Massenschwerpunkte.

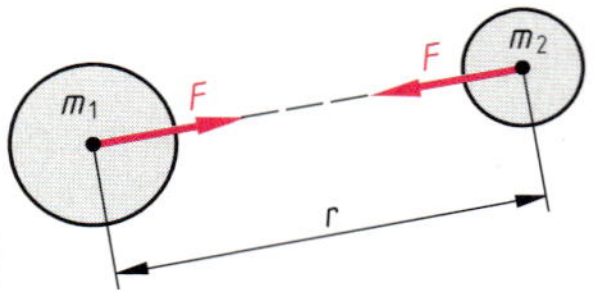

1

F	Gravitationskraft	N
G	Gravitationskonstante	$m^3/(kg \cdot s^2)$
m_1, m_2	sich anziehende Massen	kg
r	Abst. der Massenschwerpunkte	m

Die **Gewichtskraft** F_G **(→ A10)** ist eine Gravitationskraft.

Himmelsmechanik

1. Kepler'sches Gesetz:

Die **Planetenbahnen** sind **Ellipsen** mit einem gemeinsamen Brennpunkt, in dem die **Sonne** steht.

2. Kepler'sches Gesetz:

Der Fahrstrahl Sonne – Planet (Bild 2) überstreicht in gleichen Zeiten gleiche Flächen.

$\dfrac{\Delta A}{\Delta t} = \text{konst.}$ (mathematische Form)

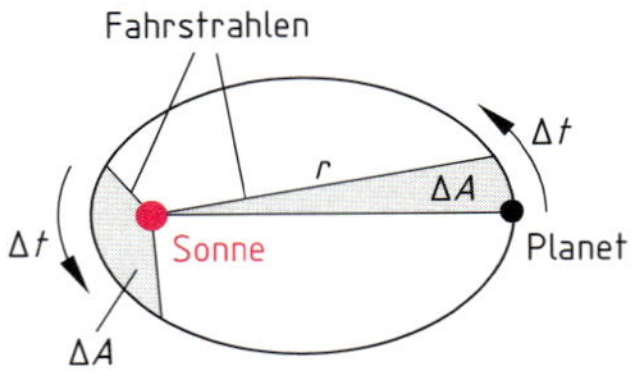

2

3. Kepler'sches Gesetz:

Die Quadrate der **Umlaufzeiten** aller Planeten verhalten sich wie die dritten Potenzen ihrer **mittleren Entfernungen** von der Sonne.

$\dfrac{a^3}{T^2} = \text{konst.}$

$\dfrac{T_1^2}{T_2^2} = \dfrac{a_1^3}{a_2^3}$ (mathematische Form)

ΔA	vom Fahrstrahl überstrichene Fläche	m^2
Δt	Zeitspanne zum Überstreichen der Fläche ΔA	s
T_1, T_2	Umlaufzeiten zweier Planeten	s
a_1, a_2	mittlere Abstände zweier Planeten von der Sonne	m

Wirkungen der Gravitation

$a_z = r \cdot \dfrac{4\,\pi^2}{T^2}$ **Zentripetalbeschleunigung (→ A23)**

$g = g_0 \cdot \dfrac{r_0^2}{r^2}$ **Erdbeschleunigung (→ A7)**

$v_u = \sqrt{g_0 \cdot \dfrac{r_0^2}{r}}$ **stabile Umlaufgeschwindigkeit**

$v_f = \sqrt{2 \cdot g_0 \cdot r_0}$ **Fluchtgeschwindigkeit**

a_z	Zentripetalbeschleunigung **(→ A23)**	m/s^2
r	momentaner Umlaufradius	m
T	Umlaufzeit	s
g	Erdbeschleunigung im Abstand r vom Erdmittelpunkt **(→ A7)**	m/s^2
g_0	Normfallbeschleunigung **(→ A7)**	m/s^2
r_0	Erdradius (6370 km)	m
r	Abstand vom Erdmittelpunkt	m
v_u	Umlaufgeschwindigkeit eines Satelliten	m/s
v_f	Geschwindigkeit, die erforderlich ist, das **Gravitationsfeld** der Erde zu verlassen. Man nennt diese die Fluchtgeschwindigkeit oder die zweite kosmische Geschwindigkeit	m/s

B Mechanik der Fluide

B1 Wirkungen der Molekularkräfte

Oberflächenspannung (Grenzflächenspannung)

Durch **Kohäsionskräfte** (→ **A3**) in der Flüssigkeit und **Adhäsionskräfte** zwischen der Flüssigkeit und dem an der Oberfläche der Flüssigkeit angrenzenden Gas bzw. Dampf wird das **Oberflächenverhalten des flüssigen Körpers** hervorgerufen.

$\delta = \dfrac{\Delta W}{\Delta A}$ — **Oberflächenspannung** (Definition) (→ **A18**)

$\delta = \dfrac{F}{2 \cdot d \cdot \pi}$ — **Ermittlung der Oberflächenspannung im Versuch** (→ Bild 1) (→ **T8**)

σ	Oberflächenspannung	N/m
ΔW	Änderung der Oberflächenenergie	N · m = J
ΔA	Änderung der Oberflächengröße	m^2
F	Kraft (→ **A10**)	N
d	Ringdurchmesser	m

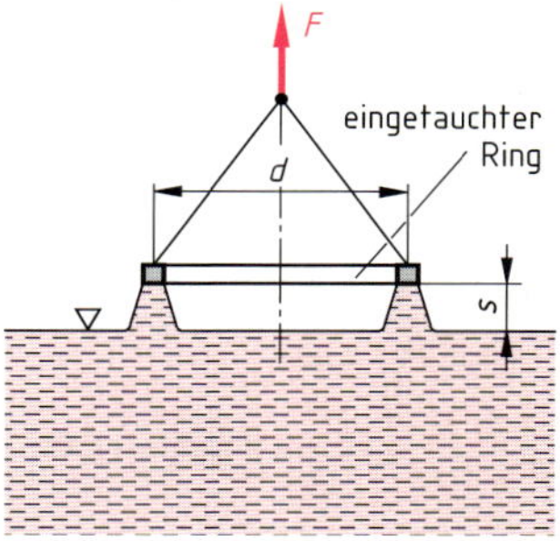

1

Steighöhe in einer Kapillare (→ Bild 2)

$h = \dfrac{2 \cdot \sigma}{g \cdot r \cdot \varrho}$ — **Steighöhe** bei völliger Benetzung

σ	Oberflächenspannung	N/m
g	Fallbeschleunigung (→ **A7**)	m/s^2
r	Radius der Kapillare	m
ϱ	Dichte der Flüssigkeit (→ **A4**)	kg/m^3

Bei der **Kapillarwirkung** und der **Randausbildung** unterscheiden sich:

benetzende Flüssigkeit

nicht benetzende Flüssigkeit

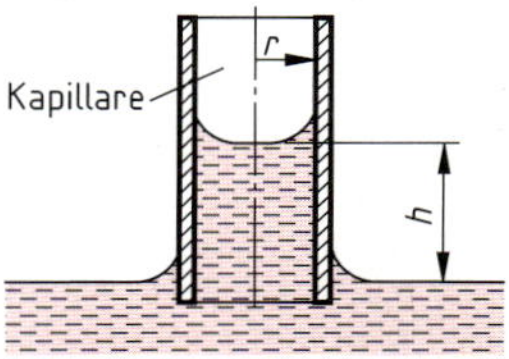

2

B2 Hydrostatischer Druck

Druckberechnung, Druckeinheiten

$p = \dfrac{F}{A}$ — **Pressdruck** in N/m^2

$p = h \cdot \varrho \cdot g$ — **Schweredruck** in N/m^2

Die SI-Einheit für den Druck ist das **Pascal**. Einheitenzeichen: **Pa**.

$1\ Pa = 1\ N/m^2$ → $10^5\ Pa = 1\ bar$

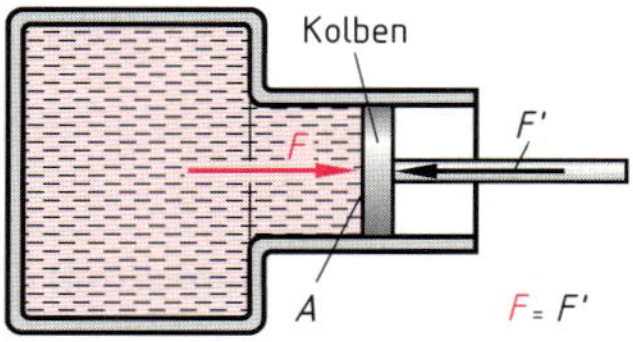

3

F	senkrecht zur Fläche wirkende Kraft	N
A	gedrückte Fläche	m^2
h	Höhe einer Flüssigkeitssäule	m
ϱ	Dichte der Flüssigkeit (→ **A4**)	kg/m^3
g	Fallbeschleunigung (→ **A7**)	m/s^2

B

Gebräuchliche dezimale Teile und dezimale Vielfache der Druckeinheit (→ A4)

1 Mikropascal	= 1 µPa	= 0,000 001 Pa	= 10^{-6} Pa
1 Hektopascal	= 1 hPa	= 100 Pa	= 10^{2} Pa
1 Kilopascal	= 1 kPa	= 1 000 Pa	= 10^{3} Pa
1 Megapascal	= 1 MPa	= 1 000 000 Pa	= 10^{6} Pa

→ 1 Hektopascal = 1 Millibar
1 hPa = 1 mbar

Umrechnung alter Druckeinheiten in Pascal → DIN 1304 „Druck"

Frühere Einheiten	Umrechnung in N/m² = Pa	hPa = mbar	bar = 10^5 Pa
$1\ \frac{\text{kp}}{\text{cm}^2} = 1$ at	98066,5	980,665	0,980665
1 mWS	9806,65	98,0665	0,0980665
1 Torr = 1 mm QS	133,322	1,33322	0,00133322
1 atm	101325	1013,25	1,01325

at: **technische Atmosphäre**, atm: **physikalische Atmosphäre**, mWS: **Meter Wassersäule**, mm QS: **Millimeter Quecksilbersäule** (jetzt mm Hg)

Kompressibilität infolge Druckänderung

$$\varkappa = \frac{\Delta V}{V} \cdot \frac{1}{\Delta p}$$ **Kompressibilität (→ T9)**

$$K = \frac{1}{\varkappa}$$ **Kompressionsmodul**

$\varkappa$	Kompressibilität	bar^{-1}
ΔV	Volumenänderung infolge Druckänderung	m^3
V	Ausgangsvolumen	m^3
Δp	Druckänderung (→ **B3**)	bar
K	Kompressionsmodul	bar

B 3 Aerostatischer Druck

Absoluter Druck, Überdruck und Atmosphärendruck (→ Bild 1)

Der absolute Druck p_{abs} ist der Druck gegenüber dem Druck Null im leeren Raum.

Die Differenz zwischen einem absoluten Druck p_{abs} und dem jeweiligen (absoluten) **Atmosphärendruck** p_{amb} ist die **atmosphärische Druckdifferenz** p_e. Diese wird auch **Überdruck** p_e genannt.

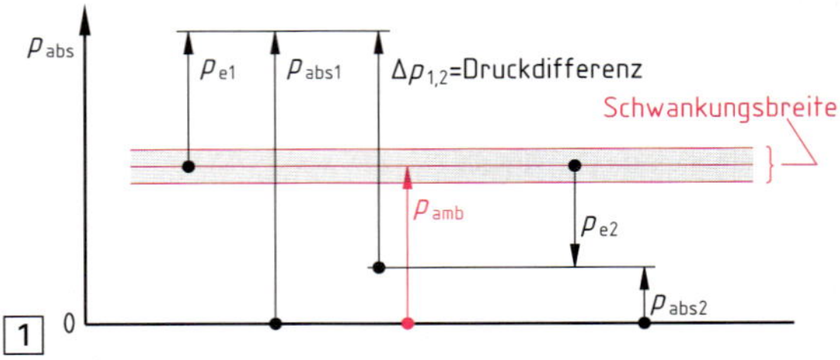

1

$$p_e = p_{abs} - p_{amb}$$ **Überdruck**

p_e	Überdruck	N/m², bar
p_{abs}	absoluter Druck	N/m², bar
p_{amb}	Atmosphärendruck	N/m², bar

Überdrücke können sowohl positiv als auch negativ sein.

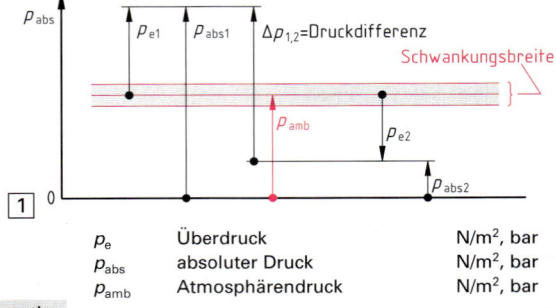

negativer Überdruck = **Unterdruck**

Barometrische Höhenformel

$$p_{amb} = p_0 \cdot 10^{(-h/h')}$$

$$h = h' \cdot \lg \frac{p_0}{p_{amb}}$$

Formeln gültig unter Annahme konstanter Temperatur.

$h' = 18\,400$ m

p_{amb}	Atmosphärendruck in der Höhe h	hPa
p_0	Druck in Meereshöhe = 1013 hPa	hPa
h	Höhe in der der Druck p_{amb} vorhanden ist	m

Gesetz von Boyle-Mariotte (→ C4, C5)

$$\frac{p_1}{p_2} = \frac{V_2}{V_1}$$

$$p_1 \cdot V_1 = p_2 \cdot V_2 = \ldots = \text{konst.}$$

Index 1: Zustand 1

Index 2: Zustand 2

p	absoluter Druck	N/m^2, bar
V	Gasvolumen	m^3

Das Gesetz von Boyle-Mariotte beschreibt die Zustandsänderung eines **idealen Gases** bei **konstanter Temperatur**, d.h. einer isothermen **Zustandsänderung (→ C4, C5).**

Normzustand und Normdichte von Gasen und Dämpfen

$p_n = 101325$ Pa $= 1{,}01325$ bar
$\vartheta_n = 0$ °C

Normzustand

ϑ_n	Normtemperatur (→ **C1**)	°C
p_n	Normdruck	N/m^2, bar

Die **Normdichte** ϱ_n eines Gases oder Dampfes ist seine Dichte im Normzustand.

(→ A4, T11)

Gas- bzw. Dampfdichte bei konstanter Temperatur (→ C4, C5)

$$\frac{\varrho_1}{\varrho_2} = \frac{p_1}{p_2} = \frac{V_2}{V_1}$$

$T =$ konst.

$$\varrho_i = \varrho_n \cdot \frac{p_i}{p_n}$$

Dichte im Zustand *i*

ϱ	Gas- bzw. Dampfdichte (→ **A4**)	kg/m^3
p	absoluter Druck	N/m^2, bar
V	Volumen	m^3
p_n	Normdruck	N/m^2, bar
ϱ_n	Normdichte	kg/m^3
T	absolute Temperatur (→ **C1**)	K

B4 Druckkraft

Druckausbreitung (→ Bild 1)

In einer **Flüssigkeit** bzw. einem **Gas** oder einem **Dampf** pflanzt sich der Druck nach allen Seiten in gleicher Größe fort. Die **Druckkraft** wirkt stets in senkrechter Richtung auf die gedrückte Fläche.

↓

Druckfortpflanzungsgesetz von Pascal

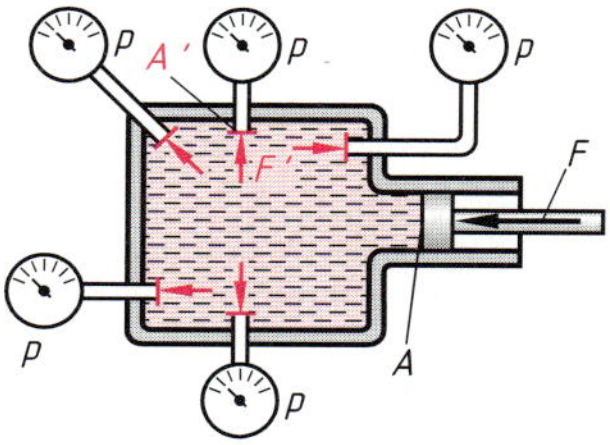

1

Druckkraft auf Flächen (→ B2, B5)

$$F = p \cdot A$$

Druckkraft auf ebene Fläche

$$F = p \cdot A_{proj.} = p \cdot \frac{\pi}{4} \cdot d^2$$

Druckkraft auf kreisförmig gewölbte Fläche (→ Bild 2)

Die Druckkraft auf eine **gewölbte Fläche** ist gleich dem Produkt aus dem Flüssigkeits- oder Gasdruck und der senkrechten Projektion dieser Fläche. Dies gilt auch für eine **geneigte Fläche.**

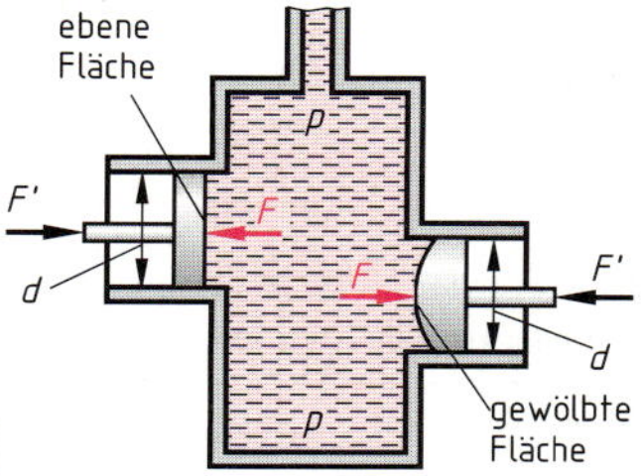

2

p	Gas- oder Flüssigkeitsdruck	N/m^2, bar
A	gedrückte Fläche	m^2
$A_{proj.}$	senkrechte Projektion der gewölbten oder geneigten Fläche	m^2
d	Kolbendurchmesser	m

Hydraulische Kraftübersetzung (→ Bild 1)

$F_1 = F_2 \cdot \frac{D^2}{d^2}$	**erzeugte Kolbenkraft** in N

Die Kräfte verhalten sich wie die Quadrate der Durchmesser.

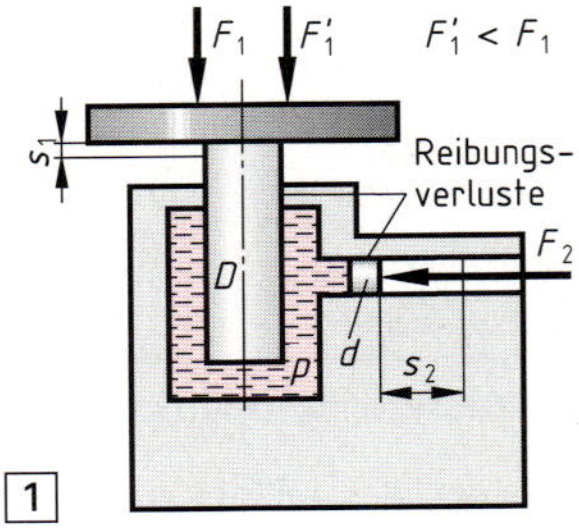

1

$V_2 = \frac{\pi}{4} \cdot d^2 \cdot s_2$	**verdrängtes Flüssigkeitsvolumen** in m³
$V_1 = \frac{\pi}{4} \cdot D^2 \cdot s_1$	**freigegebenes Flüssigkeitsvolumen** in m³
$W_a = F_2 \cdot s_2$	**aufgewendete Arbeit** in Nm (→ **A18**)
$W_n = F_1 \cdot s_1$	**Nutzarbeit** in Nm (ohne Verluste)
$W_n' = F_1' \cdot s_1$	**Nutzarbeit** in Nm (mit Verlusten)
$\eta = \frac{W_n'}{W_a} = \frac{F_1' \cdot s_1}{F_2 \cdot s_2}$	**Wirkungsgrad** (→ **A20**) < 1
$\frac{s_1}{s_2} = \frac{d^2}{D^2} = \frac{1}{i}$	**Verhältnis der Kolbenwege**

Die Kolbenwege verhalten sich umgekehrt proportional zu den Quadraten der den Kolben zugehörigen Durchmessern.

F_1	erzeugte Kolbenkraft	N
F_1'	erzeugte Kolbenkraft unter Einbeziehung von η	N
F_2	aufgewendete Kolbenkraft	N
d	kleiner Kolbendurchmesser	m
D	großer Kolbendurchmesser	m
s_1	Nutzweg	m
s_2	aufgewendeter Weg	m
i	hydraulisches Kraftübersetzungsverhältnis	1

Hydraulische Druckübersetzung (→ Bild 2)

Bei der hydraulischen Druckübersetzung liegen zwei durch den Raum ⊗ getrennte Druckräume ① und ② vor.

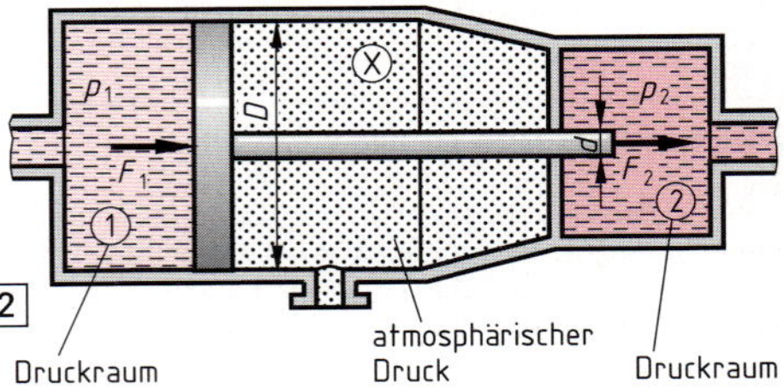

2

$\frac{p_2}{p_1} = \frac{D^2}{d^2} = i$	**Druckübersetzungsverhältnis**

Die Drücke verhalten sich umgekehrt wie die Quadrate der zugehörigen Kolbendurchmesser.

$p_2 = p_1 \cdot \frac{D^2}{d^2}$	**erzeugter Druck** (ohne Verluste)
$p_2 = \eta \cdot p_1 \cdot \frac{D^2}{d^2}$	**erzeugter Druck** (mit Verlusten)

p_1	kleiner Druck	N/m², bar
p_2	großer Druck	N/m², bar
d	kleiner Kolbendurchmesser	m
D	großer Kolbendurchmesser	m
i	Übersetzungsverhältnis	1
η	Wirkungsgrad (→ **A20**)	1

B5 Flüssigkeitsgewicht und hydrostatischer Druck

Schweredruck und Druckhöhe (→ B2)

$p_s = h \cdot \varrho \cdot g$	**Schweredruck**
↓	
$h_{st} = \frac{p}{\varrho \cdot g}$	**statische Druckhöhe**

Der Schweredruck in einer Flüssigkeit steigt proportional mit der Flüssigkeitstiefe h, d.h. mit der Höhe der **Flüssigkeitssäule**.

p_s	statischer Druck (Schweredruck)	N/m², bar
h_{st}	statische Druckhöhe	m
ϱ	Dichte der Flüssigkeit (→ **A4**)	kg/m³
g	Fallbeschleunigung (→ **A7**)	m/s²

Druckverteilungsdiagramm (→ Bild 1)

$p_{ges} = \Sigma p$ **Gesamtdruck**

In einer **waagerechten Flüssigkeitsebene** ist der Gesamtdruck an jeder Stelle gleich groß.

Bei nicht mischbaren Flüssigkeiten unterschiedlicher Dichte ϱ ergeben sich deshalb **Trennflächen.**

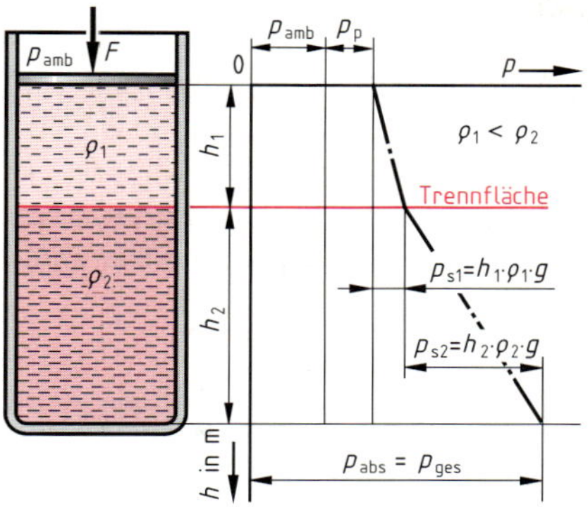

1

Die Bodendruckkraft (→ B4)

$F_b = p_{ges} \cdot A$ **Bodendruckkraft** in N

p_{ges}	Gesamtdruck	N/m², bar
A	am Gefäßboden gedrückte Fläche	m²

Bei homogener Füllung des Gefäßes (→ Bild 2):

$F_b = h \cdot \varrho \cdot g \cdot A$

Die Bodendruckkraft ist nicht von der Form des die Flüssigkeit aufbewahrenden Gefäßes abhängig.

Hydrostatisches Paradoxon

2

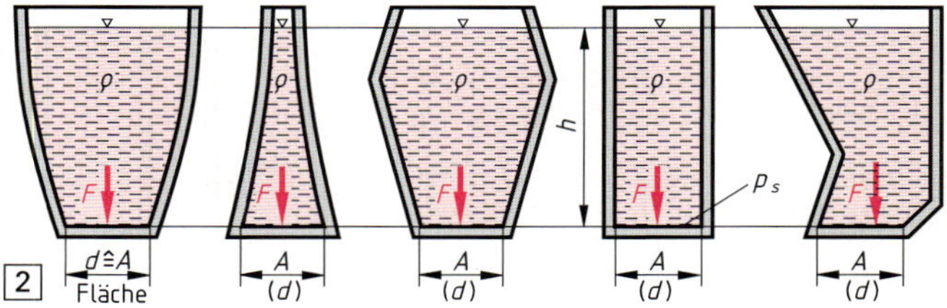

Die Seitendruckkraft (→ B2, B4)

Senkrechte Seitenwand (→ Bild 3)

$e = \dfrac{I}{A \cdot h_s}$ **Abstand des Druckmittelpunktes D vom Schwerpunkt S der Fläche**

$F_s = h_s \cdot \varrho \cdot g \cdot A$ **Seitendruckkraft** in N

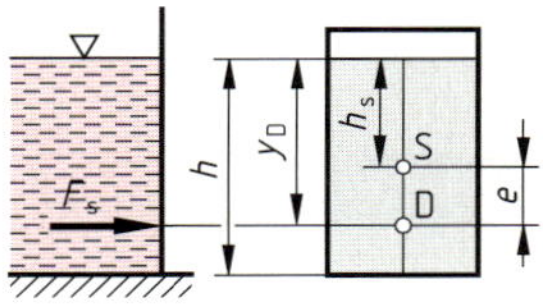

3

Symmetrische schräge Wand (→ Bild 4)

$e = \dfrac{I_s}{A \cdot y_s}$ **Abstand des Druckmittelpunktes vom Flächenschwerpunkt**

$F_s = \varrho \cdot g \cdot y_s \cdot \sin \alpha \cdot A$ **Seitendruckkraft** in N

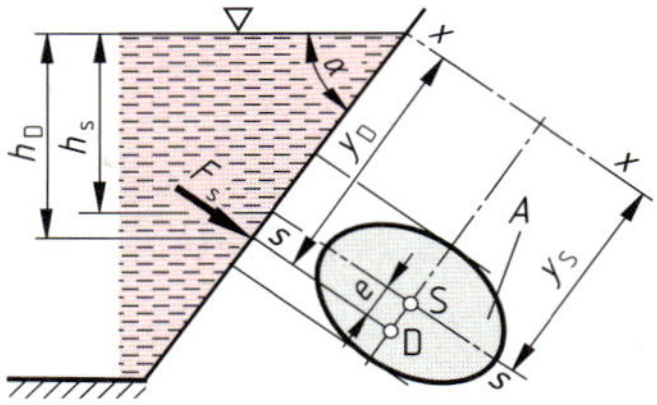

4

Die **Größe der Seitendruckkraft** F_s ist gleich dem Produkt aus dem hydrostatischen Druck am Flächenschwerpunkt und der gedrückten Fläche.

Angriffspunkt der Seitendruckkraft ist der **Druckmittelpunkt** D.

I, I_s	Flächenmoment 2. Grades (→ **A13**)	m⁴
A	gedrückte Fläche	m²
h_s	Abstand des Schwerpunktes vom Flüssigkeitsspiegel	m
ϱ	Flüssigkeitsdichte (→ **A4**)	kg/m³
g	Fallbeschleunigung (→ **A7**)	m/s²
α	Neigungswinkel der Fläche	Grad

Aus den obigen Gleichungen ergibt sich:

Je weiter die gedrückte Seitenfläche vom Flüssigkeitsspiegel (Flüssigkeitsoberfläche) entfernt ist, desto kleiner ist der Abstand des Druckmittelpunktes D vom Flächenschwerpunkt S.

B

Die Aufdruckkraft

$F_a = h \cdot \varrho \cdot g \cdot A$ **Aufdruckkraft** in N

(→ **B6**)

h	Höhe der Flüssigkeitssäule	m
ϱ	Dichte der Flüssigkeit (→ **A4**)	kg/m³
g	Fallbeschleunigung (→ **A7**)	m/s²
A	Grundfläche eines eingetauchten Körpers	m²

Verbundene Gefäße (kommunizierende Gefäße) (→ Bild 1)

$$\frac{h_1}{h_2} = \frac{\varrho_2}{\varrho_1}$$

Die unterschiedlichen Dichten verhalten sich die Flüssigkeitshöhen über den Trennungsflächen umgekehrt wie die zugehörigen Flüssigkeitsdichten (→ **A4**).

Bei $\varrho_1 = \varrho_2$ bzw. bei homogener Füllung ist $h_1 = h_2$.

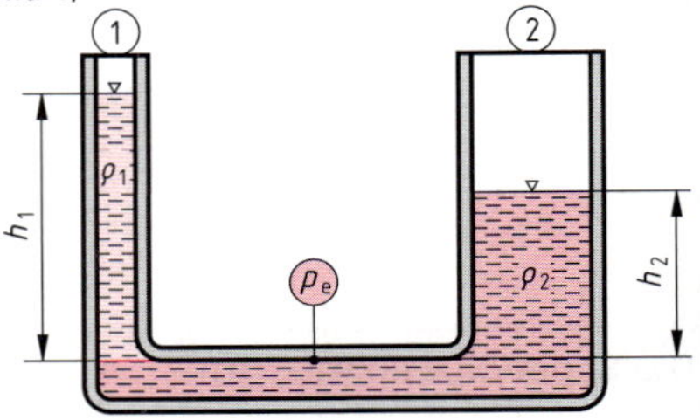

1

Die Saugwirkung (→ Bild 2)

$$h_0 = \frac{p_{amb} - p_{abs}}{\varrho \cdot g}$$ **Saughöhe** in m

Ist $p_{abs} = 0$ (vollständiges Vakuum), so erreicht die Saughöhe ihren Größtwert.

Je kleiner die Dichte des geförderten Mediums ist, desto größer ist die Förderhöhe h_0.

(→ **B9**)

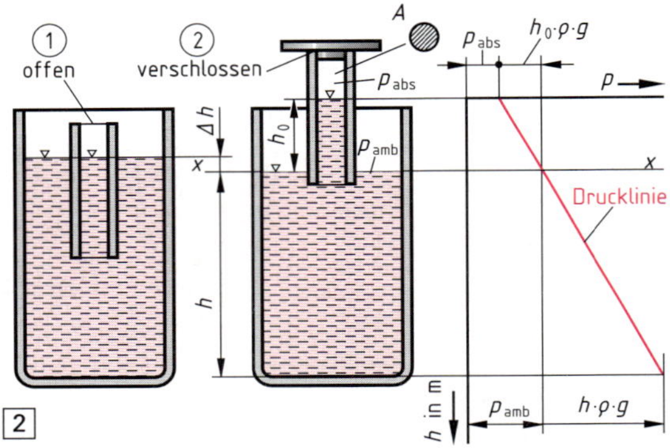

2

In der technischen Praxis wird p_{abs} mit **Saugpumpen** bzw. **Vakuumpumpen** erzeugt.

p_{amb}	Atmosphärendruck (→ **B3**)	N/m², bar
p_{abs}	absoluter Druck im Saugraum	N/m², bar
ϱ	Dichte der Flüssigkeit (→ **A4**)	kg/m³
g	Fallbeschleunigung (→ **A7**)	m/s²

B6 Der Auftrieb in Flüssigkeiten und Gasen

Berechnung der Auftriebskraft (→ Bild 3)

$F_A = V \cdot \varrho_F \cdot g$ **statische Auftriebskraft** in N

Der Betrag der nach oben gerichteten **Auftriebskraft** F_A ist gleich der **Gewichtskraft** F_G der verdrängten Flüssigkeit. → **Prinzip von Archimedes**

$F'_G = F_G - F_A$ **Tauchgewichtskraft** in N

$V = V_K = V_F$ **verdrängtes Flüssigkeitsvolumen = Körpervolumen = Fluidvolumen**

Die Größe der Auftriebskraft hängt nicht von der **Eintauchtiefe** ab.

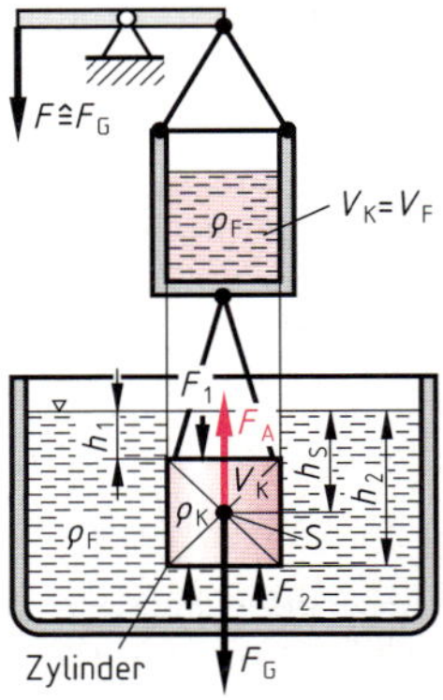

3

$\varrho_K = \varrho_F + \frac{F'_G}{V \cdot g}$	**Dichte eines in ein Fluid eingetauchten Körpers**	F_A	statische Auftriebskraft	N
		V	verdrängtes Volumen	m^3
		ϱ_F	Fluiddichte (→ **A4**)	kg/m^3
		g	Fallbeschleunigung (→ **A7**)	m/s^2
		F_G	Gewichtskraft des Körpers (→ **A10**)	N
		F'_G	Tauchgewichtskraft	N

Das Prinzip von Archimedes ist bei allen Fluidformen (Flüssigkeit, Gas, Dampf) anwendbar.

Sinken, Schweben, Schwimmen

Sinken → $F_G > F_A \longrightarrow \varrho_{Körper} > \varrho_{Flüssigkeit}$ bzw. ϱ_{Gas}

Schweben → $F_G = F_A \longrightarrow \varrho_{Körper} = \varrho_{Flüssigkeit}$ bzw. ϱ_{Gas}

Schwimmen → $F_G = F_A \longrightarrow \varrho_{Körper} < \varrho_{Flüssigkeit}$ bzw. ϱ_{Gas} ⟶ **Schwimmbedingung**

Ist die **Gewichtskraft** F_G des Körpers gleich der **Auftriebskraft** F_A, dann schwebt bzw. schwimmt der Körper im Fluid in welches er eingetaucht ist.

B7 Ausbildung von Flüssigkeitsoberflächen

Allgemeine Eigenschaften der Flüssigkeiten

Flüssigkeiten sind **leicht verformbar**, haben ein **beinahe unveränderliches Volumen** und stellen ihre **Oberfläche stets senkrecht zur Resultierenden aller auf sie wirkenden Kräfte** ein (Bild 1). (→ **A10, A12**)

In **ruhenden und gleichförmig bewegten Gefäßen** ist die Flüssigkeitsoberfläche eine horizontale Ebene. (→ **A6**)

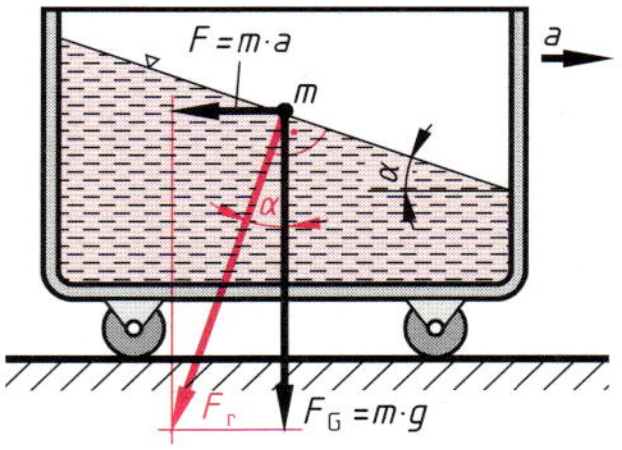

1

Gleichmäßig beschleunigtes Gefäß (→ Bild 1)

$\tan \alpha = \frac{a}{g}$	**Berechnung des Neigungswinkels**	m	Masse (→ **A4**)	kg
		a	Beschleunigung (→ **A7**)	m/s^2
		g	Fallbeschleunigung (→ **A7**)	m/s^2

Rotierendes Gefäß (→ Bild 2)

$\tan \alpha = \frac{r \cdot \omega^2}{g}$ | $\tan \alpha = \frac{2 \cdot h}{r}$ — **Berechnung des Neigungswinkels**

$h = \frac{r^2 \cdot \omega^2}{2 \cdot g}$ — **Höhe eines Parabelpunktes**

$H_p = \frac{D^2 \cdot \omega^2}{8 \cdot g}$ — **Gesamthöhe der Parabel**

Bezogen auf den ursprünglichen **Wasserspiegel** ist die Erhebung am Rande h_2 gleich der Einsenkung der Parabel in der Mitte h_1.

$h_1 = h_2$ — **Steighöhe = Sinkhöhe**

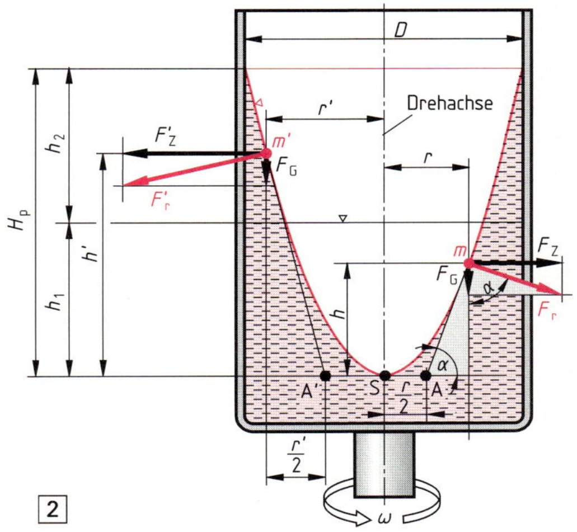

2

Die Oberfläche einer rotierenden Flüssigkeit hat die Form eines Paraboloids.

Dies gilt jedoch nur für den Fall, dass die **Flüssigkeitsreibung** (→ **B10**) nicht berücksichtigt wird.

r	Abstand eines Parabelpunktes	m
ω	Winkelgeschwindigkeit (→ **A22**)	s^{-1}
h	Höhe eines Parabelpunktes	m
g	Fallbeschleunigung (→ **A7**)	m/s^2
D	größter Parabeldurchmesser	m
H_p	Parabelhöhe	m

B8 Geschwindigkeitsänderungen inkompressibler Fluide

Definition des inkompressiblen Fluids (→ A2)

Flüssigkeiten werden in der Strömungslehre grundsätzlich als **inkompressibel** behandelt. **Gase und Dämpfe** werden unter der Voraussetzung, dass ihre **Strömungsgeschwindigkeit** wesentlich kleiner ist als die **Schallgeschwindigkeit** (→ **D7, E4**) als inkompressibel behandelt.

Für die technische Praxis gilt:

$v \leq 100 \ \frac{m}{s}$ **Inkompressibilität bei Gasen und Dämpfen**

Kontinuitätsgleichung für inkompressible Fluide (Durchflussgleichung) (→ Bild 1)

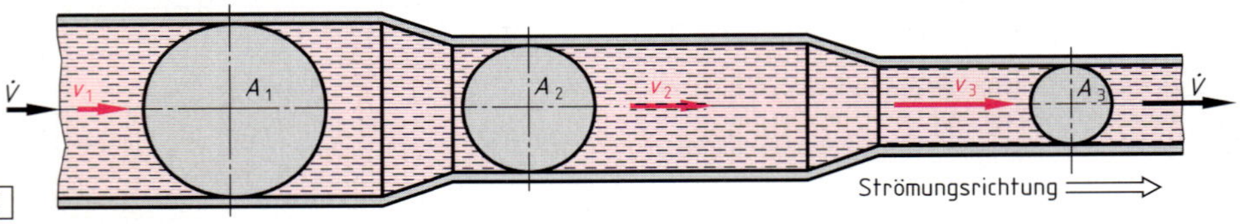

1

$\dot{V} = A \cdot v = \text{konst.}$ **Volumenstrom** (Durchsatz)

$\dot{V} = A_1 \cdot v_1 = A_2 \cdot v_2 = \ldots = \text{konst.}$ **Volumenstrom**

$\dot{m} = \dot{V} \cdot \varrho = A \cdot v \cdot \varrho = \text{konst.}$ **Massenstrom** (→ **B13**)

$\frac{v_1}{v_2} = \frac{d_2^2}{d_1^2}$ → $v_2 = v_1 \cdot \frac{d_1^2}{d_2^2}$ → Die **Strömungsgeschwindigkeiten** inkompressibler Fluide verhalten sich **bei kreisförmigen Querschnitten** umgekehrt wie die Quadrate der Durchmesser.

$\dot{V}$	Volumenstrom (Durchsatz)	m^3/s
A	Strömungsquerschnitt	m^2
v	Strömungsgeschwindigkeit (→ **A6**)	m/s
$\dot{m}$	Massenstrom	kg/s
ϱ	Fluiddichte (→ **A4**)	kg/m^3
d	Rohrdurchmesser	m

B9 Energieerhaltung inkompressibler Fluide

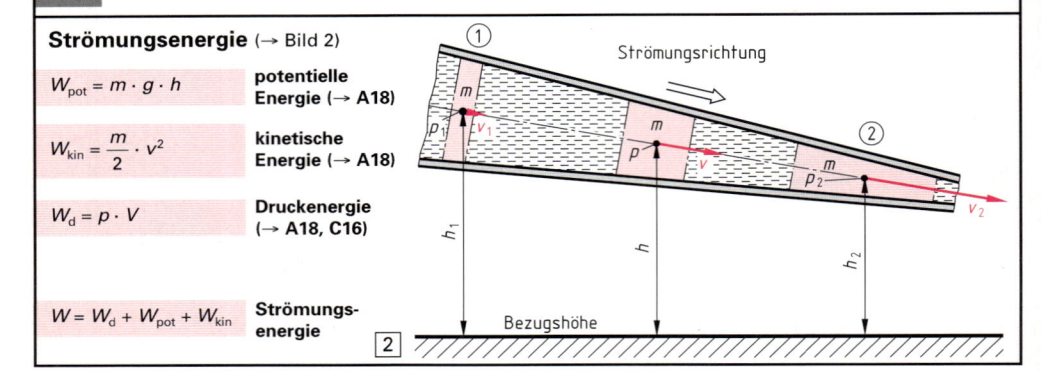

Strömungsenergie (→ Bild 2)

$W_{pot} = m \cdot g \cdot h$ **potentielle Energie** (→ **A18**)

$W_{kin} = \frac{m}{2} \cdot v^2$ **kinetische Energie** (→ **A18**)

$W_d = p \cdot V$ **Druckenergie** (→ **A18, C16**)

$W = W_d + W_{pot} + W_{kin}$ **Strömungsenergie**

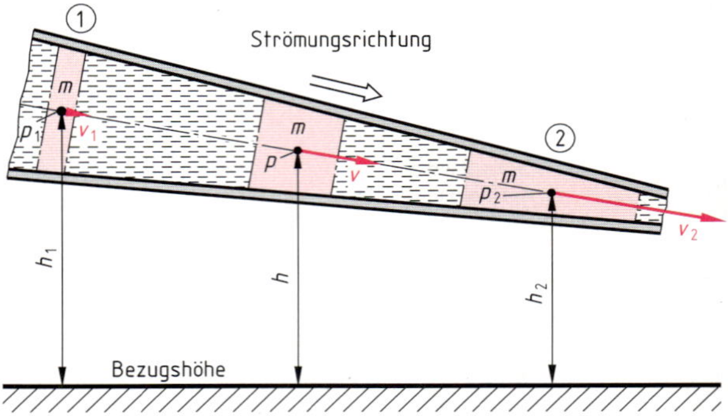

2

Die Energie in einem strömenden Fluid **(Strömungsenergie)** setzt sich aus potentieller Energie, kinetischer Energie und Druckenergie zusammen.

Die Bernoulli'sche Gleichung

Energiegleichung:

$$W = W_d + W_{pot} + W_{kin} = \text{konst.}$$ in Nm

$$W = p \cdot V + V \cdot \varrho \cdot g \cdot h + \frac{V \cdot \varrho}{2} \cdot v^2 = \text{konst.}$$ in Nm

W	Strömungsenergie (→ **A18**)	Nm
W_d	Druckenergie = $p \cdot V$	Nm
W_{pot}	potentielle Energie = $V \cdot \varrho \cdot g \cdot h$	Nm
W_{kin}	kinetische Energie = $(V \cdot \varrho/2) \cdot v^2$	Nm
P	statischer Druck (→ **B2**)	N/m², bar
V	Volumen	m³
ϱ	Fluiddichte (→ **A4**)	kg/m³
g	Fallbeschleunigung (→ **A7**)	m/s²
h	Druckhöhe (geodät. Höhe) (→ **B2**)	m
v	Strömungsgeschwindigk. (→ **A6**)	m/s

Druckgleichung:

$$p_1 + \varrho \cdot g \cdot h_1 + \frac{\varrho}{2} \cdot v^2 = p_2 + \varrho \cdot g \cdot h_2 + \frac{\varrho}{2} \cdot v_2^2$$ in $\frac{N}{m^2}$ →

- p → **statischer Druck** in N/m²
- $\varrho \cdot g \cdot h$ → **geodätischer Druck** in N/m²
- $\frac{\varrho}{2} \cdot v^2$ → **Geschwindigkeitsdruck** in N/m²

Druckhöhengleichung:

$$\frac{p_1}{\varrho \cdot g} + h_1 + \frac{v^2}{2 \cdot g} = \frac{p_2}{\varrho \cdot g} + h_2 + \frac{v_2^2}{2 \cdot g}$$ in m →

- $\frac{p}{\varrho \cdot g}$ → **statischer Höhe** in m
- h → **geodätischer Höhe** in m
- $\frac{v^2}{2 \cdot g}$ → **Geschwindigkeitshöhe** in m

Index 1: Stelle 1, **Index 2**: Stelle 2

Bei **horizontaler Leitung** ist der geodätische Höhenunterschied null, sodass jeweils das mittlere Summenglied entfällt.

$$p_1 \cdot V + \frac{V \cdot \varrho}{2} \cdot v_1^2 = p_2 \cdot V + \frac{V \cdot \varrho}{2} \cdot v_2^2$$ **Energiegleichung bei horizontaler Leitung**

$$p_1 + \frac{\varrho}{2} \cdot v_2^1 = p_2 + \frac{\varrho}{2} \cdot v_2^2$$ **Druckgleichung bei horizontaler Leitung**

$$\frac{p_1}{\varrho \cdot g} + \frac{v_1^2}{2 \cdot g} = \frac{p_2}{\varrho \cdot g} + \frac{v_2^2}{2 \cdot g}$$ **Druckhöhengleichung bei horizontaler Leitung**

Anwendungen zur Gleichung von Bernoulli

Venturi-Prinzip (Saugwirkung) (→ Bild 1)

$$p_2 = p_1 + \frac{\varrho}{2} \cdot (v_1^2 - v_2^2)$$ **Druck an der Stelle 2**

Saugwirkung bei $p_2 < p_{amb}$

Formelzeichen entsprechend der Gleichungen von Bernoulli. (→ **B5**)

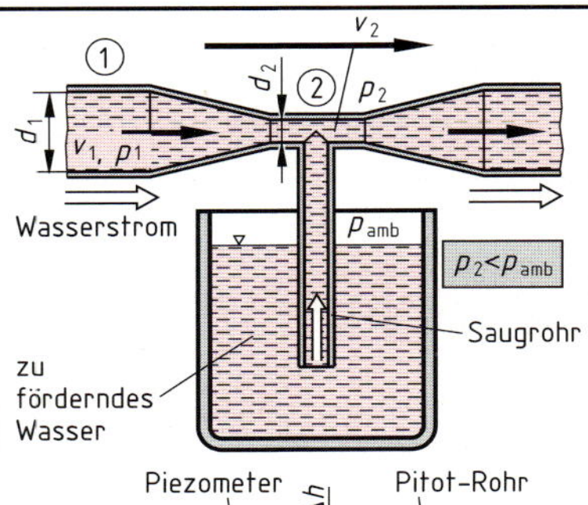

1

Messung der Strömungsgeschwindigkeit (→ Bild 2)

$$v_1 = \sqrt{2 \cdot g \cdot \left(\frac{p_2}{\varrho \cdot g}\frac{p_1}{\varrho \cdot g}\right)}$$

$$v_1 = \sqrt{\frac{2}{\varrho} \cdot (p_2 - p_1)}$$

$$v_1 = \sqrt{2 \cdot g\,(h_2 - h_1)} = \sqrt{2 \cdot g \cdot \Delta h}$$

Strömungsgeschwindigkeit an der Stelle 1

Formelzeichen entsprechend der Gleichungen von Bernoulli. (→ **B5**)

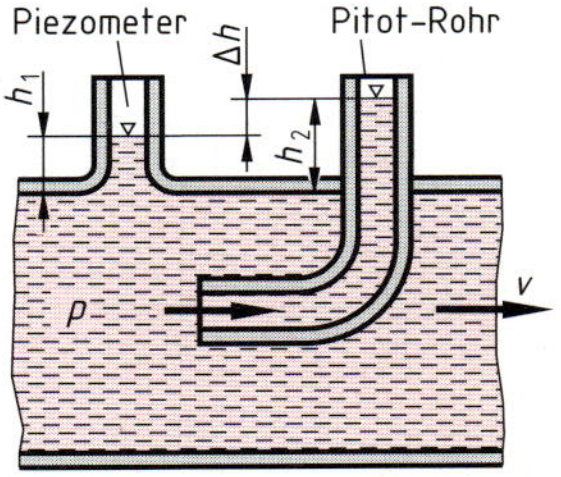

2

Anmerkung zu Bild 2:

Im **Piezometer** (Steigrohr) wird die statische Druckhöhe gemessen, im **Pitot-Rohr** (Hakenrohr) wird die statische Druckhöhe **und** die dynamische Druckhöhe gemessen.

Ausfluss von Flüssigkeiten bei konstanter Spiegelhöhe

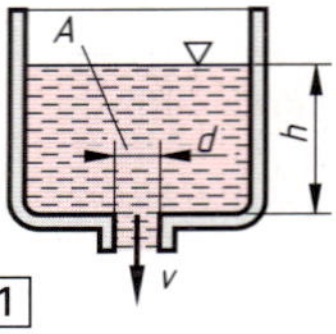

1

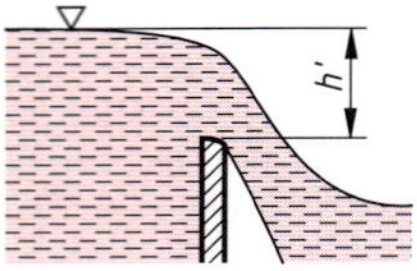

2

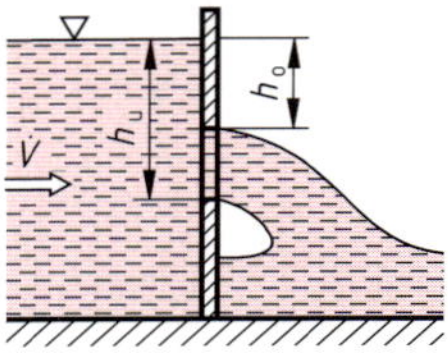

3

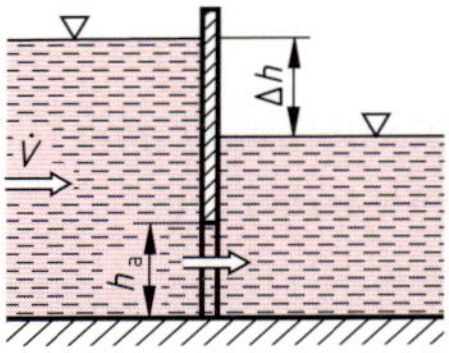

4

B

Volumenstrom aus Bodenöffnung
(→ Bild 1)

$$\dot{V} = A \cdot v = A \cdot \mu \cdot \sqrt{2 \cdot g \cdot h}$$

Volumenstrom durch Überfall (Wehr)
(→ Bild 2)

$$\dot{V} = \frac{2}{3} \cdot b \cdot h' \cdot \mu \cdot \sqrt{2 \cdot g \cdot h'}$$

Volumenstrom aus hoher Seitenöffnung
mit Rechteckquerschnitt (→ Bild 3)

$$\dot{V} = \frac{2}{3} \cdot \mu \cdot b \cdot (h_u \cdot \sqrt{2 \cdot g \cdot h_u} - h_o \cdot \sqrt{2 \cdot g \cdot h_o})$$

Volumenstrom ins Unterwasser (→ Bild 4)

$$\dot{V} = h_a \cdot b \cdot \mu \cdot \sqrt{2 \cdot g \cdot \Delta h}$$

$\dot{V}$	Volumenstrom	m^3/s
A	Strömungsquerschnitt	m^2
v	Strömungsgeschwin. (→ **A6**)	m/s
μ	Ausflusszahl	1
α	Einschnürungszahl (Kontraktionszahl)	1
φ	Geschwindigkeitszahl	1
g	Fallbeschleunigung (→ **A7**)	m/s^2
h	Füllstandshöhe	m
b	Breite des Überfalls bzw. der Seitenöffnung	m
h'	senkrechter Abstand vom Flüssigkeitsspiegel zur Oberkante des Überfalls	m
h_u	Abstand der Unterkante vom Flüssigkeitsspiegel	m
h_o	Abstand der Oberkante vom Flüssigkeitsspiegel	m
h_a	Höhe der Seitenöffnung	m
Δh	senkrechter Abstand der beiden Flüssigkeitsspiegel	m
t	Zeit	s
V	Behältervolumen	m^3

$\mu = \alpha \cdot \varphi$ < 1 **Ausflusszahl** (→ nebenstehende Tabelle)

$t = \frac{V}{\dot{V}}$ **Ausflusszeit** in s

Beschaffenheit einer kreisrunden Ausflussöffnung	**Ausflusszahl** μ
scharfkantig und rau	0,62 … 0,64
gut gerundet und glatt	0,97 … 0,99

Ausfluss bei sinkendem Flüssigkeitsspiegel (→ Bild 5)

$$t = \frac{2 \cdot V}{\mu \cdot A \cdot \sqrt{2 \cdot g \cdot h}}$$

Entleerungszeit für einen senkrecht stehenden prismatischen Behälter

$$t = \frac{2 \cdot A_0}{\mu \cdot A \cdot \sqrt{2 \cdot g}} \cdot (\sqrt{h_1} - \sqrt{h_2})$$

Zeit für die teilweise Entleerung eines senkrecht stehenden prismatischen Behälters

Gleichungen für den **seitlichen Ausfluss** und solche für **nicht prismatische Körper** können spezieller Literatur, z.B. aus dem Wasserbau, entnommen werden.

Die Ausflusszahl μ kann sich im Laufe der Zeit, z.B. durch Ablagerungen oder Erosionsschäden, verändern.

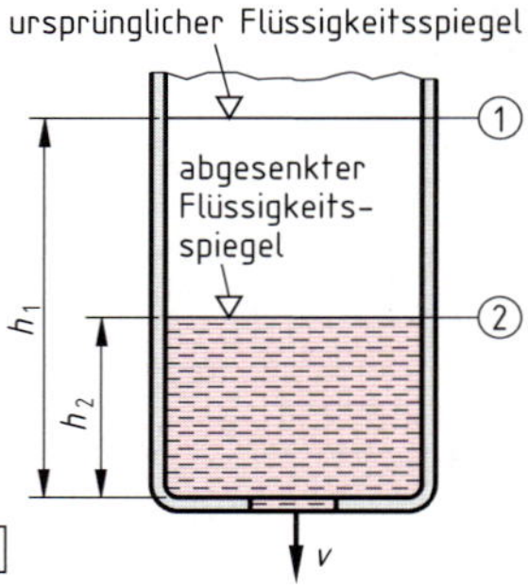

5

t	Entleerungszeit	s
V	Behälter-Innenvolumen	m^3
μ	Ausflusszahl	1
A	Ausflussquerschnitt	m^2
g	Fallbeschleunigung (→ **A7**)	m/s^2
h	Füllstand	m
A_0	Behälterquerschnitt	m^2

Ausfluss aus Gefäßen mit Überdruck (→ Bild 1)

$$h_{ges} = h + \frac{p_e}{\varrho \cdot g}$$ **Gesamthöhe**

$$v = \mu \cdot \sqrt{2 \cdot g \cdot \left(h + \frac{p_e}{\varrho \cdot g}\right)}$$ **Ausflussgeschwindigkeit**

$$\dot{V} = \mu \cdot A \cdot \sqrt{2 \cdot g \cdot \left(h + \frac{p_e}{\varrho \cdot g}\right)}$$ **Volumenstrom**

$$t = \frac{V}{\dot{V}}$$ **Ausflusszeit**

Der **Überdruck** wird in der Regel mit Druckgas (Druckluft) erzeugt. Man spricht auch von **Windkesseln.**

(→ **B3, C4, C5**)

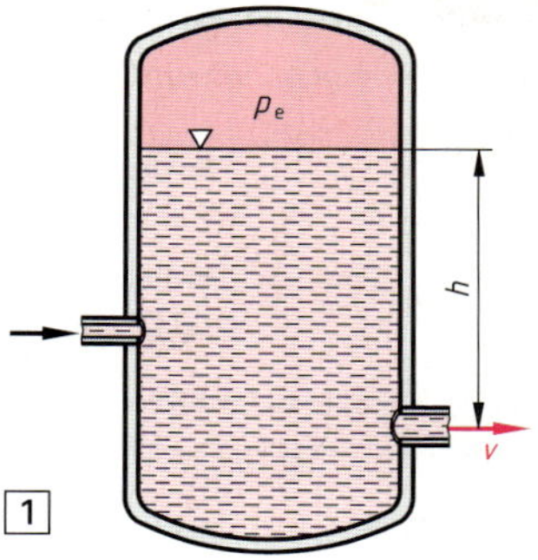

1

h_{ges}	Gesamthöhe	m
h	Füllstandshöhe	m
p_e	Überdruck (→ **B3)**	N/m², bar
ϱ	Fluiddichte (→ **A4)**	kg/m³
g	Fallbeschleunigung (→ **A7)**	m/s²
v	Ausflussgeschwindigkeit (→ **A6)**	m/s
μ	Ausflussziffer	1
$\dot{V}$	Volumenstrom (→ **B8)**	m³/s
V	Ausflussvolumen	m³
A	Ausflussquerschnitt	m²
t	Ausflusszeit	s

B10 Fluidreibung

Dynamische Viskosität und Fluidität (→ Bild 2)

$$\eta = \frac{F \cdot s}{v \cdot A}$$ **dynamische Viskosität**

$$[\eta] = \frac{[F] \cdot [s]}{[v] \cdot [A]} = \frac{\mathrm{N \cdot m}}{\frac{\mathrm{m}}{\mathrm{s}} \cdot \mathrm{m}^2} = \frac{\mathrm{N \cdot s}}{\mathrm{m}^2} = \mathbf{Pa \cdot s}$$

Die Einheit der dynamischen Viskosität **(dynamische Zähigkeit)** ist die **Pascalsekunde**.

$$\varphi = \frac{1}{\eta}$$ **Fluidität**

Der Kehrwert der dynamischen Viskosität heißt Fluidität.

$$D = \frac{v}{s}$$ **Geschwindigkeitsgefälle**

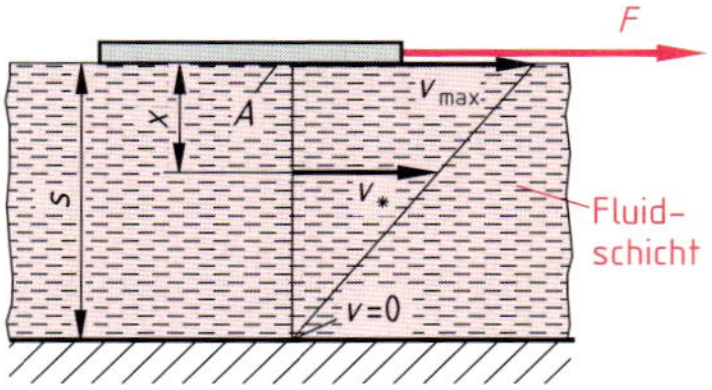

2

η	dynamische Viskosität	Pa · s
F	Verschiebekraft	N
s	Schichtdicke	m
v	Verschiebegeschwindig. (→ **A6)**	m/s
A	Gleitfläche	m²
φ	Fluidität	m²/(N · s)
D	Geschwindigkeitsgefälle	s⁻¹

Die kinematische Viskosität bzw. kinematische Zähigkeit

$$\nu = \frac{\eta}{\varrho}$$ **kinematische Viskosität (→ T10)** ⟶

Viskositätswerte beziehen sich stets auf einen bestimmten Druck und eine bestimmte Temperatur des Fluids.

Das Verhältnis der dynamischen Viskosität zur Fluiddichte heißt kinematische Viskosität.

ν	kinematische Viskosität	m²/s
η	dynamische Viskosität	Pa · s
ϱ	Fluiddichte (→ **A4)**	kg/m³

Gebräuchlich, jedoch nicht SI-Einheit:

1 Stokes = 1 St = $10^{-4}\ \frac{\mathrm{m}^2}{\mathrm{s}}$ → **1 Zentistokes** = 1 cSt = 0,01 St = $10^{-6}\ \frac{\mathrm{m}^2}{\mathrm{s}}$

Viskositätsermittlung erfolgt in **Viskosimetern** in genormten Versuchen.

Zähigkeit und Strömungsformen (→ Bild 1)

Für kreisförmigen Strömungsquerschnitt ist

$Re = \frac{v \cdot d}{\nu}$ **Reynolds'sche Zahl**

$Re_{krit} = 2320$ **kritische Reynolds'sche Zahl**

$Re \leq 2320$ → **laminare Strömung**
$Re > 2320$ → **turbulente Strömung**

$v_{krit} = \frac{2320 \cdot \nu}{d}$ **kritische Strömungsgeschwindigkeit**

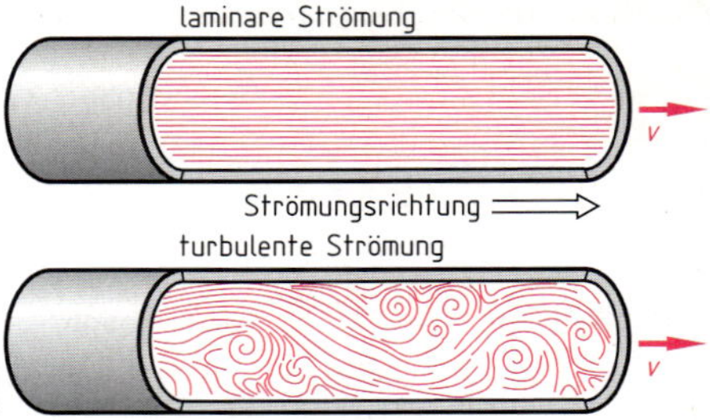

1

Re	Reynolds'sche Zahl	1
v	Strömungsgeschwindigkeit (→ **A6**)	m/s
d	Rohr-Innendurchmesser	m
ν	kinematische Zähigkeit	m^2/s

B11 Kräfte am umströmten Körper

Strömungswiderstand (→ Bild 2)

$F_w = C_w \cdot \frac{\varrho}{2} \cdot v^2 \cdot A$ **Strömungswiderstand**

Der **C_w-Wert** wird im Versuch ermittelt. Je nach Form und Oberflächenqualität hat er die folgenden Werte:

von Luft umströmter Körper	C_w-Wert
Stromlinienkörper	0,055
Kugel	0,20 bis 0,50
Pkw	0,25 bis 0,50
ebene Kreisplatte	1,00 bis 1,40
halbe Hohlkugel	
nach hinten geöffnet	0,30 bis 0,50
und vorne geöffnet	1,30 bis 1,50

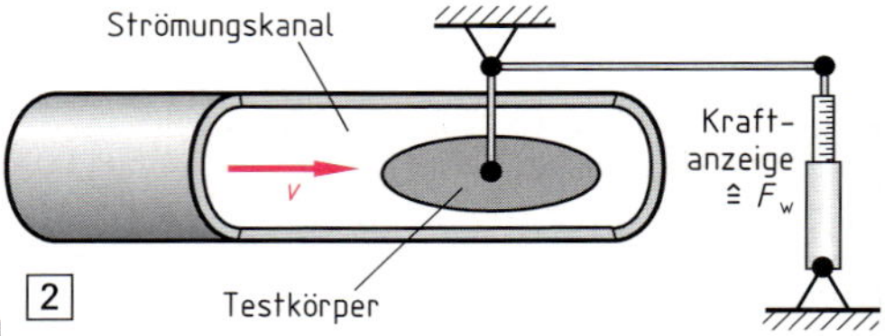

2

F_w	Strömungswiderstand	N
C_w	Widerstandsbeiwert (C_w-Wert)	1
ϱ	Fluiddichte (→ **A4**)	kg/m^3
v	Strömungsgeschwindigkeit (→ **A6**)	m/s
A	senkrechte Projektion der angeströmten Fläche	m^2

Dynamischer Auftrieb (→ Bild 3) (→ B6)

$F_A = C_A \cdot \frac{\varrho}{2} \cdot v^2 \cdot A$ **dynamische Auftriebskraft**

Der **C_A-Wert** wird ebenfalls im Versuch, d.h. in einem Strömungskanal **in Abhängigkeit von Strömungsgeschwindigkeit und Form des Tragflügels** ermittelt.

Formelzeichen (und Einheiten) entsprechend der Formelzeichen beim Strömungswiderstand.

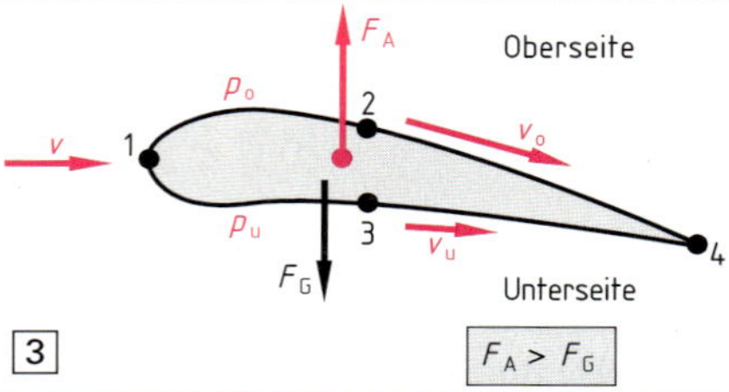

3

Magnus-Effekt (→ Bild 4)

$F_A = 2 \cdot \pi \cdot r \cdot v_u \cdot \varrho \cdot v \cdot l$ **Dynamische Querkraft** (Kreiszylinder)

$F_{Amax} = 4 \cdot \pi \cdot r \cdot v^2 \cdot \varrho \cdot l$ **Höchstwert von F_A** bei $v_u = 2 \cdot v$

Praktisch wurde erreicht: $F_A \approx \frac{2}{3} \cdot F_{A\,max}$ und zwar beim **Flettner-Rotor**.

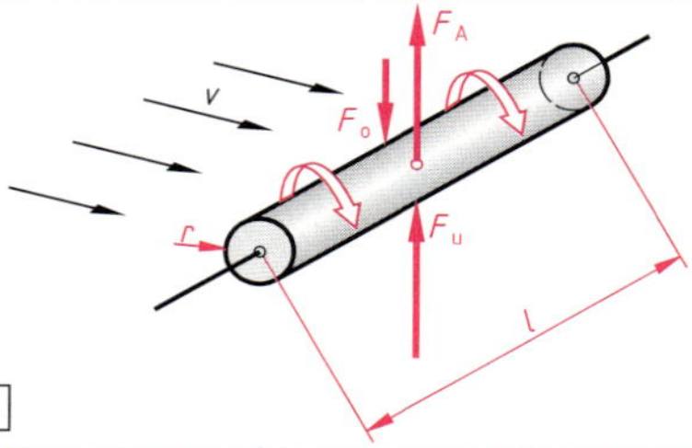

4

Der Magnus-Effekt spielt auch bei „angeschnittenen Bällen" oder beim Drall von Geschossen eine Rolle. Begründet durch die Gleichung von **Bernoulli** ist

$F_u > F_o$ und damit $F_A = F_u - F_o$

F_A	dynamische Querkraft	N
r	Radius des Zylinders	m
l	Länge des Zylinders	m
v_u	Umfangsgeschwindigkeit des Zylinders (→ **A21**)	m/s
v	Windgeschwindigkeit (→ **A6**)	m/s
ϱ	Fluiddichte (→ **A4**)	kg/m³

Druckverluste in Rohrleitungen

$$\Delta p_{st} = \lambda \cdot \frac{l}{d} \cdot \frac{\varrho}{2} \cdot v^2$$ **statischer Druckverlust**

$$\Delta p_h = \Delta h \cdot \varrho \cdot g$$ **geodätischer Druckverlust (→ B9)**

Δp_{st}	statischer Druckverlust	N/m², bar
λ	Rohrreibungszahl (→ Bild 1)	1
l	Länge einer zylindrischen Leitung	m
d	Rohrinnendurchmesser	m
ϱ	Fluiddichte (→ **A4**)	kg/m³
v	Strömungsgeschwindigkeit (→ **A6**)	m/s
Δp_h	geodätischer Druckverlust	N/m², bar
Δh	geodätischer Höhenunterschied	m

Rohrreibungs-Diagramm (→ Bild 1)

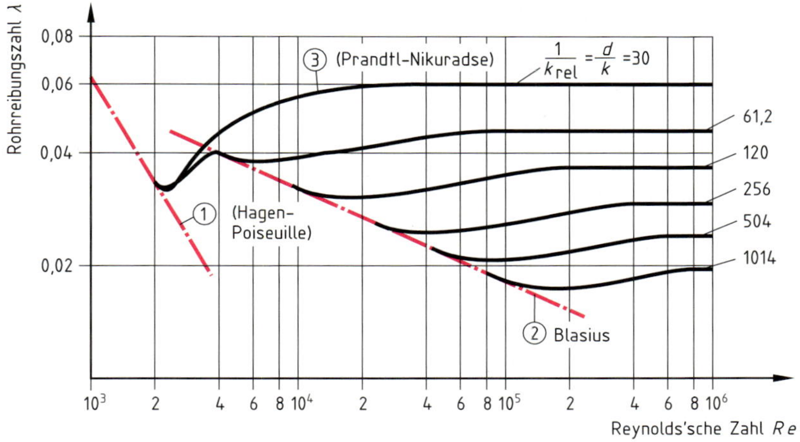

1

$$\lambda = f(Re, k_{rel})$$ **Rohrreibungszahl**

$$k_{rel} = \frac{k}{d}$$ **relative Rauheit**

Re	Reynolds'sche Zahl (→ **B10**)	1
k	mittlere Rauheitshöhe (untenstehende Tabelle)	mm
d	Rohrinnendurchmesser	mm

Rohrart	mittl. Rauheitshöhe in mm	Rohrart	mittl. Rauheitshöhe in mm
blankgezogene Metallrohre aus Cu, Ms, Al und anderen Leichtmetallen	0,01 bis 0,03	Gusseisen-Rohre	0,1 bis 0,6
PVC- und PE-Rohre	0,007	gefalzte Blechkanäle	0,15
Stahlrohre DIN 2448	0,045	flexible Schläuche	0,0016 bis 2,0
angerostete Stahlrohre	0,15 bis 4,0	gemauerte Kanäle	3,0 bis 5,0
		rohe Betonkanäle	1,0 bis 3,0

Im Bild 1 bedeutet:

① **Hagen-Poiseuille'scher λ-Bereich** → für die laminare Strömung → $\lambda = \frac{64}{Re}$

② **Blasius'scher λ-Bereich** → für glatte Rohre bei turbulenter Strömung

③ **Prandtl-Nikuradse'scher λ-Bereich** → für raue Rohre bei turbulenter Strömung

B12 **Kontinuitätsgleichung des kompressiblen Massenstroms**

B

Allgemeine Kontinuitätsgleichung (→ Bild 1) (→ **B8**)

$\dot{m} = \varrho \cdot v \cdot A = \text{konst.}$ **Massenstrom**

$\varrho_1 \cdot v_1 \cdot A_1 = \varrho_2 \cdot v_2 \cdot A_2 = \varrho_3 \cdot v_3 \cdot A_3 = \ldots = \text{konst.}$

Massenerhaltungssatz:

Der in der Zeiteinheit durch jede Querschnittsfläche einer Rohrleitung hindurchfließende Massenstrom $\dot{m}$ ist konstant.

Das Produkt $\varrho \cdot v$ wird in der Strömungslehre als **Massenstromdichte** bezeichnet.

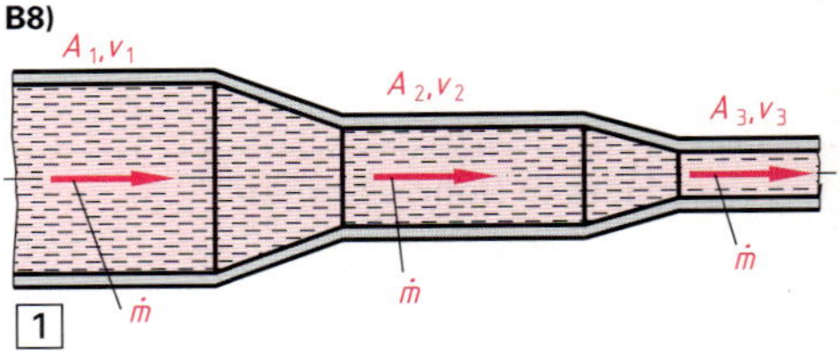

1

$\dot{m}$	Massenstrom	kg/s
ϱ	Fluiddichte (→ **A4**)	kg/m³
v	Strömungsgeschwindigkeit (→ **A6**)	m/s
A	Strömungsquerschnitt	m²

Ausströmen von Gasen

Massenstrom bei konstantem Druckunterschied

$$\dot{m} = A \cdot \sqrt{\frac{2 \cdot \varkappa}{\varkappa - 1} \cdot p_1 \cdot \varrho_1 \cdot \left[\left(\frac{p_2}{p_1}\right)^{2/\varkappa} - \left(\frac{p_2}{p_1}\right)^{(\varkappa+1)/\varkappa}\right]}$$

Geschwindigkeit bei konstantem Druckunterschied

$$v = \sqrt{\frac{2 \cdot \varkappa}{\varkappa - 1} \cdot \frac{p_1}{\varrho_1} \cdot \left[1 - \left(\frac{p_2}{p_1}\right)^{(\varkappa-1)/\varkappa}\right]}$$

$\dot{m}$	Massenstrom	kg/s
$\varkappa$	Isentropenexponent (→ **C17, C18**) (Adiabatenexponent)	1
A	Strömungsquerschnitt der Düse	m²
p_1	Druck im Behälter 1 (vor Düse)	N/m², bar
p_2	Druck im Behälter 2 (nach Düse)	N/m², bar
ϱ_1	Dichte im Behälter 1 (vor Düse)	kg/m³
v	Strömungsgeschwindigkeit (→ **A6**)	m/s

C Wärmelehre

C1 Temperatur und Temperaturmessung

Temperatureinheiten und Temperaturskalen (→ Bild 1)

$T = \vartheta + 273{,}15$	**absolute Temperatur (→ A2, T7)**
$\vartheta = T - 273{,}15$	**Celsiustemperatur**
$\Delta T = \Delta\vartheta$	**Temperaturdifferenz**

Temperaturdifferenzen können sowohl **in °C als auch in K** angegeben werden.

$\vartheta_0 = -273{,}15°\,C \mathrel{\widehat{=}} T_0 = 0\,K$	**absoluter Nullpunkt**

Die Temperatureinheiten K und °C sind international gültige SI-Einheiten.

$\vartheta_C = (\vartheta_F - 32) \cdot \frac{5}{9} = \vartheta_R \cdot \frac{5}{4}$	**Celsius-Temperatur**
$\vartheta_F = 32 + \vartheta_C \cdot \frac{9}{5} = 32 + \vartheta_R \cdot \frac{9}{4}$	**Fahrenheit-Temperatur**
$\vartheta_R = (\vartheta_F - 32) \cdot \frac{4}{9} = \vartheta_C \cdot \frac{4}{5}$	**Réaumur-Temperatur**

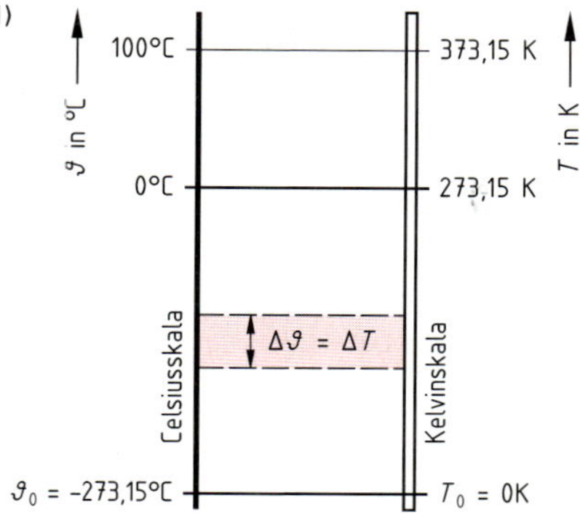

1

ϑ, ϑ_C	Celsius-Temperatur	°C
T	absolute Temperatur (Kelvin-Temperatur, **thermodynamische Temperatur**)	K
ϑ_F	Fahrenheit-Temperatur (noch in USA und England)	°F
ϑ_R	Réaumur-Temperatur	°R

Definition der Temperatureinheit Kelvin (→ T7)

1 Kelvin ist der 273,16te Teil der absoluten Temperatur des **Tripelpunktes** T von Wasser (→ Bild 2).

$p_t = 6{,}1$ mbar	**Tripelpunktdruck**
$\vartheta_t = 0{,}01\,°C = 273{,}16\,K$	**Tripelpunkttemperatur**

Die Tripelpunkttemperatur wird auch als **genauer Eispunkt** bezeichnet.

Eispunkt ϑ_{Sch} = 0 °C ≙ 273,15 K
Siedepunkt ϑ_S = 100 °C ≙ 373,15 K
} (→ **C12, C13**)

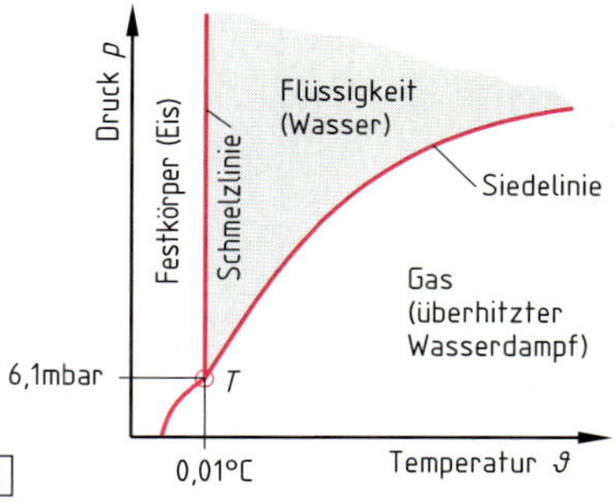

2

C2 Wärme als Energieform

Gleichbedeutend werden für **Wärmeenergie** auch die Begriffe **Wärmemenge** und **Wärme** verwendet.

sensible Wärme ⟶ ändert die Temperatur eines Körpers (→ **A3, C1**)

latente Wärme ⟶ ändert die Temperatur eines Körpers nicht (→ **C12, C13**)

Die **Einheit der Wärmeenergie** ist das **Joule** J.	→	**1 J = 1 Nm**	→	**mechanisches Wärmeäquivalent (→ A18)**

Bei Zuführung von **Wärmeenergie** (Wärme) in einen Körper erhöht sich die **Bewegungsenergie** der **Elementarbausteine** (Atome und Moleküle) dieses Körpers. Bei Abgabe von Wärmeenergie verringert sich die Bewegungsenergie der Elementarbausteine.

C3 Wärmeausdehnung fester und flüssiger Stoffe

Längenänderung durch Wärme (→ Bild 1)

1

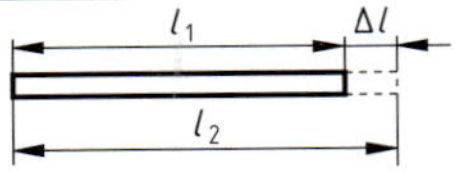

$$\Delta l = l_1 \cdot \alpha \cdot \Delta\vartheta$$

$$l_2 = l_1 \pm \Delta l = l_1 \pm l_1 \cdot \alpha \cdot \Delta\vartheta = l_1 \cdot (1 \pm \alpha \cdot \Delta\vartheta)$$

Vorzeichen +: bei Erwärmung
Vorzeichen −: bei Abkühlung

Δl	Längenänderung durch Temperaturänderung	m
l_1	Ausgangslänge	m
α	thermischer Längenausdehnungskoeffizient (→ **T5**)	m/(m · K) = 1/K
$\Delta\vartheta$	Temperaturänderung (→ **C1**)	K, °C
l_2	Endlänge	m

Der **thermische Längenausdehnungskoeffizient** wird auch **Wärmedehnzahl** oder **linearer Ausdehnungskoeffizient** genannt. Er ist temperaturabhängig.

Volumenänderung durch Wärme (→ Bild 2)

$$V_2 = V_1 \pm V_1 \cdot \gamma \cdot \Delta\vartheta = V_1 \cdot (1 \pm \gamma \cdot \Delta\vartheta)$$

$$\gamma \approx 3 \cdot \alpha$$

flüssiger Stoff (20 °C)	γ **in m³/(m³ · K) = 1/K**
Alkohol (Ethanol)	0,00110
Benzin	0,00100
Glyzerin	0,00050
Petroleum	0,00092
Quecksilber	0,00018
Terpentinöl	0,00100
Toluol	0,00108
Wasser	0,00018

Für Gase (→ **C4**) und Dämpfe:

$$\gamma = \frac{1}{273{,}15} \cdot \frac{m^3}{m^3 \cdot K}$$

2

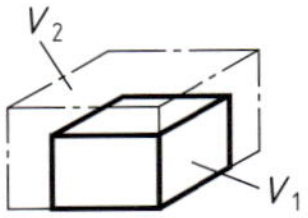

V_1	Ausgangsvolumen	m³
V_2	Endvolumen	m³
γ	thermischer Volumenausdehnungskoeffizient	m³/(m³ · K) = 1/K
$\Delta\vartheta$	Temperaturdifferenz (→ **C1**)	K, °C
α	thermischer Längenausdehnungskoeffizient	m/(m · K) = 1/K

Die **Volumenänderung durch Temperaturänderung** spielt bei kompakten festen Körpern und Hohlkörpern, insbesondere aber bei Flüssigkeiten (→ nebenstehende Tabelle) eine Rolle.

Wärmespannung

$\sigma = E \cdot \alpha \cdot \Delta\vartheta$	**Wärmespannung**
$F = E \cdot \alpha \cdot \Delta\vartheta \cdot A$	**Zug- oder Druckkraft im Bauteil**

σ	Wärmespannung	N/mm²
α	thermischer Längenausdehnungskoeffizient	m/(m · K) = 1/K
$\Delta\vartheta$	Temperaturdifferenz	K, °C
A	Bauteilquerschnitt	mm²
E	Elastizitätsmodul (→ **A11, T6**)	N/mm²

C4 Wärmeausdehnung von Gasen und Dämpfen

Die Zustandsgrößen als absolute Größen (→ A2, B3, C1, C3)

Drücke und Temperaturen dürfen bei der Anwendung aller **Gasgesetze** und als **absolute Größen** in die Rechnungen eingesetzt werden.

T, p_{abs} bzw. p	**Formelzeichen für absolute Temperatur und absoluter Druck.**

C

Verhalten der Gase bei konstanter Temperatur → Isotherme (→ C17)

$$p_1 \cdot V_1 = p_2 \cdot V_2$$

$$\frac{\varrho_1}{\varrho_2} = \frac{p_1}{p_2} = \frac{V_2}{V_1}$$

$$\varrho_i = \varrho_n \cdot \frac{p_i}{p_u}$$

Gesetz von Boyle-Mariotte ⟶ T = konst. (→ **B3**)

ϱ	Dichte	kg/m³

Der **Druck** ist bei thermodynamischen Rechnungen stets als **absolute Größe** (p_{abs}) einzusetzen.

Verhalten der Gase bei konstantem Druck → Isobare (→ C17)

$$\frac{V_1}{T_1} = \frac{V_2}{T_2} = \text{konst.}$$

1. Gesetz von Gay-Lussac ⟶ p = konst.

$$\frac{V_1}{V_2} = \frac{T_1}{T_2}$$

Index 1: Zustand 1
Index 2: Zustand 2

V	Volumen	m³
T	absolute Temperatur (→ **C1**)	K

Bei gleichbleibendem Druck verhalten sich die Gasvolumina wie die absoluten Gastemperaturen.

Verhalten der Gase bei konstantem Volumen → Isochore (→ C17)

$$\frac{p_1}{T_1} = \frac{p_2}{T_2} = \text{konst.}$$

2. Gesetz von Gay-Lussac ⟶ V = konst.

$$\frac{p_1}{p_2} = \frac{T_1}{T_2}$$

Index 1: Zustand 1
Index 2: Zustand 2

p	absoluter Druck (→ **B3**)	N/m², bar
T	absolute Temperatur (→ **C1**)	K

Bei gleichbleibendem Volumen verhalten sich die Gasdrücke wie die absoluten Gastemperaturen.

Vereinigtes Gasgesetz

$$\frac{p_1 \cdot V_1}{T_1} = \frac{p_2 \cdot V_2}{T_2} = \text{konst.}$$

Vereinigtes Gasgesetz

Bedingung: ***m* = konst.**

p	absoluter Druck (→ **B3**)	N/m², bar
V	Volumen	m³
T	absolute Temperatur (→ **C1**)	K

Im vereinigten Gasgesetz sind die Gesetze von Boyle-Mariotte und Gay-Lussac enthalten, d.h. vereinigt.

Verändern sich bei einer abgeschlossenen Gasmenge (m = konst.) gleichzeitig die absoluten Zustandsgrößen Druck, Temperatur und Volumen, dann ist der Term Druck mal Volumen geteilt durch Temperatur konstant.

C5 Allgemeine Zustandsgleichung der Gase

Normzustand (→ B3) und Gasdichte (→ A4)

$$\varrho = \frac{m}{V}$$ **Dichte**

$$v = \frac{V}{m}$$ **spezifisches Volumen**

$$v \cdot \varrho = 1$$

$$\varrho_i = \varrho_n \cdot \frac{p_i}{p_n} \cdot \frac{T_n}{T_i}$$ **Gasdichte als Funktion von p und T**

ϱ	Dichte (→ **A4**)	kg/m³
v	spezifisches Volumen	m³/kg
V	Gas-(Dampf-)Volumen	m³
m	Gas-(Dampf-)Masse	kg

Index i: beliebiger Zustand
Index n: Normzustand (→ **B3, T11**)

Das Produkt aus spezifischem Volumen und Dichte hat immer den Wert 1.

Spezifische Gaskonstante und allgemeine Zustandsgleichung

$R_B = \frac{p \cdot v}{T} = \frac{p}{\varrho \cdot T}$	**spezifische Gaskonstante**	R_B	spezifische (spezielle bzw. individuelle) Gaskonstante (→ **T11**)	J/(kg · K)
$p \cdot V = m \cdot R_B \cdot T$	**allgemeine Zustandsgleichung**	p	absoluter Druck (→ **B3**)	N/m², bar
		v	spezifisches Volumen	m³/kg
		T	absolute Temperatur (→ **C1**)	K
		ϱ	Dichte (→ **A4**)	kg/m³
		V	Volumen	m³
		m	Masse	kg

Anmerkung: Die **spezifische Gaskonstante** wird auch **spezielle Gaskonstante** oder **individuelle Gaskonstante** genannt.

R_B hat für ein bestimmtes Gas (Dampf) für alle Zustände den gleichen Wert.

Während das **Gesetz von Boyle-Mariotte** (→ **C4**), die **Gesetze von Gay-Lussac** (→ **C4**) und die **allgemeine Zustandsgleichung** streng genommen **nur für ideale Gase** gelten, erfasst die **Zustandsgleichung von van der Waals** auch den **Zustand realer Gase.**

$\left(p + \frac{a}{V^2}\right) \cdot (V - b) = m \cdot R_B \cdot T$ — **van der Waals´sche Zustandsgleichung**

a und *b* sind Stoffkonstanten, die auf den realen Zustand korrigieren.

C

C6 Molare (stoffmengenbezogene) Zustände und Größen

Stoffmenge

$n = 1\ \text{kmol} = 1000\ \text{mol}$ — **Stoffmenge**

Eine Stoffmenge, die ebenso viele Teilchen enthält, wie 12,0 kg des Kohlenstoffnuklids ^{12}C, wird als **1 Kilomol** (kmol) bezeichnet.

Atommasse und Molekülmasse

$1\ u = 1{,}6605655 \cdot 10^{-27}\ \text{kg}$	**atomare Masseneinheit** (→ **G3**)
$A_r = \frac{m_A}{u}$	**relative Atommasse** (früher **Atomgewicht**) → **Periodensystem** (→ **T28**)
$M_r = \Sigma A_r = \frac{\Sigma m_A}{u}$	**relative Molekülmasse** (früher **Molekulargewicht**)
$m_M = \Sigma m_A = M_r \cdot u$	**Molekülmasse**
$M = \frac{m}{n}$	**molare Masse**
$V_{mn} = \frac{M}{\varrho_n}$	**molares Normvolumen**
$N_A = \frac{M}{A_r \cdot u}$ bzw. $\frac{M}{M_r \cdot u}$	**Anzahl der Teilchen pro kmol**
$N_A = 6{,}022 \cdot 10^{26}\ \text{kmol}^{-1}$	**Avogadro-Konstante**

A_r	relative Atommasse	1
m_A	Masse des Atoms	kg
u	atomare Masseneinheit (→ **G3**)	kg
M_r	relative Molekülmasse	1
m_M	Masse des Moleküls	kg
M	molare Masse	kg/kmol
m	Masse (→ **A4**)	kg
n	Stoffmenge	kmaol
V_{mn}	molares Normvolumen	m³/kmol
ϱ_n	Normdichte (→ **A4, B3**)	kg/m³
N_A	Anzahl der Teilchen pro Kilomol	1/kmol
N_A	Avogadro-Konstante (→ **T29**)	1/kmol

Das molare Normvolumen V_{mn} beträgt im Normzustand (→ **B3**) für alle idealen Gase **22,4 m³/kmol.**

Stoffmengen verschiedener idealer Gase besitzen bei gleichen absoluten Drücken und gleichen absoluten Temperaturen gleiche Volumina.

$V_{mn} = 22{,}41383\ \text{m}^3/\text{kmol}$ — **molares Normvolumen nach DIN 1343**

Universelle (molare, allgemeine) Gaskonstante

$R = \frac{p \cdot V_m}{T} = M \cdot R_B$	**universelle Gaskonstante**
$R_B = \frac{R}{M}$	**spezielle Gaskonstante**

R	universelle (molare) Gaskonstante	J/(kmol · K)
p	absoluter Druck (→ **B3)**	N/m², bar
V_m	molares Volumen	m³/kmol
T	absolute Temperatur (→ **C1)**	K
M	molare Masse	kg/kmol
R_B	spezielle Gaskonstante (→ **C5)**	J/(kg · K)

C7 Mischung idealer Gase

Gesetz von Dalton (→ Bild 1)

$V_i = V_1 + V_2 + V_3 + \ldots + V_z$ **Volumen der Gasmischung**

$m_i = m_1 + m_2 + m_3 + \ldots + m_z$ **Masse der Gasmischung**

$p = p_1 + p_2 + p_3 + \ldots + p_z$ **Druck der Gasmischung**

Der **Gesamtdruck** in einem Gasgemisch errechnet sich aus der **Summe aller Partialdrücke**, d.h. der Teildrücke (Gesetz von Dalton).

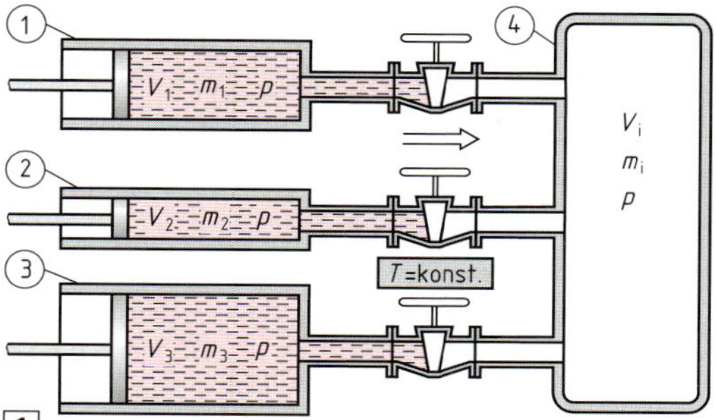

1

Unter dem **Partialdruck** (Teildruck) versteht man den Druck, den ein Gas (Dampf) ausüben würde, wenn es (er) im Raum der Gasmischung (V_i) alleine anwesend sein würde.

$$R_B = \frac{m_1}{m} \cdot R_{B1} + \frac{m_2}{m} \cdot R_{B2} + \ldots + \frac{m_z}{m} \cdot R_{Bz}$$ **spezielle Gaskonstante einer Gasmischung**

$v = \frac{R_B \cdot T}{p}$ **spezifisches Volumen der Mischung**

$\varrho = \frac{p}{R_B \cdot T}$ **Dichte der Mischung**

Indizes 1, 2 … z: Bezeichnung der einzelnen Bestandteile.

R_B	spezielle Gaskonstante	J/(kg · K)
$m_1 \ldots m_z$	Teilmassen	kg
m	Gesamtmasse	kg
v	spezifisches Volumen (→ **C5)**	m³/kg
ϱ	Dichte (→ **A4, C5)**	kg/m³
p	absoluter Druck (→ **B3)**	N/m², bar
T	absolute Temperatur (→ **C1)**	K

Ermittlung der Partialdrücke (→ C14)

$$p_z = p \cdot \frac{m_z}{m} \cdot \frac{R_{Bz}}{R_B} = p \cdot w_z \cdot \frac{R_{Bz}}{R_B}$$

$$p_z = p \cdot \frac{V_z}{V_i} = p \cdot \varphi_z$$

Index z: Bezeichnung des Bestandteils

p_z	Partialdruck	N/m², bar
p	Gesamtdruck	N/m², bar
m	Masse	kg
R_B	spezielle Gaskonstante (→ **C5)**	J/(kg · K)
w	Massenanteil	1
φ	Volumenanteil	1

C8 Diffusion, Osmose und Dialyse

Definition des Begriffes Diffusion

Unter dem Begriff der **Diffusion** werden alle Vorgänge zusammengefasst, bei denen Teilchen eines Stoffes infolge der **Molekularbewegung** in einen anderen Stoff eindringen.

C

Freie Diffusion (→ Bild 1)

$$i = D \cdot \frac{\varrho_0 - \varrho_1}{h_1 - h_0}$$

$$i = \frac{D}{R_B \cdot T} \cdot \frac{p_0 - p_1}{h_1 - h_0}$$

Diffusionsstromdichte

Stoffpaare	**Diffusionskoeffizient *D*** (bei ϑ_n, p_n) in m²/h
Wasserdampf/Luft	0,08
Wasserstoff/Luft	0,228
Stickstoff/Sauerstoff	0,061
Sauerstoff/ Kohlenstoffdioxid	0,065
Glyzerin/Wasser	$0{,}28 \cdot 10^{-6}$
Kochsalz/Wasser	$0{,}46 \cdot 10^{-5}$
Rohrzucker/Wasser	$0{,}13 \cdot 10^{-5}$

Index 0: unteres Niveau
Index 1: oberes Niveau

$$s = h_1 - h_0$$ **Schichtdicke**

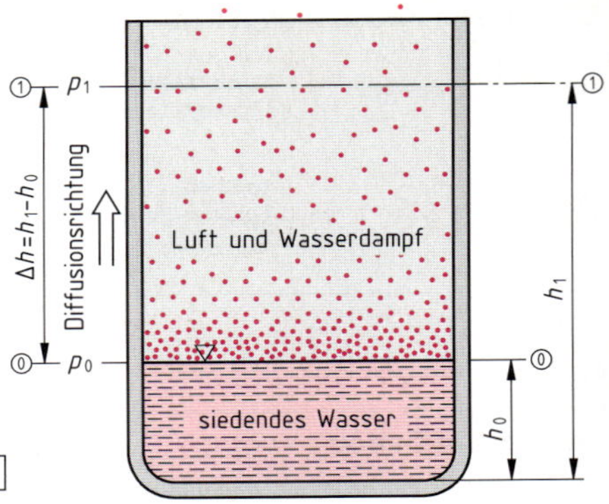

1

i	Diffusionsstromdichte	kg/(m² · h)
D	Diffusionskoeffizient → nebenstehende Tabelle	m²/h
ϱ	Dichte (→ **A4**)	kg/m³
h	Höhe (Schichtdicke, Diffusionsstrecke)	m
R_B	spezifische Gaskonstante (→ **C5**)	J/(kg · K)
T	absolute Temperatur (→ **C1**)	K
p	Partialdruck (→ **C7**)	N/m², bar

Die **Diffusionsrichtung** entspricht bei Gasen dem Druckgefälle und bei Dämpfen dem Partialdruckgefälle (→ **C7**).

Diffusion durch Wände

$$i = \frac{D}{R_B \cdot T \cdot \mu} \cdot \frac{p_0 - p_1}{s}$$ **Diffusionsstromdichte durch eine einschichtige Wand**

$$i = \frac{D}{R_B \cdot T} \cdot \frac{p_0 - p_1}{\Sigma(\mu \cdot s)}$$ **Diffusionsstromdichte durch eine mehrschichtige Wand**

poröse Schicht aus	**Wasserdampfdiffusionswiderstandsfaktor** μ
Al-Folie	300 000
PVC-Folie	100 000
Schaumglas	1 000 000
geschäumt:	
Polystyrol	20 bis 100
Polyurethan	30 bis 100
PVC	170 bis 320

i	Diffusionsstromdichte	kg/(m² · h)
D	Diffusionskoeffizient (→ obige Tabelle)	m²/h
R_B	spezifische Gaskonstante (→ **C5**)	J/(kg · K)
T	absolute Temperatur (→ **C1**)	K
μ	Diffusionswiderstandsfaktor (→ nebenstehende Tabelle)	1
p	Partialdruck (→ **C7**)	N/m², bar
s	Schichtdicke der Wand	m

Der **Diffusionswiderstandsfaktor** μ ist nicht nur vom Stoff, durch den die Diffusion erfolgt, sondern auch vom hindurchdiffundierenden Stoff abhängig.

Nebenstehende Tabelle zeigt **μ-Werte** bezüglich der **Wasserdampfdiffusion**. In diesem Fall spricht man vom **Wasserdampfdiffusionswiderstandsfaktor**.

C9 Wärmekapazität fester und flüssiger Stoffe

Die spezifische Wärmekapazität (spezifische Wärme) (→ C12)

Unter der spezifischen Wärmekapazität c versteht man diejenige Wärmemenge in kJ, die man benötigt, um 1 kg eines festen oder flüssigen Stoffes um die Temperaturdifferenz 1 K ≙ 1 °C zu erwärmen.

$$\rightarrow [c] = \frac{\text{kJ}}{\text{kg} \cdot \text{K}} = \frac{\text{kJ}}{\text{kg} \cdot °\text{C}}$$

Spezifische Wärme von Gasen und Dämpfen (→ C16)

Die spezifische Wärmekapazität c ist (meist stark) von der Temperatur abhängig.

→ Bei genauen Rechnungen innerhalb eines Temperaturbereiches muss mit der **mittleren spezifischen Wärme** c_m gerechnet werden.

Grundgesetz der Wärmelehre

$Q = m \cdot c \cdot \Delta\vartheta$ **Wärmemenge**

Q	Wärmemenge	kJ
m	Masse	kg
c	spezifische Wärmekapazität	kJ/(kg · K)
$\Delta\vartheta$	Temperaturdifferenz (→ **C1**)	K, °C

C10 Kalorimetrie

Kalorimeter (→ Bild 1)

Unter **Kalorimetrie** versteht man das Teilgebiet der Wärmelehre, welcher sich mit der **Messung von Wärmemengen** befasst.

Wärmekapazität des Kalorimeters:

$C = \Sigma\,(m \cdot c) = m_{\text{Rührer}} \cdot c_{\text{Rührer}} + m_{\text{Therm}} \cdot c_{\text{Therm}} + \ldots$

In der Wärmekapazität eines Kalorimeters ist die Kalorimeterfüllung (meist Wasser) nicht berücksichtigt.

$Q_{\text{Kal}} = C \cdot \Delta\vartheta$ **vom Kalorimeter aufgenommene Wärme**

$[C] = \frac{\text{kJ}}{\text{K}}$

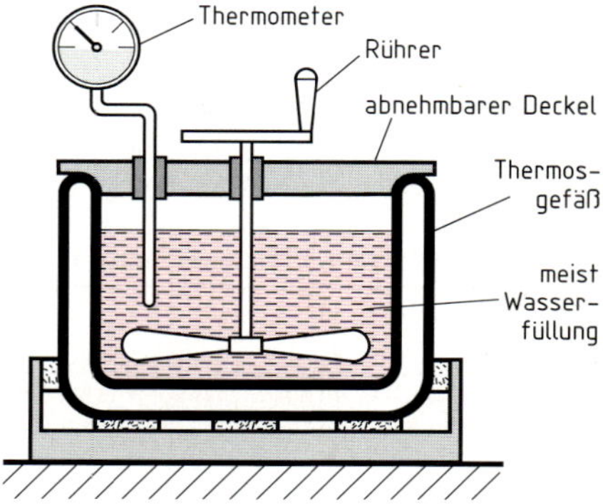

1

m	Masse	kg
c	spezifische Wärmekapazität (→ **C9**)	kJ/(kg · K)
Q	Wärmemenge (→ **C2**)	kJ
C	Wärmekapazität	kJ/K
$\Delta\vartheta$	Temperaturdifferenz (→ **C1**)	K, °C

Mischungsregel

$Q_{ab} = Q_{auf}$ **Mischungsregel**

$\vartheta_m = \frac{\Sigma\,(m_i \cdot c_i \cdot \vartheta_i)}{\Sigma\,(m_i \cdot c_i)}$ **Mischungstemperatur**

$\vartheta_m = \frac{m_1 \cdot c_1 \cdot \vartheta_1 + m_2 \cdot c_2 \cdot \vartheta_2}{m_1 \cdot c_1 + m_2 \cdot c_2}$ **ϑ_m für zwei Stoffe**

$c_1 = \frac{(C + m_2 \cdot c_2) \cdot (\vartheta_m - \vartheta_2)}{m_1 \cdot (\vartheta_1 - \vartheta_m)}$ **ermittelte spezifische Wärmekapazität**

Q_{ab}	von einem Körper oder einem Körpersystem abgegebene Wärme	J, kJ
Q_{auf}	von einem Körper oder einem Körpersystem aufgenommene Wärme	J, kJ
ϑ_m	Mischungstemperatur	°C
m	Masse	kg
c	spezifische Wärmekapazität (→ **C9**)	kJ/(kg · K)
ϑ	Temperatur (→ **C1**)	°C
C	Wärmekapazität des Kalorimeters	kJ/K
Index 1:	zu untersuchender, in das Kalorimetergefäß eingebrachter Stoff	
Index 2:	Wasserfüllung	
Index i:	für beliebig viele Stoffe	

C11 Wärmequellen

Elektrische Wärmequellen (→ F1, F2)

Reibungswärme (→ A15, A16, A18, A20)

Atomare Wärmequellen (→ G4)

C

Brennwert und Heizwert (→ T13)

Formel	Bedeutung
$H_u = H_o - r \cdot w_{H_2O}$	**spezifischer Heizwert fester und flüssiger Brennstoffe**
$H_{u,n} = H_{o,n} - r \cdot \varphi_{H_2O}$	**spezifischer Heizwert gasförmiger Brennstoffe**
$Q = m \cdot H_u$	**Nutzbare Wärmeenergie (Verbrennungswärme) fester und flüssiger bzw. gasförmiger Brennstoffe**
$Q = V \cdot H_{u,n}$	

Formelzeichen	Bedeutung	Einheit
H_u, $H_{u,n}$	spezifischer Heizwert	kJ/kg, kJ/m³
H_o, $H_{o,n}$	spezifischer Brennwert	kJ/kg, kJ/m³
r	Verdampfungswärme von Wasser (→ **C13**)	kJ/kg
Q	nutzbare Wärmeenergie	kJ
m	Masse	kg
V	Volumen	m³
w_{H_2O}	Massenanteil des Wassers (→ **C7**)	1
φ_{H_2O}	Volumenanteil des Wassers (→ **C7**)	1

heutige Bezeichnung (nach DIN)	**frühere Bezeichnung**
spezifischer Brennwert H_0	oberer Heizwert H_0
spezifischer Heizwert H_u	unterer Heizwert H_u

Der spezifische Heizwert H_u ist um den Betrag der spezifischen Verdampfungswärme des Wasseranteils kleiner als der spezifische Brennwert H_o. Beim Verbrennen der Brennstoffe ist also nur der spezifische Heizwert H_u nutzbar.

Dies erklärt die frühere Bezeichnungsweise gemäß der nebenstehenden Tabelle.

Index n: Gas im Normzustand (→ **B3**)

C

C12 Schmelzen und Erstarren

Schmelzen und Erstarren chemisch einheitlicher Stoffe (→ Bild 1)

Chemisch reine Stoffe schmelzen bei konstanter Temperatur, dem **Schmelzpunkt.** Die während dem Schmelzen zugeführte Wärmemenge ist eine **latente Wärme (→ C2).**

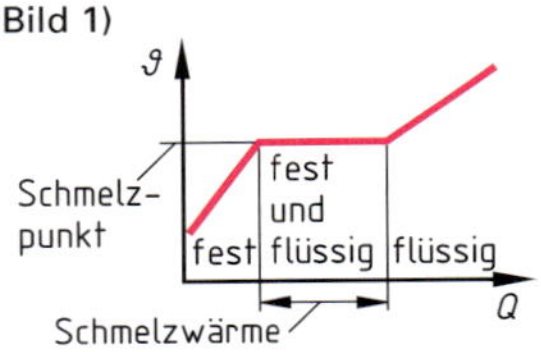

1

Stoff	**Schmelzpunkt** bei p_n in °C
Aluminium	658
Blei	327
Eisen, rein	1527
Gold	1063
Kupfer	1083
Nickel	1455
Quecksilber	– 39
Schwefel	115
Titan	1690
Wasser	0
Wolfram	3380
Zink	419
Zinn	232

Der Schmelzpunkt eines Stoffes (→ nebenstehende Tabelle) ist druckabhängig. Er bezieht sich auf den Normalluftdruck p_n (→ **B3**).

Erstarrungstemperatur (Erstarrungspunkt) und **Schmelztemperatur** eines Stoffes sind gleich.

$Q = m \cdot q$ — **Schmelzwärme** bzw. **Erstarrungswärme**

Formelzeichen	Bedeutung	Einheit
Q	Schmelzwärme bzw. Erstarrungswärme	kJ
m	Masse	kg
q	spezifische Schmelzwärme (→ **T12**)	kJ/kg

Die spezifische Schmelzwärme wird benötigt, um 1 kg eines bestimmten Stoffes bei Schmelztemperatur zu schmelzen.

Schmelzen und Erstarren von Stoffmischungen

Feste Lösungen (→ Bild 2)

Bild 2 zeigt am Beispiel einer Cu-Ni-Legierung:

Stoffmischungen (z.B. Legierungen) erstarren bzw. schmelzen – abhängig von der Konzentration – in einem Temperaturbereich.

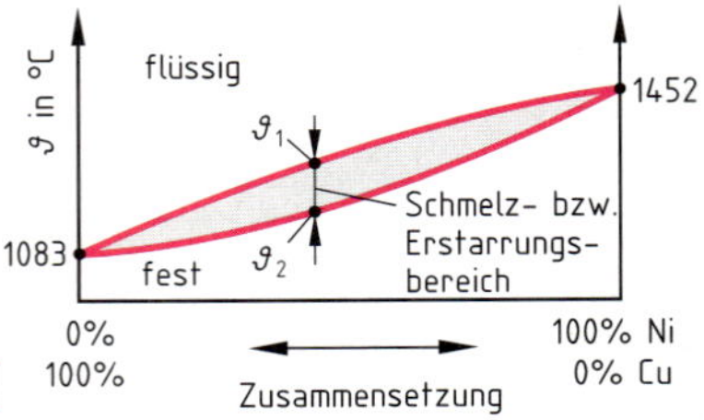

2

Eutektische Mischungen (→ Bild 1)

Bei den eutektischen Mischungen handelt es sich meist um **eutektische Legierungen** oder um **Lösungen.** Bild 1 zeigt z.B. das **Lösungsdiagramm** einer Kochsalzlösung. Man erkennt:

Eutektische Mischungen schmelzen und erstarren ebenfalls – abhängig von der Konzentration – in einem Temperaturbereich. Nur im **eutektischen Punkt,** dem **Eutektikum,** liegt – wie bei chemisch reinen Stoffen – ein Schmelzpunkt vor (→ Tabelle unten).

$Q = m \cdot q$ **Schmelzwärme** bzw. **Erstarrungswärme der eutektischen Masse**

$[Q] = [m] \cdot [q] = \text{kg} \cdot \frac{\text{kJ}}{\text{kg}} = \textbf{kJ}$

Eutektische Massen werden zur Kühlung verwendet, z.B. in Beuteln abgefüllt. Man spricht von **eutektischen Kältespeichern.**

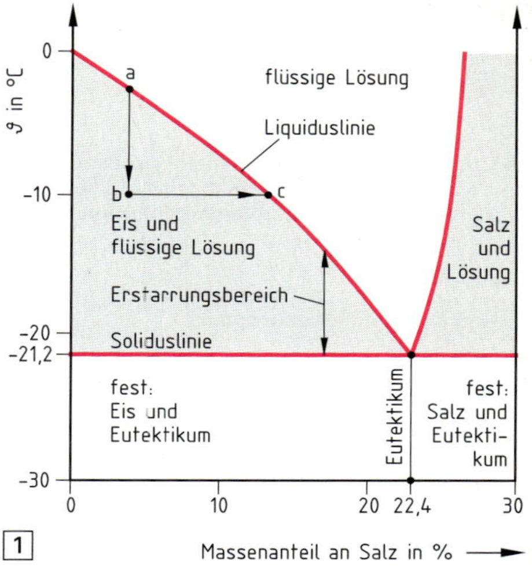

1

Stoff	eutektische Zusammensetzung (Massenanteil in %)	Schmelz- bzw. Erstarrungs-temperatur	spezifische Schmelz-wärme q des Eutektikums in kJ/kg
Kaliumchlorid	19,7	– 11,1	303
Ammoniumchlorid	18,7	– 15,8	310
Natriumnitrat	36,9	– 18,5	244
Natriumchlorid	22,4	– 21,2	235

C 13 Verdampfen und Kondensieren, Sublimieren

Verdampfungstemperatur und Verdampfungsdruck (→ Bild 2)

Die **Dampfdruckkurven** (→ Bild 2) zeigen:

Verdampfungstemperatur ϑ_s, d.h. der **Siedepunkt** und **Verdampfungsdruck** p_s sind voneinander abhängig.

Stoff	Siedepunkt bei 1,01325 bar in °C
Alkohol (Ethanol)	78,3
Aluminium	2270,0
Ammoniak NH_3	– 33,4
Benzol	80,1
Helium	– 268,9
Kupfer	2330,0
Luft	– 192,3
Quecksilber	357,0
Wasser	100,0
Wolfram	5530,0

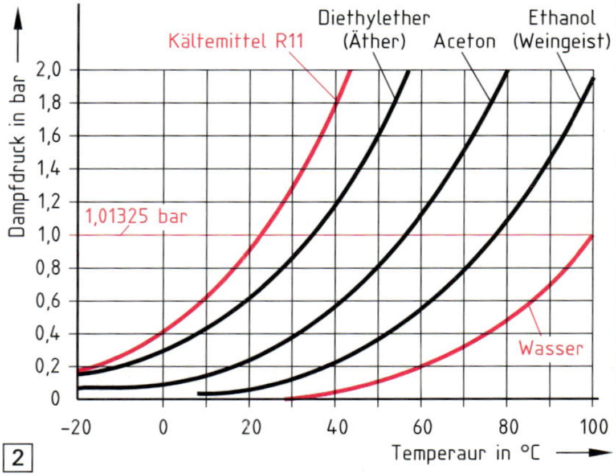

2

Nebenstehende Tabelle zeigt für einige Stoffe die **Siedepunkte bei Normalluftdruck** p_n (→ **B3**).

Verdampfungs- und Kondensationswärme

$Q = m \cdot r$ — **Verdampfungswärme, Kondensationswärme**

Q	Verdampfungs- bzw. Kondensationswärme	kJ
m	Masse	kg
r	spezifische Verdampfungswärme (→ **T12**)	kJ/kg

Die **Kondensationswärme** wird beim Kondensieren von Dampf an die Umgebung abgegeben und entspricht in ihrem Betrag der **Verdampfungswärme.**

Die Wärmemenge, die man benötigt, um 1 kg eines bestimmten Stoffes ohne Temperaturerhöhung zu verdampfen, heißt **spezifische Verdampfungswärme** r.

Ebenso gilt:

Siedepunkt = Kondensationspunkt

Sublimation

$Q = m \cdot \sigma$ — **Sublimationswärme**

Q	Sublimationswärme	kJ
m	Masse	kg
σ	spezifische Sublimationswärme	kJ/kg

C

Unter **Sublimation** versteht man den unmittelbaren Übergang eines Stoffes aus dem festen in den gasförmigen Zustand, und zwar bei konstanter Temperatur unter Aufnahme von Wärmeenergie aus der Umgebung.

Das Druck, Enthalpie-Diagramm (→ Bild 1)

Unter der **Enthalpie** H versteht man die in einem Stoff gespeicherte Wärmeenergie, d.h. den **Wärmeinhalt.**

Unter der **spezifischen Enthalpie** h versteht man den Wärmeinhalt pro Kilogramm Stoffmasse.

Der **kritische Punkt** K unterteilt die das **Nassdampfgebiet** umgebende Linie in die **rechte Grenzkurve** und die **linke Grenzkurve.**

Die **Druckachse** in Bild 1 ist logarithmisch geteilt.

$r = h'' - h'$ — **spezifische Verdampfungswärme**

Bild 1 zeigt:

Die spezifische Verdampfungswärme ist druckabhängig und damit auch temperaturabhängig.

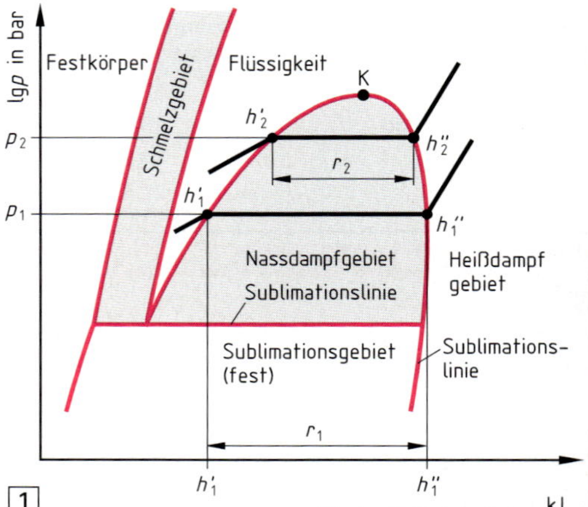

1

r	spezifische Verdampfungswärme	kJ/kg
h'	spezifische Enthalpie an der linken Grenzkurve	kJ/kg
h''	spezifische Enthalpie an der rechten Grenzkurve	kJ/kg

C14 Feuchte Luft

Definition der feuchten Luft

Feuchte Luft ist ein **Zweistoffgemisch,** bestehend aus **trockener Luft** und **Wasserdampf.**

Zustandsgrößen der feuchten Luft

$p_{amb} = p_L + p_D = p$	**atmosphärischer Druck**
$\varrho_D = \frac{m_D}{V_L} = \frac{p_D}{R_{BD} \cdot T}$	**absolute Luftfeuchtigkeit** (Dampfdichte)
$\varrho_{Dmax} = \frac{p_S}{R_{BD} \cdot T}$	**maximale absolute Luftfeuchtigkeit**
$\varphi = \frac{p_D}{p_S} \cdot 100$ in %	**relative Luftfeuchtigkeit**
$x = \frac{m_D}{m_L} = \frac{\varrho_D}{\varrho_L}$	**Wassergehalt feuchter Luft**
$p_L = p \cdot \frac{0{,}622}{0{,}622 + x}$	**Partialdruck trockener Luft**
$p_D = p \cdot \frac{x}{0{,}622 + x}$	**Wasserdampf-Partialdruck**
$\Delta\vartheta = \vartheta_{tr} - \vartheta_f$	**psychrometrische Differenz**
$p_D = p_f - k \cdot (\vartheta_{tr} - \vartheta_f) \cdot p$	**Sprung'sche Psychrometerformel**

Formelzeichen	Bedeutung	Einheit
$p_{amb,p}$	Atmosphärischer Druck bzw. Gesamtdruck (→ **B3**) (→ **C7**) → **Gesetz von Dalton**	N/m², bar
p_L	Partialdruck der Luft	N/m², bar
p_D	Partialdruck des Dampfes	N/m², bar
ϱ_D	absolute Luftfeuchte (Dampfdichte)	kg/m³
m_D	Dampfmasse	kg
V_L	Luftvolumen	m³
R_{BD}	spezielle Gaskonstante des Wasserdampfes (→ **C5**)	Nm/(kg · K)
T	absolute Temperatur (→ **C1**)	K
p_S	Sättigungsdruck (→ Tabelle unten)	N/m², bar
φ	relative Luftfeuchtigkeit	1, %
m_L	Masse der trockenen Luft	kg
ϱ_L	Dichte der trockenen Luft (→ **A4**)	kg/m³
x	Wassergehalt	kg/kg
$\Delta\vartheta$	psychrometrische Differenz	K, °C
ϑ_{tr}	Trockenkugeltemperatur	°C
ϑ_f	Feuchtkugeltemperatur	°C
p_f	Sättigungsdampfdruck bei Feuchtkugeltemperatur	N/m², bar
k	Konstante (s. unten)	°C⁻¹

● $k = 0{,}00061$ °C⁻¹ bei Messung über 0 °C
$k = 0{,}00057$ °C⁻¹ bei Messung unter 0 °C

Temperatur in °C	Sättigungsdruck über Wasser in mbar = hPa	Sättigungsdruck über Eis in mbar ≙ hPa
100	1013,25	–
80	473,6	–
50	123,4	–
20	23,27	–
0	6,108	6,107
–10	2,863 (unterkühltes Wasser)	2,597
–20	1,254 (unterkühltes Wasser)	1,032
–40	0,189 (unterkühltes Wasser)	0,128
–80	–	0,000547
–100	–	0,000014

Der **Gesamtdruck** (Atmosphärendruck) errechnet sich aus der Summe des Partialdruckes der trockenen Luft und des Partialdruckes des Wasserdampfes.

Der **höchstmögliche Wasserdampfpartialdruck** p_D entspricht dem **Sättigungsdruck** p_S.

Der **Dampfdruck** über Eis ist immer kleiner als der Dampfdruck über Wasser von gleicher Temperatur.

Die **Sättigungstemperatur** ϑ_s, bei der der **Sättigungsdruck** p_S dem Wasserdampfpartialdruck p_D entspricht, heißt **Taupunkttemperatur**.

Das Enthalpie, Wassergehalt-Diagramm (*h,x*-Diagramm (→ Seite 68)

Im ***h,x*-Diagramm** sind die **Zustandsgrößen der feuchten** Luft in einem grafischen Zusammenhang dargestellt. Es ist unbedingt zu beachten:

Alle im *h,x*-Diagramm erfassten Zustandsgrößen ändern sich bei Änderung des Atmosphärendruckes p_{amb}.

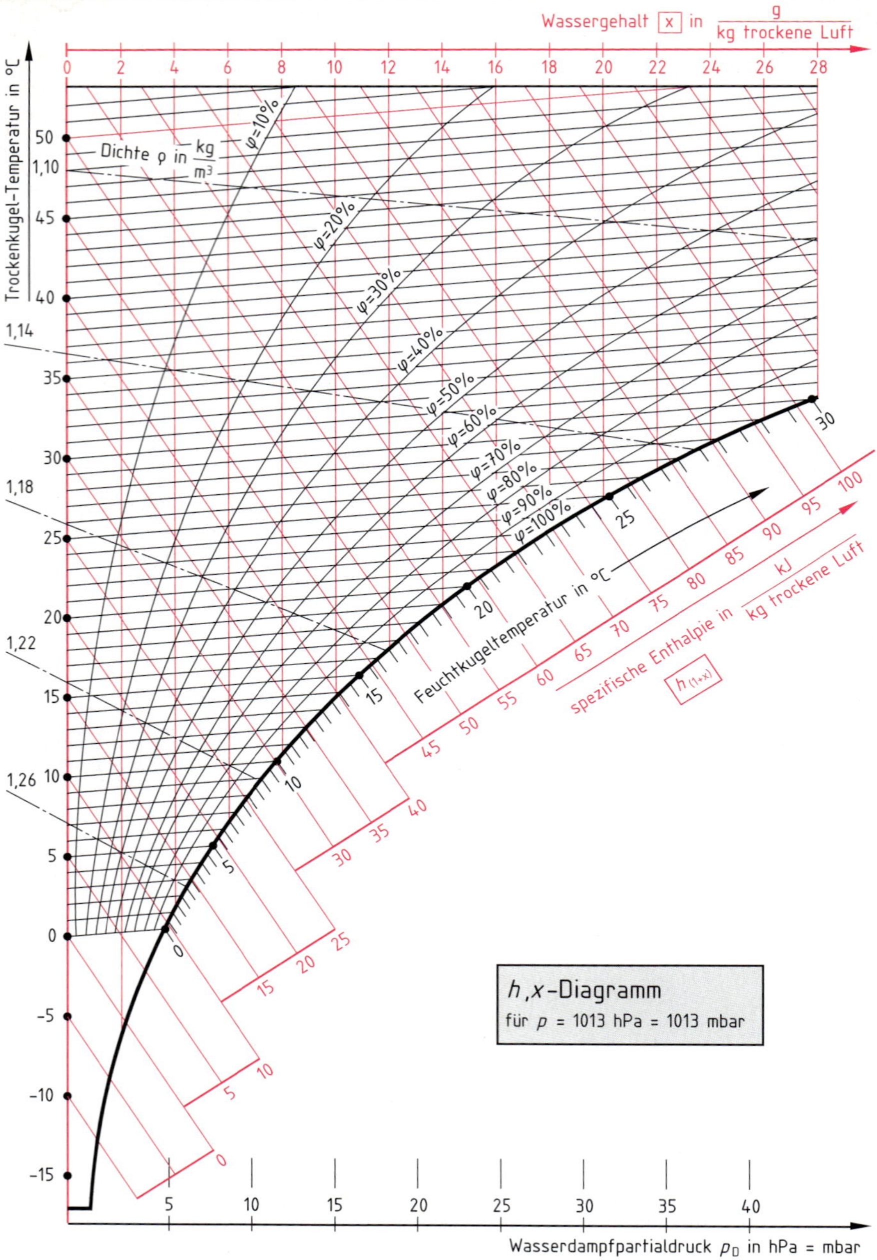

1

Für eine exakte Maßstäblichkeit dieses Diagrammes wird keine Gewähr übernommen. Genaue *h,x*-Diagramme sind klimatechnischen Handbüchern oder aus den Firmenunterlagen der Hersteller klimatechnischer Gerätschaften bzw. Anlagen zu entnehmen.

C 15 Technische Möglichkeiten der Umwandlung von Wärme in mechanische Arbeit

Forderungen an die Energieumwandlung

1. Physikalische Voraussetzung →	Die Energieumwandlung muss physikalisch möglich sein.
2. Technische Voraussetzung →	Die Energieumwandlung muss technisch durchführbar sein.
3. Wirtschaftliche Voraussetzung →	Die Energieumwandlung muss kostengünstig sein.
4. Ökologische Voraussetzung →	Die Energieumwandlung muss umweltfreundlich sein.

Technische Anlagen zur Energieumwandlung

Eine Maschine zur Umwandlung einer bestimmten Energie in mechanische Energie wird als **Kraftmaschine** bezeichnet, im speziellen Fall der Umwandlung von Wärmeenergie in mechanische Energie spricht man dann von einer **Wärmekraftmaschine.**

Unter einer **Wärmekraftmaschine** versteht man eine Kraftmaschine, die Wärmeenergie in mechanische Energie umwandelt.

Man unterscheidet: **Kolbenmaschinen** und **Strömungsmaschinen**

Berechnungsgleichungen und Formeln sowie **Tabellen und Diagramme** für die **Auslegung von Wärmekraftmaschinen** sind der speziellen und sehr umfangreichen Fachliteratur zu entnehmen.

C

C 16 Der erste Hauptsatz der Thermodynamik

Umwandlung von mechanischer Arbeit in Wärmeenergie

1 Nm = 1 J (→ **A18**)

1. Hauptsatz (1.H.S.) der Wärmelehre (in verbaler Form) → Zur Erzeugung einer Wärmeenergie ist eine äquivalente (gleichwertige) mechanische Energie aufzuwenden (s. Seite 70).

Darstellung der Volumenänderungsarbeit in Diagrammen

Kraft, Weg-Diagramm (→ Bild 1)

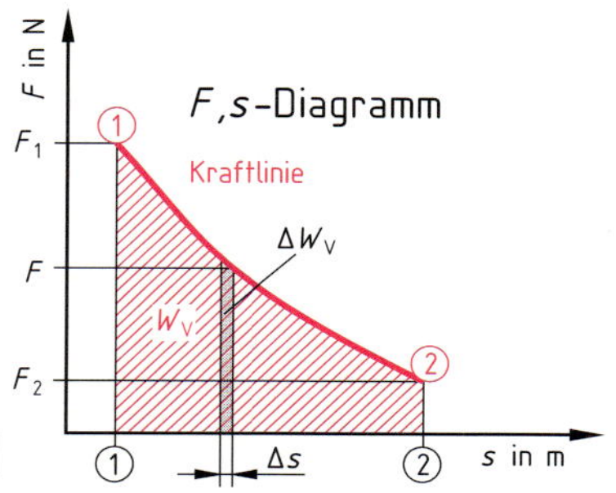

1

①: oberer Totpunkt OT
②: unterer Totpunkt UT

Druck, Volumen-Diagramm (→ Bild 2)

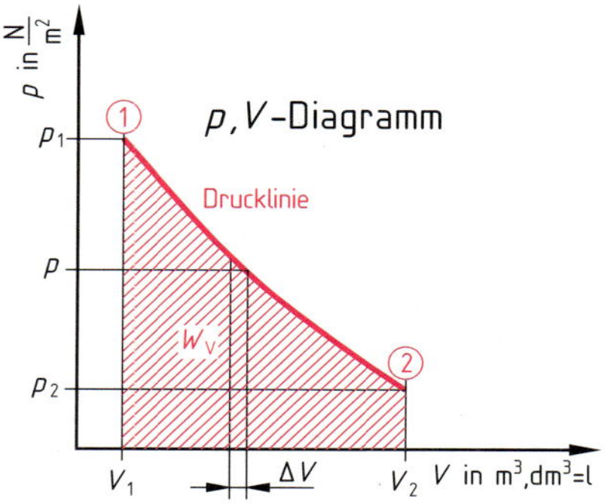

2

$W_v = \sum (F \cdot \Delta s)$	**Volumenänderungsarbeit** (→ Bild 1, Seite 69) (→ **A18**)
$W_v = \sum (p \cdot \Delta V)$	**Volumenänderungsarbeit** (→ Bild 2, Seite 69) (→ **B9**)

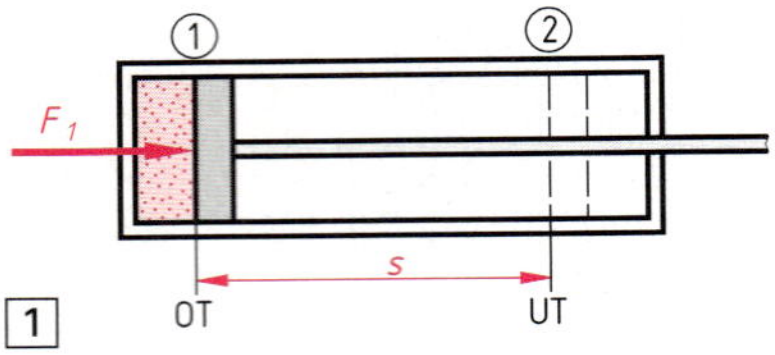

1

W_v	Volumenänderungsarbeit (→ **A18**)	Nm
F	Kolbenkraft (→ Bild 1)	N
s	Kolbenweg	m
p	Druck auf Kolben (→ **B2, B4**)	N/m², bar
V	Hubvolumen	m³
Δs	kleiner Teil des Kolbenweges	m
ΔV	kleiner Teil des Hubvolumens	m³

Innere Energie und Enthalpie

Bild 2 zeigt eine weitergehende Fassung des **1. Hauptsatzes:**

In einem **abgeschlossenen thermodynamischen System** entspricht die zugeführte Wärmeenergie Q der Summe aus Volumenänderungsarbeit W_v und der Änderung der inneren Energie ΔU.

$Q = W_v + \Delta U$	**1. Hauptsatz der Thermodynamik**
$\Delta H = Q = W_v + \Delta U$	**Änderung der Enthalpie**

Innere Energie: Bewegungsenergie der Elementarbausteine

Enthalpie: Wärmeinhalt

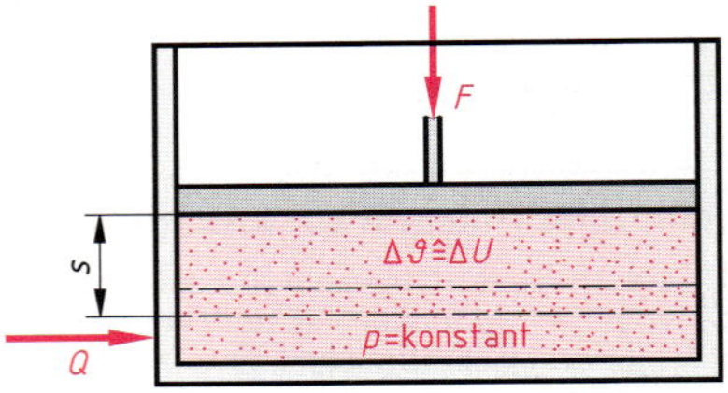

2

Q	zugeführte Wärmeenergie (→ **C2**)	J, kJ
W_v	Volumenänderungsarbeit (→ **A18**)	Nm
ΔU	Änderung der inneren Energie (→ **C2**)	J
ΔH	Änderung der Enthalpie (→ **C14**)	J

Die spezifische Wärme von Gasen (→ C9, T11)

$W_v = 0 \rightarrow Q = \Delta U$	**1. Grenzfall des 1. Hauptsatzes**	→ p = konst.

Die spezifische Wärme bei Erwärmung mit konstantem Druck wird mit c_p bezeichnet. → p = konst. → c_p (→ **T11**)

$Q = m \cdot c_p \cdot \Delta\vartheta$	**zugeführte Wärme bei konstantem Druck**
$\Delta U = 0 \rightarrow Q = W_v$	**2. Grenzfall des 1. Hauptsatzes** → V = konst.

Die spezifische Wärme bei Erwärmung mit konstantem Volumen wird mit c_v bezeichnet. → V = konst. → c_v (→ **T11**)

$Q = m \cdot c_v \cdot \Delta\vartheta$	**zugeführte Wärme bei konstantem Volumen**
$\varkappa = \frac{c_p}{c_v}$	**Isentropenexponent (Adiabatenexponent)**

Unter dem **Isentropenexponenten** (Adiabatenexponent) versteht man den Quotienten aus c_p und c_v (→ **Tabelle auf Seite 71** und **T11**).

W_v	Volumenänderungsarbeit (→ **A18**)	Nm
Q	Wärmemenge (→ **C2**)	J, kJ
ΔU	Änderung der inneren Energie	J, kJ
m	Masse	kg
c_p	spezifische Wärme bei konstantem Druck (→ **C9**)	kJ/(kg · K)
c_v	spezifische Wärme bei konstantem Volumen	kJ/(kg · K)
$\Delta\vartheta$	Temperaturdifferenz (→ **C1**)	K, °C
$\varkappa$	Isentropenexponent (Adiabatenexponent) (→ **T11**)	1

Anzahl der Atome im Gasmolekül	Beispiele typischer Gase mit dieser Atomzahl im Gasmolekül	Isentropenexponent $\varkappa$ bei 273 K
1	He	$5 : 3 \approx 1{,}667$
2	O_2, N_2, CO	$7 : 5 \approx 1{,}41$
–	Luft	1,4
3	CO_2, H_2O-Dampf	$8 : 6 \approx 1{,}33$

R_B als Funktion von c_p und c_v

$R_B = c_p - c_v$	spezifische Gaskonstante ($\to$ **C5**)	R_B	spezifische Gaskonstante ($\to$ **C5**) kJ/(kg · K)
$c_p = \dfrac{\varkappa}{\varkappa - 1} \cdot R_B$	spezifische Wärme bei konstantem Druck	c_p	spezifische Wärme bei konstantem Druck kJ/(kg · K)
$c_v = \dfrac{R_B}{\varkappa - 1}$	spezifische Wärme bei konstantem Volumen	c_v	spezifische Wärme bei konstantem Volumen kJ/(kg · K)
		$\varkappa$	Isentropenexponent (Adiabatenexponent) 1

C17 Thermodynamische Zustandsänderungen

Die Isobare ($\to$ Bild 1)

$\dfrac{V_1}{V_2} = \dfrac{T_1}{T_2}$ Gay-Lussac ($\to$ **C4**)

$W_v = p \cdot (V_2 - V_1)$ Volumenänderungsarbeit

$W_v = m \cdot R_B \cdot (T_2 - T_1)$ Volumenänderungsarbeit

$Q = m \cdot c_p \cdot (T_2 - T_1)$ zugeführte Wärmeenergie

$\Delta U = m (T_2 - T_1) \cdot (c_p - R_B)$ Änderung der inneren Energie ($\to$ **C16**)

$\Delta U = m \cdot c_v \cdot (T_2 - T_1)$ Änderung der inneren Energie

Bei Verlauf ① $\to$ ②: Temperaturzunahme
Bei Verlauf ② $\to$ ①: Temperaturabnahme

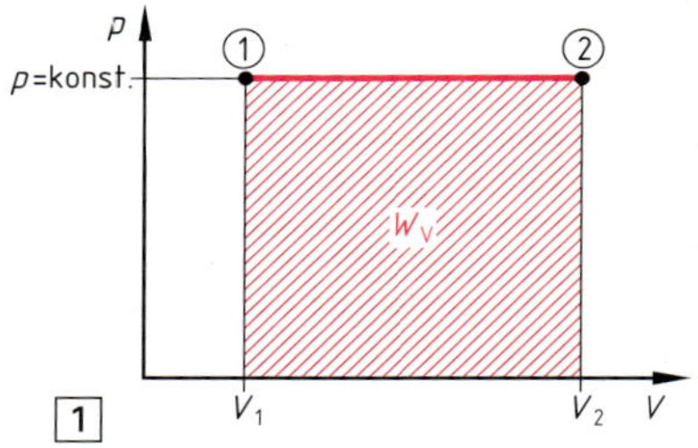

W_v	Volumenänderungsarbeit Nm
p	Druck ($\to$ **B2**) N/m², bar
V	Volumen m³
c_p, c_v	spezifische Wärmekapazität kJ/(kg · K)
R_B	spezifische Gaskonstante kJ/(kg · K)
m	Masse kg
T	absolute Temperatur ($\to$ **C1**) K
ΔU	Änderung der inneren Energie J, kJ

Die Isochore ($\to$ Bild 2)

$\dfrac{p_1}{p_2} = \dfrac{T_1}{T_2}$ Gay-Lussac ($\to$ **C4**)

$W_v = 0$ Volumenänderungsarbeit ($\to$ **A18, C16**)

$\Delta U = Q$ Änderung der inneren Energie ($\to$ **C16**)

$Q = m \cdot c_v \cdot (T_2 - T_1)$ zugeführte Wärmenergie

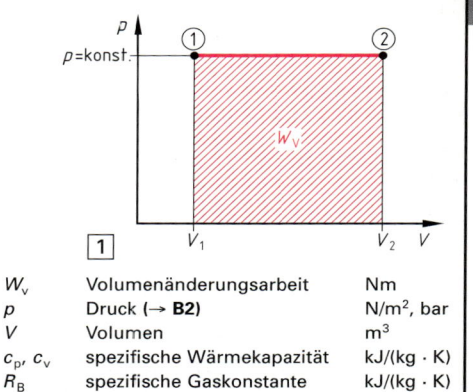

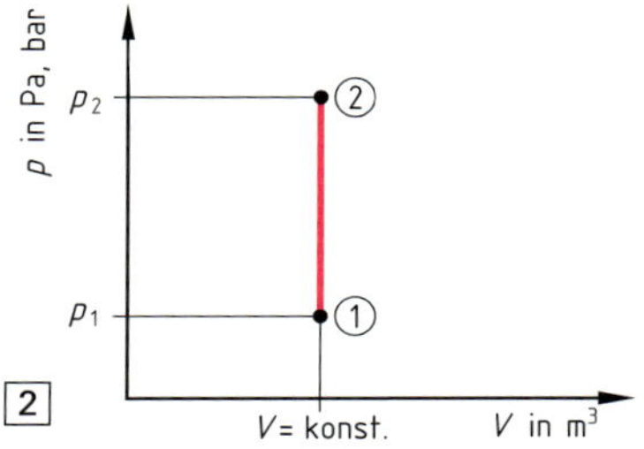

p	Druck ($\to$ **B2**) N/m², bar
T	absolute Temperatur ($\to$ **C1**) K
W_v	Volumenänderungsarbeit ($\to$ **A18**) Nm
ΔU	Änderung der inneren Energie J, kJ
Q	Wärmemenge ($\to$ **C2**) J, kJ
c_v	spezifische Wärme ($\to$ **C9**) kJ/(kg · K)

C

Die Isotherme (→ Bild 1)

$p \cdot V = \text{konst.}$	**Boyle-Mariotte (→ B3, C4)**
$\Delta U = 0$	**Änderung der inneren Energie (→ C16)**
$Q = W_v$	**zu- bzw. abgeführte Wärmeenergie**

$W_v = p_1 \cdot V_1 \cdot \ln \frac{v_1}{v_2}$

$W_v = p_2 \cdot V_2 \cdot \ln \frac{v_1}{v_2}$

$W_v = p_1 \cdot V_1 \cdot \ln \frac{V_1}{V_2}$

$W_v = p_2 \cdot V_2 \cdot \ln \frac{V_1}{V_2}$

$W_v = p_1 \cdot V_1 \cdot \ln \frac{p_2}{p_1}$

$W_v = p_2 \cdot V_2 \cdot \ln \frac{p_2}{p_1}$

zugeführte Volumenänderungsarbeit (→ **A18**) bei einer Zustandsänderung ② → ①

$W_v = p \cdot V \cdot \ln \frac{v_2}{v_1}$

$W_v = p \cdot V \cdot \ln \frac{V_2}{V_1}$

$W_v = p \cdot V \cdot \ln \frac{p_1}{p_2}$

verrichtete (abgegebene) Volumenänderungsarbeit (→ **A18**) bei einer Zustandsänderung ① → ②

Index 1: Zustand 1
Index 2: Zustand 2

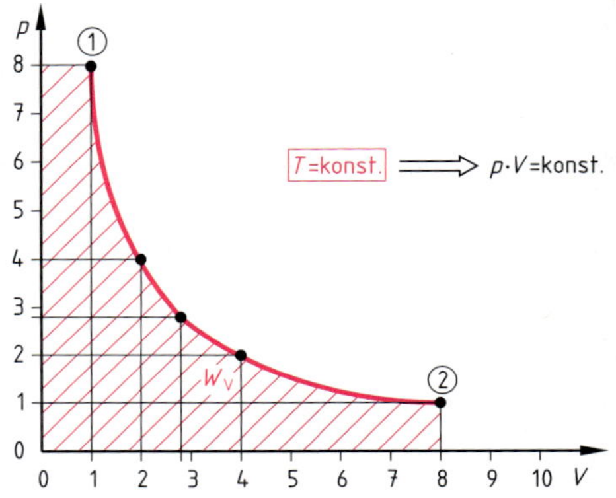

1

p	absoluter Druck (→ **B3**)	N/m², bar
V	Volumen	m³
v	spezifisches Volumen (→ **C5**)	m³/kg
W_v	Volumenänderungsarbeit	Nm
ΔU	Änderung der inneren Energie	J
Q	zu- bzw. abgeführte Wärmeenergie	J

Bei einer **isothermen Zustandsänderung** entspricht die Volumenänderungsarbeit der zu- bzw. abgeführten Wärmeenergie.

Mit $p \cdot V = \text{konst.}$: $p \cdot V = p_1 \cdot V_1 = p_2 \cdot V_2$

Die Isentrope bzw. Adiabate

Bei einer **isentropen Zustandsänderung,** die man auch als **adiabate Zustandsänderung** bezeichnet, wird keine Wärmeenergie mit der Umgebung ausgetauscht.

$Q = 0$	**Wärmeenergie**
$\Delta U = -W_v = m \cdot c_v \cdot (T_2 - T_1)$	**Änderung der inneren Energie (→ C16)**

$W_v = m \cdot \frac{R_B}{\varkappa - 1} \cdot (T_1 - T_2)$

$W_v = \frac{1}{\varkappa - 1} \cdot (p_1 \cdot V_1 - p_2 \cdot V_2)$

Volumenänderungsarbeit (→ A18)

$p \cdot V^{\varkappa} = \text{konst.}$

$p_1 \cdot V_1^{\varkappa} = p_2 \cdot V_2^{\varkappa}$

Isentropenfunktion

Q	Wärmeenergie (→ **C2**)	J, kJ
ΔU	Änderung der inneren Energie	J
W_v	Volumenänderungsarbeit	Nm
m	Masse	kg
c_v	spezifische Wärme bei konstantem Volumen	kJ/(kg · K)
T	absolute Temperatur	K
R_B	spezifische Gaskonstante (→ **C5**)	kJ/(kg · K)
$\varkappa$	Isentropenexponent (Adiabatenexponent) (→ **C16**)	1

Die isentrope (adiabate) Zustandsänderung ist dadurch gekennzeichnet, dass an jeder Stelle der Zustandsfunktion das Produkt aus Druck und „Volumen hoch Kappa" konstant ist.

Die **adiabate Zustandsänderung** ist ein theoretischer Grenzfall, da wegen der immer vorhandenen Verluste von Wärmeenergie $Q \neq 0$ ist.

Die Polytrope

Eine Zustandsänderung, bei der sich gleichzeitig alle thermodynamischen Zustandsgrößen ändern, heißt **allgemeine Polytrope.**

Die thermodynamische Handhabung der Polytrope entspricht völlig der thermodynamischen Handhabung der Isentrope (Adiabate). →

Unterscheiden Sie:
Isentrope → Isentropenexponent $\varkappa$ | $n \neq 1$
Polytrope → Polytropenexponent n | $n \neq \varkappa$

$$\Delta U = m \cdot c_v \cdot (T_2 - T_1)$$ **Änderung von** U **(→ C16)**

$$W_v = m \cdot \frac{R_B}{n-1} \cdot (T_1 - T_2)$$

$$W_v = \frac{1}{n-1} \cdot (p_1 \cdot V_1 - p_2 \cdot V_2)$$

Volumenänderungsarbeit (→ A18)

$$Q = m \cdot \frac{R_B}{n-1} \cdot (T_1 - T_2) + m \cdot c_v \cdot (T_2 - T_1)$$ **zu- bzw. abgeführte Wärme**

ΔU	Änderung der inneren Energie	J
m	Masse	kg
c_v	spezifische Wärmekapazität bei konstantem Volumen	kJ/(kg · K)
T	absolute Temperatur (→ **C1**)	K
n	Polytropenexponent	1
R_B	spezifische Gaskonstante (→ **C5**)	kJ/(kg · K)
p	absoluter Druck (→ **B3**)	N/m², bar
V	Volumen	m³
Q	zu- bzw. abgeführte Wärme	J, kJ

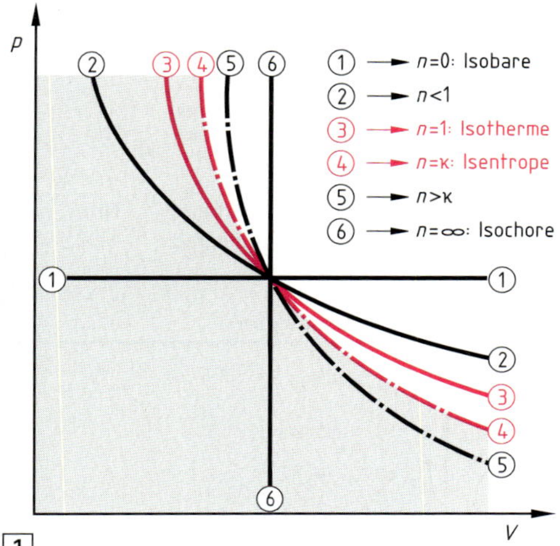

1

Bild 1 zeigt den Zusammenhang zwischen den verschiedenen Zustandsänderungen. Man spricht auch von **speziellen Isentropen:**

$n = 1 \longrightarrow p \cdot V = \text{konst.} \longrightarrow$ **Isotherme**
$n = \varkappa \longrightarrow p \cdot V^{\varkappa} = \text{konst.} \longrightarrow$ **Isentrope**
$n = 0 \longrightarrow p = \text{konst.} \longrightarrow$ **Isobare**
$n = \pm\infty \longrightarrow V = \text{konst.} \longrightarrow$ **Isochore**

$$p \cdot V^n = \text{konst.}$$

C 18 Kreisprozesse im p,V-Diagramm und im T,s-Diagramm

Definition des Kreisprozesses (→ Bild 2)

Wird bei einem thermodynamischen Prozess durch das Ablaufen **mehrerer Zustandsänderungen** wieder der Ausgangszustand erreicht, dann ist dies ein **geschlossener Prozess** oder **Kreisprozess.**

Bild 2 zeigt einen solchen Kreisprozess im p,V-Diagramm dargestellt. Man sieht:

Soll **Nutzarbeit** W_n gewonnen werden, dann muss der Vorlauf ① → ② einen anderen Verlauf haben als der Rücklauf ② → ①.

Somit ist:

$W_{v12} > W_{v21}$ (→ **A18**)

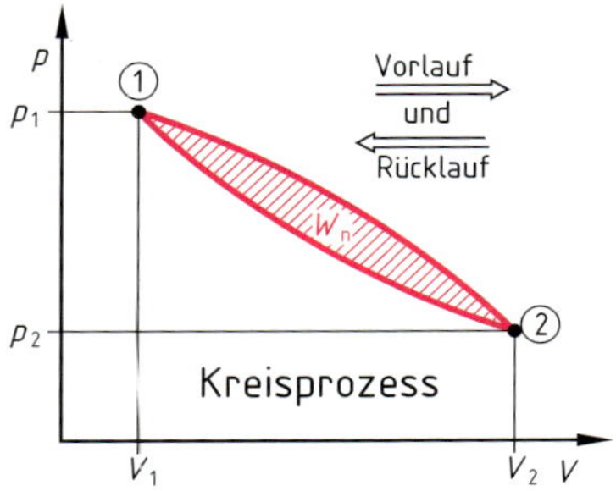

2

Der Betrag der Nutzarbeit und thermischer Wirkungsgrad

Wärmeenergie kann nur dann in mechanische Arbeit umgewandelt werden, wenn zwischen Vorlauf und Rücklauf des Kreisprozesses ein **Temperaturgefälle** vorhanden ist, d.h. im Bild 1 ist $T_a > T_b$.

Dies führt zu dem Begriff des **rechtslaufenden Kreisprozesses** (→ Bild 1).

$$W_n = Q_{12} - Q_{21} = W_{v12} - W_{v21}$$ **Nutzarbeit (→ A18)**

$$\eta_{th} = \frac{Q_n}{Q_a}$$

$$\eta_{th} = \frac{Q_{12} - Q_{21}}{Q_{12}} = 1 - \frac{Q_{21}}{Q_{12}}$$

$$\eta_{th} = \frac{W_n}{Q_a} = \frac{W_{v12} - W_{v21}}{Q_{12}}$$

thermischer Wirkungsgrad (→ A20)

Bei der Berechnung des thermischen Wirkungsgrades η_{th} wird die Nutzarbeit W_n aus der Differenz der Flächen unter den Zustandskurven im p, V-Diagramm ermittelt.

Mit $\boldsymbol{W_{v12} > W_{v21}}$ ist $\boldsymbol{\eta_{th} < 1}$

→ **Zweiter Hauptsatz der Thermodynamik** (2. HS)

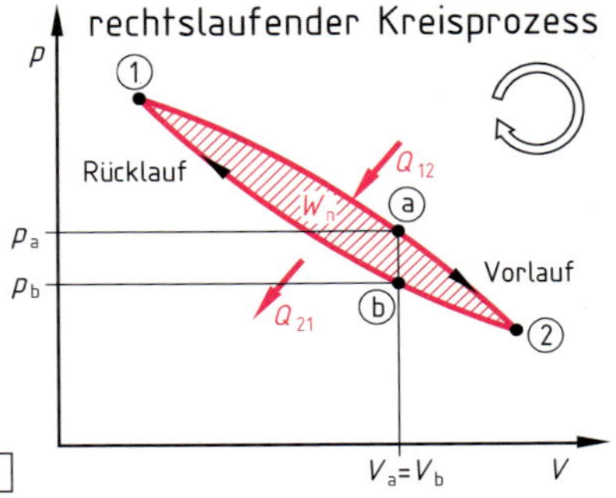

1

W_n	Nutzarbeit (→ **A18**)	Nm
Q_{12}	beim Vorlauf zugeführte Wärmeenergie (→ **C2**)	J, kJ
Q_{21}	beim Rücklauf abgeführte Wärmeenergie	J, kJ
W_{v12}	beim Vorlauf abgegebene Volumenänderungsarbeit (→ **A18**)	Nm
W_{v21}	beim Rücklauf zugeführte Volumenänderungsarbeit	Nm
η_{th}	thermischer Wirkungsgrad (→ **A20**)	1, %
Q_n	Nutzwärme	J, kJ
Q_a	aufgewendete Wärme	J, kJ

Kreisprozesse der Wärmekraftmaschinen

Diesel-Prozess (Gleichdruckprozess) (→ Bild 2)

$$\eta_{th} = 1 - \frac{T_4 - T_1}{\varkappa \cdot (T_3 - T_2)}$$

$$\eta_{th} = 1 - \frac{1}{\varepsilon^{\varkappa - 1}} \cdot \frac{\varphi^{\varkappa} - 1}{\varkappa \cdot (\varphi - 1)}$$

thermischer Wirkungsgrad (→ A20)

$$\varepsilon = \frac{V_1}{V_2}$$ **Verdichtungsverhältnis**

$$\varphi = \frac{V_3}{V_2}$$ **Einspritzverhältnis**

Das **Einspritzverhältnis** wird auch als **Volldruckverhältnis** bezeichnet.

Index 1
Index 2
Index 3
Index 4
„Eckpunkte“ des Kreisprozesses

Anmerkung 1: Weitergehende Informationen bezüglich der Thermodynamik sowie konstruktiver Regeln und Gesetze finden Sie in der Fachliteratur für Wärmekraftmaschinen.

Anmerkung 2: Die **Bezeichnungen der nun folgenden Kreisprozesse** sind denen des Diesel-Prozesses analog.

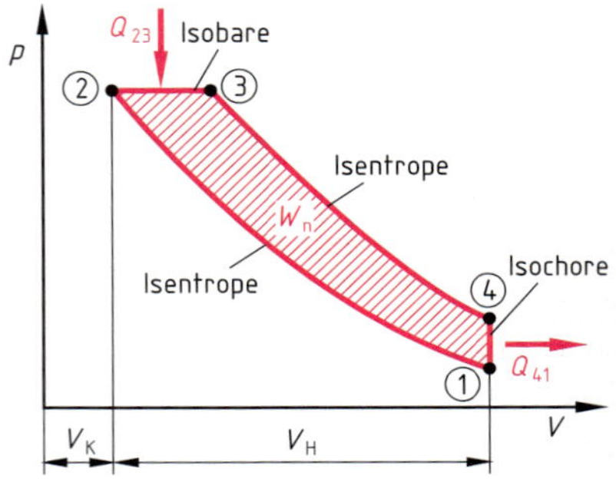

2

η_{th}	thermischer Wirkungsgrad (→ **A20**)	1
T	absolute Temperatur (→ **C1**)	K
$\varkappa$	Isentropenexponent (→ **C16**) (Adiabatenexponent)	1
ε	Verdichtungsverhältnis	1
φ	Einspritzverhältnis	1
V	Volumen	m^3
V_K	Kompressionsvolumen	m^3
V_H	Hubvolumen	m^3

Otto-Prozess (Gleichraumprozess) (→ Bild 1)

$$\eta_{th} = 1 - \frac{T_1}{T_2}$$

$$\eta_{th} = 1 - \frac{1}{\varepsilon^{\varkappa - 1}}$$

thermischer Wirkungsgrad

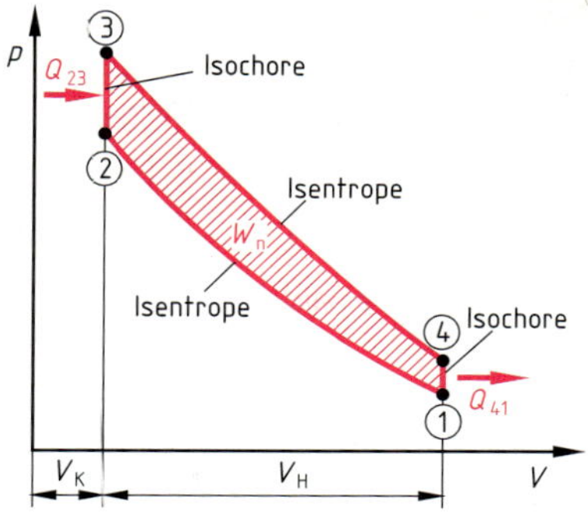

1

Seiliger-Prozess (→ Bild 2)

$$\eta_{th} = 1 - \frac{T_5 - T_1}{T_3 - T_2 + \varkappa \cdot (T_4 - T_3)}$$

thermischer Wirkungsgrad

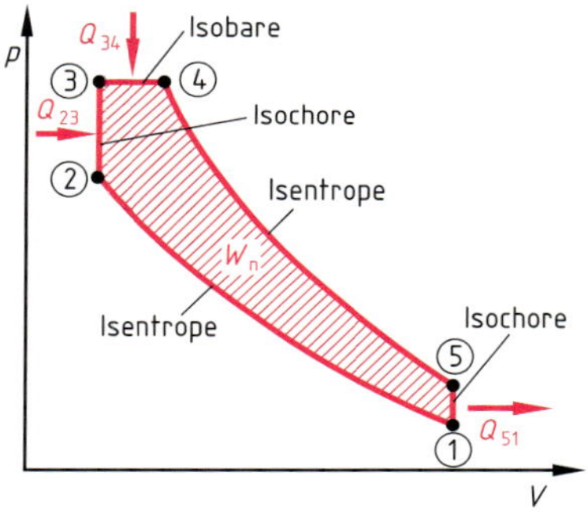

2

Joule-Prozess (→ Bild 3)

$$\eta_{th} = 1 - \frac{T_1}{T_2}$$

$$\eta_{th} = 1 - \left(\frac{p_1}{p_2}\right)^{\frac{\varkappa - 1}{\varkappa}}$$

thermischer Wirkungsgrad

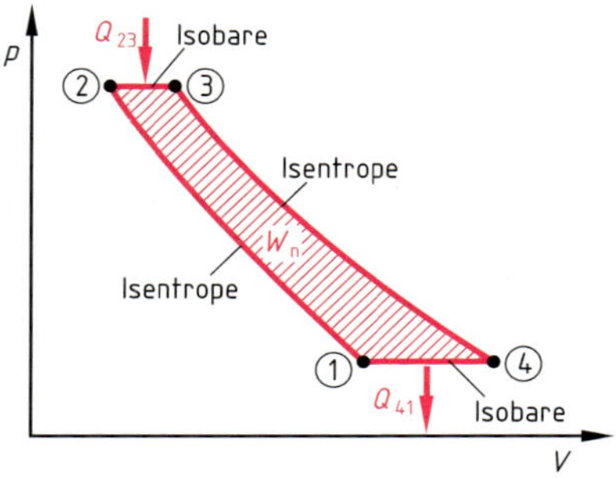

3

Ackeret-Keller-Prozess (→ Bild 4)

$$\eta_{th} = 1 - \frac{T_1}{T_3}$$

thermischer Wirkungsgrad

Der Ackeret-Keller-Prozess wird auch als **Ericsson-Prozess** bezeichnet.

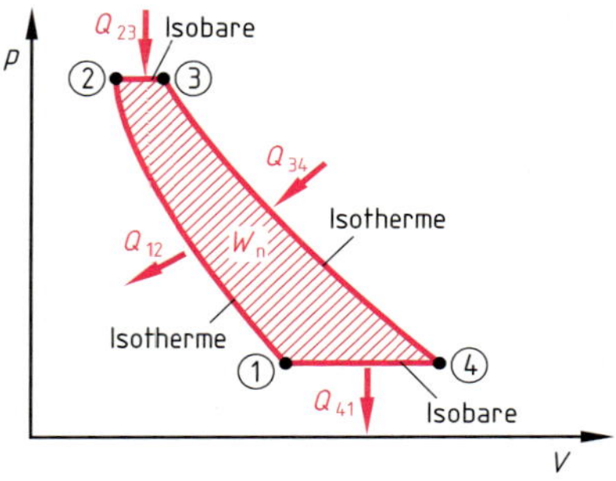

4

Stirling-Prozess (→ Bild 1)

$\eta_{th} = 1 - \frac{T_1}{T_3}$ **thermischer Wirkungsgrad**

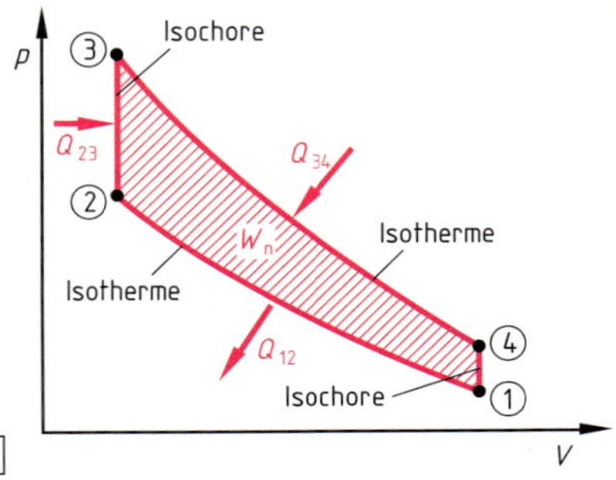

1

Carnot-Prozess (→ Bild 2)

$\eta_{th} = 1 - \frac{T_4}{T_2}$ **thermischer Wirkungsgrad**

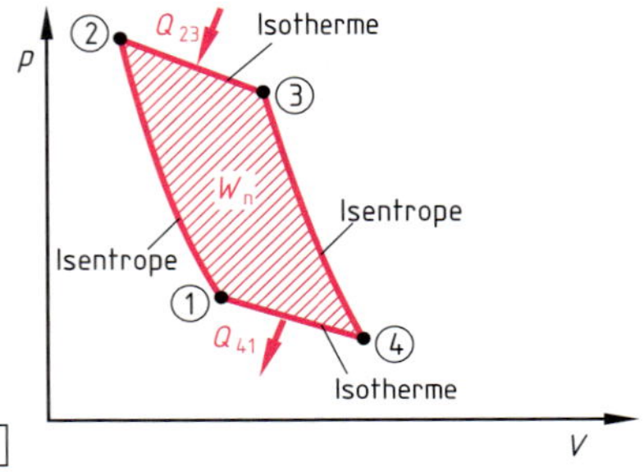

2

Entropie und *T,s*-Diagramm (→ Bild 3)

$Q = \sum (T \cdot \Delta S)$ **zu- oder abgeführte Wärmeenergie (→ C2)**

$\Delta Q = T \cdot \Delta S$ **Änderung der Wärmeenergie**

Im **Temperatur, Entropie-Diagramm (*T,s*-Diagramm)** bilden sich Wärmemengen als Flächen ab. Man bezeichnet deshalb ein solches Diagramm auch als **Wärmediagramm.**

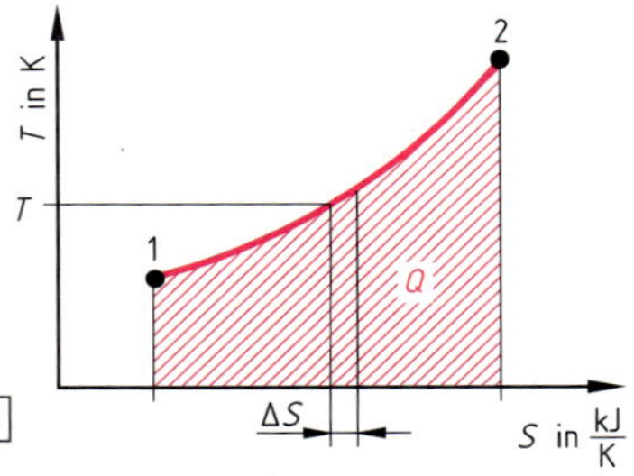

3

$\Delta S = \pm \frac{\Delta Q}{T}$

$\Delta S = \pm \frac{p \cdot \Delta V + \Delta U}{T}$

Änderung der Entropie → + bei Wärmezufuhr – bei Wärmeabfuhr

Die auf die Stoffmenge 1 kg bezogene Entropie heißt **spezifische Entropie** *s*.

Die **Entropieänderung** ΔS wird mit abnehmender thermodynamischer Temperatur (bei gleicher Wärmezu- oder -abfuhr) größer.

Bei **reversiblen Zustandsänderungen** erreicht die Entropie nach abgeschlossener Umkehrung der Zustandsänderung den selben Wert wie zu Beginn der Zustandsänderung. Bei **irreversiblen Zustandsänderungen** nimmt die Entropie zu.

→ Die **Entropiezunahme** ist ein Maß für die **Irreversibilität** einer Zustandsänderung.

Q	zu- bzw. abgeführte Wärmeenergie **(→ C2)**	J, kJ
T	absolute Temperatur **(→ C1)**	K
ΔS	Änderung der Entropie	J/K
ΔQ	Änderung der Wärmeenergie	J, kJ
p	absoluter Druck **(→ B3)**	N/m², bar
ΔV	Änderung des Volumens	m³
s	spezifische Entropie	J/(kg · K)

Auf **Seite 77** sind Berechnungsgleichungen für die Berechnung der Entropieänderung angegeben:

C

Zustands-änderung	zu- oder abgeführte Wärmeenergie und Entropieänderung	*T, s*-Diagramm
Isobare	$Q = m \cdot c_{pm} \cdot (T_2 - T_1)$ $\Delta S = S_2 - S_1 = m \cdot c_{pm} \cdot \ln \frac{T_2}{T_1}$ (ln = natürlicher Logarithmus)	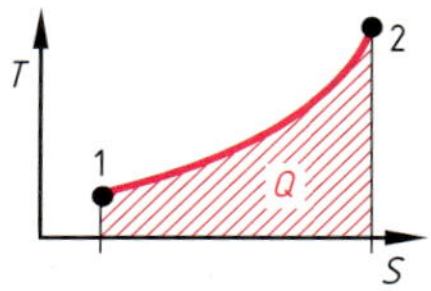 1
Isochore	$Q = m \cdot c_{vm} \cdot (T_2 - T_1)$ $\Delta S = S_2 - S_1 = m \cdot c_{vm} \cdot \ln \frac{T_2}{T_1}$	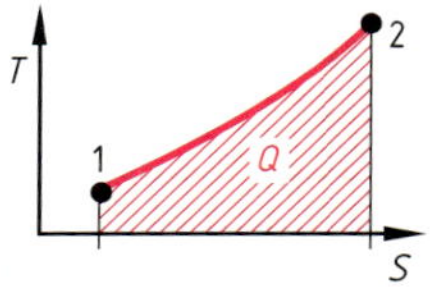 2
Isotherme	da $\Delta U = 0$ ist: $Q = W_v = p_1 \cdot V_1 \cdot \ln \frac{p_1}{p_2}$ $\Delta S = S_2 - S_1 = m \cdot R_B \cdot \ln \frac{p_1}{p_2}$	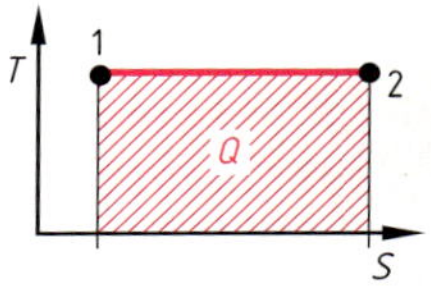 3
Isentrope (Adiabate)	da $\Delta U = W_v$ ist: $Q = 0$ $\Delta S = 0$	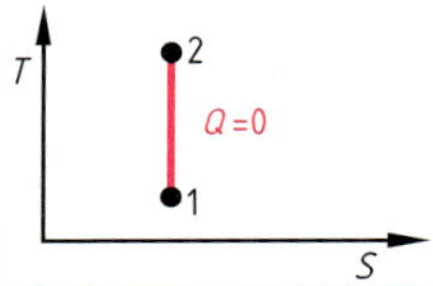 4
Polytrope	$Q = m \cdot \frac{R_B}{n-1} \cdot (T_2 - T_1) + m \cdot c_{vm} \cdot (T_2 - T_1)$ $\Delta S = S_2 - S_1 = m \cdot c_{pm} \cdot \ln \frac{T_2}{T_1} - m \cdot R_B \cdot \ln \frac{p_2}{p_1}$ $\Delta S = S_2 - S_1 = m \cdot c_{vm} \cdot \ln \frac{T_2}{T_1} + m \cdot R_B \cdot \ln \frac{V_2}{V_1}$	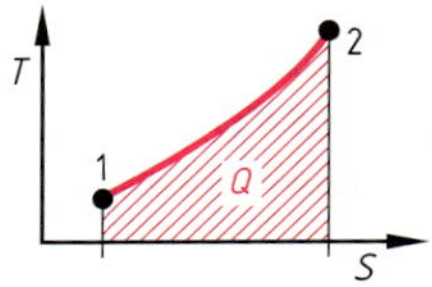 5

Anmerkung 1: Formelzeichen entsprechend der Zustandsänderungen **(→ C16, C17)**

Anmerkung 2: c_{vm} und c_{pm} sind **mittlere spezifische Wärmekapazitäten (→ C17)**

Linkslaufende Kreisprozesse (→ Bild 6)

Beim **linkslaufenden Kreisprozess** wird Wärmeenergie entgegen einem Temperaturgefälle befördert. Nach dem 2. HS **(→ C18)** gilt:

Ein **Transport von Wärmeenergie** entgegen dem Temperaturgefälle ist nur mit einem zusätzlichen Aufwand von mechanischer Energie W_a möglich.

Realisierung in der Praxis mit **Kältemaschinenprozess** bzw. mit **Wärmepumpenprozess**.

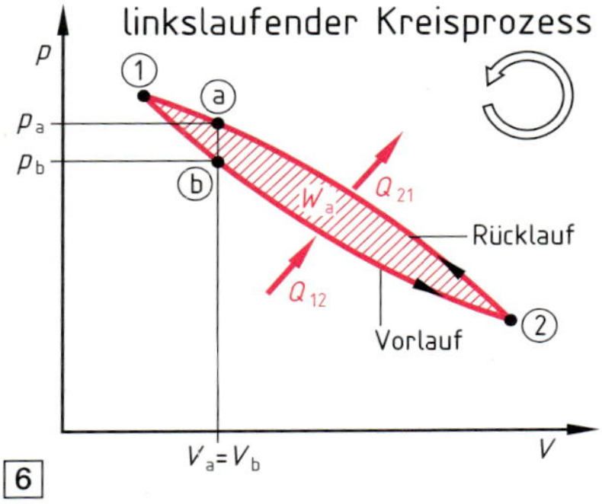

6

Die Bilder 1 und 2 zeigen einen **linkslaufenden Carnot-Prozess im *p,V*- und *T,s*-Diagramm:**

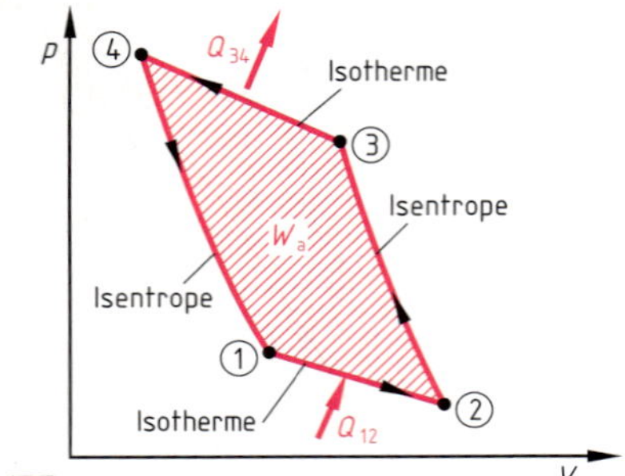

1

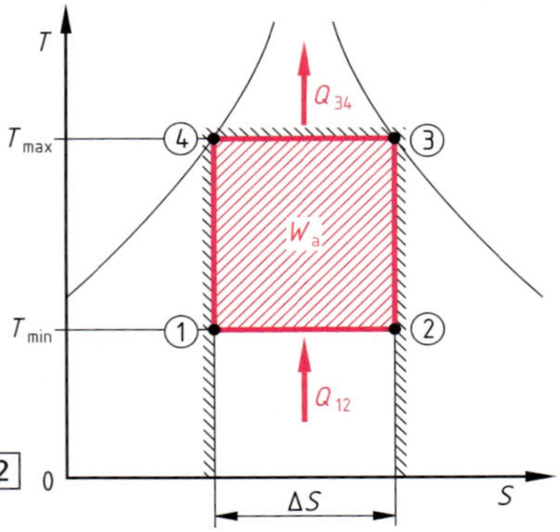

2

C

$W_a = Q_{21} - Q_{12}$	**aufgewendete Arbeit**
$\varepsilon_K = \dfrac{Q_{12}}{W_a}$	**Leistungszahl der Kältemaschine**
$\varepsilon_K = \dfrac{T_{min} \cdot \Delta S}{\Delta S\,(T_{max} - T_{min})} = \dfrac{T_{min}}{T_{max} - T_{min}}$	**Leistungszahl**
$\varepsilon_W = \dfrac{Q_{34}}{W_a}$	**Leistungszahl der Wärmepumpe**
$\varepsilon_W = \dfrac{T_{max} \cdot \Delta S}{\Delta S \cdot (T_{max} - T_{min})} = \dfrac{T_{max}}{T_{max} - T_{min}}$	**Leistungszahl**

W_a	aufgewendete Arbeit (→ **A18**)	Nm
Q	Wärmeenergie (→ **C2**)	J, kJ
ε	Leistungszahl	1
T_{min}	absolute Verdampfungstemperatur des Kältemittels (→ **C13**)	K
T_{max}	absolute Kondensationstemperatur des Kältemittels (→ **C13**)	K
ΔS	Entropieänderung	J/K

Index K: Kältemaschinenprozess

Index W: Wärmepumpenprozess

C 19 Umwandlung von Wärmeenergie in elektrische Energie

Seebeck-Effekt (Thermoelement) spielt nur in der Messtechnik und der Betriebstechnik eine Rolle.

Großtechnische Umwandlung → nachfolgende Grafik (→ **A18, C2, C11, C16, C17, C18, F11, G4**)

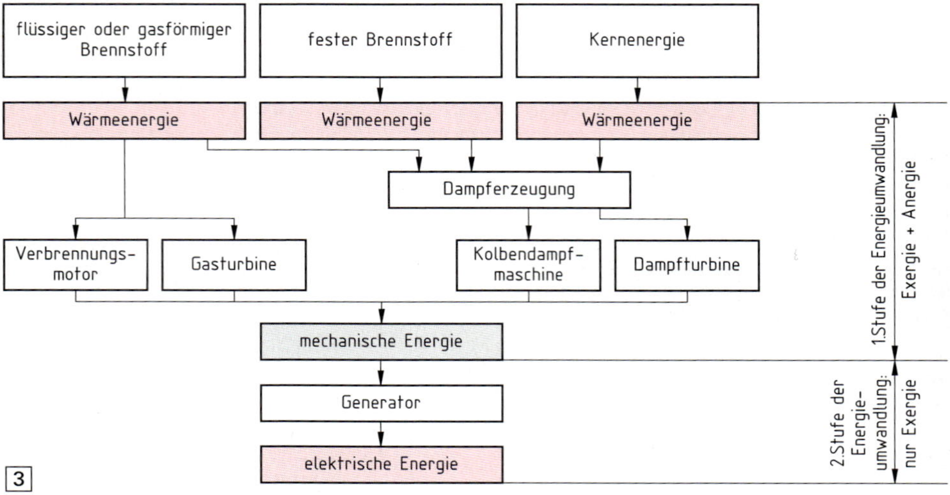

3

Energie = Exergie + Anergie	→	**Exergie:** umwandelbare Energie **Anergie:** nicht umwandelbare Energie

C20 Umwandlung von elektrischer Energie in Wärmeenergie

Peltier-Effekt (→ Bild 1)

$Q_p = \pi_{12} \cdot I \cdot t$ **Peltier-Wärme**

Peltier-Elemente werden als **Heizelemente** und als **Kühlelemente** verwendet.

Der **Peltier-Koeffizient** ist ein von der Werkstoffkombination abhängiger Proportionalitätsfaktor. Er beträgt bei den verschiedenen Metallkombinationen zwischen $4 \cdot 10^{-3}$ bis $4 \cdot 10^{-4}$ J/As.

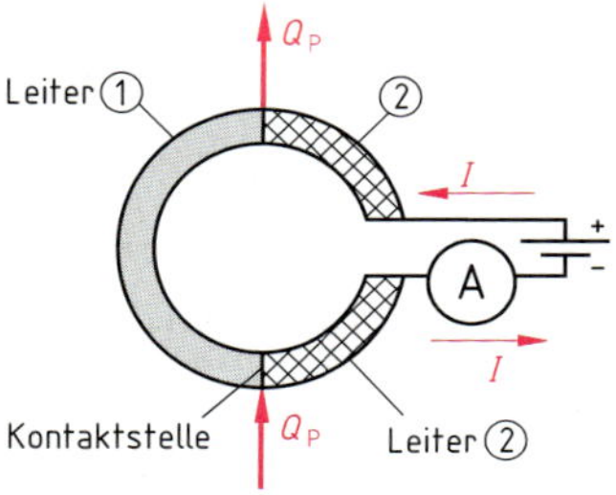

1

Q_p	Peltier-Wärme	J, kJ
π_{12}	Peltier-Koeffizient (→ **F1**)	J/As
I	elektrische Stromstärke (→ **F1**)	A
t	Zeit	s

Elektrische Arbeit und elektrische Leistung (→ A18, C9, F2)

$P = \frac{W}{t}$	**elektrische Leistung**
$W = P \cdot t$	**elektrische Arbeit**
1 Ws = 1 J	**elektrisches Wärmeäquivalent**
$\eta = \frac{Q_n}{W_a}$	**elektrischer Wirkungsgrad (→ A20)**
$P = \frac{\sum (m \cdot c \cdot \Delta\vartheta)}{\eta \cdot t}$	**elektrische Heizleistung (→ F2)**

P	elektrische Leistung (→ **A18**)	W
W	elektrische Arbeit (→ **A18**)	Ws, kWh
t	Zeit	s
η	elektrischer Wirkungsgrad	1, %
Q_n	Nutzwärme (z.B. $m \cdot c \cdot \Delta\vartheta$)	J
W_a	aufgewendete elektrische Arbeit	Ws, kWh
m	Masse	kg
c	spezifische Wärmekapazität (→ **C9**)	kJ/(kg · K)
$\Delta\vartheta$	Temperaturdifferenz (→ **C1**)	K, °C

C21 Wärmetransport

Möglichkeiten einer Wärmeübertragung

Der zweite Hauptsatz (→ **C18**) besagt:

Wärmeenergie kann ohne einen zusätzlichen Aufwand an Energie nur von einem Körper mit höherer Temperatur auf einen Körper mit niedrigerer Temperatur, d.h. nur in Richtung eines Temperaturgefälles, übertragen werden (→ Bild 2).

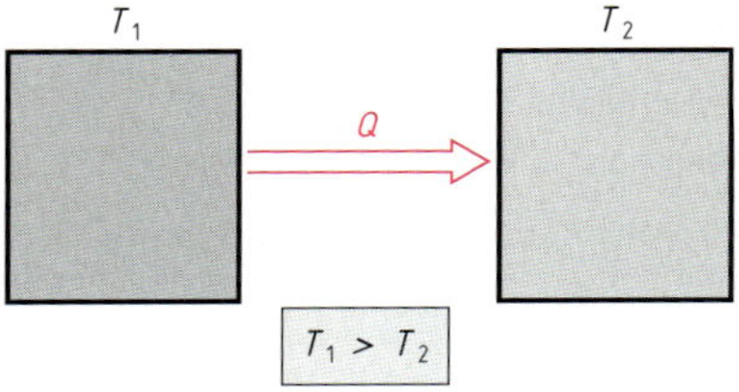

2

Übertragung von Wärmeenergie durch **Wärmeleitung, Wärmestrahlung** und **Wärmemitführung.**

Wärmeleitung durch ebene und gekrümmte Wände

$\dot{Q} = \frac{Q}{t}$ **Wärmestrom**

$\dot{Q}$	Wärmestrom	W
Q	Wärmeenergie (→ **C2**)	J, kJ
t	Zeit	s

$$\dot{Q} = \frac{\lambda}{\delta} \cdot A \cdot (\vartheta_1 - \vartheta_2)$$

$$\dot{Q} = \frac{\Delta\vartheta}{R_\lambda}$$

Wärmestrom durch einschichtige Wand

$$R_\lambda = \frac{\delta}{\lambda \cdot A}$$

Wärmeleitwiderstand

$$\Delta\vartheta = R_\lambda \cdot \dot{Q}$$

Ohm'sches Gesetz der Wärmeleitung

Bei kleiner Wärmeleitfähigkeit λ ist der Wärmeleitwiderstand R_λ groß und damit ist auch die **Temperaturdifferenz** groß.

Bei **ebenen Wänden** liegt ein **lineares Temperaturgefälle** vor.

In **mehrfach geschichteten ebenen Wänden** (→ Bild 1) fällt die Temperatur linear von Schicht zu Schicht in Richtung des Wärmestromes.

C

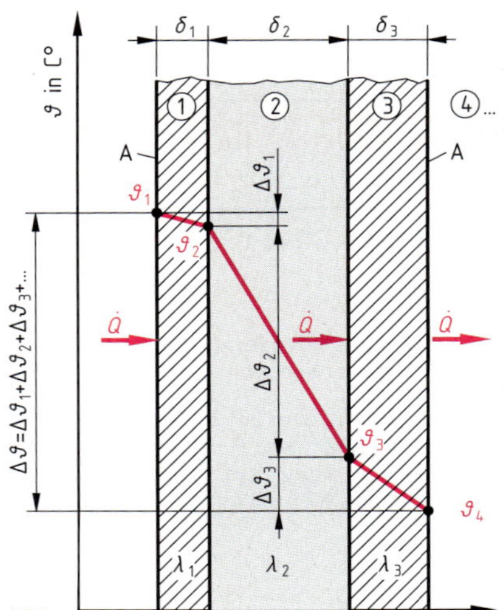

1

$$\dot{q} = \frac{\dot{Q}}{A}$$

Wärmestromdichte

$$\dot{Q} = \frac{\lambda_1}{\delta_1} \cdot A \cdot \Delta\vartheta_1 = \frac{\lambda_2}{\delta_2} \cdot A \cdot \Delta\vartheta_2 = \frac{\lambda_3}{\delta_3} \cdot A \cdot \Delta\vartheta_3 = \ldots = \frac{\lambda_n}{\delta_n} \cdot A \cdot \Delta\vartheta_n$$

Wärmestrom durch eine mehrfach geschichtete ebene Wand

$$R_{\lambda ges} = R_{\lambda 1} + R_{\lambda 2} + R_{\lambda 3} + \ldots + R_{\lambda n}$$

Gesamtwärmeleitwiderstand

$$\dot{Q} = \frac{\Delta\vartheta_1}{R_{\lambda 1}} = \frac{\Delta\vartheta_2}{R_{\lambda 2}} = \ldots = \frac{\Delta\vartheta}{R_{\lambda ges}}$$

Wärmestrom

Die **Wärmeleitfähigkeit** λ ist stark **temperaturabhängig!**

Indices 1 … n: Wandbezeichnungen

$\dot{Q}$	Wärmestrom	W
λ	Wärmeleitfähigkeit (Wärmeleitzahl) (→ **T14**)	W/(m · K)
A	Wandfläche	m^2
ϑ	Wandgrenztemperatur	K, °C
$\Delta\vartheta$	Temperaturdifferenz (→ **C1**)	K, °C
R_λ	Wärmeleitwiderstand	K/W
$R_{\lambda ges}$	Gesamtwärmeleitwiderstand	K/W
δ	Wanddicke	m
$\dot{q}$	Wärmestromdichte	W/m^2
l	Länge eines Hohlzylinders (Rohr)	m
d_a	Außendurchmesser	m
d_i	Innendurchmesser	m

$$\dot{Q} = \frac{2 \cdot \pi \cdot l \cdot \lambda}{\ln \frac{d_a}{d_i}} \cdot (\vartheta_1 - \vartheta_2)$$

Wärmestrom durch einen Hohlzylinder

$$\dot{Q} = \frac{2 \cdot \pi \cdot l \cdot \Delta\vartheta_{ges}}{\frac{1}{\lambda_1} \cdot \ln \frac{d_2}{d_1} + \frac{1}{\lambda_2} \cdot \ln \frac{d_3}{d_2} + \ldots}$$

Wärmestrom durch mehrschichtige Zylinderwand (→ Bild 2)

ln: natürlicher Logarithmus

Indices 1 … n: Wandbezeichnungen

Der **Temperaturverlauf** in zylindrischen Wänden ist nicht linear, sondern er erfolgt nach einer **logarithmischen Funktion.**

Weitere Formeln für die Berechnung des Wärmestroms durch gekrümmte Wände (nicht zylindrisch) sind in technischen Handbüchern zu finden, z.B. für Klöpperböden.

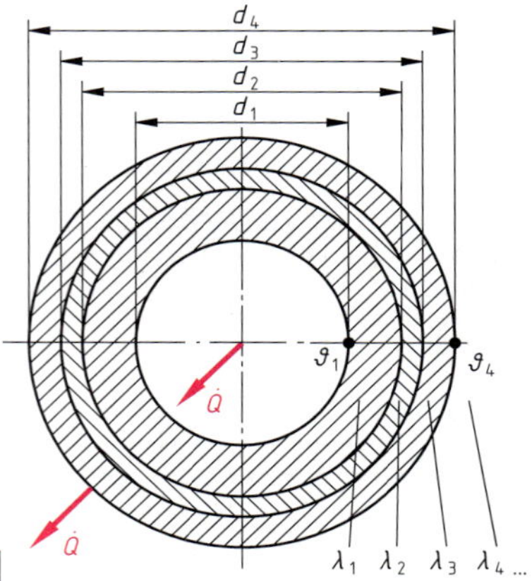

2

Wärmeübergang und Wärmedurchgang (→ Bild 1)

Unter einem **Wärmeübergang** versteht man die Wärmeübertragung zwischen zwei direkt benachbarten Fluiden oder aber zwischen einem Fluid und einer festen Wand bzw. umgekehrt (→ Bild 1).

Dabei treten in unmittelbarer Nähe der Wand **Temperaturdifferenzen** auf (→ Bild 1).

$\dot{Q} = \alpha \cdot A \cdot \Delta\vartheta$	**Wärmestrom**
$\Delta\vartheta = R_\alpha \cdot \dot{Q}$	**Ohm'sches Gesetz des Wärmeübergangs**
$R_\alpha = \dfrac{1}{\alpha \cdot A}$	**Wärmeübergangswiderstand**
$\alpha = Nu \cdot \dfrac{\lambda_F}{l}$	**Wärmeübergangszahl**

Gleichungen zur **Berechnung der Nußelt-Zahl** sind wärmetechnischen Handbüchern oder dem **VDI-Wärmeatlas** zu entnehmen.

$\dot{Q} = k \cdot A \cdot \Delta\vartheta$	**Wärmestrom**
$\Delta\vartheta = R_k \cdot Q$	**Ohm'sches Gesetz des Wärmedurchgangs**
$R_k = \dfrac{1}{k \cdot A}$	**Wärmedurchgangswiderstand**
$k = \dfrac{1}{\dfrac{1}{\alpha_1} + \sum \dfrac{\delta}{\lambda} + \dfrac{1}{\alpha_2}}$	**Wärmedurchgangszahl (*k*-Wert)**

Nach DIN EN 12831 wird der *k*-Wert auch als ***U*-Wert** bezeichnet.

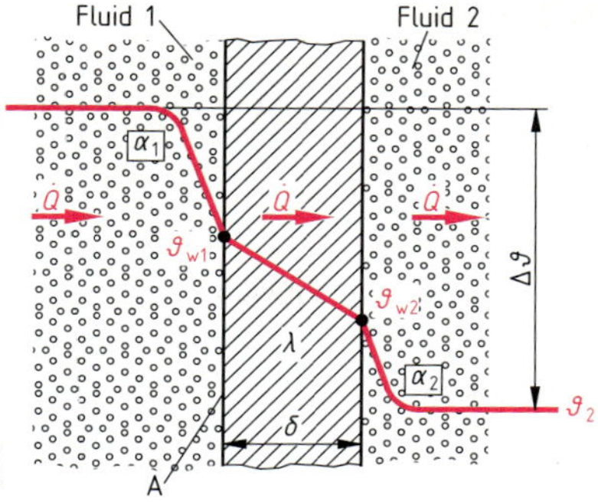

1

$\dot{Q}$	Wärmestrom	W
α	Wärmeübergangszahl	$W/(m^2 \cdot K)$
A	Wandfläche	m^2
$\Delta\vartheta$	Temperaturdifferenz **(→ C1)**	K, °C
R_α	Wärmeübergangswiderstand	K/W
Nu	Nußelt-Zahl	1
λ_F	Fluid-Wärmeleitzahl	$W/(m \cdot K)$
l	charakteristische Baugröße eines Wärmetauschers	m
$k = U$	Wärmedurchgangszahl (*k*-Wert = *U*-Wert)	$W/(m^2 \cdot K)$
R_k	Wärmedurchgangswiderstand	K/W
λ	Wärmeleitzahl	$W/(m \cdot K)$
δ	Wanddicke	m

$$\Delta\vartheta_1 = k \cdot \Delta\vartheta \cdot \frac{1}{\alpha_1} \qquad \Delta\vartheta_3 = k \cdot \Delta\vartheta \cdot \frac{\delta_2}{\lambda_2}$$

$$\Delta\vartheta_2 = k \cdot \Delta\vartheta \cdot \frac{\delta_1}{\lambda_1} \qquad \Delta\vartheta_n = k \cdot \Delta\vartheta \cdot \frac{1}{\alpha_2}$$

Temperaturverlauf an und in einer mehrfach geschichteten ebenen Wand

Wärmeaustauscher (→ Bilder 2 und 3)

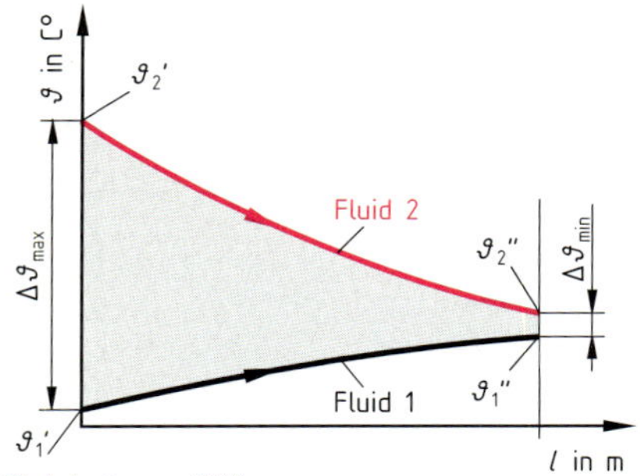

2 **Gleichstrom - WA**

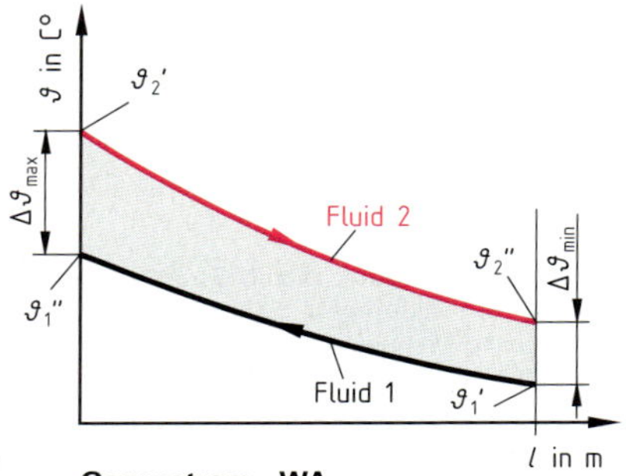

3 **Gegenstrom - WA**

$\dot{Q} = k \cdot A \cdot \Delta\vartheta_m$	**Wärmestrom**
$\Delta\vartheta_m = \dfrac{\Delta\vartheta_{max} - \Delta\vartheta_{min}}{\ln \dfrac{\Delta\vartheta_{max}}{\Delta\vartheta_{min}}}$	**mittlere logarithmische Temperaturdifferenz**

$\dot{Q}$	Wärmestrom	W
k	Wärmedurchgangszahl (→ Tabelle Seite 82)	$W/(m^2 \cdot K)$
$\Delta\vartheta_m$	mittl. log. Temperaturdifferenz	K, °C
$\Delta\vartheta_{max}$	größte Temperaturdifferenz	K, °C
$\Delta\vartheta_{min}$	kleinste Temperaturdifferenz	K, °C

Wärmedurchgangszahlen k (k-Wert) in $W/(m^2 \cdot K)$ für verschiedene Wärmeaustauscher						
Bauart	Gas/Gas $p \approx 1$ bar	Hochdruckgas/ Hochdruckgas $p \approx 200$ bis 300 bar	Flüssigkeit/ Flüssigkeit	Kondensierender Dampf/ Flüssigkeit	Kondensierender Dampf/ verdampfende Flüssigkeit	Flüssigkeit/ Gas $p \approx 1$ bar
Rohrbündel-WA	15 ... 35	150 ... 500	150 ... 1400	300 ... 1800 (... 4000)	300 ... 1700 (... 3000)	15 ... 80
Doppelrohr-WA	10 ... 35	150 ... 500	200 ... 1400			
Spiral-WA			250 ... 2500	750 ... 3500		
Platten-WA			350 ... 3500			20 ... 60
Rührkessel mit						
– Außenmantel			150 ... 350	500 ... 1700		
– Schlange innen			500 ... 1200	700 ... 3500		

Wärmedurchgang durch gekrümmte Wände

$$\dot{Q} = \frac{2 \cdot \pi \cdot l \cdot (\vartheta_{F1} - \vartheta_{F2})}{\frac{2}{\alpha_i \cdot d_i} + \frac{1}{\lambda} \cdot \ln \frac{d_a}{d_i} + \frac{2}{\alpha_a \cdot d_a}}$$

Wärmestrom durch eine Rohrwand

Weitere Formeln für gekrümmte Wände können technischen Handbüchern entnommen werden.

$\dot{Q}$	Wärmestrom	W
l	Rohrlänge	m
ϑ_F	Fluidtemperatur	K, °C
α	Wärmeübergangszahl	$W/(m^2 \cdot K)$
d	Durchmesser	m
λ	Wärmeleitfähigkeit	$W/(m \cdot K)$

Index i: innen **Index a:** außen

Wärmestrahlung (→ E2)

$$\dot{E} = \varepsilon \cdot C_s \cdot A \cdot \left(\frac{T}{100}\right)^4$$

Energiestrom

$$E = \varepsilon \cdot C_s \cdot A \cdot \left(\frac{T}{100}\right)^4 \cdot t$$

Emittierte Energie

$$\frac{\varepsilon}{a} = \frac{a}{\varepsilon} = \varepsilon_s = a_s = 1$$

Gesetz von Kirchhoff

$$C_s \approx 5{,}67 \, \frac{W}{m^2 \cdot K^4}$$

Strahlungszahl des absolut schwarzen Körpers

$\dot{E}$	Energiestrom **(→ A19)**	W
ε	Emissionskoeffizient (→ Tabelle unten)	1
a	Absorptionskoeffizient	1
C_s	Strahlungskonstante des absolut schwarzen Körpers	$W/(m^2 \cdot K^4)$
T	absolute Temperatur **(→ C1)**	K
A	Körperoberfläche	m^2
ε_s	Emissionskoeffizient des absolut schwarzen Körpers	1
a_s	Absorptionskoeffizient des absolut schwarzen Körpers	1

Anmerkung:

C_s ist eigentlich $5{,}67 \cdot 10^{-8}\ W/(m^2 \cdot K^4)$. Deshalb wird in obigen Gleichungen durch $100^4 = 10^8$ dividiert. Der Umgang mit den Gleichungen wird dadurch erheblich vereinfacht.

Die **Energieübertragung durch Strahlung** ist nach dem zweiten Hauptsatz der Thermodynamik (→ **C18**) immer vom Ort der höheren Temperatur zum Ort mit niedrigerer Temperatur gerichtet (z.B. Sonne → Erde).

In spezieller Fachliteratur (z.B. **VDI-Wärmeatlas**) sind **Berechnungsformeln für die technischen Fälle der Wärmeübertragung durch Strahlung** angegeben.

Emissions- und Absorptionskoeffizienten	
Oberfläche (senkrechte Strahlung)	$\varepsilon = a$
Dachpappe schwarz	0,91
Schamottesteine	0,75
Ziegelsteine	0,92
Wasseroberfläche	0,95
Eisoberfläche	0,96
Buchenholz	0,93
Aluminium poliert	0,04
Kupfer poliert	0,03
Stahl poliert	0,26
Stahl stark verrostet	0,85
Heizkörperlack	0,93
schwarzer Mattlack	0,97

Schwingungen und Wellen

D1 Entstehung periodischer Bewegungen

Bei einer **periodischen Bewegung,** die in vielen Fällen eine **harmonische Bewegung** ist, befindet sich ein Körper in einer bestimmten zeitlichen Abfolge, d.h. periodisch, immer wieder am selben Ort.

Die Schubkurbel (→ Bild 1)

Der Ablauf einer periodischen Bewegung kann selbsttätig sein (→ **D2, D3**) oder aber mechanisch erzwungen werden, z.B. mit einer **Schubkurbel** (→ Bild 1) oder mit einer **Kurbelschleife** (→ Bild 2).

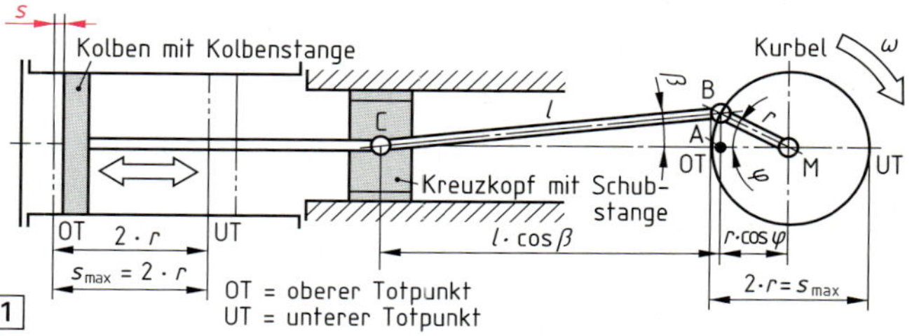

1

Kolbenweg:

$$s = r \cdot \left\{1 - \cos(\omega t) + \frac{r}{4 \cdot l} \cdot [1 - \cos(2\,\omega t)]\right\}$$

Kolbengeschwindigkeit:

$$v = r \cdot \omega \cdot \left[\sin(\omega t) + \frac{r}{2 \cdot l} \cdot \sin(2\,\omega t)\right]$$

Kolbenbeschleunigung:

$$a = r \cdot \omega^2 \cdot \left[\cos(\omega t) + \frac{r}{l} \cdot \cos(2\,\omega t)\right]$$

$$\varphi = \omega \cdot t = 2 \cdot \pi \cdot n \cdot t$$ **Drehwinkel (→ A22)**

s	Kolbenweg	m
r	Kurbelradius	m
ω	Winkelgeschwindigkeit (→ **A22**)	rad/s = s^{-1}
t	Zeit	s
l	Länge der Schubstange	m
v	Kolbengeschwindigkeit (→ **A6, A7**)	m/s
a	Kolbenbeschleunigung (→ **A7**)	m/s^2
φ	Drehwinkel (→ **A22**)	rad, Grad
n	Umdrehungsfrequenz (→ **A21**)	s^{-1}

Der Quotient r/l wird als **Stangenverhältnis** bezeichnet und ist in der Praxis normalerweise nicht größer als $^1/_5$.

Die Kurbelschleife (→ Bild 2)

Kolbenstangenweg:

$$s = r \cdot [1 - \cos(\omega t)]$$

Kolbenstangengeschwindigkeit:

$$v = r \cdot \omega \cdot \sin(\omega t)$$

Kolbenstangenbeschleunigung:

$$a = r \cdot \omega^2 \cdot \cos(\omega t)$$

$$\omega = 2 \cdot \pi \cdot n$$ **Winkelgeschwindigkeit** (→ **A22**)

$$\varphi = \omega \cdot t$$ **Drehwinkel** (→ **A22**)

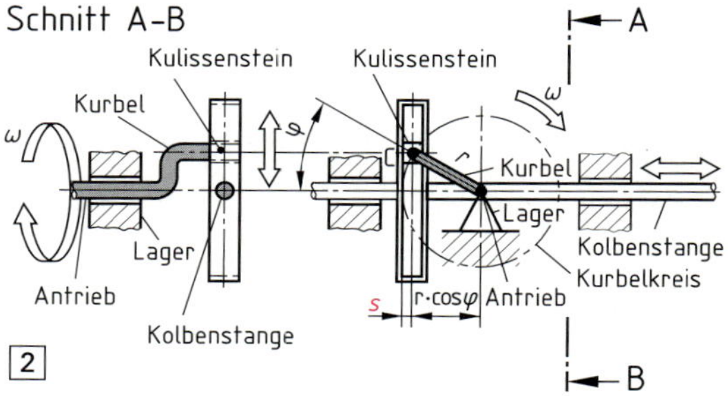

2

s	Kolbenstangenweg	m
r	Kurbelradius	m
ω	Winkelgeschwindigkeit (→ **A22**)	rad/s = s^{-1}
t	Zeit	s
v	Kolbenstangengeschwindigkeit	m/s
a	Kolbenstangenbeschleunigung	m/s^2
n	Umdrehungsfrequenz (→ **A21**)	s^{-1}
φ	Drehwinkel (→ **A22**)	rad, Grad

Harmonische Schwingungen und harmonische Bewegungen

Auslenkungs-, Zeit-Gesetz (→ Bild 1)

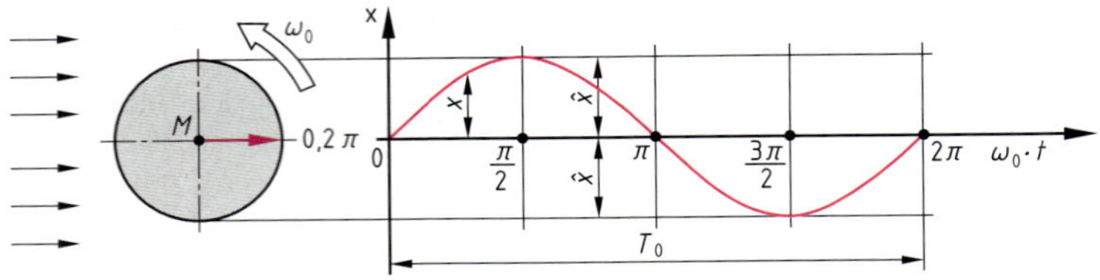

1

$w_0 = 2 \cdot \pi \cdot f_0$	**Kreisfrequenz**	
$f_0 = \frac{\omega_0}{2 \cdot \pi} = \frac{1}{T_0}$	**Frequenz**	
$T_0 = \frac{2 \cdot \pi}{\omega_0} = \frac{1}{f_0}$	**Periodendauer (Schwingungsdauer)**	
$x = \hat{x} \cdot \sin(\omega_0 \cdot t)$	**Auslenkung (Weg)**	

Index 0: Nach DIN 1304 handelt es sich um eine **ungedämpfte Schwingung.**

ω_0	Kreisfrequenz ≙ Winkelgeschwindigkeit (→ **A22**)	rad/s = s^{-1}
f_0	Frequenz	s^{-1} = Hz
T_0	Schwingungsdauer bzw. Periodendauer	s
x	Auslenkung (Elongation)	m
$\hat{x}$	größte Auslenkung (Amplitude)	m

1 Hertz = 1 Hz = $\frac{1}{s}$ = s^{-1} ≙ eine Schwingung pro Sekunde

Phasenverschobene Schwingung (→ Bild 2)

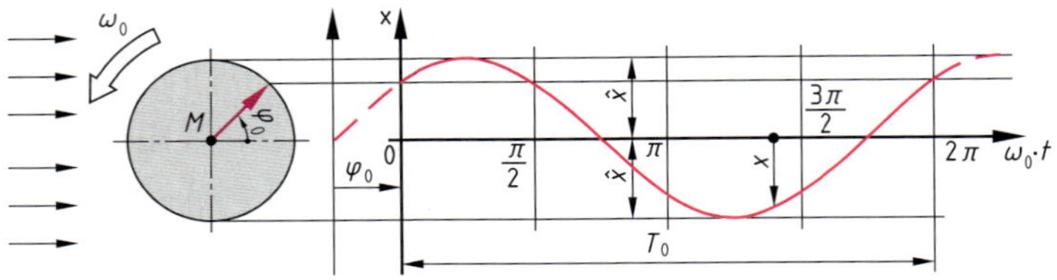

2

$x = \hat{x} \cdot \sin(\omega_0 \cdot t + \varphi_0)$ — **Auslenkung (Weg)**

φ_0	Nullphasenwinkel (Phasenverschiebung)	rad

Lineares Kraftgesetz (→ Bild 3) (→ D3)

$F_{Tr} = m \cdot a$	**Massenträgheitskraft** (→ **A10**)
$F_R = c \cdot s$	**Federrückstellkraft** (→ **A11**)
$F_R = D \cdot x$	**Rückstellkraft bei einer harmonischen Schwingung**
$D = \frac{F_R}{x}$	**Richtgröße (Direktionsgröße)**

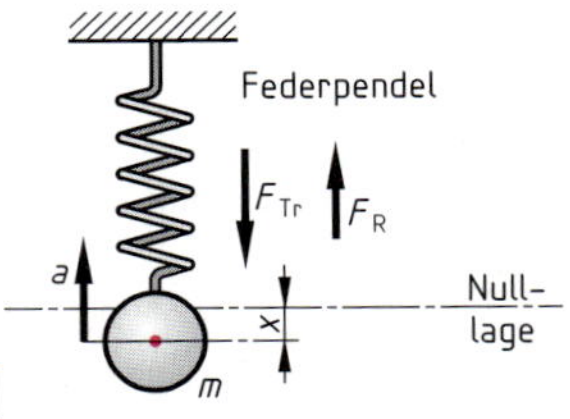

3

Die **Richtgröße** (Direktionsgröße) D gibt die Abhängigkeit der Rückstellkraft F_R von der Auslenkung x an. Bei einer Feder entspricht diese der **Federkonstanten** c.

Die **Rückstellkraft** F_R ist der **Auslenkung** x entgegengerichtet.

F_{Tr}	Massenträgheitskraft (→ **A10**)	N
m	Masse	kg
a	Beschleunigung (→ **A7**)	m/s^2
F_R	Rückstellkraft	N
c	Federkonstante (→ **A11**)	N/m
s	Federweg	m
D	Richtgröße (Direktionsgröße)	N/m
x	Auslenkung	m

Bild 3 zeigt ein **schwingungsfähiges System,** welches auch **Oszillator** genannt wird.

Energieverteilung während einer Schwingung (→ Bild 1)

Kinetische Energie:

$$W_{kin} = \frac{1}{2} \cdot m \cdot v^2 = \frac{1}{2} \cdot m \cdot \hat{x}^2 \cdot \omega_0^2 \cdot \cos^2 (\omega_0 \cdot t)$$

Maximale kinetische Energie:

$$W_{kin\ max} = \frac{1}{2} \cdot m \cdot \hat{v}^2 = \frac{1}{2} \cdot m \cdot \hat{x}^2 \cdot w_0^2$$

Potentielle Energie:

$$W_{pot} = \frac{1}{2} \cdot D \cdot \hat{x}^2 \cdot \sin^2 (\omega_0 \cdot t)$$

Maximale potentielle Energie (Spannungsenergie):

$$W_{pot\ max} = \frac{1}{2} \cdot D \cdot \hat{x}^2$$

Schwingungsenergie:

$$W_{sch} = W_{pot} + W_{kin} = \frac{1}{2} \cdot D \cdot \hat{x}^2$$

Die Summe von potentieller und kinetischer Energie ist bei einer harmonischen Schwingung konstant und heißt **Schwingungsenergie.**

Bei einer **harmonischen Schwingung** findet eine periodische Umwandlung zwischen potentieller und kinetischer Energie statt.

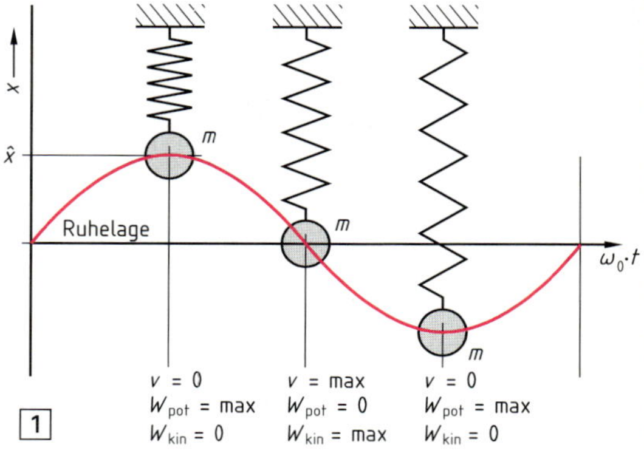

1

W_{kin}	kinetische Energie (→ **A18**)	Nm
W_{pot}	potentielle Energie (→ **A18**)	Nm
m	Masse	kg
v	Geschwindigkeit (→ **A6, A7**)	m/s
$\hat{x}$	Amplitude	m
ω_0	Kreisfrequenz (→ **A22**)	rad/s = s^{-1}
t	Zeit	s
D	Richtgröße (Direktionsgröße)	N/m

Bei nicht waagerecht schwingenden Federpendeln kann die Vorspannung der Feder und die Änderung der Lageenergie unberücksichtigt bleiben.

D3 Pendel- und Drehschwingungen

Mathematisches Pendel (→ Bild 2)

Ein mathematisches Pendel besteht aus einer punktförmig angenommenen Masse m und einer als masselos angenommenen Aufhängung (Faden) mit einer für den jeweiligen Pendelvorgang konstanten Länge l.

$$F_R = \frac{F_G}{l} \cdot x$$ **Rückstellkraft** bei kleiner Auslenkung

$$T_0 = 2 \cdot \pi \cdot \sqrt{\frac{l}{g}}$$ **Schwingungsdauer**

Die **Schwingungsdauer** (Periodendauer) T_0 eines mathematischen Pendels ist (bei kleiner Auslenkung) von der Auslenkung und der Masse unabhängig. Sie hängt nur von der Fadenlänge l ab.

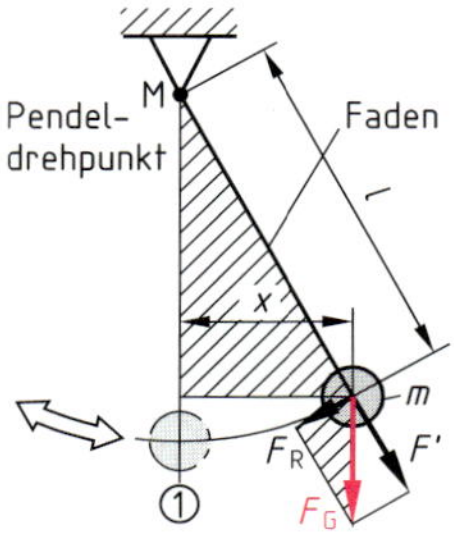

2

F_R	Rückstellkraft	N
F_G	Gewichtskraft (→ **A10**)	N
x	Auslenkung	m
l	Fadenlänge	m
T_0	Schwingungsdauer (→ **D2**)	s
g	Fallbeschleunigung (→ **A7**)	m/s²

Physisches Pendel (physikalisches Pendel)

(→ Bild 1, Seite 86)

$$T_0 = 2 \cdot \pi \cdot \sqrt{\frac{l_{red}}{g}}$$ **Schwingungsdauer**

Ein **physisches Pendel** ist jeder starre Körper, der um einen Aufhängepunkt (Gelenkpunkt) G schwingen kann. Für T_0 ist die **reduzierte Pendellänge** l_{red} maßgebend.

D

$$l_{red} = \frac{J}{m \cdot a}$$ **reduzierte Pendellänge**

Die Stelle eines physischen Pendels, das die gleiche Schwingungsdauer hat, wie eine dort befindliche Masse eines mathematischen Pendels, heißt **Schwingmittelpunkt.** Ihr Abstand bis zum Gelenkpunkt ist die **reduzierte Länge.**

$$T_0 = 2 \cdot \pi \cdot \sqrt{\frac{J}{m \cdot a \cdot g}}$$ **Schwingungsdauer**

Der **Steiner'sche Satz (→ A24)** liefert:

$$T_0 = 2 \cdot \pi \cdot \sqrt{\frac{J_s}{m \cdot g \cdot a} + \frac{a}{g}}$$ **Schwingungsdauer**

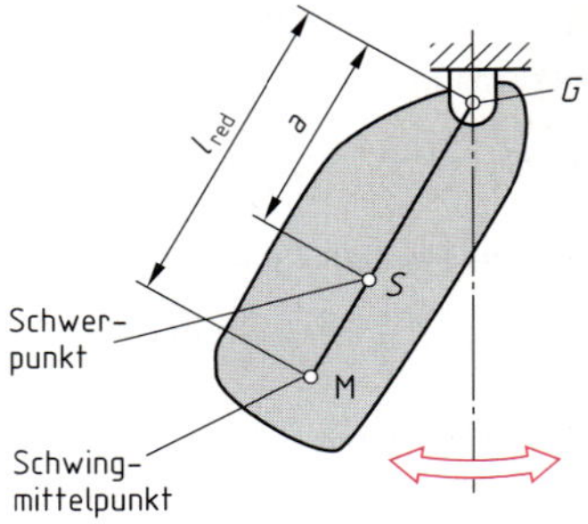

1

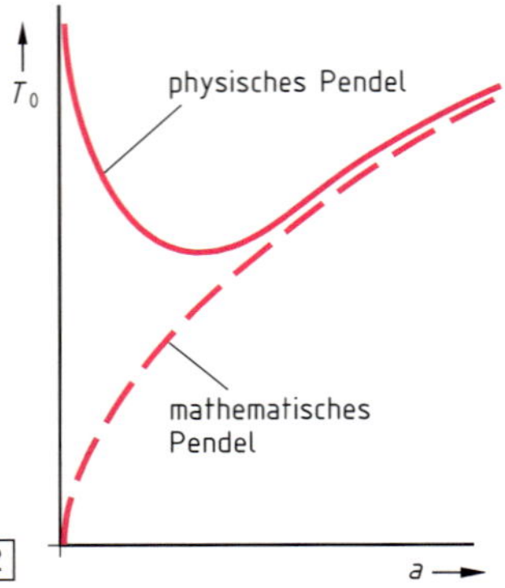

2

T_0	Schwingungsdauer (→ **D2**)	s
J	Massenträgheitsmoment } (→ **A24**)	kgm²
J_s	Eigenträgheitsmoment (bezogen auf Schwerpunkt) } (→ **A24**)	kgm²
m	Masse	kg
a	Abstand vom Drehpunkt zum Schwerpunkt	m
g	Fallbeschleunigung (→ **A7**)	m/s²

Aus der Gleichung für T_0 ergibt sich:

Beim **physischen Pendel** gibt es eine Pendellänge mit einer kleinsten Schwingungsdauer T_0. Vergrößert oder verkleinert man diese Pendellänge a, dann vergrößert sich die Schwingungsdauer (Periodendauer) T_0.

Dieser Sachverhalt ist im Bild 2 dargestellt. Dieses Bild vergleicht auch mit dem mathematischen Pendel.

Drehschwingungen (→ Bild 3)

$$M_R = - M_t$$
$$M_R = D^* \cdot \varphi$$
} **rücktreibendes Drehmoment** → **lineares Kraftgesetz (→ D2)**

$$D^* = \frac{M_R}{\varphi} = \frac{M_t}{\varphi}$$ **Direktionsmoment**

Das **Direktionsmoment** D^* ist der Quotient aus dem rücktreibenden **Drehmoment** M_R bzw. dem Torsionsmoment M_t und dem Drehwinkel (Torsionswinkel) φ.

$$T_0 = 2 \cdot \pi \cdot \sqrt{\frac{J}{D^*}}$$ **Schwingungsdauer (Periodendauer)**

Im Bild 3 ist ein **Drehpendel (Torsionspendel)** dargestellt. Ebenso wie beim Federpendel gilt das **lineare Kraftgesetz (→ D2).**

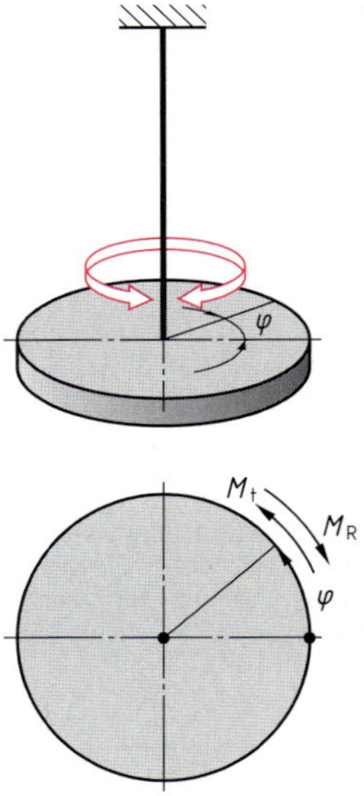

3

M_R	rücktreibendes Moment (→ **A13**)	Nm
M_t	Torsionsmoment	Nm
D^*	Direktionsmoment	Nm/rad
φ	Torsionswinkel	rad
T_0	Schwingungsdauer	s
J	Massenträgheitsmoment (→ **A24**)	kgm²

D4 Dämpfung von Schwingungen

Geschwindigkeitsunabhängige Dämpfung (→ Bild 1)

$F_R = \mu \cdot F_N$	**Reibungskraft**
$\Delta x = 4 \cdot \frac{F_R}{D}$	**Amplitudendifferenz**

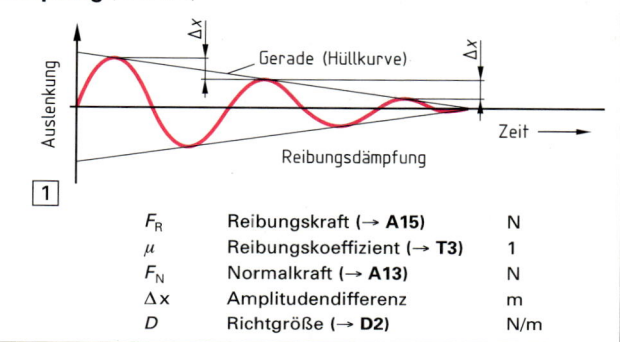

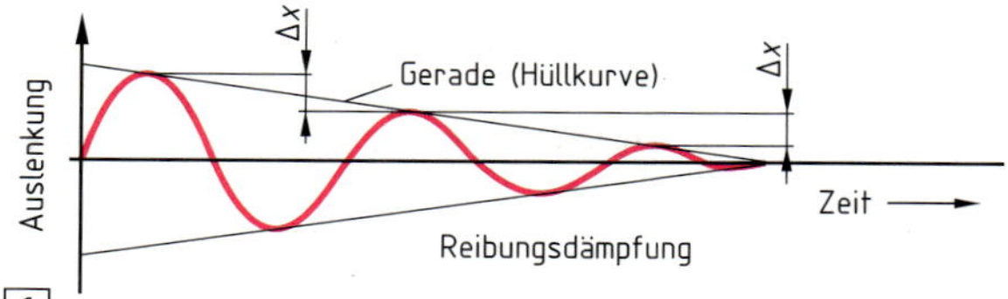

1

F_R	Reibungskraft (→ **A15**)	N
μ	Reibungskoeffizient (→ **T3**)	1
F_N	Normalkraft (→ **A13**)	N
Δx	Amplitudendifferenz	m
D	Richtgröße (→ **D2**)	N/m

Geschwindigkeitsproportionale Dämpfung (viskose Dämpfung) (→ Bild 2)

$T_d = \frac{2 \cdot \pi}{\omega_d}$	**Periodendauer (Schwingungsdauer)**
$f_d = \frac{1}{T_d} = \frac{\omega_d}{2 \cdot \pi}$	**Eisenfrequenz**
$\omega_d = \sqrt{\frac{D}{m} - \frac{b^2}{4 \cdot m^2}}$	**Eigenkreisfrequenz**
$\omega_d = \sqrt{\omega_0^2 - \delta^2}$	**Eigenkreisfrequenz**
$\omega_d = \omega_0 \cdot \sqrt{1 - \vartheta^2}$	**Eigenkreisfrequenz**
$\delta = \frac{b}{2 \cdot m}$	**Abklingkoeffizient**
$k = e^{\delta \cdot T_d}$	**Dämpfungsverhältnis**
$\vartheta = \frac{\delta}{\omega_0}$	**Dämpfungsgrad**
$F_R = b \cdot v$	**Reibungskraft (→ A15)**

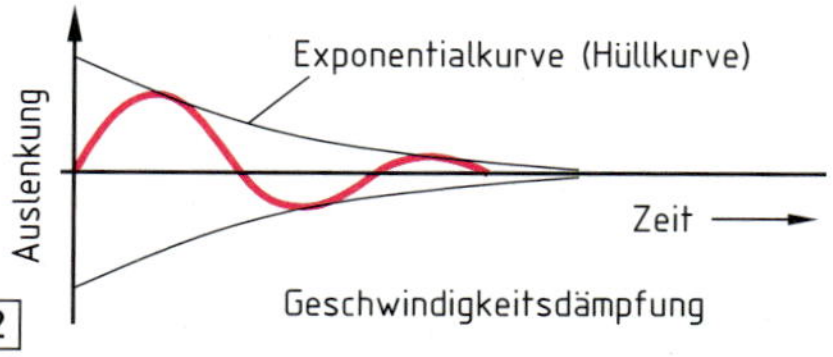

2

T_d	Periodendauer (→ **D2**)	s
f_d	Eigenfrequenz (→ **D2**)	Hz = s^{-1}
ω_d	Eigenkreisfrequenz	s^{-1}
D	Richtgröße (→ **D2**)	N/m
m	Masse	kg
b	Dämpfungsproportionale	kg/s
ω_0	Kennkreisfrequenz (→ **D2**)	s^{-1}
δ	Abklingkoeffizient	s^{-1}
ϑ	Dämpfungsgrad	1
F_R	Reibungskraft (→ **A15**)	N
k	Dämpfungsverhältnis	1
e	Euler'sche Zahl = 2,718 …	
v	Geschwindigkeit (→ **A6**)	m/s

Index d: Nach DIN 1304 handelt es sich um eine **gedämpfte Schwingung.**

Schwingfall

$\omega_0 > \delta \rightarrow \vartheta < 1$

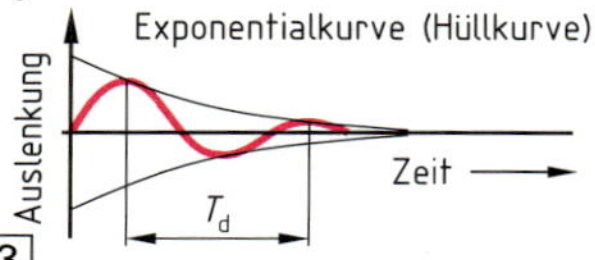

3

Hier ist die Kreisfrequenz ω_d kleiner und damit die Periodendauer T_d größer als bei der ungedämpften Schwingung.

Kriechfall

$\omega_0 < \delta \rightarrow \vartheta > 1$

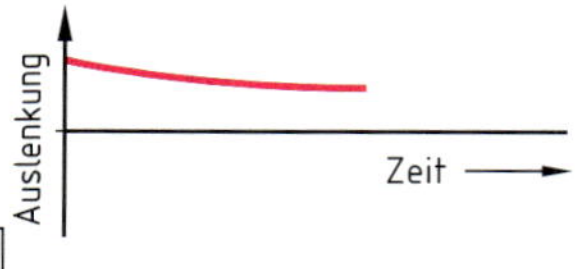

4

Hier tritt keine Schwingung mehr auf, die **Auslenkung** nimmt ganz langsam exponentiell ab.

aperiodischer Grenzfall

$\omega_0 = \delta \rightarrow \vartheta = 1$

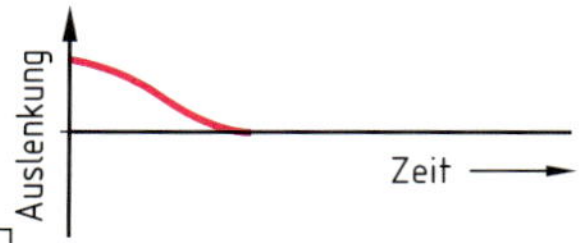

5

Es tritt gerade keine Schwingung mehr auf, d.h. Grenzfall zwischen Schwingfall und Kriechfall.

D5 Anregung von Schwingungen und kritische Drehzahl

Größte Auslenkung und Resonanz (→ Bild 1)

$$\hat{x} = x \cdot \frac{c}{c - m \cdot \omega^2}$$ **größte Auslenkung einer ungedämpften Schwingung ($\vartheta = 0$)**

$$f_0 = \frac{\omega_0}{2 \cdot \pi}$$ **Eigenfrequenz** (Mitschwinger)

$$f = \frac{\omega}{2 \cdot \pi}$$ **Erregerfrequenz** (Schwinger)

Ist bei einer **Kopplung** die Eigenfrequenz f_0 gleich der Erregerfrequenz f, tritt Resonanz auf.

$$f = f_0 = \frac{\omega}{2 \cdot \pi} = \frac{\sqrt{\frac{c}{m}}}{2 \cdot \pi}$$ **Resonanzfrequenz**

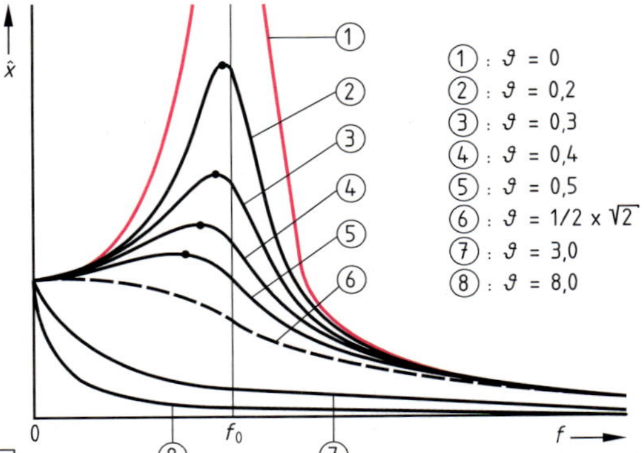

1

Anmerkung:

Für den allgemeinen Fall einer Schwingung ist die Federsteifigkeit c durch die Richtgröße D zu ersetzen.

bei ungedämpfter Schwingung → Frequenzresonanz → größte Amplitude bei $\boldsymbol{f = f_0}$

bei gedämpfter Schwingung → Amplitudenresonanz → größte Amplitude $\boldsymbol{f < f_0}$

x	Auslenkung	m
$\hat{x}$	größte Auslenkung	m
c	Federkonstante (s. Anmerkung) (→ **A11**)	N/m
m	Masse	kg
ω_0	Kreisfrequenz des Mitschwingers (→ **A22**)	rad/s = s^{-1}
ω	Kreisfrequenz des Schwingers	rad/s = s^{-1}
f_0	Eigenfrequenz (Mitschwinger)	s^{-1} = Hz
f	Erregerfrequenz (Schwinger)	s^{-1} = Hz

Kritische Drehzahl (Resonanzdrehzahl) von Wellen (→ Bild 2)

Biegeschwingungen

$$\omega_{cb} = \sqrt{\frac{c}{m}}$$ **Biegekritische Winkelgeschwindigkeit (→ A22)**

$$n_{cb} = \frac{30}{\pi} \cdot \sqrt{\frac{c}{m}}$$ **Biegekritische Drehzahl (→ A21)**

$$f = \frac{e}{\frac{c}{m \cdot \omega^2} - 1}$$ **Durchbiegung**

Die durch **Biegekräfte** hervorgerufene kritische Drehzahl heißt **biegekritische Drehzahl** n_{cb}. Sie wird von der **Exzentrizität** e der rotierenden Masse m nicht beeinflusst.

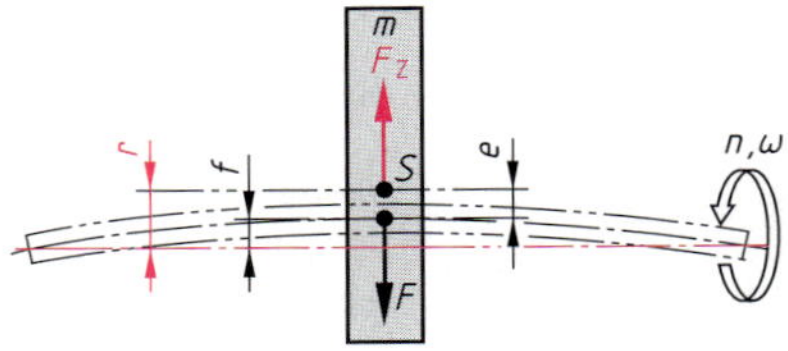

2

Drehschwingungen

$$\omega_{cd} = \sqrt{\frac{D^*}{J}}$$ **Drehkritische Winkelgeschwindigkeit**

$$n_{cd} = \frac{30}{\pi} \cdot \sqrt{\frac{D^*}{J}}$$ **Drehkritische Drehzahl**

Die durch **Torsionskräfte** hervorgerufene kritische Drehzahl heißt drehkritische Drehzahl n_{cd}.

ω_{cb}	Biegekritische Winkelgeschwindigkeit	rad/s = s^{-1}
c	Federkonstante der Welle (→ **A11**)	N/m
m	Masse	kg
n_{cb}	Biegekritische Drehzahl	min^{-1}
f	Durchbiegung	mm
e	Exzentrizität	mm
ω_{cd}	Drehkritische Winkelgeschwindigkeit	rad/s = s^{-1}
D^*	Direktionsmoment (→ **A23, D3**)	Nm
J^*	Massenträgheitsmoment (→ **A23, D3**)	kgm^2
F_z	Zentrifugalkraft (→ **A23**)	N
F	Rückstellkraft (→ **A11**)	N
n_{cd}	Drehkritische Drehzahl	min^{-1}

Biegeschwingungen und Drehschwingungen können sich überlagern.

Schwingungsüberlagerung (→ D6)

Überlagerung von Schwingungen

Superpositionsprinzip (→ Bild 1)

Zwei oder auch mehrere **lineare Einzelschwingungen** (z.B. ① und ②) können durch **Superposition,** d.h. durch die arithmetische Summe der Auslenkungen zu jedem Zeitpunkt t zu einer **resultierenden Schwingung** zusammengesetzt werden.

$$x = x_1 + x_2$$

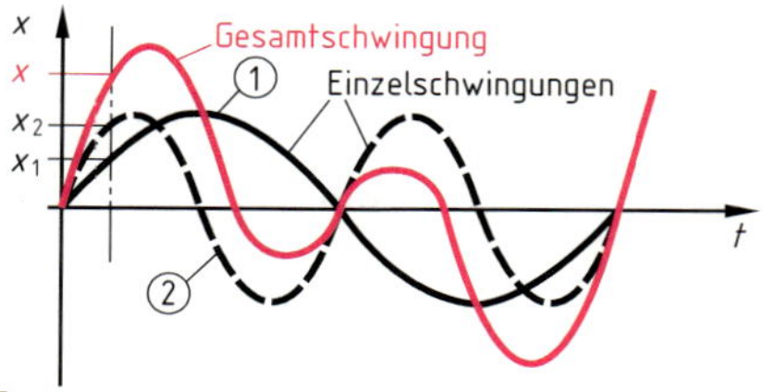

1

Überlagerung zweier Schwingungen gleicher Frequenz, unterschiedlichen Amplituden und unterschiedlichem Nullphasenwinkel (→ Bild 2)

$$\hat{x} = \sqrt{\hat{x}_1^2 + 2 \cdot \hat{x}_1 \cdot \hat{x}_2 \cdot \cos(\varphi_{01} - \varphi_{02}) + \hat{x}_2^2}$$ **Amplitude**

$$\tan \varphi_0 = \frac{\hat{x}_1 \cdot \sin \varphi_{01} + \hat{x}_2 \cdot \sin \varphi_{02}}{\hat{x}_1 \cdot \cos \varphi_{01} + \hat{x}_2 \cdot \cos \varphi_{02}}$$ **Nullphasenwinkel**

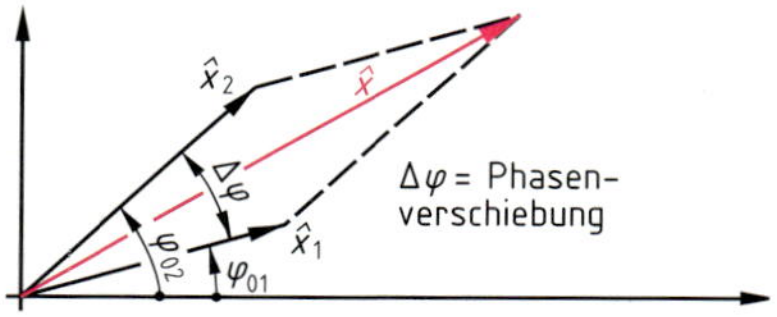

2

Maximale Verstärkung bei **$\Delta\varphi = 0$**

Auslöschung bei $\Delta\varphi = \pi$ rad, $3\,\pi$ rad, $5\,\pi$ rad ... und $\hat{x}_1 = \hat{x}_2$ (→ Bild 3).

$\hat{x}$	Amplitude (→ **D2**)	m
φ	Nullphasenwinkel (→ **D2**)	rad, Grad
$\Delta\varphi$	Differenz der Nullphasenwinkel (Phasenverschiebung)	rad, Grad

Index 1: Schwingung 1
Index 2: Schwingung 2
Ohne Index: Gesamtschwingung

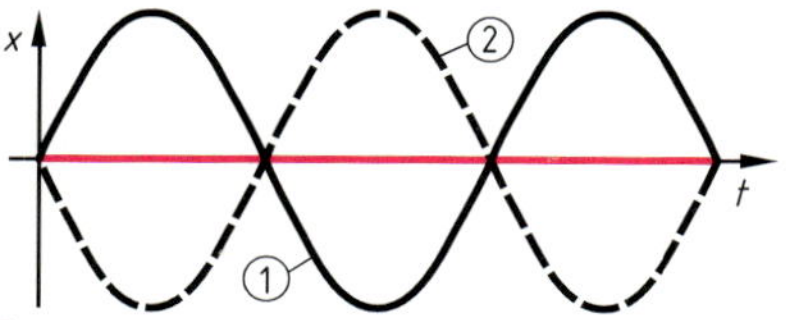

3

Bei **mehr als zwei Schwingungen** werden zunächst zwei Schwingungen zu einer resultierenden Schwingung ①, ② zusammengesetzt. Diese wird mit ③ zusammengesetzt usw.

Schwebung (→ Bild 4)

Schwebung tritt ein, wenn sich zwei Schwingungen mit geringfügig unterschiedlichen Frequenzen überlagern.

$$T_s = \frac{T_1 \cdot T_2}{T_1 - T_2} = \frac{1}{f_s}$$ **Periodendauer der Schwebung**

$$f_s = f_2 - f_1$$ **Schwebungsfrequenz**

$$T = \frac{2 \cdot T_1 \cdot T_2}{T_1 + T_2}$$ **Periodendauer** (→ Bild 4)

$$\hat{x} = \hat{x}_1 + \hat{x}_2$$ **Maximalamplitude**

Index 1: Schwingung 1
Index 2: Schwingung 2
Index s: Schwebung

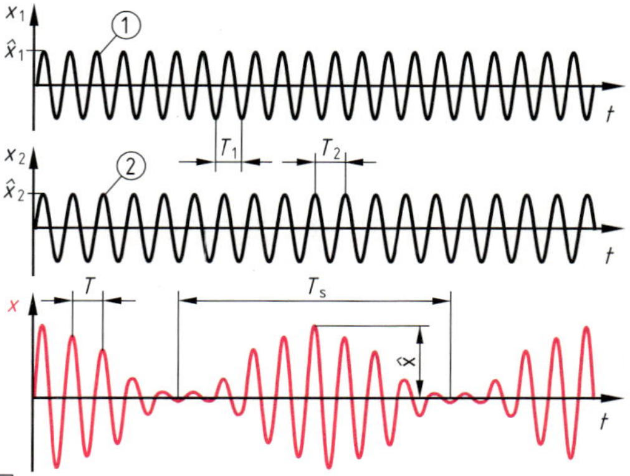

4

T	Periodendauer (→ **D2**)	s
f	Frequenz (→ **D2**)	$Hz = s^{-1}$
$\hat{x}$	Amplitude (→ **D2**)	m

Gekoppelte Schwingungen

Gleichphasige Schwingungen (→ Bild 1)

$$T_{01} = 2 \cdot \pi \cdot \sqrt{\frac{m}{D}}$$ **Periodendauer**

$$f_{01} = \frac{1}{2 \cdot \pi} \cdot \sqrt{\frac{D}{m}}$$ **Frequenz**

$$D = \frac{m \cdot g}{l}$$ **Richtgröße des Pendels** (bei kleiner Auslenkung)

Gegenphasige Schwingung (→ Bild 2)

$$f_{02} = \frac{1}{2 \cdot \pi} \cdot \sqrt{\frac{D + 2 \cdot c}{m}}$$ **Frequenz**

Mischphasige Schwingung

Die **Mischphasenschwingung** ist eine Schwingung „zwischen" der gleichphasigen und gegenphasigen Schwingung. Bei ihr tritt immer eine **Schwebung** auf.

$$f_s = f_2 - f_1$$ **Schwebungsfrequenz**

Index 1: Schwingung 1

Index 2: Schwingung 2

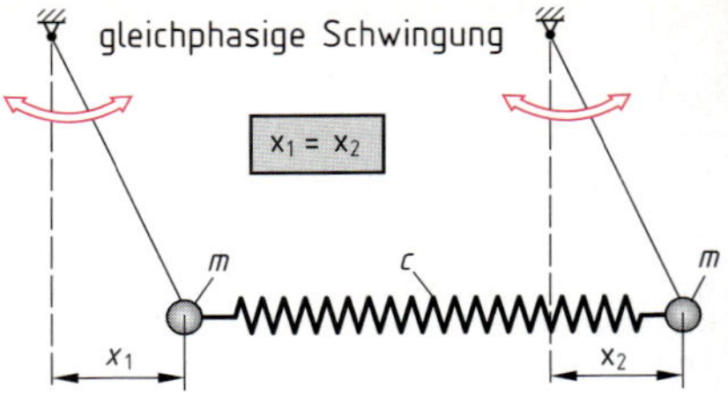

1

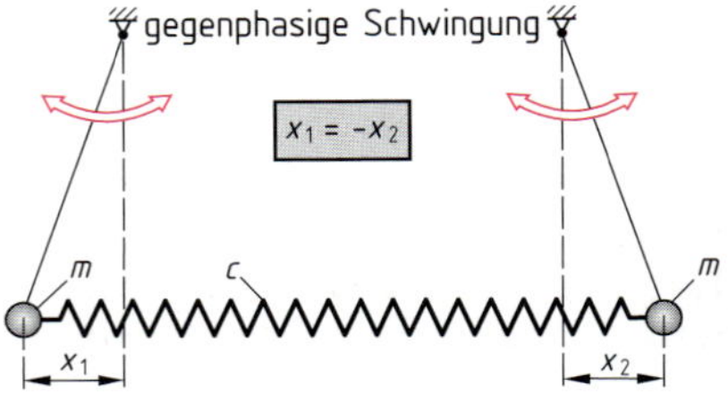

2

T_{01}	Periodendauer bei gleichphasiger Schwingung (→ **D2)**	s
m	Masse	kg
D	Richtgröße des Pendels (→ **D2)**	N/m
f_{01}	Frequenz bei gleichphasiger Schwingung (1. Fundamentalschwingung) (→ **D2)**	Hz = s^{-1}
f_{02}	Frequenz bei gegenphasiger Schwingung (2. Fundamentalschwingung)	Hz = s^{-1}
c	Federkonstante (→ **A11)**	N/m
f_s	Schwebungsfrequenz	Hz = s^{-1}
g	Fallbeschleunigung (→ **A7)**	m/s^2
l	Pendellänge	m

D

Kippschwingungen (→ Bild 3)

Kippschwingungen werden auch als **Sägezahnschwingungen** bezeichnet.

Funktionsgleichung der Kippschwingung:

$$x = \hat{x} \cdot \left[\sin \omega \cdot t + \frac{\sin (2 \cdot \omega \cdot t)}{2} + \frac{\sin (3 \cdot \omega \cdot t)}{3} + ...\right]$$

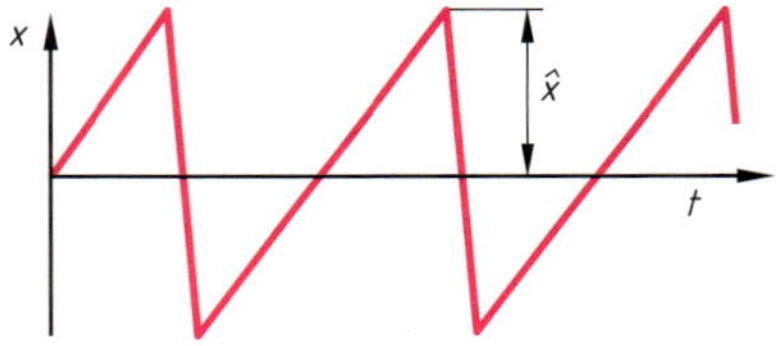

3

x	Auslenkung	m
$\hat{x}$	Amplitude (→ **D2)**	m
ω	Kreisfrequenz (→ **A22)**	rad/s = s^{-1}
t	Zeit	s

D7 Physikalische Grundbegriffe der Wellenausbreitung

Entstehung einer Welle

Wellen entstehen bei der Ausbreitung einer Störung durch ein System gekoppelter schwingungsfähiger Teilchen. Durch die Koppelung kann sich die Schwingung eines Teilchens auf seine Nachbarn übertragen, was zu einer räumlichen Ausbreitung des Schwingungszustandes führt (→ Bild 4).

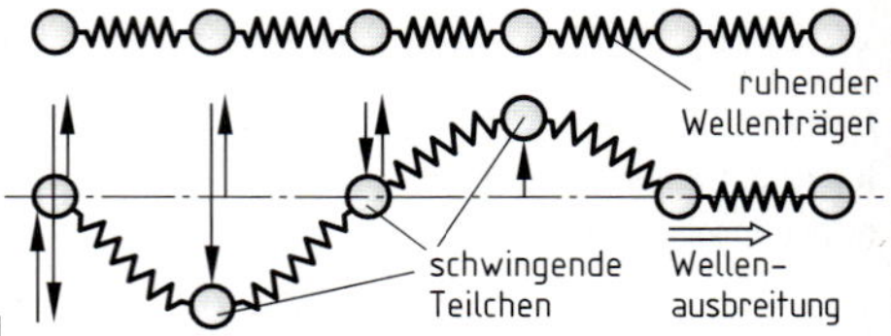

4

Prinzip von Huygens (→ Bilder 1 und 2)

Jeder Punkt, der von einer Welle erreicht wird, ist Ausgangspunkt einer Elementarwelle, die sich mit gleicher Geschwindigkeit und Wellenlänge wie die ursprüngliche Welle ausbreitet (→ Bild 1). Die Einhüllende aller Elementarwellen ist die neue Wellenfront (→ Bild 2).

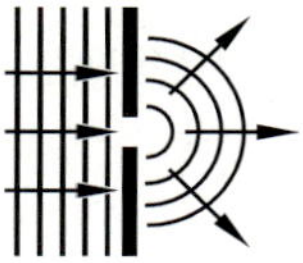

1

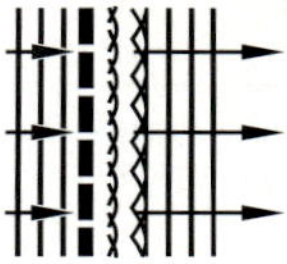

2

Wellenlänge und Ausbreitungsgeschwindigkeit (→ Bild 3)

$c = \frac{\lambda}{T}$ **Ausbreitungsgeschwindigkeit**

$f = \frac{1}{T}$ **Frequenz**

Grundgleichung der Wellenlehre:

$c = \lambda \cdot f$ **Ausbreitungsgeschwindigkeit**

Anmerkung:

Die Ausbreitungsgeschwindigkeit wird im speziellen Fall der Schallausbreitung als **Schallgeschwindigkeit** (→ **E4**) und im speziellen Fall der Lichtausbreitung als **Lichtgeschwindigkeit** (→ **E2**) bezeichnet.

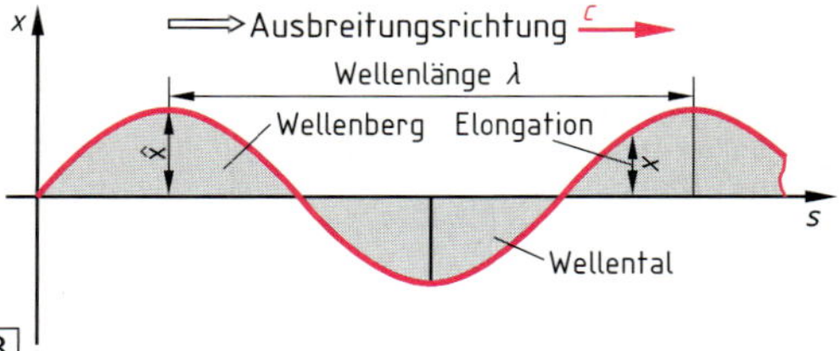

3

c	Ausbreitungsgeschwindigkeit (→ **A6**)	m/s
λ	Wellenlänge (→ **D2**)	m
T	Periodendauer (→ **D2**)	s
f	Frequenz (→ **D2**)	Hz = s^{-1}

Querwelle oder Transversalwelle (→ Bild 4)

Bei einer Querwelle oder Transversalwelle ist die **Teilchengeschwindigkeit** v senkrecht zur Ausbreitungsgeschwindigkeit c gerichtet. Die Teilchengeschwindigkeit wird auch als **Schnelle** v bezeichnet.

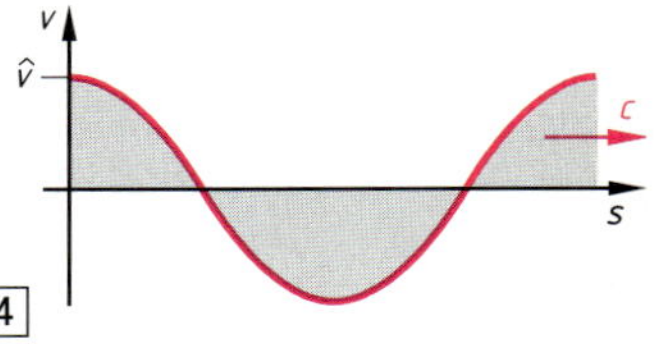

4

$x = \hat{x} \cdot \sin\left[2 \cdot \pi \cdot \left(\frac{t}{T} \pm \frac{s}{\lambda}\right)\right]$ **Elongation (Wellengleichung)**

$v = \frac{2 \cdot \pi}{T} \cdot \hat{x} \cdot \cos\left[2 \cdot \pi \left(\frac{t}{T} \pm \frac{s}{\lambda}\right)\right]$ **Schnelle**

$\hat{v} = \frac{2 \cdot \pi}{T} \cdot \hat{x}$ **maximale Schnelle**

Elongation x ist die Auslenkung eines Teilchens an der Stelle s zur Zeit t.

Beachten: +: Ausbreitung in Richtung der negativen s-Achse
−: Ausbreitung in Richtung der positiven s-Achse

x	Elongation	m
$\hat{x}$	Amplitude	m
t	Zeit	s
T	Periodendauer (→ **D2**)	s
s	Entfernung vom Erregerzentrum (→ **A6**)	m
λ	Wellenlänge	m
v	Schnelle bzw. Teilchengeschwindigkeit (→ **A6**)	m/s

Längswelle oder Longitudinalwelle (→ Bild 5)

Bei einer Längswelle oder Longitudinalwelle sind die Teilchengeschwindigkeit v und die Ausbreitungsgeschwindigkeit c in Abhängigkeit von der Zeit gleich oder entgegengesetzt gerichtet.

Bild 5 zeigt dies in 4 Phasen a) bis d) bei einem Feder-Masse-Kontinuum.

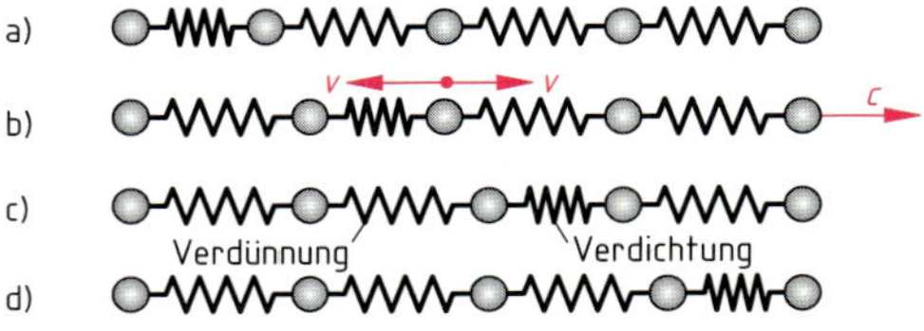

5

Abhängigkeit der Ausbreitungsgeschwindigkeit vom Medium und der Körperform

Unterscheiden Sie zwischen **mechanischen Wellen** und **elektromagnetischen Wellen**. → **Mechanische Wellen** → Tabellen Seite 92
Elektromagnetische Wellen (→ **E2**)

Art der mechanischen Welle	Ausbreitungsgeschwindigkeit
Longitudinalwellen in Flüssigkeiten	$c = \sqrt{\frac{K}{\varrho}}$
Longitudinalwellen in Gasen	$c = \sqrt{\frac{\varkappa \cdot p}{\varrho}}$ $c = \sqrt{\varkappa \cdot R_B \cdot T}$
Transversalwellen bei Seilen und dünnen Drähten	$c = \sqrt{\frac{F}{\varrho \cdot A}}$
Longitudinalwellen in festen Stoffen	$c = \sqrt{\frac{E}{\varrho} \cdot \frac{1-\mu}{1-\mu-2\cdot\mu^2}}$
Longitudinalwellen in steifen Stäben	$c = \sqrt{\frac{E}{\varrho}}$
Torsionswellen in Rundstäben, z.B. Achsen	$c = \sqrt{\frac{G}{\varrho}}$
Oberflächenwellen von Flüssigkeiten $\left(h < \frac{\lambda}{2}\right)$	$c = \sqrt{h \cdot g}$
Oberflächenwellen von Flüssigkeiten $\left(h > \frac{\lambda}{2}\right)$	$c = \sqrt{\frac{g \cdot \lambda}{2 \cdot \pi}}$

Beispiele zur **Ausbreitungsgeschwindigkeit**:	
Stoff (Medium)	c in m/s bei 20 °C
Sauerstoff	326
Stickstoff	349
Luft (bei –100 °C)	263
Luft (bei 0 °C)	331
Luft (bei 100 °C)	387
Azeton	1190
Benzol	1325
Wasser	1485
Blei	1300
Kupfer	3900
Aluminium	5100
Eisen	5100
Kronglas	5300
Flintglas	4000

K	Kompressionsmodul (→ **B2**)	N/m^2
ϱ	Dichte (→ **A4**)	kg/m^3
$\varkappa$	Isentropenexponent (→ **C16**)	1
p	Druck (→ **B2, B3**)	N/m^2 = Pa
R_B	individuelle (spezielle) Gaskonstante (→ **C5**)	J/(kg · K)
T	absolute Temperatur (→ **C1**)	K
F	Spannkraft	N
A	Querschnittsfläche (auch S)	m^2
E	Elastizitätsmodul (→ **A11, T6**)	N/m^2
μ	Poisson'sche Zahl (→ **A11**)	1
G	Schubmodul (→ **A11**)	N/m^2
h	Wellentiefe	m
g	Fallbeschleunigung (→ **A7**)	m/s^2
λ	Wellenlänge	m

Je starrer die **Koppelung** der Teilchen untereinander und je geringer die **Teilchenmasse** ist, desto größer ist die **Ausbreitungsgeschwindigkeit** *c* im Ausbreitungsmedium.

Die Ausbreitungsgeschwindigkeit hängt von der Form des Ausbreitungsmediums ab.

Die Ausbreitungsgeschwindigkeit hängt von der Temperatur des Ausbreitungsmediums ab.

Die Ausbreitungsgeschwindigkeit an der Oberfläche eines flüssigen Mediums ist wesentlich kleiner als im flüssigen Medium.

Bei **Gasen** nimmt die Ausbreitungsgeschwindigkeit einer Welle mit steigender Temperatur stark zu.

Schallgeschwindigkeit (→ E4)

D8 Besonderheiten bei der Wellenausbreitung

Interferenz

Treten bei der Überlagerung von zwei oder mehr Wellen stets **am gleichen Ort** Stellen der **Verstärkung** bzw. Stellen der **Schwächung** auf, dann spricht man von **Interferenz.**

Zwei mit gleicher Frequenz, gleicher Amplitude und in Phase schwingende Kreiswellenerreger erzeugen durch Interferenz ein Wellenfeld aus **Interferenzhyperbeln** maximaler Verstärkung und maximaler Schwächung (Auslöschung) (→ Bild 1).

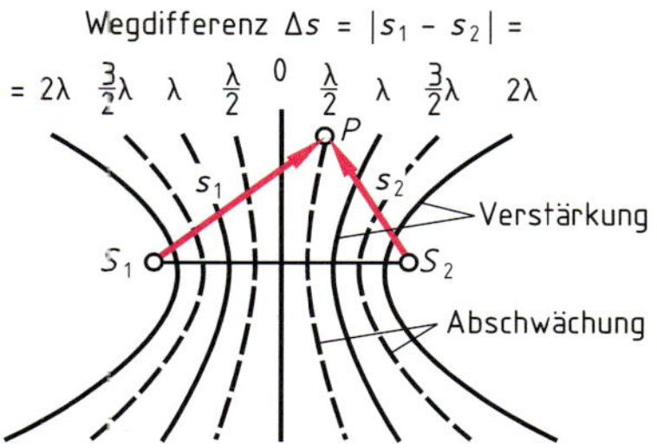

1

Interferenzmaxima:

$$\Delta s = \overline{PS_1} - \overline{PS_2} = s_1 - s_2 = n \cdot \lambda$$

Interferenzminima:

$$\Delta s = \overline{PS_1} - \overline{PS_2} = s_1 - s_2 = (2n + 1) \cdot \frac{\lambda}{2}$$

Δs	Gangunterschied (Wegdifferenz)	m
λ	Wellenlänge	m
$n = 0, 1, 2, 3 \dots$		

Bild 2 zeigt die **Eigenschwingungen** von Saiten, die unterschiedlich eingespannt sind. Es entstehen **stehende Wellen,** und zwar durch Überlagerung zweier gegenläufiger Wellen gleicher Frequenz und gleicher Amplitude. Man unterscheidet das feste Ende vom losen Ende.

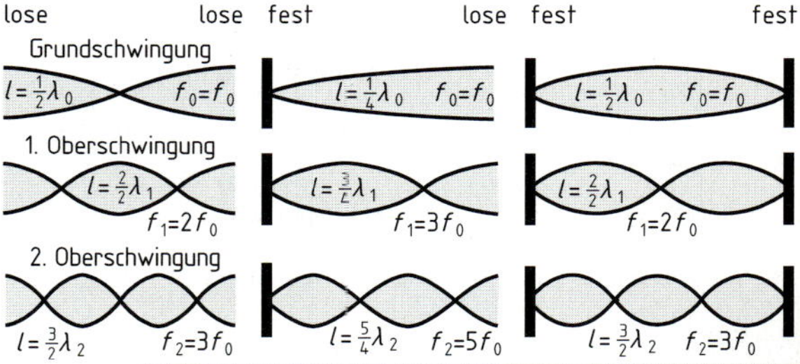

2

$$f_n = \frac{c}{\lambda_n}$$ **Eigenfrequenzen**

Schwingende **Luftsäulen** verhalten sich analog schwingender Saiten.

Wellenlänge der n-ten Oberschwingung:

$$\lambda_n = \frac{2}{n+1} \cdot l$$ (bei gleichen Enden)

$$\lambda_n = \frac{4}{n+1} \cdot l$$ (bei unterschiedlichen Enden)

f_n	Eigenfrequenzen	s^{-1} = Hz
c	Ausbreitungsgeschwindigkeit	m/s
λ_n	Wellenlänge der n-ten Oberschwingung	m
l	Saitenlänge	m

$n = 0, 1, 2, 3 \dots$ **Grundschwingung:** $n = 0$

Doppler-Effekt (→ E2)

Bei einer relativen Bewegung eines Wellenerregers (Quelle Q) und des Beobachters B zueinander empfindet der Beobachter die Frequenz f_Q als Frequenz f_B.

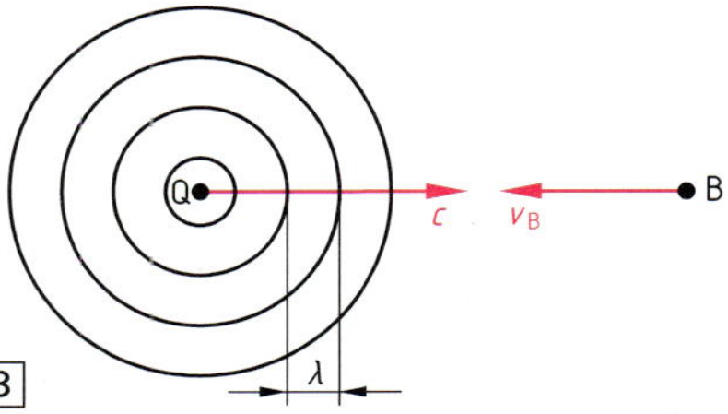

3

Quelle ruht, Beobachter bewegt sich:

$$f_B = f_Q \cdot \left(1 + \frac{v_B}{c}\right)$$ **Annäherung des Beobachters** (→ Bild 3)

$$f_B = f_Q \cdot \left(1 - \frac{v_B}{c}\right)$$ **Entfernung des Beobachters**

Quelle bewegt sich, Beobachter ruht:

$$f_B = \frac{f_Q}{1 - \frac{v_Q}{c}}$$ **Annäherung an den Beobachter**

f_B	vom Beobachter wahrgenommene Frequenz (→ **D2**)	s^{-1} = Hz
f_Q	Frequenz der Quelle	s^{-1} = Hz
v_B	Geschwindigkeit des Beobachters	m/s
v_Q	Geschwindigkeit der Quelle	m/s
c	Schallgeschwindigkeit (Ausbreitungsgeschwindigkeit) (→ **D7, E4**)	m/s

$f_B = \frac{f_Q}{1 + \frac{v_Q}{c}}$	**Entfernung vom Beobachter**

Quelle und Beobachter bewegen sich:

$f_B = f_Q \cdot \frac{c + v_B}{c - v_Q}$	**Q und B nähern sich an**
$f_B = f_Q \cdot \frac{c - v_B}{c + v_Q}$	**Q und B entfernen sich voneinander**
$f_B = f_Q \cdot \frac{c + v_B}{c + v_Q}$	**Q und B gleichgerichtet mit $v_Q > v_B$**
$f_B = f_Q \cdot \frac{c - v_B}{c - v_Q}$	**Q und B gleichgerichtet mit $v_Q < v_B$**

Quelle hat Überschallgeschwindigkeit:

$Ma = \frac{v_Q}{c}$	**Machzahl**
$\sin \mu = \frac{c}{v_Q} = \frac{1}{Ma}$	**Machwinkel** (→ Bild 1)

Doppler-Effekt bei Lichtwellen (→ **E2**)

Geschwindigkeit (→ **A6**)

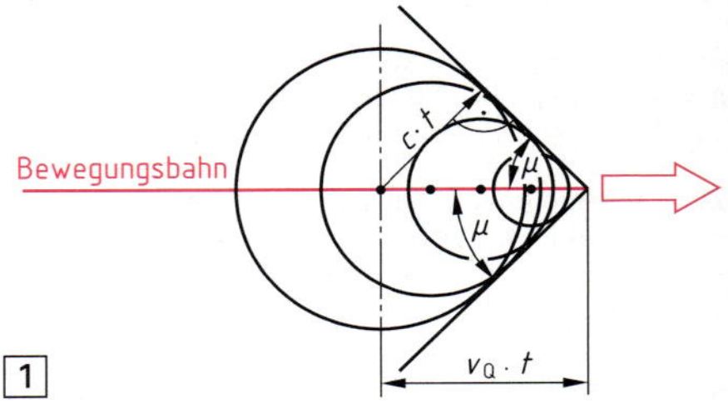

1

Ma	Machzahl	1
v_Q	Quellengeschwindigkeit (→ **A6**)	m/s
c	Schallgeschwindigkeit (Ausbreitungsgeschwindigkeit) (→ **D7, E4**)	m/s
μ	Machwinkel	Grad

Reflexion (→ Bild 2)

$\varepsilon = \varepsilon'$	**Reflexionsgesetz**
$\delta = \varepsilon + \varepsilon' = 2 \cdot \varepsilon = 2 \cdot \varepsilon'$	**Ablenkungswinkel**

(→ **E1**)

Bild 2 zeigt nochmals das **Prinzip von Huygens** (→ Seite 91).

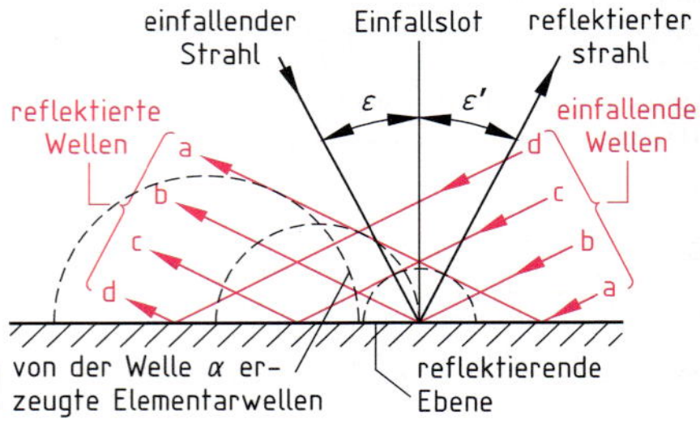

2

ε	Einfallwinkel	Grad
ε'	Ausfallwinkel	Grad
δ	Ablenkungswinkel	Grad

Brechung (→ E1)

$\frac{\sin \varepsilon}{\sin \varepsilon'} = \frac{c_1}{c_2}$	**Brechungsgesetz**
$n = \frac{\sin \varepsilon}{\sin \varepsilon'} = \frac{c_1}{c_2}$	**Brechzahl**

ε	Einfallwinkel	Grad
ε'	Ausfallwinkel	Grad
c_1	Ausbreitungsgeschwindigkeit im Medium 1	m/s
c_2	Ausbreitungsgeschwindigkeit im Medium 2	m/s

Erhaltung der Frequenz

$f = \frac{c_1}{\lambda_1} = \frac{c_2}{\lambda_2}$	**Frequenz**

Die Frequenz *f* bleibt bei der Ausbreitung einer Welle durch verschiedene Medien konstant, während sich die Wellenlänge λ ändert.

f	Frequenz (→ **D2**)	s^{-1} = Hz
c_1	Ausbreitungsgeschwindigkeit im Medium 1 (→ **A6**)	m/s
c_2	Ausbreitungsgeschwindigkeit im Medium 2 (→ **A6**)	m/s
λ_1	Wellenlänge im Medium 1	m
λ_2	Wellenlänge im Medium 2	m

Polarisation (→ **E2**)

Beugung (→ **E2**)

D

E Optik und Akustik

E 1 Geometrische Optik

Reflexion des Lichts (→ Bild 1)

Die geometrische Optik „arbeitet" mit geradlinigen sich ausbreitenden **Lichtstrahlen** als „Lichtträger".

$\varepsilon = \varepsilon'$	**Reflexionsgesetz**
$\delta = \varepsilon + \varepsilon' = 2 \cdot \varepsilon = 2 \cdot \varepsilon'$	**Ablenkungswinkel**
$\Phi = \Phi_\varrho + \Phi_\alpha + \Phi_\tau$	**auftreffender Lichtstrom**
$\varrho = \dfrac{\Phi_\varrho}{\Phi}$	**Reflexionsgrad**

Im speziellen Fall wird der auftreffende Lichtstrahl zum Teil reflektiert, teils absorbiert oder auch durchgelassen.

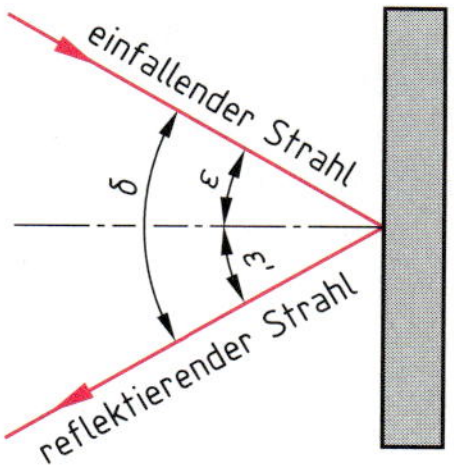

1

ε	Einfallwinkel	Grad
ε'	Ausfallwinkel	Grad
δ	Ablenkungswinkel	Grad
Φ	auftreffender Lichtstrom (→ **E3**)	lm
Φ_ϱ	reflektierter Lichtstrom (→ **E3**)	lm
Φ_α	absorbierter Lichtstrom (→ **E3**)	lm
$\Phi\tau$	durchgelassener Lichtstrom (→ **E3**)	lm
ϱ	Reflexionsgrad (→ **E3, E5**)	1

Brechung des Lichts (→ Bild 2)

$\dfrac{\sin \varepsilon}{\sin \varepsilon'} = \dfrac{c_1}{c_2}$	**Brechungsgesetz** (→ **D8**)
$n = \dfrac{\sin \varepsilon}{\sin \varepsilon'} = \dfrac{c_1}{c_2}$	**Brechzahl** (→ **D8**)

Im Vakuum (näherungsweise auch in Luft):

$n = \dfrac{c_0}{c}$	**Brechzahl** (Brechungsquotient)

In der Optik versteht man unter der Brechzahl (Brechungsquotient) das Verhältnis der Lichtgeschwindigkeiten im Vakuum und im brechenden Medium.

Index 1: Medium 1, **Index 2**: Medium 2
Index 0: Vakuum

Brechzahlen für Natriumlicht
(Wellenlänge λ = 589,3 nm) (→ **E3**)

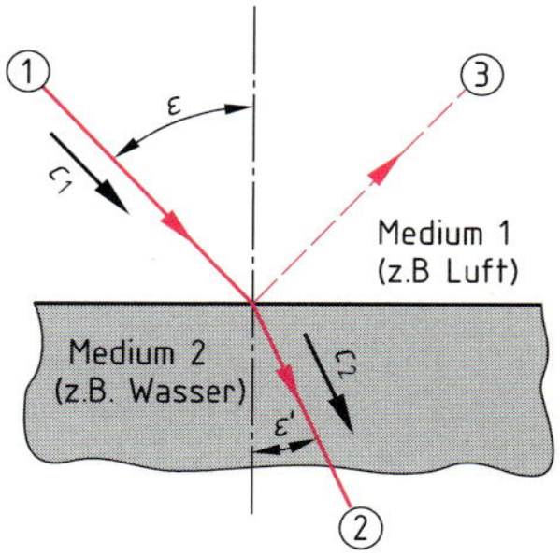

2

ε	Einfallwinkel	Grad
ε'	Ausfallwinkel	Grad
c	Lichtgeschwindigkeit (→ **E2**)	m/s
n	Brechzahl (→ Tabelle unten)	1

Medium	n	Medium	n
Vakuum	1,0	Benzol	1,5014
Gase		Glyzerin	1,47
Ammoniak (NH_3)	1,00037	Schwefelsäure, konzentriert	1,43
Chlor (Cl_2)	1,000781	Wasser	1,333
Helium (He)	1,000034	**Festkörper**	
Kohlenstoffdioxid (CO_2)	1,00045	Diamant	2,42
Luft	1,000292	Flintglas (Schott F_1)	1,6259
Sauerstoff (O_2)	1,000217	Kronglas (Schott K_1)	1,5098
Stickstoff (N_2)	1,000297	Kalkspat, ordentlicher Strahl	1,6580
Flüssigkeiten		Kalkspat, außerordentlicher Strahl	1,4865
Alkohol (Ethanol)	1,3617	Plexiglas	1,49

Die Abhängigkeit der Brechzahl n von der Wellenlänge λ des Lichts bezeichnet man als **Dispersion** (→ **Bild 1**).

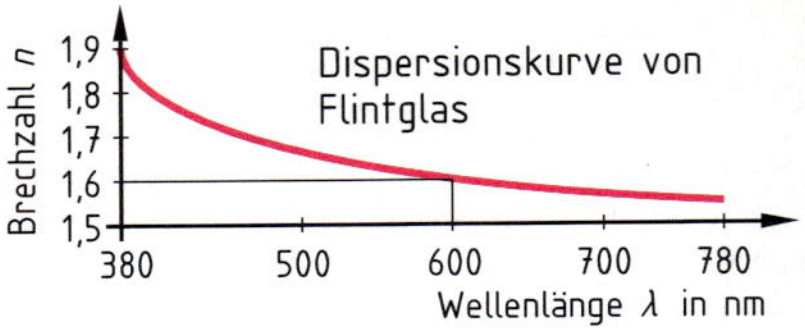

1

$\lambda = 380 \ldots 780$ nm — **Wellenlängenbereich des sichtbaren Lichts (→ E2)**

Mit Hilfe der **Fraunhofer-Linien** F, d, C (→ **E2, E3, G1**) ergibt sich:

λ_F = **486,1 nm** → Brechzahl heißt n_F
λ_d = **587,6 nm** → Brechzahl heißt n_d
λ_c = **653,3 nm** → Brechzahl heißt n_c

Optischer Werkstoff	Abbe-Zahl
Kronglas K1	84,65
Flintglas F1	36,45
Plexiglas	59,0
Polystyrol	32,5
Fluorit (CaF_2)	94,3

$$\nu_d = \frac{n_d - 1}{n_F - n_c}$$ **Abbe'sche Zahl** (→ nebenstehende Tabelle)

$$\vartheta_{rel} = \frac{1}{\nu_d} = \frac{n_F - n_c}{n_d - 1}$$ **relative Dispersion**

$$\vartheta = n_F - n_c$$ **Grunddispersion**

λ	Wellenlänge (→ **D2, D8**)	m
n	Brechzahl (→ **D8**)	1
ν_d	Abbe'sche Zahl (→ obige Tabelle)	1
ϑ_{rel}	relative Dispersion	1
ϑ	Grunddispersion	1

Brechung an planparalleler Platte (→ Bild 2)

$$v = d \cdot \frac{\sin(\varepsilon - \varepsilon')}{\cos \varepsilon'}$$ **Parallelversatz**

Bei einer Brechung an einer planparallelen Platte findet ein Parallelversatz v des Strahlenganges statt.

Dies ist beim Strahlengang in **optischen Systemen** zu berücksichtigen.

$\varepsilon = \varepsilon_1'$
$\varepsilon_1 = \varepsilon'$

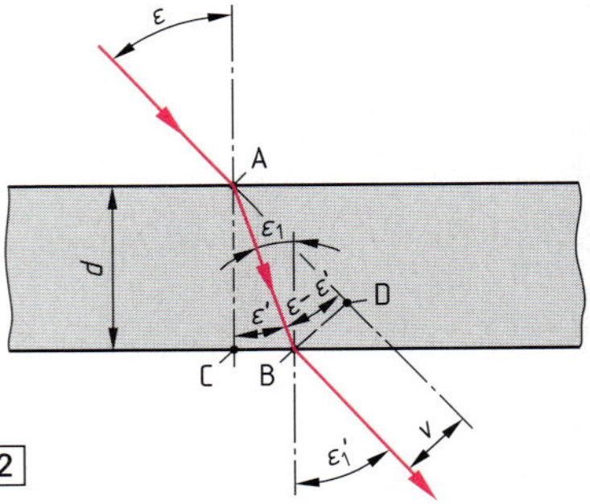

2

v	Parallelversatz	m
d	Plattendicke	m
ε	Einfallwinkel	Grad
ε'	Ausfallwinkel	Grad

E

Brechung am Prisma (→ Bild 3)

$\alpha = \varepsilon_1' + \varepsilon_2$ — **brechender Winkel**

$\delta = \varepsilon_1 + \varepsilon_2' - \alpha$ — **Gesamtablenkung**

Die **Strahlablenkung** ist bei einem Prisma **minimal,** wenn Eintrittswinkel ε_1 und Austrittswinkel ε_2' gleich groß sind, d.h. bei **symmetrischem Strahlverlauf.**

$\delta_{min} = 2 \cdot \varepsilon_1 - \alpha$ — **Minimalablenkung**

$$n = \frac{\sin \varepsilon_1}{\sin \varepsilon_1'} = \frac{\sin \frac{1}{2}(\delta_{min} + \alpha)}{\sin \frac{\alpha}{2}}$$ **Bestimmung der Brechzahl mit einem Prisma**

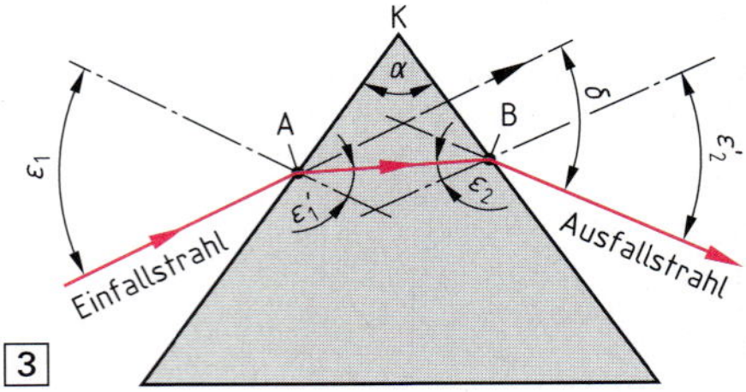

3

α	brechender Winkel	Grad
ε_1	Einfallwinkel	Grad
ε_2'	Ausfallwinkel	Grad
δ	Gesamtablenkung	Grad

Anmerkung: ε_1' und ε_2 sind bei symmetrischem Strahlverlauf gleich groß (→ Bild 3)

Totalreflexion (→ Bild 1)

Trifft ein von einem **optisch dichteren Medium** kommender Lichtstrahl auf die Grenzfläche zu einem **optisch dünneren Medium**, und zwar bei einem Einfallwinkel, der größer als der **Grenzwinkel der Totalreflexion** ist, wird er vollständig, d.h. total reflektiert.

Eine Anwendung der Totalreflexion erfolgt beim **Lichtleiter.**

$\sin \varepsilon_g = \dfrac{n'}{n}$	**Sinus des Grenzwinkels**
$A = \sqrt{n - n'}$	**numerische Apertur**
$\sin \varepsilon_g = \dfrac{1}{n}$	**Sinus des Grenzwinkels beim optisch dünneren Medium Luft**

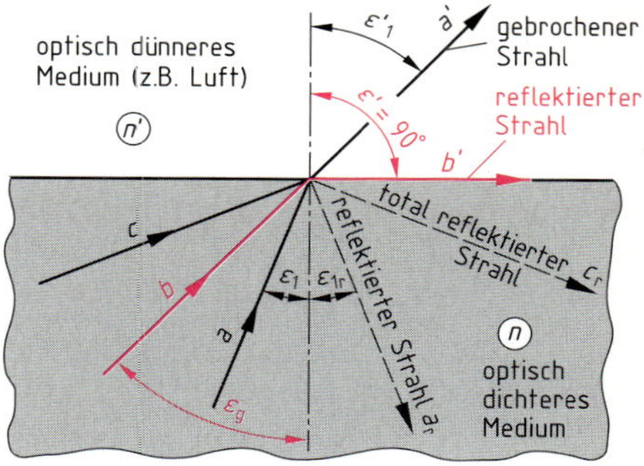

1

ε_g	Grenzwinkel	Grad
n'	Brechzahl des optisch dünneren Mediums	1
n	Brechzahl des optisch dichteren Mediums	1
A	numerische Apertur	1

Bildentstehung durch Reflexion an ebenen Flächen (ebener Spiegel)

Das von einem ebenen Spiegel erzeugte Bild ist virtuell. Der Abstand auf dem Lot vom Gegenstand zum Spiegel ist ebenso groß wie der Abstand auf dem Lot vom Bild zum Spiegel. Bild und Gegenstand sind gleich groß, aber seitenverkehrt.

$b = -g$	**Abbildungsgleichung des ebenen Spiegels**

b	Bildweite	m
g	Gegenstandsweite	m

Bildentstehung durch Reflexion an sphärischen Spiegeln (→ Bild 2)

$\dfrac{1}{g} + \dfrac{1}{b} = \dfrac{1}{f}$	**Abbildungsgleichung an gekrümmten Flächen**
$\dfrac{G}{g} = \dfrac{B}{b}$	**optisches Verhältnis**

Gegenstandsgröße und Bildgröße verhalten sich wie Gegenstandsweite und Bildweite.

$$\frac{G}{B} = \frac{g}{b}$$

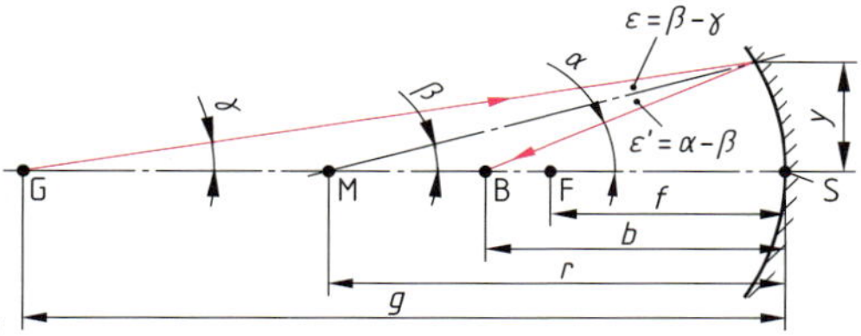

2

g	Gegenstandsweite	m
b	Bildweite	m
G	Gegenstandsgröße	m
B	Bildgröße	m

Bildentstehung bei Brechung an ebenen Flächen (→ Bild 3)

$b = g \cdot \dfrac{n}{n'}$	**Bildweite**
$g = b \cdot \dfrac{n'}{n}$	**Gegenstandsweite**
$\dfrac{b}{g} = \dfrac{n}{n'}$	**Anmerkung:** n, n' = Brechzahlen (→ Bild 1)

Bei Brechung an einer ebenen Fläche ist das Verhältnis von Bildweite b und Gegenstandsweite g gleich dem Verhältnis der Brechzahlen beider Medien.

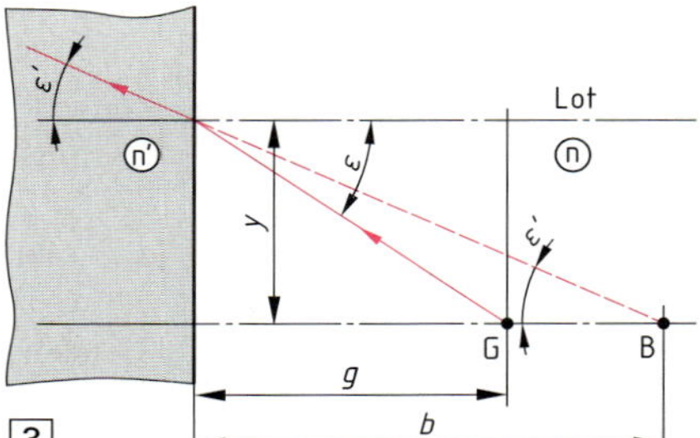

3

E

Linsenformen (→ Bilder 1 bis 6)

Linsenform (Linsenquerschnitt)	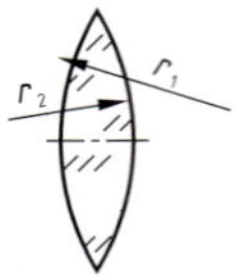 1	 2	 3	 4	 5	 6
Bezeichnung	bi-konvex	plan-konvex	konkav-konvex	bi-konkav	plan-konkav	konvex-konkav
Linsenart	**Sammellinsen**			**Zerstreuungslinsen**		
Radien	$r_1 > 0$ $r_2 < 0$	$r_1 = \infty$ $r_2 < 0$	$r_1 < 0$ $r_2 < 0$	$r_1 < 0$ $r_2 > 0$	$r_1 = \infty$ $r_2 > 0$	$r_1 < 0$ $r_2 < 0$

Brennweite und Brechwert einer dünnen Linse (→ Bilder 7, 8, 9)

$$D = \frac{1}{f} = (n-1) \cdot \left(\frac{1}{r_1} - \frac{1}{r_2}\right)$$ **Brechwert**

$$\frac{1}{f} = \frac{1}{g} + \frac{1}{b}$$ **Abbildungsgleichung**

$$f = f'$$ **Brennweite**

Bei Zerstreuungslinsen ist die Brennweite f negativ in die Abbildungsgleichung einzusetzen.

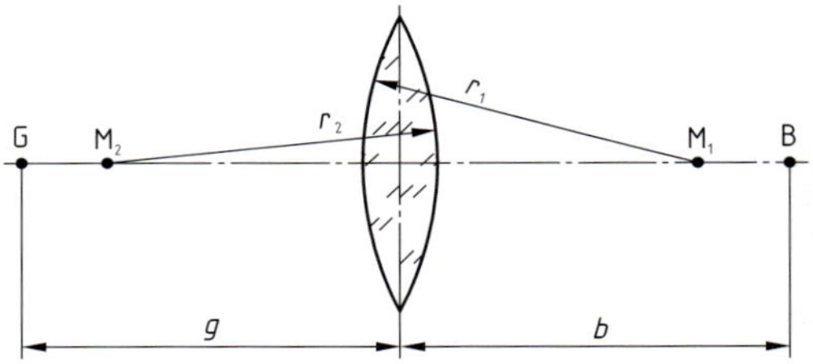

7

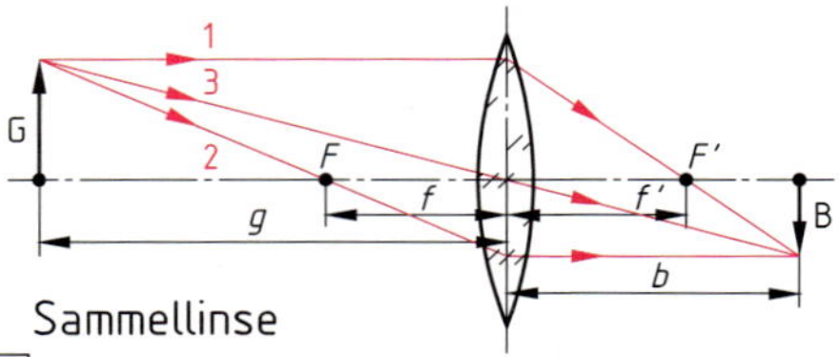

8

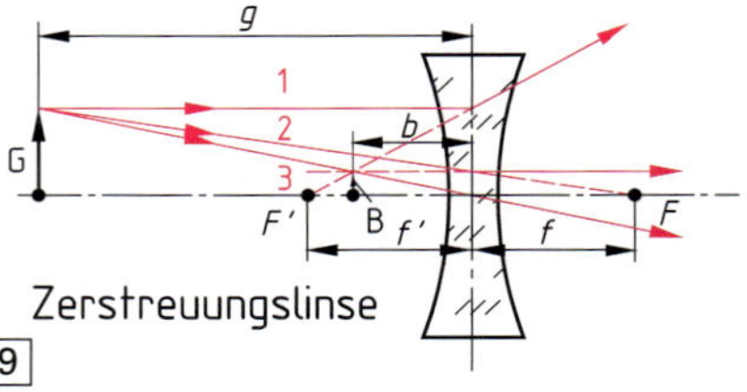

9

Die gesetzliche **Einheit des Brechwertes** ist die **Dioptrie** (dpt).

$$1\ \text{dpt} = \frac{1}{\text{m}} = \text{m}^{-1}$$ **Dioptrie**

D	Brechwert	dpt = m^{-1}
f, f'	Brennweite	m
n	Brechzahl (→ **D8**)	1
r_1, r_2	Linsenradien	m
g	Gegenstandsweite	m
b	Bildweite	m

Bildentstehung durch Sammellinsen (Konvexlinsen)

Gegenstandsweite	Bildweite	Bildart	Bildlage	Bildgröße
$g > 2 \cdot f$	$2 \cdot f > b > f$	reell	kopfstehend	$B < G$
$g = 2 \cdot f$	$b = 2 \cdot f$	reell	kopfstehend	$B = G$
$2 \cdot f > g > f$	$b > 2 \cdot f$	reell	kopfstehend	$B > G$
$g < f$	$b > g$	virtuell	aufrecht stehend	$B > G$

Bildentstehung durch Zerstreuungslinsen (Konkavlinsen)

Zerstreuungslinsen liefern von aufrechten Gegenständen stets virtuelle, aufrechte und verkleinerte Bilder.

Brennweite und Brechwert einer dicken Linie (→ Bild 1)

Brennweite:

$f = f'$

Brechwert:

$$D = \frac{1}{f} = (n-1) \cdot \left(\frac{1}{r_1} - \frac{1}{r_2}\right) + \frac{d \cdot (n-1)^2}{n \cdot r_1 \cdot r_2}$$

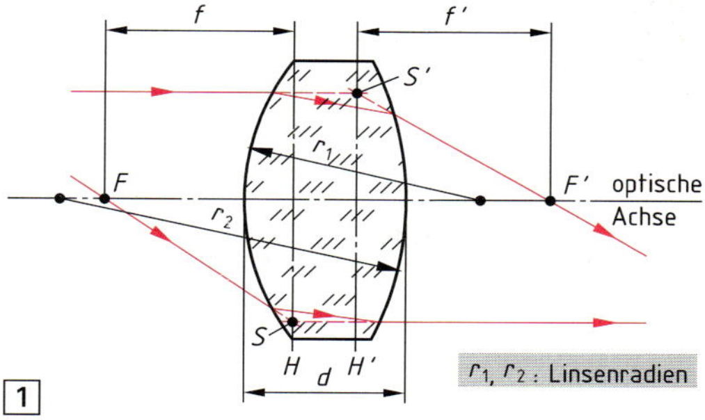

1

f, f'	Brennweite	m
D	Brechwert	dpt = m^{-1}
n	Brechzahl (→ **D8**)	1
r_1, r_2	Linsenradien	m
d	Linsendicke	m

Abbildungsfehler

Bezeichnung des Abbildungsfehlers	Ursache und Wirkung des Abbildungsfehlers	Verhinderung bzw. Beseitigung des Abbildungsfehlers
chromatische Aberration	Die Dispersion des Linsenwerkstoffes verursacht Farbfehler an den Rändern. Das Bild wird dadurch unscharf.	System von Sammellinse aus Kronglas und Zerstreuungslinse aus Flintglas. Dieses System heißt **Achromat**.
sphärische Aberration	Randstrahlen treffen sich bereits vor dem Brennpunkt. Ein Punkt wird z.B. als Scheibchen abgebildet.	Linsenkombination oder Randstrahlen abblenden.
Astigmatismus	Für schräge parallele Strahlenbündel ist die Abbildung nichtachsialer Gegenstandspunkte kein Bildpunkt, sondern ein Bildstrich.	Linsenkombination sowie Veränderung der Blendenlage aus der optischen Achse. Ein solches korrigierendes Linsen-Blenden-System heißt **Anastigmat**.
Bildfeldwölbung	Das Bild einer ebenen Fläche mit parallelen Kanten wird verzerrt, d.h., die Kanten werden gewölbt.	
Koma	Strahlenbündel großen Querschnittes bilden einen Punkt außerhalb der optischen Achse als ovale Figur mit kometenhaftem Schweif ab.	Blende in korrigierende Lage in den Strahlengang bringen.
Verzeichnung	Fehler durch falsche Blendenlage.	Blende in Linsenebene bringen.

Sehwinkel und Bezugssehweite (→ Bild 2)

$g_B = 25$ cm **Bezugssehweite bzw. deutliche Sehweite**

$\Gamma = \frac{\tan \sigma'}{\tan \sigma}$ **Vergrößerung**

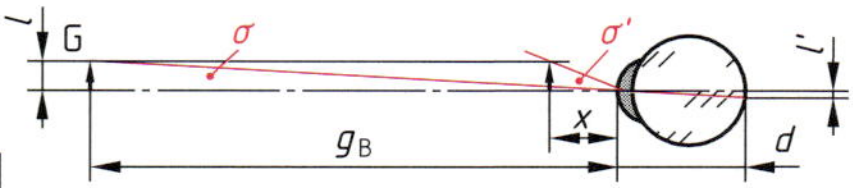

2

g_B	Bezugssehweite	cm
Γ	Vergrößerung	1
σ	Sehwinkel mit Gerät	Grad
σ'	Sehwinkel ohne Gerät	Grad

E

$\Gamma_{LN} = \frac{g_B}{f}$	**Normalvergrößerung einer Lupe**	Γ_{LN}	Lupenvergrößerung (normal)	1
$\Gamma_M = \frac{t \cdot g_B}{f_{Ok} \cdot f_{Ob}}$	**Mikroskopvergrößerung**	Γ_M	Mikroskopvergrößerung	1
$\Gamma_F = \frac{f_{Ob}}{f_{Ok}}$	**Fernrohrvergrößerung**	Γ_F	Fernrohrvergrößerung	1
$Z = \sqrt{\Gamma \cdot D_{EP}}$	**Dämmerungszahl**	g_B	Bezugssehweite	m
		f	Brennweite	m
		t	Tubuslänge	m
		f_{Ok}	Brennweite des Okulars	m
		f_{Ob}	Brennweite des Objektivs	m
		Z	Dämmerungszahl	$m^{1/2}$
		Γ	Vergrößerung	1
		D_{EP}	Durchmesser der Eintrittspupille	m

E2 Wellenoptik

Gesamtspektrum der elektromagnetischen Wellen (→ Bilder 1 und 2)

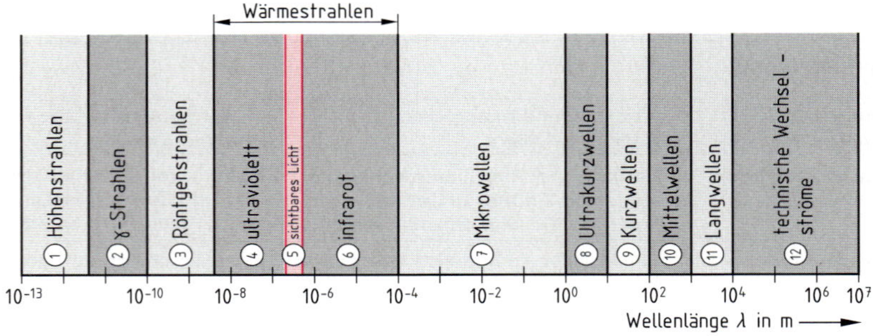

1

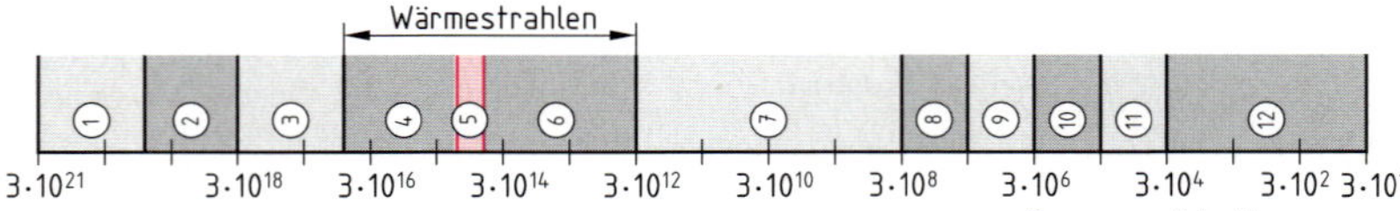

2

$\lambda = 380\ \text{nm} \ldots 780\ \text{nm}$	**Licht-Wellenlängenbereich** (sichtbares Wellenlängenspektrum)			
$f = 3{,}84 \cdot 10^{14}\ \text{Hz} \ldots 7{,}89 \cdot 10^{14}\ \text{Hz}$	**Licht-Frequenzbereich** (sichtbares Frequenzspektrum)			
$c = \lambda \cdot f$	**Lichtgeschwindigkeit**	c	Lichtgeschwindigkeit	m/s
$c_0 = 299\,792\,458\ \frac{\text{m}}{\text{s}}$	**Vakuum-Lichtgeschwindigkeit**	λ	Wellenlänge (→ **D7**)	m
		f	Frequenz (→ **D7**)	$\text{Hz} = \text{s}^{-1}$
		c_0	Vakuumlichtgeschwindigkeit	m/s

Ausbreitungsgeschwindigkeit elektromagnetischer Wellen (→ D7)

$c = \frac{1}{\sqrt{\varepsilon_0 \cdot \mu_0}}$	**Ausbreitungsgeschwindigkeit im Vakuum**	c	Ausbreitungsgeschwindigkeit	m/s
$c = \frac{1}{\sqrt{\varepsilon_r \cdot \varepsilon_0 \cdot \mu_r \cdot \mu_0}}$	**Ausbreitungsgeschwindigkeit in Materie**	ε_0	elektrische Feldkonstante	F/m
		μ_0	magnetische Feldkonstante	H/m
		ε_r	Permittivitätszahl (frequenzabhängig)	1
		μ_r	Permeabilitätszahl (frequenzabhängig)	1

$\varepsilon_0 = 8{,}854\,187\,817 \ldots \cdot 10^{-12}\ \frac{\text{F}}{\text{m}}$

$\mu_0 = 1{,}256\,637\,061\,4 \ldots \cdot 10^{-6}\ \frac{\text{H}}{\text{m}}$

Interferenz bei Lichtwellen (→ D8)

Die interferierenden Lichtwellen müssen **kohärente Lichtwellen** sein. Dies setzt voraus, dass die Lichtwellen von demselben Punkt einer Lichtquelle stammen (→ Bild 1).

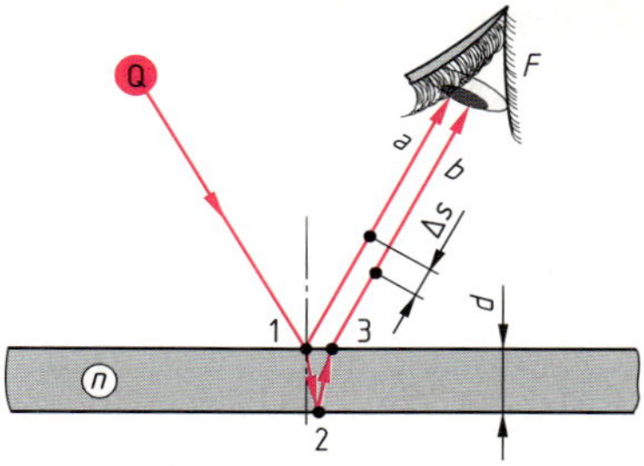

1

Bei **dünnen Blättchen** gilt gemäß Bild 1:

$$d = k \cdot \frac{\lambda}{2 \cdot n}$$ **Dicke der Schicht bei Auslöschung**

$$d = \frac{2 \cdot k + 1}{4} \cdot \frac{\lambda}{n}$$ **Dicke der Schicht bei Verstärkung**

$$\Delta s = 2 \cdot d \cdot n + \frac{\lambda}{2}$$ **Phasendifferenz beider Wellen (Gangunterschied)**

d	Dicke der Schicht	m
k	Faktor: 0, 1, 2, 3 …	1
λ	Wellenlänge (→ **D2**)	m
n	Brechzahl der Schicht	1
Δs	Phasendifferenz (senkrechter Lichteinfall in Lichtempfänger)	m

Eine technische Anwendung sind die **Anlassfarben** (→ folgende Tabelle).

Anlassfarbe für unlegierten Werkzeugstahl	**Temperatur** in °C
Weißgelb	200
Strohgelb	220
Goldgelb	230
Gelbbraun	240
Braunrot	250
Rot	260
Purpurrot	270
Violett	280
Dunkelblau	290
Kornblumenblau	300
Hellblau	320
Blaugrau	340
Grau	360

Bei Durchstrahlung einer plankonvexen Linse (→ Bild 2) entstehen auf ebener Platte die sog. **Newton'schen Ringe**:

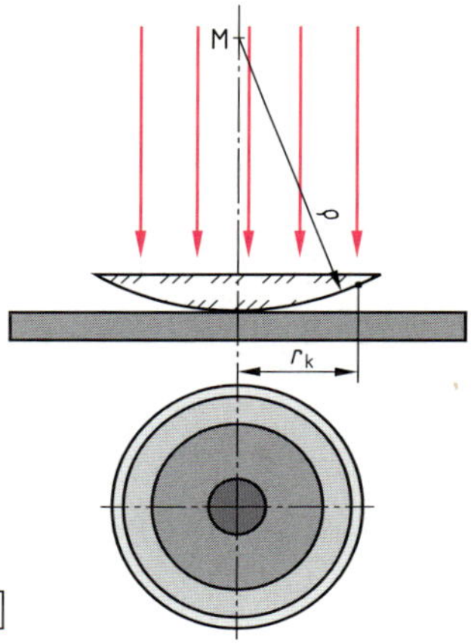

2

$$r_k = \sqrt{2 \cdot \varrho \cdot k \cdot \frac{\lambda}{2}}$$ **Auslöschung**

$$r_k = \sqrt{\varrho \cdot \frac{2 \cdot k + 1}{2} \cdot \lambda}$$ **Verstärkung**

r_k	Radius der Newton'schen Ringe	m
ϱ	Krümmungsradius der plankonvexen Linse	m
λ	Wellenlänge des parallel einfallenden Lichts (→ **D2**)	m

Beugung bei Lichtwellen (→ D8)

Für die **Beugung am engen Spalt** (→ Bild 3) gilt:

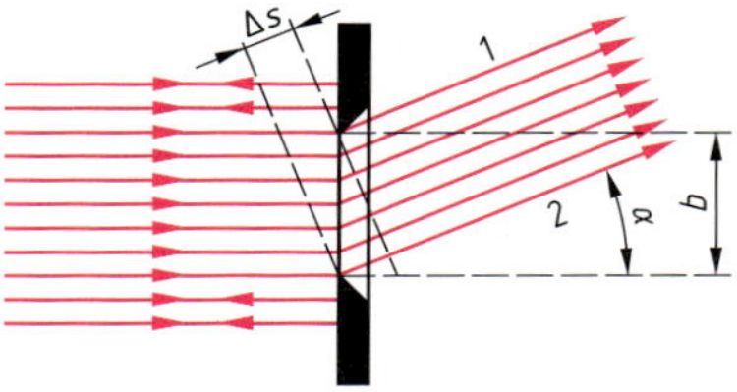

3

$$\Delta s = b \cdot \sin \alpha$$ **Phasendifferenz der Randstrahlen 1 und 2**

$$\sin \alpha_k = \frac{k \cdot \lambda}{b}$$ **Auslöschung**

α_k	Auslöschungswinkel	Grad
Δs	Phasendifferenz, Gangunterschied	m
λ	Wellenlänge (einfallendes Licht)	m
b	Spaltbreite	m
α	Ablenkungswinkel	Grad

Bei der **Beugung von Wellen** ist das Verhältnis der Wellenlänge zur Größe des Hindernisses von ausschlaggebender Bedeutung.

Faktor *k* wie bei Interferenz (1, 2, 3...)

E

Der Doppler-Effekt des Lichts (→ **D8**)

$$f_B = f \cdot \frac{1 - \frac{v}{c}}{\sqrt{1 - \frac{v^2}{c^2}}}$$

vom Beobachter wahrgenommene Frequenz

f_B	wahrgenommene Frequenz (→ **D2**)	s^{-1} = Hz
f	Frequenz der Lichtquelle (→ **D2**)	s^{-1} = Hz
v	Geschwindigkeit eines Beobachters relativ zu einer Quelle, die Licht mit der Frequenz *f* aussendet (→ **A6**)	m/s
c	Lichtgeschwindigkeit (→ **D7**)	m/s

E3 Photometrie und Farbenlehre

Planck'sches Wirkungsquantum (→ **G1, T29**)

$h = 6{,}626\,075\,5\,(40) \cdot 10^{-34}$ J · s

$E = h \cdot f$

$E = h \cdot \frac{c}{\lambda}$

Energie eines Lichtquants

Zur vollständigen Erklärung der **Lichteigenschaften** sind das Wellenmodell **und** das Teilchenmodell erforderlich.

h	Planck'sches Wirkungsquantum	J · s
E	Energie eines Lichtquants	J = Nm = Ws
f	Frequenz des Lichts (→ **D2**)	s^{-1} = Hz
c	Lichtgeschwindigkeit (→ **E2**)	m/s
λ	Wellenlänge (→ **D2**)	m

Unter einem **Quant** versteht man ein Teilchen mit der kleinstmöglichen Energie, die von der Frequenz *f* der elektromagnetischen Welle **und** der Planck-Konstanten *h* abhängig ist.

Hellempfindlichkeitsgrad (→ Bild 1)

$V(\lambda)$ → Hellempfindlichkeitsgrad für das **Tagsehen.**

$V'(\lambda)$ → Hellempfindlichkeitsgrad für das **Nachtsehen.**

Die **sichtbare Strahlung (Licht)** soll eindeutig und gemäß der Helligkeit so bewertet werden, dass unter zwei gleichen Bedingungen gleich hell erscheinende Strahlungen auch die gleiche Maßzahl erhalten.

Strahlungsphysikalische Größen → **Index e** (energetisch)

Lichttechnische Größen → **Index v** (visuell)

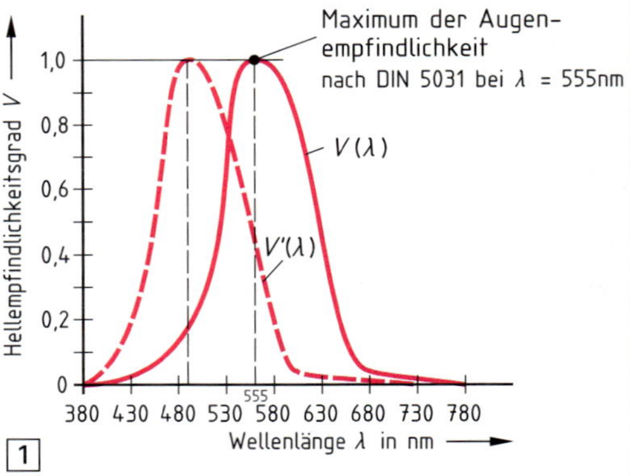

1

Strahlungsleistung und Lichtstrom

$\Phi_e = \frac{Q_e}{t}$ **Strahlungsleistung (Strahlungsfluss)**

$\Phi_v = K \cdot \Phi_e \cdot V(\lambda)$ **Lichtstrom**

$K = 683 \frac{\text{lm}}{\text{W}}$ **photometrisches Strahlungsäquivalent**

$\eta = \frac{\Phi_v}{P}$ **Lichtausbeute** (→ Tabelle Seite 103)

Die abgeleitete SI-Einheit für den **Lichtstrom** ist das **Lumen:** lm.

Φ_e	Strahlungsleistung (→ **A19**)	W
Q_e	Strahlungsenergie (→ **A18**)	J = Nm = Ws
t	Zeit	s
Φ_v	Lichtstrom	lm
K	photometrisches Strahlungsäquivalent	lm/W
$V(\lambda)$	Hellempfindlichkeitsgrad	1
η	Lichtausbeute	lm/W
P	Aufnahmeleistung (→ **A19**)	W

Im **Maximum der Augenempfindlichkeit** (→ Bild 1), bei der Wellenlänge λ = 555 nm, entspricht die Strahlungsleistung 1 Watt einem Lichtstrom von 683 Lumen.

Lichtquelle (Lampe)	Leistungsaufnahme P in W	Lichtstrom Φ_v in lm	Lichtausbeute η in lm/W
Glühlampe 230 V	60	730	12
Glühlampe 230 V	100	1380	14
Leuchtstoffröhre 230 V	40	2400	78
Quecksilberdampflampe 230 V	125	5400	117

Strahlstärke und Lichtstärke

$$\Omega = \frac{A}{r^2}$$ **Raumwinkel** (→ Bild 1)

Die von einer Quelle auf einem Empfänger fallende Strahlungsleistung ist dem Raumwinkel Ω proportional.

$$I_e = \frac{\Phi_e}{\Omega}$$ **Strahlstärke**

$$I_v = \frac{\Phi_v}{\Omega}$$ **Lichtstärke**

Die Einheit für die **Lichtstärke** ist die **Candela**: cd.

$$1\ \text{cd} = 1\ \frac{\text{lm}}{\text{sr}}$$ **Einheit Candela** (→ **A2, T7**)

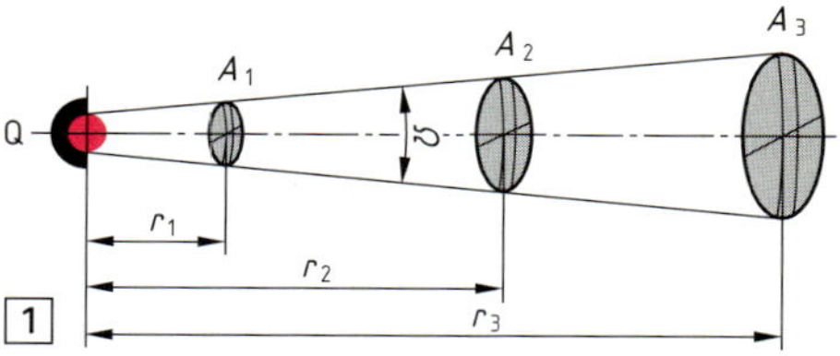

1

Ω	Raumwinkel (in Steradiant)	sr
A	durchstrahlte Fläche	m^2
r	Abstand (Entfernung der Fläche zur Lichtquelle)	m
I_e	Strahlstärke	W/sr
Φ_e	Strahlungsleistung	W
I_v	Lichtstärke	cd
Φ_v	Lichtstrom	lm

Die **Candela** ist die Lichtstärke einer Strahlungsquelle, welche **monochromatisches Licht** (d.h. Licht mit nur einer Wellenlänge) der Frequenz $540 \cdot 10^{12}$ Hertz in eine bestimmte Richtung aussendet, in der die Strahlstärke 1/683 Watt durch Steradiant beträgt.

Bestrahlungsstärke und Beleuchtungsstärke

$$E_e = \frac{\Phi_e}{A_2}$$ **Bestrahlungsstärke**

$$E_v = \frac{\Phi_v}{A_2}$$ **Beleuchtungsstärke** (→ nebenstehende Tabelle)

Die abgeleitete SI-Einheit für die **Beleuchtungsstärke** ist das **Lux**: lx.

$$1\ \text{lx} = 1\ \frac{\text{lm}}{\text{m}^2}$$ **Einheit des Lux**

E_e	Bestrahlungsstärke	W/m^2
Φ_e	Strahlungsleistung	W
A_2	Emfängerfläche	m^2
E_v	Beleuchtungsstärke	lm/m^2
Φ_v	Lichtstrom	lm

Lichtquelle	E_v in lx
Sonne im Sommer (Durchschnitt)	75 000
Sonne im Winter (Durchschnitt)	6 000
Vollmond	1
Arbeitsplatzbeleuchtung (hochwertig)	1 000
Straßenbeleuchtung (Durchschnitt)	10
Wohnzimmerbeleuchtung (gemütlich)	150
Grenze der Farbwahrnehmung	3

Strahldichte und Leuchtdichte

$$L_e = \frac{I_e}{A_1 \cdot \cos \varepsilon_1}$$ **Strahldichte**

$$L_v = \frac{I_v}{A_1 \cdot \cos \varepsilon_1}$$ **Leuchtdichte** (→ Bild 2 sowie Tabelle, Seite 104 und Bild 1, Seite 104).

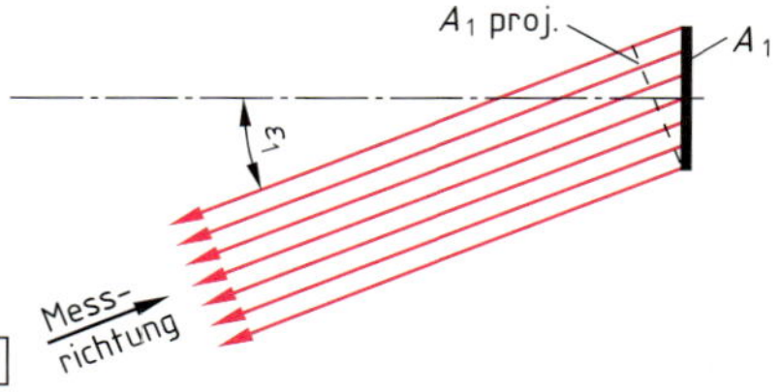

2

E

Lichtquelle	Leuchtdichte in $\frac{cd}{m^2}$
Mittagssonne	150 000
klarer Himmel	0,2 … 1,2
Mond	0,25 … 0,5
Kohlefadenlampe	45 … 80
Glühlampe (40 … 100 W), klar	100 … 2000
Glühlampe innen mattiert	10 … 50
Opallampe	1 … 5
Leuchtstofflampe	0,3 … 1,2
Hochspannungsleuchtröhre	0,1 … 0,8
Quecksilberdampflampe	4 … 620
Natriumdampflampe	10 … 400
Xenon-Hochdrucklampe	bis 95 000

L_e	Strahldichte	W/(sr · m²)
I_e	Strahlstärke	W/sr
A_1	Senderfläche	m²
ε_1	Abstrahlwinkel	Grad
L_v	Leuchtdichte	cd/m²
I_v	Lichtstärke	cd

Bild 2 zeigt eine sog. **Lichtverteilungskurve** mit $I_v = f(\alpha)$:

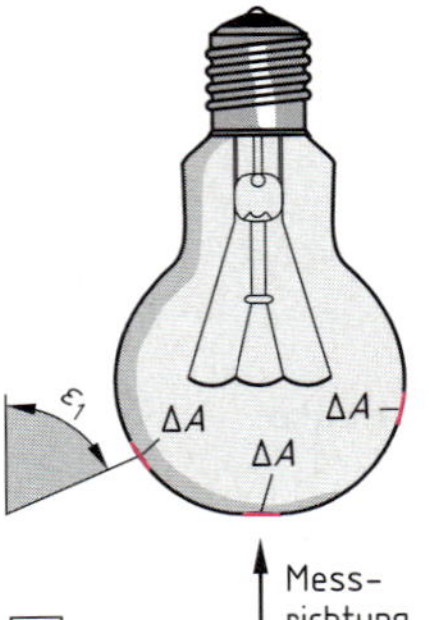

1

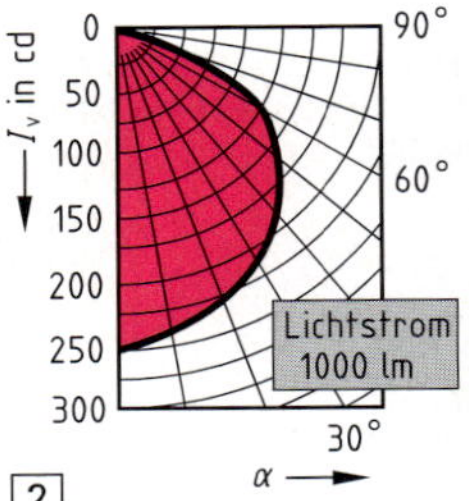

2

Photometrische Beziehungen

Photometrisches Entfernungsgesetz:
(→ Bild 3)

$$E_v = \frac{I_v \cdot \cos \varepsilon}{r^2}$$

Unbekannte Lichtstärke:

$$I_{v2} = I_{v1} \cdot \frac{\cos \varepsilon_1}{\cos \varepsilon_2} \cdot \left(\frac{r_2}{r_1}\right)^2$$

Die **Beleuchtungsstärke** E_v ist proportional der Lichtstärke I_v und dem Kosinus des Abstrahlwinkels ε. Sie ist aber umgekehrt proportional dem Abstand r zum Quadrat zwischen Lichtquelle und Empfängerfläche A_2.

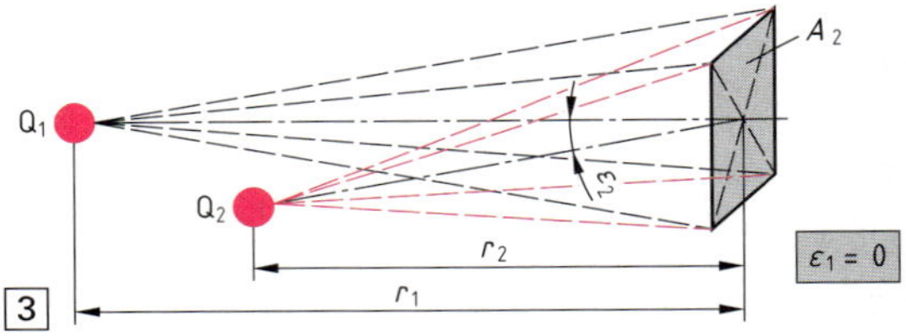

3

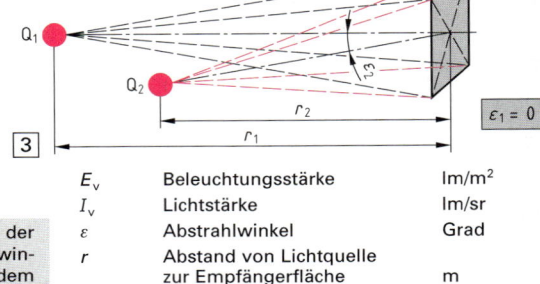

E_v	Beleuchtungsstärke	lm/m²
I_v	Lichtstärke	lm/sr
ε	Abstrahlwinkel	Grad
r	Abstand von Lichtquelle zur Empfängerfläche	m
Index 1:	bekannte Lichtquelle (Normallampe)	
Index 2:	unbekannte (zu messende) Lichtquelle	

Lichtspektren (→ G1) und Farbmischung

Durch **Zerlegung von weißem Licht** mit Hilfe eines **Prismas** wird das **Farbspektrum** erzeugt. Es ist ein **kontinuierliches Spektrum** und zeigt in stetigem Übergang die 7 **Spektralfarben.** → **Spektralfarben:** Rot, Orange, Gelb, Grün, Blau, Indigo, Violett.

Bei einer **additiven Farbmischung** entsteht der **Farbeindruck** durch die **Überlagerung** verschiedener Farben.

Bei einer **subtraktiven Farbmischung** entsteht der **Farbeindruck,** indem einer weiß leuchtenden Lichtquelle Farben entzogen werden.

Grundlage für **Farbmischungen** ist die **Normfarbtafel nach DIN 5033**

$x = 0{,}333;\ y = 0{,}333$ **Punkt E in der Normfarbtafel** → **Zentralpunkt** (Unbunt)

Mit den **Normfarbwertanteilen *x* und *y*** kann jede Farbe bestimmt werden.

E

Schall und Schallfeld

Schallgeschwindigkeit (→ D7)

Luftschall → Ausbreitungsmedium ist gas- oder dampfförmig.

Flüssigkeitsschall → Ausbreitungsmedium ist flüssig.

Körperschall → Ausbreitungsmedium ist ein fester Körper.

} Ausbreitung als **Longitudinalwelle** (→ **D7**)

Berechnungsformeln für die Schallgeschwindigkeit:

Formeln Seite 92

Schall wird von einem Medium auf ein berührendes anderes Medium übertragen. Im Vakuum gibt es also keinen Schall.

Unterschallströmung → $v < c$ → $Ma < 1$

Schallströmung → $v = c$ → $Ma = 1$

Überschallströmung → $v > c$ → $Ma > 1$

} (→ **D8**)

v	Geschwindigkeit (→ **A6**)	m/s
c	Schallgeschwindigkeit (→ **D7**)	m/s

Schalldruck (→ Bild 1)

Der Schalldruck ist ein periodischer **Wechseldruck,** der sich einem **statischen Druck,** z.B. in Luft dem atmosphärischen Druck p_{amb} (→ **B3**), **überlagert.**

$$p_{eff} = \frac{\hat{p}}{\sqrt{2}}$$ **Effektivwert des Schalldrucks** (→ **B2**)

Unterscheiden Sie unbedingt **Schalldruck** von **Schalldruckpegel** (→ Seite 106).

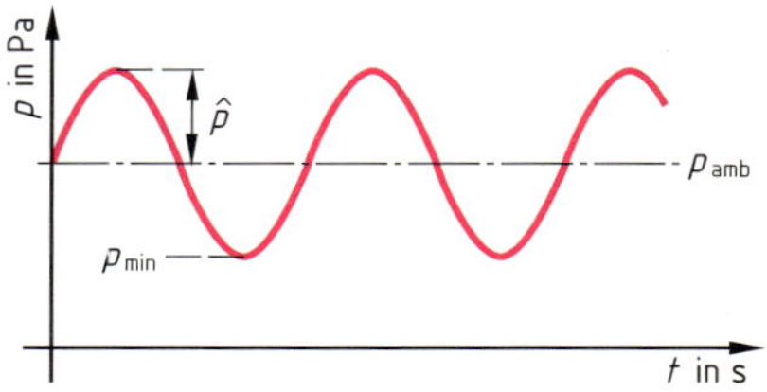

1

p_{eff}	effektiver Schalldruck	N/m² = Pa
$\hat{p}$	Scheitelwert des Schalldrucks	N/m² = Pa

Schallschnelle (→ D7)

$$v = \frac{p}{\varrho \cdot c}$$ **Schallschnelle**

$$v_{eff} = \frac{\hat{v}}{\sqrt{2}}$$ **Effektivwert der Schallschnelle**

v	Schallschnelle (→ **A6**)	m/s
p	Schalldruck (→ **B2**)	N/m² = Pa
ϱ	Dichte des Ausbreitungsmediums	kg/m³
c	Schallgeschwindigkeit (→ **D7**)	m/s
$\hat{v}$	Scheitelwert der Schallschnelle	m/s
v_{eff}	effektive Schallschnelle	m/s

Schallintensität und Schallleistung

(→ **A18, A19**)

$$I = \frac{\hat{p} \cdot \hat{v}}{2}$$

$$I = \frac{W}{t \cdot A} = \frac{P}{A}$$

$$I = \frac{\hat{p}^2}{2 \cdot \varrho \cdot c} = \frac{\varrho \cdot c \cdot \hat{v}^2}{2}$$

} **Schallintensität**

Die Schallintensität kennzeichnet die pro Zeiteinheit durch ein Flächenelement hindurchtretende **Schallenergie** (→ **A18, A19**).

$$P = I \cdot A$$ **Schallleistung** (→ nebenstehende Tabelle)

I	Schallintensität	W/m²
$\hat{p}$	Scheitelwert des Schalldrucks	N/m² = Pa
$\hat{v}$	Scheitelwert der Schallschnelle	m/s
W	Schallenergie	Nm = J = Ws
t	Zeit	s
A	durchschallte Fläche	m²
P	Schallleistung	W
ϱ	Dichte des Ausbreitungsmediums (→ **A4**)	kg/m³
c	Schallgeschwindigkeit (→ **D7**)	m/s

Schallquelle	**Schallleistung** in W
normale Sprache	$6 \cdot 10^{-6}$
lautestes Schreien	$2 \cdot 10^{-3}$
Klavier	$2 \cdot 10^{-1}$
Autohupe	6
Großlautsprecher	100
Alarmsirene	1000

Maße und Pegel

Maße und Pegel werden in **Dezibel** (Kurzzeichen: **dB**) oder in **Neper** (Kurzzeichen: **Np**) angegeben; dB vornehmlich in der Akustik, Np vornehmlich in der Nachrichtentechnik.

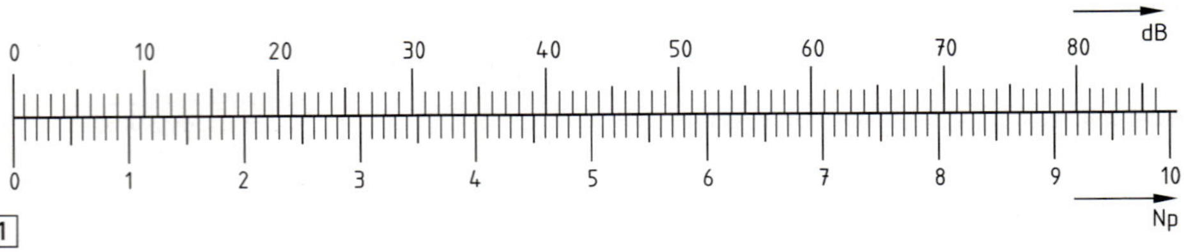

1

$1\ \text{Np} = 8{,}686\ \text{dB}$ | $1\ \text{dB} = 0{,}1151\ \text{Np}$ | **Umrechnung Np → dB und dB → Np** (→ auch Bild 1)

Schalldruckpegel

$p_{\text{effo}} = 2 \cdot 10^{-5}\ \text{Pa} = 2 \cdot 10^{-5}\ \frac{\text{N}}{\text{m}^2}$ **Hörschwellendruck**

$p_{\text{effS}} = 20\ \text{Pa} = 20\ \frac{\text{N}}{\text{m}^2}$ **Schmerzschwelle**

$L_{\text{p}} = 20 \cdot \lg \frac{p_{\text{eff}}}{p_{\text{effo}}}$ **Schalldruckpegel**

p_{effo}	Hörschwellendruck, d.h. gerade noch hörbarer Schalldruck (→ **B2, B3**)	N/m² = Pa
p_{effS}	Schmerzschwelle, d.h. Schalldruck der Schmerzen bereitet	N/m² = Pa
p_{eff}	vorhandener Schalldruck	N/m² = Pa
L_{p}	Schalldruckpegel	dB

Hörschwellendruck und **Schmerzschwelle** dienen in der Akustik als **Bezugsgrößen**.

Schallleistungspegel

$P_0 = 10^{-12}\ \text{W}$ **Bezugsschallleistung**

$L_{\text{w}} = 10 \cdot \lg \frac{P}{P_0}$ **Schallleistungspegel**

P_0	Bezugsschallleistung (→ **A19**)	W
P	vorhandene Schallleistung	W
L_{w}	Schallleistungspegel	dB

Schallintensitätspegel

$I_0 = 10^{-12}\ \frac{\text{W}}{\text{m}^2}$ **Bezugsschallintensität**

$L_{\text{I}} = 10 \cdot \lg \frac{I}{I_0}$ in dB **Schallintensitätspegel**

Schallschnellepegel

$v_{\text{effo}} = 5 \cdot 10^{-8}\ \frac{\text{m}}{\text{s}}$ **Bezugsschallschnelle**

$L_{\text{v}} = 20 \cdot \lg \frac{v_{\text{eff}}}{v_{\text{effo}}}$ in dB **Schallschnellepegel**

E5 Schallempfindung, Schallbewertung und Schallausbreitung

Das Schallspektrum

Schallspektrum

- **Infraschall** → $f \leq 16$ Hz
- **hörbarer Schall** → $16\ \text{Hz} \leq f \leq 20\,000\ \text{Hz}$
- **Ultraschall** → $20\,000\ \text{Hz} \leq f \leq 10^{10}\ \text{Hz}$
- **Hyperschall** → $10^{10}\ \text{Hz} \leq f \leq 10^{13}\ \text{Hz}$ (→ **E6**)

Die Hörfläche (→ Bild 1)

Bild 1 zeigt die spektrale **Schallverteilung.** Bei Ausschluss jeglichen **Störschalls** zeigt die **Hörfläche:**

Akustische Ereignisse können nur innerhalb eines ganz bestimmten Frequenzbereiches und Schalldruckpegelbereiches wahrgenommen werden (→ Bilder 1 und 2).

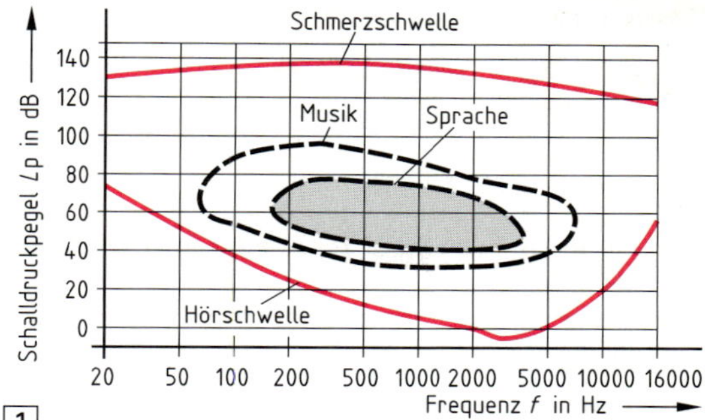

1

Zusammenhang von Dezibel und Phon

Bild 2 zeigt **Kurven gleicher Lautstärke.**

Ebenso wie aus Bild 1 ist zu ersehen:

Die subjektive Empfindung der Schalllautstärke ist von Schalldruck und der Frequenz abhängig.

Die **Phonskala** reicht von 0 phon (Hörschwelle) bis 130 phon (Schmerzschwelle). Nur beim **Normalton** (f = 1000 Hz) stimmen die Zahlenwerte des Schalldruckpegels in dB mit dem Lautstärkepegel in phon überein.

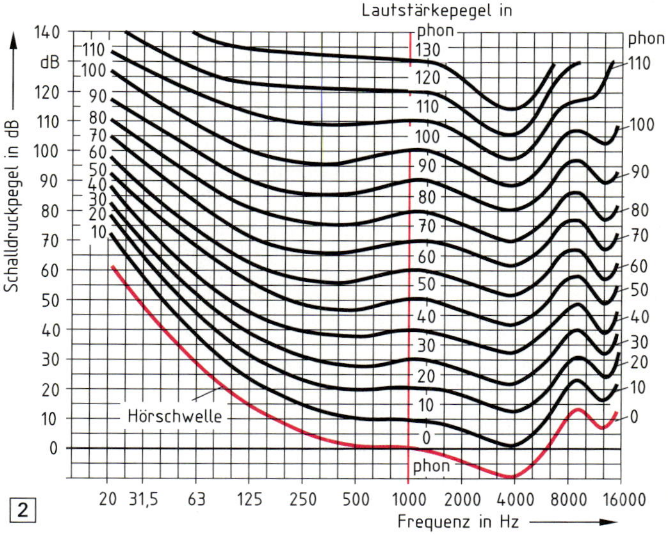

2

Folgende Tabelle zeigt Lautstärkepegel im Abstand von ca. 4 m zur Schallquelle:

Lautstärkepegel in phon bzw. dB		Lautstärkepegel in phon bzw. dB	
Reizschwelle (Hörschwelle)	0	Übliche Unterhaltungslautstärke, einzelne Schreibmaschinen, Staubsauger	60
Blätterrauschen in leichtem Wind	10	Mittlerer Verkehrslärm, Straßenbahn, Baustelle	70
Untere Grenze der üblichen Wohngeräusche, Flüstern, ruhiger Garten	20	Stärkster üblicher Straßenlärm, laute Rundfunkmusik im Zimmer, Autohupe, U-Bahn, S-Bahn	80
Sehr ruhige Wohnstraße, mittlere Wohngeräusche	30	Drucklufthämmer	90
Leise Rundfunkmusik im Zimmer	40	Nietlärm, lautestes Autohorn, Motorrad	100
Obere Grenze der üblichen Wohngeräusche, geringster üblicher Straßenlärm, Geräusche in Geschäftsräumen (Zimmerlautstärke)	50	Laufender Flugzeugpropeller bei 4 m bis 5 m Entfernung	120
		Schmerzschwelle	130

E

Lautstärkepegel und Lautheit

$L_N = 20 \cdot \lg \frac{p_{eff}}{p_{effo}}$	**Lautstärkepegel** (f = 1000 Hz) ≙ Schalldruckpegel	L_N	Lautstärkepegel	phon
		p_{eff}	vorhandener effektiver Schalldruck	N/m² = Pa
$N = 2^{0,1 \cdot (L_N - 40)}$	**Lautheit**	p_{effo}	Hörschwellendruck	N/m² = Pa
		N	Lautheit	sone

Die **Lautheit** von 1 **sone** entspricht einem Lautstärkepegel von 40 phon.

2 sone wird doppelt so laut empfunden als 1 sone, 3 sone dreimal so laut usw.

Schallbewertung (→ Bild 1)

Bewertete Lautstärkepegel werden nicht in phon, sondern der **Bewertungskurve** (→ Bild 1) entsprechend in dB(A), dB(B), dB(C) bzw. dB(D) angegeben.

Kurve A: Normale Schallereignisse

Kurve B: tiefe Töne

Kurve C: hohe Töne

Kurve D: Fluglärm

Beispiel: Bei einer A-Bewertung eines Tones mit 100 Hz wird der Phonzahl die Pegelkorrektur von 20 dB abgezogen.

Bewertete Schallereignisse sind objektiv miteinander vergleichbar.

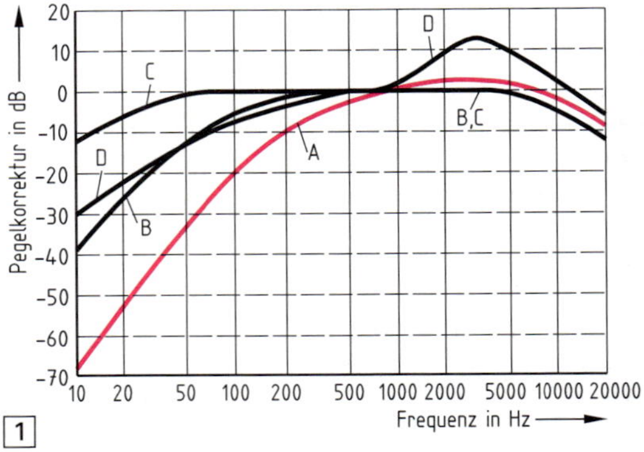

1

Immissionsrichtwerte der Technischen Anleitung Lärm (TA Lärm)

Gebiet	Immissionsrichtwert in dB(A) tagsüber	nachts
Gebiete, in denen nur gewerbliche oder industrielle Anlagen oder Wohnungen für Inhaber und Leiter der Betriebe sowie für Aufsichts- und Bereitschaftspersonal untergebracht sind.	70	70
Gebiete, in denen vorwiegend gewerbliche Anlagen untergebracht sind.	65	50
Gebiete mit gewerblichen Anlagen und Wohnungen, in denen weder vorwiegend gewerbliche Anlagen noch vorwiegend Wohnungen untergebracht sind.	60	45
Gebiete, in denen vorwiegend Wohnungen untergebracht sind.	55	40
Gebiete, in denen ausschließlich Wohnungen untergebracht sind.	50	35
Kurgebiete, Krankenhäuser, Pflegeanstalten.	45	35
Wohnungen, die mit der Anlage baulich verbunden sind.	40	30

Unter **Immission** versteht man die Einwirkung von **Luftverunreinigungen, Geräuschen (Lärm), Licht, Wärme, Strahlen** und anderen vergleichbaren Faktoren auf Menschen, Tiere, Pflanzen oder Gegenstände.

E

Reflexion (→ D8), Absorption, Dissipation und Transmission von Schallenergie (→ Bild 1)

Bild 1 zeigt eine durch ein Hindernis (z.B. Wand) **gestörte Schallausbreitung.**

$\varrho + \alpha = 1$

$\varrho + \tau + \delta = 1$

$\alpha = \tau + \delta$

$\alpha \leq 1$

$\varrho \leq 1$

$\tau < 1$

$\delta < 1$

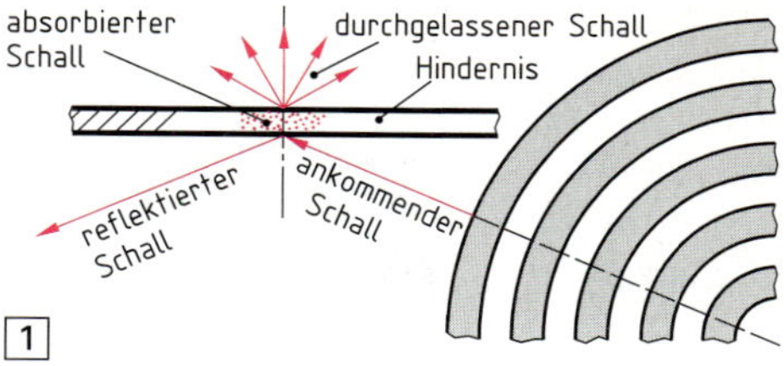

1

Schallreflexionsgrad ϱ → Maß für die **reflektierte Schallintensität**

Schallabsorptionsgrad α → Maß für die **absorbierte Schallintensität**

Schalltransmissionsgrad τ → Maß für die **durchgelassene Schallintensität**

Schalldissipationsgrad δ → Maß für die **„verloren gegangene" Schallintensität**

Beugung, Brechung und Dopplereffekt des Schalls (→ D8)

Bild 2 zeigt den Eintritt von Schallwellen von einem Medium in ein anderes Medium. In Analogie zur Optik spricht man hier vom **akustisch dünneren Medium** (z.B. Luft) und vom **akustisch dichteren Medium** (z.B. Wasser).

Im akustisch dichteren Medium wird der Schall zum Lot hin gebrochen.

$$n = \frac{\sin \varepsilon}{\sin \varepsilon'} = \frac{c_2}{c_1}$$ **akustisches Brechungsgesetz (→ D8)**

Index 1: Medium 1

Index 2: Medium 2

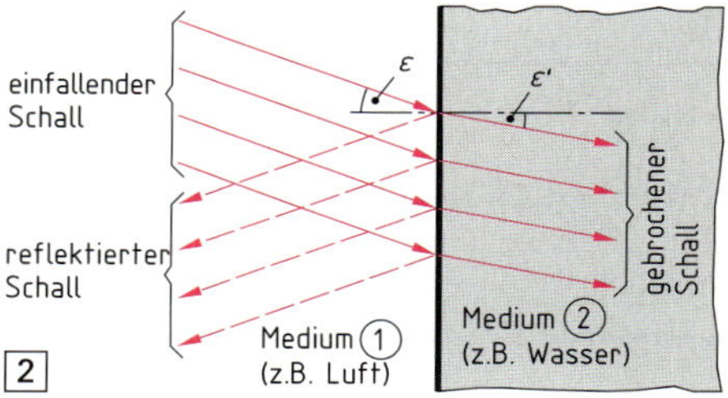

2

n	akustische Brechzahl	1
ε	Einfallwinkel	Grad
ε'	Brechungswinkel	Grad
c	Schallgeschwindigkeit **(→ D7, E4)**	m/s

Schalldämmung (→ Bild 3)

Bei der **Absorptions- Schalldämmung** werden biegeweiche Dämmstoffe mit großer Masse verwendet.

Ein **Absorptionsschalldämpfer** hat bei einer **Absorberdicke,** die einer viertel Wellenlänge λ entspricht (→ Bild 3), sein größtes **Dämpfungsvermögen.**

Ein Maß für den **Dämpfungsgrund** ist das **Schalldämm-Maß.**

$$R = 10 \cdot \lg \frac{P_1}{P_2}$$

$$R = 20 \cdot \lg \frac{1}{\tau}$$

Schalldämm-Maß

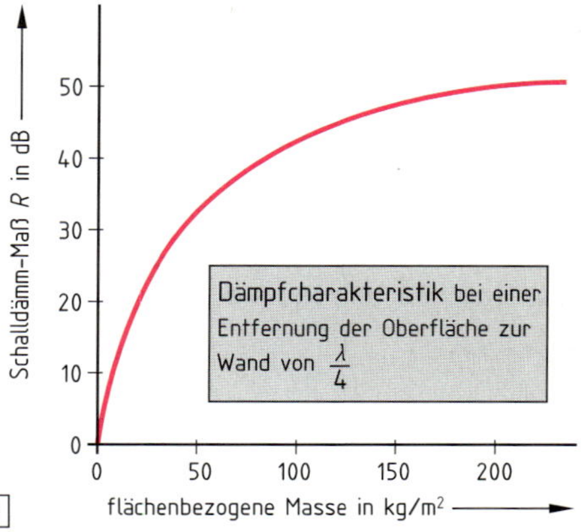

3

P_1	Schallleistung vor Wand	W
P_2	Schallleistung hinter Wand	W

E

Schallausbreitung in Räumen

$\alpha = 1 - \varrho$ — **Schallabsorptionsgrad** (→ nebenstehende Tabelle)

$A_{eq} = \sum (\alpha_n \cdot A_n)$ — **äquivalente Absorptionsfläche**

$T = 0{,}1635 \cdot \frac{V}{A_{eq}}$ — **Nachhallzeit** (→ folgende Tabelle)

Benutzungszweck des Raumes	optimale Nachhallzeit *T* in s
Dichterlesung	0,8 bis 1,0
Orchesterkonzert	1,7 bis 2,0
Orgelkonzert	2,4 bis 2,6

Index n: Wandanteile

Wände in ...	Schallabsorptionsgrad α
... Fabrikhallen	0,02 bis 0,07
... Küchen	0,03 bis 0,08
... Restaurants	0,05 bis 0,1
... Wohnzimmern	0,06 bis 0,11
... Schulen	0,07 bis 0,12
... Büros	0,12 bis 0,15
... Konzertsälen	0,25 bis 0,3
... Tonstudios	0,35 bis 0,45

α	Schallabsorptionsgrad	1
ϱ	Schallreflektionsgrad	1
A_{eq}	äquivalente Absorptionsfläche	m^2
T	Nachhallzeit	s
V	Raumvolumen	m^3
A	Wandfläche	m^2

E6 Ultraschall

Ultraschall → $20\,000 \text{ Hz} \leq f \leq 10^{10} \text{ Hz}$ (→ **Schallspektrum** Seite 106)

Alle **akustischen Gesetze, Formeln und Regeln (→ E4, E5)** sind uneingeschränkt anwendbar.

Wirkungen des Ultraschalls:	
dispergierende Wirkung	z.B. lassen sich an sich nicht mischbare Flüssigkeiten wie Wasser und Quecksilber oder Wasser und Benzol bei Beschallung teilweise mischen.
ausfällende Wirkung	z.B. lassen sich durch Ultraschall-Beschallung Flughäfen entnebeln oder Gase reinigen, indem dabei unerwünschte Teilchen ausgefällt werden. Auch für Entgasung von Schmelzen.
chemische Wirkung	z.B. Zerspaltung hochpolymerer Stoffe wie die Zerlegung des Rohrzuckers in Monosaccharide.
biologische Wirkung	z.B. Vernichtung von Einzellern wie bei der Sterilisierung von Milch. Bei größeren Schallintensitäten können auch kleinere Tiere wie Raupen, Läuse, Käfer getötet werden.
thermische Wirkung	z.B. Erwärmung bei Therapiemaßnahmen durch die bei jeder Absorption stattfindende Umwandlung von Schallenergie in Wärmeenergie.

Maximale Schallfrequenz

Hyperschall → $10^{10} \text{ Hz} \leq f \leq 10^{13} \text{ Hz}$ (→ **Schallspektrum** Seite 106)

$f \approx 10^{13}$ Hz — **Debye-Frequenz**

Das Schallspektrum ist nach oben durch die Frequenz $f \approx 10^{13}$ Hz begrenzt.

Begründung:

Die **Wellenlänge** λ kann bei **Festkörperschwingungen** nicht kleiner als die doppelte **Gitterkonstante** a_0 sein.

F Elektrizitätslehre

F1 Elektrophysikalische Grundlagen

Eigenschaften und Nachweis elektrischer Ladungen

Es gibt **positive und negative Ladungen.** Ladungen können weder erzeugt noch vernichtet werden. Man kann lediglich positive und negative Ladungen voneinander trennen oder sie wieder so zusammenbringen, dass sie sich gegenseitig teilweise oder ganz neutralisieren. In einem abgeschlossenen System bleibt die Summe aus positiven und negativen Ladungen konstant.

Die **Elementarladung** ist die kleinste in der Natur vorkommende **elektrische Ladung.** Sie ist die Ladung des **Protons** (+) und mit negativem Vorzeichen die des **Elektrons** (–).

$e = 1{,}602177 \cdot 10^{-19}$ C **Elementarladung** 1 C = 1 Coulomb = 1 Ampere · 1 Sekunde | 1 C = 1 As

Elektrisch gleichnamig geladene Körper (+ +, – –) stoßen sich ab.
Elektrisch ungleichnamig geladene Körper (+ –, – +) ziehen sich an.

Der **Nachweis von Ladungen** kann mit **Glimmlampe, Elektroskop** oder **Polreagenzpapier** erfolgen.

Stromstärke und Spannung im Gleichstromkreis

$I = \frac{Q}{t}$ $1\,\text{A} = \frac{1\,\text{C}}{1\,\text{s}}$ **elektrische Stromstärke**

I	elektrische Stromstärke	A
Q	geflossene Ladung	C
t	Zeitspanne	s

Der **elektrische Strom** fließt im **Stromkreis** vom **positiven Pol** der Spannungsquelle zum **negativen Pol** (technische Stromrichtung), während sich die Elektronen vom negativen zum positiven Pol bewegen.

Wirkungen des elektrischen Stroms

Lichtwirkung, Wärmewirkung, elektromagnetische Wirkung, elektrochemische Wirkung, physiologische Wirkung

Definition der elektrischen Stromstärkeeinheit (→ T7)

$U = \frac{W}{Q}$ $1\,\text{V} = \frac{1\,\text{Nm}}{1\,\text{C}}$ **elektrische Spannung**

1 V = 1 Volt

U	elektrische Spannung	V
W	Überführungsarbeit (→ **A18**)	Nm
Q	überführte Ladung	C

Faraday'sche Gesetze

Die aus einem **Elektrolyten** abgeschiedene Masse m eines Stoffes ist der transportierten elektrischen Ladung Q proportional.

1. Faraday'sches Gesetz $m \sim Q$

$m = c \cdot Q = c \cdot I \cdot t$ **abgeschiedene Masse**

Das elektrochemische Äquivalent c hat die Einheit mg/C und gibt an, welche Masse eines Stoffes in mg von der Ladung 1 C abgeschieden wird.

m	abgeschiedene Masse (→ **A4**)	mg
Q	transportierte Ladungsmenge	C
c	elektrochemisches Äquivalent (→ **T16**)	mg/C
I	Stromstärke	A
t	Zeitspanne	s

In der **Tabelle T16** sind die **elektrochemischen Äquivalente** einiger Elemente sowie die **Wertigkeit** ihrer Ionen angegeben.

Um n Mole (→ **C6**) eines Stoffes mit z_B-wertigen Ionen aus einem Elektrolyten abzuscheiden, benötigt man die elektrische Ladung Q.

$Q = n \cdot z_B \cdot F$	**transportierte Ladung**	
$F = 96\,485{,}3$ C/mol	**Faraday-Konstante**	

2. Faraday'sches Gesetz

Q	transportierte Ladungsmenge	C
n	Stoffmenge (→ **C6**)	mol
z_B	Wertigkeit der Ionen	1
F	Faraday-Konstante (→ **T29**)	C

Um ein Mol eines einwertigen Stoffes abzuscheiden, benötigt man die Ladungsmenge $Q = 96\,485{,}3$ C.

F2 Gesetzmäßigkeiten im elektrischen Stromkreis

Ohm'sches Gesetz und Ohm'scher (elektrischer) Widerstand

Bei unveränderlichem Widerstand R ist die Stromstärke I direkt proportional zur Spannung U.

$I \sim U$	**Ohm'sches Gesetz**
$I = \frac{U}{R}$	**Ohm'sches Gesetz**
$R = \frac{U}{I}$ $\quad 1\,\Omega = \frac{1\,V}{1\,A}$	**elektrischer Widerstand**
$R = \varrho \cdot \frac{l}{A} = \frac{l}{\gamma \cdot A}$	**Widerstand eines Leiters**
$\varrho = \frac{R \cdot A}{l}$	**spezifischer Widerstand**
$\gamma = \frac{l}{R \cdot A}$	**elektr. Leitfähigkeit**
$G = \frac{1}{R}$ $\quad 1\,S = \frac{1}{\Omega}$	**elektrischer Leitwert**

Ohm'sches Gesetz

I	elektrischer Strom	A
U	elektrische Spannung	V
R	elektrischer Widerstand	Ω
ϱ	spezifischer Widerstand	$\Omega \cdot mm^2/m$
l	Leiterlänge	m
A	Querschnittsfläche des Leiters	mm^2
γ	elektrische Leitfähigkeit	$m/(\Omega \cdot mm^2)$
G	elektrischer Leitwert	S, 1/Ω

Spezifischer Widerstand und **elektrischer Leitwert** verschiedener Stoffe (→ **T17, T18**).

Die Einheit des elektrischen Leitwerts G ist

$$1\,S\,(\text{Siemens}) = \frac{1}{\Omega} = \frac{A}{V}$$

Temperaturabhängigkeit des elektrischen Widerstandes

Heißleiter (NTC-Widerstände) sind Werkstoffe, deren Widerstand mit ansteigender Temperatur abnimmt. **Kaltleiter (PTC-Widerstände)** sind Werkstoffe, deren Widerstand mit ansteigender Temperatur zunimmt. (NTC = **n**egativer **T**emperatur**k**oeffizient; PTC = **p**ositiver **T**emperatur**k**oeffizient)

$\Delta R = \alpha \cdot R_1 \cdot \Delta\vartheta$	**Widerstandsänderung bei Temperaturänderung $\Delta\vartheta$**
$\Delta\vartheta = \vartheta_2 - \vartheta_1$	**Temperaturänderung**
$R_2 = R_1 + \Delta R$	**Widerstandswert bei der Endtemperatur ϑ_2**
$R_2 = R_1 \cdot (1 + \alpha \cdot \Delta\vartheta)$	**Widerstandswert bei der Endtemperatur ϑ_2**

ΔR	Widerstandsänderung	Ω
α	Temperaturkoeffizient (→ **T17**)	1/K
R_1	Widerstandswert bei der Temperatur ϑ_1 (meist 20 °C) (= R_{20})	Ω
$\Delta\vartheta$	Temperaturänderung (→ **C1**)	°C, K
ϑ_2	Endtemperatur	°C, K
ϑ_1	Anfangstemperatur	°C, K
R_2	Widerstand bei der Endtemperatur	Ω

In der elektrotechnischen Praxis werden häufig für die Indizes 1 und 2 auch k (kalt) und w (warm) verwendet.

Der **Temperaturkoeffizient** α und der Ausgangswiderstand R_1 sind meist auf die **Temperatur** ϑ_1 = 20 °C bezogen (→ **T17**).

Elektrische Arbeit, elektrische Leistung, Wirkungsgrad

$W = U \cdot Q$	elektrische Arbeit	W	verrichtete Arbeit (→ **A18**)	J, Ws
		U	elektrische Spannung (→ **F1**)	V
$W = U \cdot I \cdot t$	elektrische Arbeit	Q	transportierte Ladung (→ **F1**)	C
		I	Stromstärke (→ **F1**)	A
		t	Zeitspanne	s, h

Die **Einheit der elektrischen Arbeit** ist **1 Ws = 1 J = 1 Nm, 1 kWh = 3 600 000 Ws = 3,6 · 10⁶ Ws**

$P = \dfrac{W}{t}$	elektrische Leistung	P	elektrische Leistung (→ **A19**)	W
		W	verrichtete Arbeit	Nm, J, Ws
		t	Zeitspanne	s
$P = U \cdot I$	elektrische Leistung	U	elektrische Spannung (→ **F1**)	V
		I	elektrische Stromstärke (→ **F1**)	A
$P = I^2 \cdot R = \dfrac{U^2}{R}$	elektrische Leistung	R	elektrischer Widerstand (→ **F2**)	Ω
		η	Wirkungsgrad (→ **A20**)	1
$\eta = \dfrac{W_{ab}}{W_{zu}}$	Wirkungsgrad	W_{ab}	abgegebene Energie (→ **A18**)	Nm, J, Ws
		W_{zu}	zugeführte Energie (→ **A18**)	Nm, J, Ws
$\eta = \dfrac{P_{ab}}{P_{zu}}$	Wirkungsgrad	P_{ab}	abgegebene Leistung (→ **A19**)	W, kW
		P_{zu}	zugeführte Leistung (→ **A19**)	W, kW

Die **Einheit der elektrischen Leistung** ist **1 W = 1 J/s = 1 Nm/s** (→ **A19**)

Bei **Motoren** versteht man unter der **Nennleistung** die abgegebene mechanische Leistung, während man bei anderen elektrischen **Geräten** unter der **Nennleistung** die aufgenommene Leistung versteht.

F3 Gesetzmäßigkeiten bei Widerstandsschaltungen

Parallelschaltung (→ Bild 1)

$U = U_1 = U_2 = U_3 = ...$	Gesamtspannung	In der Parallelschaltung ist die Spannung an den einzelnen Widerständen (U_1, U_2, U_3, ...) gleich der **Gesamtspannung** U.
$I = I_1 + I_2 + I_3 + ...$	Gesamtstrom	
$\sum I_{hin} = \sum I_{ab}$	1. Kirchhoff'sches Gesetz	Der **Gesamtstrom** I einer Parallelschaltung ist gleich der Summe der Teilströme (I_1, I_2, I_3 ...).
$G = G_1 + G_2 + G_3 + ...$	Gesamtleitwert	
$\dfrac{1}{R} = \dfrac{1}{R_1} + \dfrac{1}{R_2} + \dfrac{1}{R_3} + ...$	Kehrwert des Gesamtwiderstandes	**1. Kirchhoff'sches Gesetz:** An jedem **Knotenpunkt** ist die Summe der hinfließenden Teilströme ($\sum I_{hin}$) gleich der Summe der abfließenden Teilströme ($\sum I_{ab}$). Dieses Gesetz heißt auch **Knotenregel**.
$R = \dfrac{R_1 \cdot R_2}{R_1 + R_2}$	Gesamtwiderstand (zwei Widerstände)	Der **Gesamtleitwert** ist gleich der Summe der **Teilleitwerte** (G_1, G_2, G_3 ...).
$R = \dfrac{R_1}{n}$	Gesamtwiderstand (n gleiche Widerstände)	

R	Gesamtwiderstand (→ **F2**)	Ω
R_1, R_2	parallel geschaltete Widerstände	Ω
n	Anzahl der parallel geschalteten gleichen Widerstände R_1	1
I_1, I_2	Teilströme (→ **F1**)	A
I	Gesamtstrom	A
P_1, P_2	Teilleistungen (→ **A19**)	W
W_1, W_2	Teilenergien (→ **A18**)	Nm, J, Ws

1

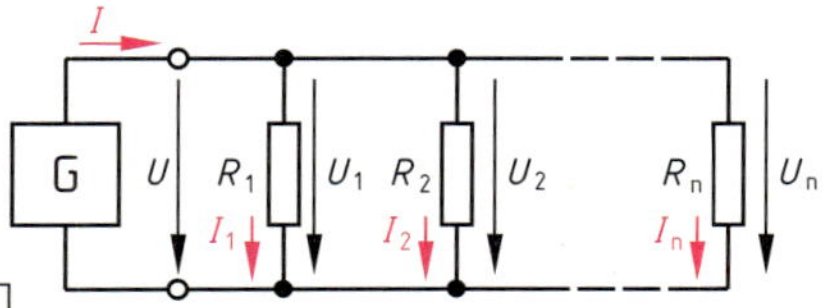

$\frac{I_1}{I_2} = \frac{R_2}{R_1}$ $\frac{I_1}{I} = \frac{R}{R_1}$ $\frac{P_1}{P_2} = \frac{R_2}{R_1}$ $\frac{W_1}{W_2} = \frac{R_2}{R_1}$

Verhältnisse von Teilströmen, Teilwiderständen, Teilleistungen, Teilenergien **in der Parallelschaltung**

Reihenschaltung (→ Bild 1)

$I = I_1 = I_2 = I_3 = \ldots$	**Stromstärke (→ F1)**
$U = U_1 + U_2 + U_3 + \ldots$	**Gesamtspannung**
$R = R_1 + R_2 + R_3 + \ldots$	**Gesamtwiderstand**
$R = n \cdot R_1$	**Gesamtwiderstand** von n gleichen Widerständen

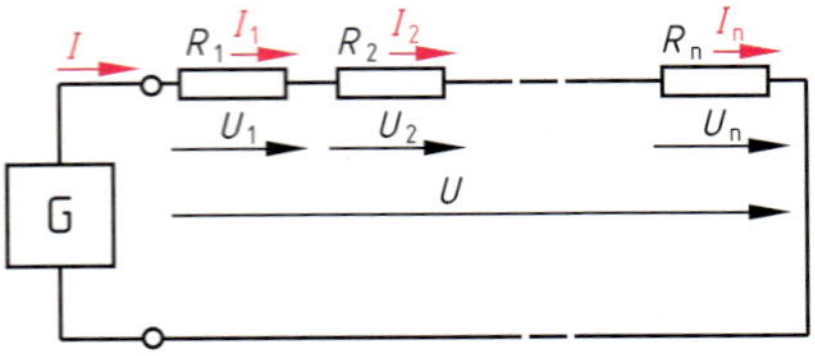

1

$$\sum_q U_q + \sum_k I \cdot R_k = 0$$

Maschenregel

In jedem **geschlossenen Kreis** (→ Bild 2) **(Masche)** eines Netzes ist die Summe der **Quellenspannungen** und der **Spannungsfälle** gleich Null.

Beispiel (→ Bild 2):

$$U_{01} + U_{02} + U_{03} - U_1 - U_2 - U_3 = 0$$

In der Reihenschaltung ist die **Stromstärke** überall gleich groß.

2. Kirchhoff'sches Gesetz: Bei der Reihenschaltung ist die **Gesamtspannung** U gleich der Summe der **Teilspannungen** (U_1, U_2, U_3 ...).

In der Reihenschaltung ist der **Gesamtwiderstand** R gleich der Summe der **Teilwiderstände** (R_1, R_2, R_3).

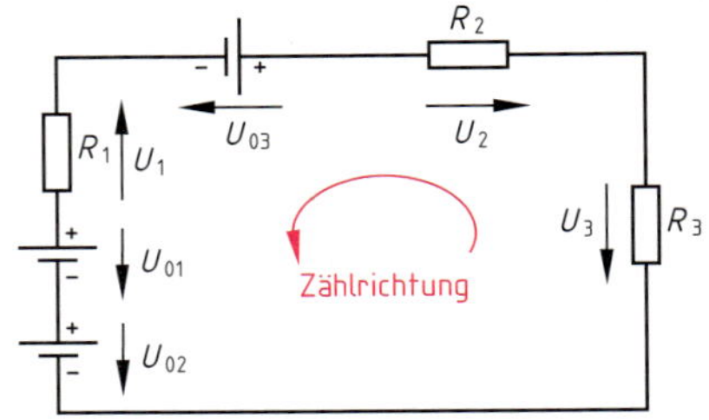

2

R	Gesamtwiderstand (→ **F2**)	Ω
R_1, R_2	Teilwiderstände	Ω
n	Anzahl der in Reihe geschalteten gleichen Widerstände R_1	1
U_1, U_2	Teilspannungen (→ **F1**)	V
U	Gesamtspannung	V
P_1, P_2	Teilleistungen (→ **A19**)	W
W_1, W_2	Teilenergien (→ **A18**)	Nm, J, Ws

$\frac{U_1}{U_2} = \frac{R_1}{R_2}$ $\frac{U_1}{U} = \frac{R_1}{R}$ $\frac{P_1}{P_2} = \frac{R_1}{R_2}$ $\frac{W_1}{W_2} = \frac{R_1}{R_2}$

Verhältnisse von Teilspannungen, Teilwiderständen, Teilleistungen und Teilenergien **in der Reihenschaltung**.

Gemischte Widerstandsschaltungen

Gesamtwiderstand bei der erweiterten Reihenschaltung (→ Bild 3)

$$R = R_3 + \frac{R_1 \cdot R_2}{R_1 + R_2}$$

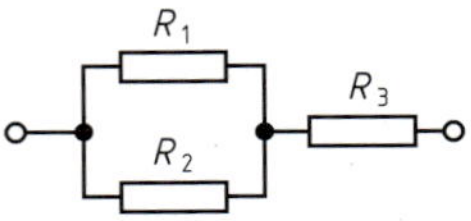

3

R_1, R_2	parallel geschaltete Widerstände	Ω
R_3	in Reihe geschalteter Widerstand	Ω
R	Gesamtwiderstand (→ **F2**)	Ω

Gesamtwiderstand bei der erweiterten Parallelschaltung (→ Bild 4)

$$R = \frac{R_3 \cdot (R_1 + R_2)}{R_1 + R_2 + R_3}$$

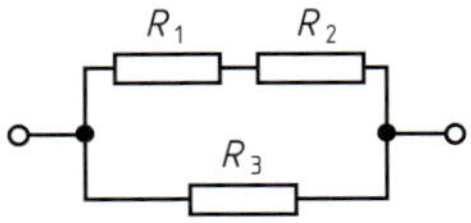

4

R_1, R_2	in Reihe geschaltete Widerstände	Ω
R_3	parallel geschalteter Widerstand	Ω
R	Gesamtwiderstand (→ **F2**)	Ω

Spannungsteiler

Unbelasteter Spannungsteiler (→ Bild 1)

$$U_{20} = \frac{R_2}{R_1 + R_2} \cdot U$$ **Leerlaufspannung**

U_{20}	Leerlaufspannung (→ **F1**)	V
R_1, R_2	Teilerwiderstände (→ **F2**)	Ω
U	anliegende Gesamtspannung	V

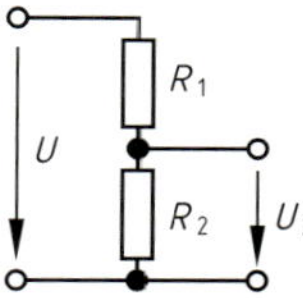

1

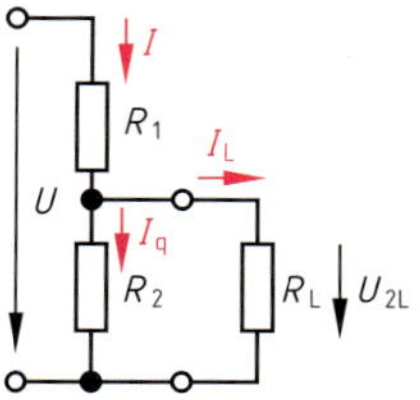

2

Belasteter Spannungsteiler (→ Bild 2)

$$U_{2L} = \frac{R_{2L}}{R_1 + R_{2L}} \cdot U$$ **Teilspannung bei Belastung**

$$R_{2L} = \frac{R_2 \cdot R_L}{R_2 + R_L}$$ **Ersatzwiderstand**

$$q = \frac{I_q}{I_L} = \frac{R_L}{R_2}$$ **Querstromverhältnis**

Damit die **Ausgangsspannung** möglichst konstant bleibt, muss das **Querstromverhältnis** q einen Wert zwischen 2 und 10 besitzen.

U_{2L}	Teilspannung bei Belastung (→ **F1**)	V
R_L	Lastwiderstand (→ **F2**)	Ω
R_{2L}	Ersatzwiderstand von R_2 und R_L	Ω
R_1, R_2	Teilerwiderstände	Ω
U	Gesamtspannung	V
q	Querstromverhältnis	1
I_q	Querstrom (→ **F1**)	A
I_L	Laststrom	A

Messbereichserweiterung elektrischer Messgeräte

Strommessgerät (→ Bild 3)

$$n = \frac{I}{I_m}$$

$$R_p = \frac{R_m}{n - 1}$$

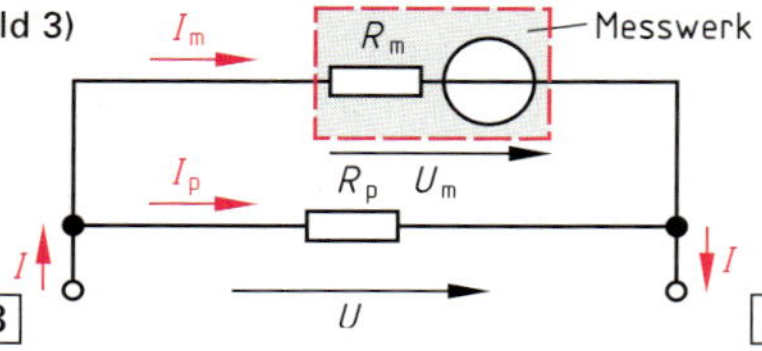

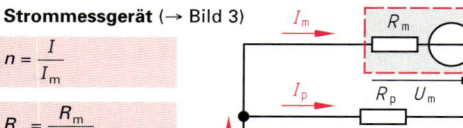

3

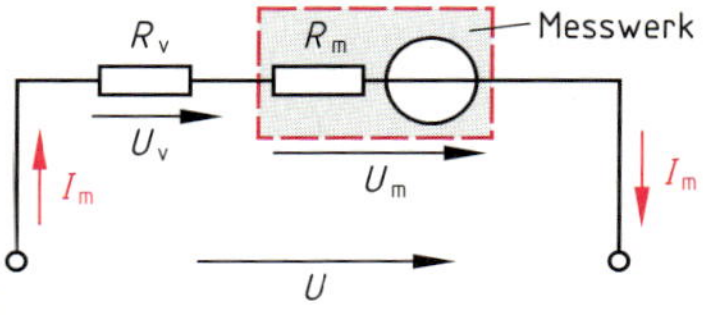

4

Spannungsmessgerät (→ Bild 4)

$$n = \frac{U}{U_m}$$ **Faktor der Messbereichserweiterung**

$$R_v = R_m \cdot (n - 1)$$ **Vorwiderstand**

$$R_m = r_k \cdot U_m$$ **Messwerkwiderstand**

$$r_k = \frac{R_m}{U_m} = \frac{1}{I_m}$$ **Kenngröße**

n	Faktor der Messbereichserweiterung	1
I	zu messende Stromstärke (→ **F1**)	A
I_m	Messwerkstrom (Strom bei Vollausschlag)	A
R_p	Nebenwiderstand (→ **F2**)	Ω
R_m	Innenwiderstand des Messgerätes	Ω
U	zu messende Spannung (→ **F1**)	V
U_m	Messwerksspannung (Spannung bei Vollausschlag)	V
R_v	Vorwiderstand	Ω
r_k	Kenngröße	Ω/V

Widerstandsmessung mit Strom- und mit Spannungsfehlerschaltung

Stromfehlerschaltung (→ Bild 5)

Korrekturformel

$$R = \frac{U}{I - \frac{U}{R_{iV}}}$$

$$I_V = \frac{U}{R_{iV}}$$

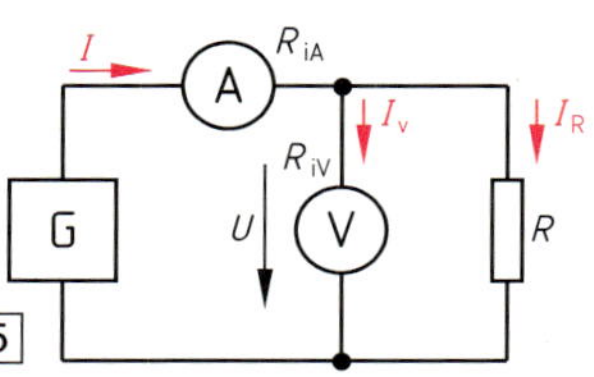

5

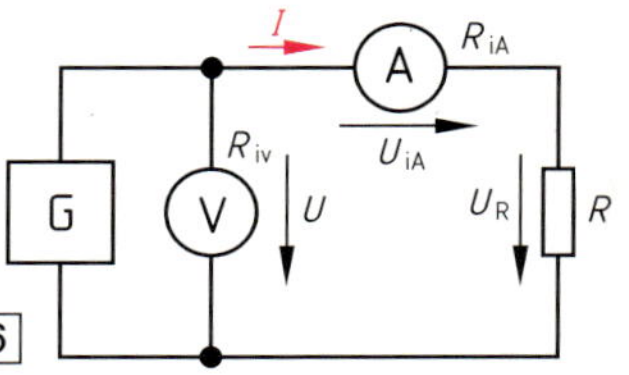

6

F

Die **Stromfehlerschaltung** ist geeignet, wenn der Widerstandswert R des Verbrauchers klein ist.

Spannungsfehlerschaltung (→ Bild 6, Seite 115)

$R = \frac{U}{I} - R_{iA}$ $\quad R_{iA} = \frac{U_{iA}}{I}$ **Korrekturformel**

Die Spannungsfehlerschaltung ist geeignet, wenn der Widerstandswert R des Verbrauchers groß ist.

R	zu bestimmender Widerstand (→ **F2**)	Ω
U	angezeigte Spannung (→ **F1**)	V
I	angezeigte Stromstärke (→ **F1**)	A
R_{iV}	Widerstand des Spannungsmessers	Ω
R_{iA}	Innenwiderstand des Strommessers	Ω
I_V	Strom durch den Spannungsmesser	A
U_{iA}	Spannungsfall am Strommesser	V

Widerstandsmessbrücke (→ Bild 1)

$\frac{R_x}{R_N} = \frac{R_1}{R_2}$ **Abgleichbedingung**

$R_x = \frac{R_1}{R_2} \cdot R_N$ **unbekannter Widerstand**

Die Brückenschaltung ist abgeglichen, wenn die Brückenspannung U_{AB} null ist.

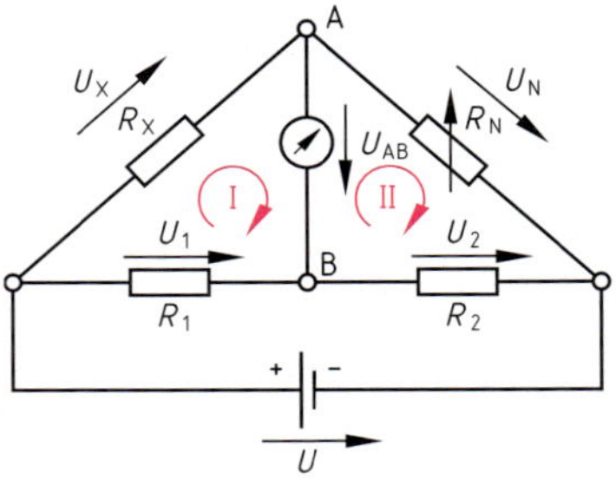

1

R_x	unbekannter Widerstand (→ **F2**)	Ω
R_N	einstellbarer Vergleichswiderstand	Ω
R_1, R_2	feste Brückenwiderstände	Ω

Klemmenspannung und Innenwiderstand von Spannungserzeugern

Bei Leerlauf ($I = 0$):

$U = U_0$ **Klemmenspannung**

Bei Kurzschluss ($R_L = 0$):

$I_k = \frac{U_0}{R_i}$ **Kurzschlussstrom**

Bei Lastfall ($R_L > 0$): (→ Bild 2)

$U = U_0 - I \cdot R_i$ **Klemmenspannung**

$I = \frac{U_0}{R_L + R_i}$ **Laststrom**

U	Klemmenspannung (→ **F1**)	V
U_0	Leerlaufspannung, Urspannung	V
I	Laststrom (→ **F1**)	A
I_k	Kurzschlussstrom	A
R_i	Innenwiderstand (→ **F2**)	Ω
R_L	Lastwiderstand	Ω

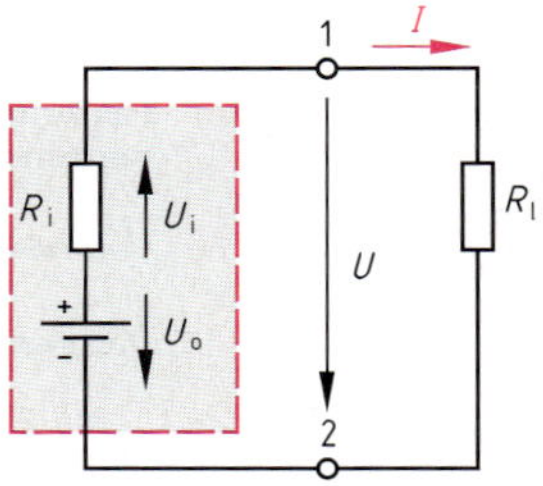

2

Die Klemmenspannung U ist stets kleiner als die Urspannung U_0, da bei einem Laststrom über den Innenwiderstand der Spannungsquelle ein Teil der Spannung bereits abfällt (→ Bild 2).

Stern-Dreieck-Umwandlung

Dreieck in Stern (→ Bild 3)

$$R_{1N} = \frac{R_{12} \cdot R_{13}}{R_{12} + R_{13} + R_{23}}$$

$$R_{2N} = \frac{R_{12} \cdot R_{23}}{R_{12} + R_{13} + R_{23}}$$

$$R_{3N} = \frac{R_{13} \cdot R_{23}}{R_{12} + R_{13} + R_{23}}$$

R_{1N}, R_{2N}, R_{3N}	Widerstände in Sternschaltung	Ω
R_{12}, R_{13}, R_{23}	Widerstände in Dreieckschaltung	Ω

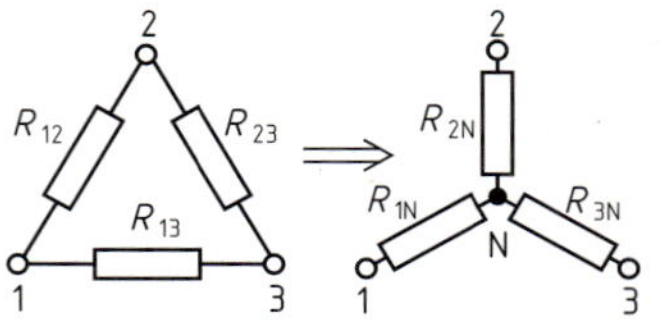

3

F

Stern in Dreieck (→ Bild 1)

$$R_{12} = \frac{R_{1N} \cdot R_{2N}}{R_{3N}} + R_{1N} + R_{2N}$$

$$R_{13} = \frac{R_{1N} \cdot R_{3N}}{R_{2N}} + R_{1N} + R_{3N}$$

$$R_{23} = \frac{R_{2N} \cdot R_{3N}}{R_{1N}} + R_{2N} + R_{3N}$$

R_{1N}, R_{2N}, R_{3N}	Widerstände in Sternschaltung	Ω
R_{12}, R_{13}, R_{23}	Widerstände in Dreieckschaltung	Ω

1

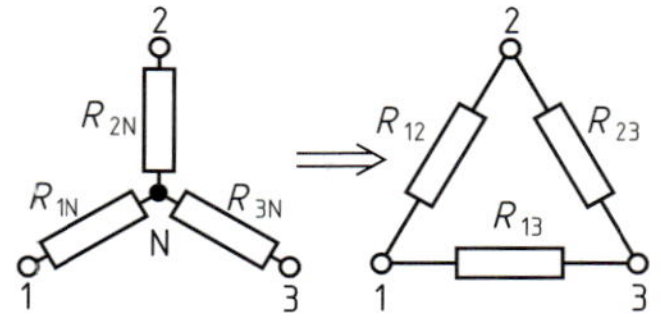

F4 Das elektrische Feld

Den Raum um eine felderzeugende Ladung Q, in dem andere elektrische Ladungen (→ **F1**) Kräfte erfahren, nennt man ein elektrisches Feld.

Die elektrische Feldstärke

Definition der elektrischen Feldstärke

$$E = \frac{F}{Q}$$ **elektrische Feldstärke**

E	elektrische Feldstärke	N/C, V/m
F	Kraft auf die elektrische Ladung	N
Q	elektrische Ladung (→ **F1**)	C

Homogenes elektrisches Feld zwischen zwei Kondensatorplatten

$$E = \frac{U}{l}$$ **elektrische Feldstärke**

$$W = E \cdot Q \cdot l = Q \cdot U$$ **Überführungsarbeit**

E	elektrische Feldstärke	N/C, V/m
U	Spannung an den Kondensatorplatten	V
l	Plattenabstand	m
W	Überführungsarbeit (→ **A18, F2**)	Nm, J, Ws
Q	überführte elektrische Ladung	C

Radialsymmetrisches elektrisches Feld um eine Punktladung

$$E = \frac{1}{4 \cdot \pi \cdot \varepsilon_0 \cdot \varepsilon_r} \cdot \frac{Q}{r^2}$$ **elektrische Feldstärke**

E	elektrische Feldstärke im Abstand r	N/C, V/m
ε_0	elektrische Feldkonstante (→ **T29**)	As/(Vm)
ε_r	Permittivitätszahl (→ **T20**)	1
Q	punktförmige elektrische Ladung	C
r	Abstand	m

Das Coulomb'sche Gesetz

Kraft zwischen zwei elektrischen Punktladungen oder zwei geladenen Kugeln

$$F = \frac{1}{4 \cdot \pi \cdot \varepsilon_0 \cdot \varepsilon_r} \cdot \frac{Q_1 \cdot Q_2}{r^2}$$ **Kraft**

$$\varepsilon = \varepsilon_0 \cdot \varepsilon_r$$ **Permittivität**

Gleichnamige Ladungen stoßen sich ab ($F > 0$); ungleichnamige Ladungen ziehen sich an ($F < 0$).

F	Kraft zwischen den Ladungen	N
ε_0	elektrische Feldkonstante (→ **T29**)	As/(Vm)
ε_r	Permittivitätszahl (→ **T20**)	1
Q_1, Q_2	punktförmige elektrische Ladungen	C
r	Abstand der beiden Punktladungen bzw. der beiden Kugelmittelpunkte	m
ε	Permittivität	As/(Vm)

Kapazität, Kondensator

Definition der Kapazität

$$C = \frac{Q}{U}$$ **Kapazität**

C	Kapazität	F
Q	Ladung auf dem Kondensator	C
U	Spannung am Kondensator	V

F

$1\ F = 1\ \frac{C}{V}$	$1\ \mu F = 10^{-6}\ F$	$1\ nF = 10^{-9}\ F$	$1\ pF = 10^{-12}\ F$

Plattenkondensator (→ Bild 1)

$C = \varepsilon_0 \cdot \varepsilon_r \cdot \frac{A}{l}$ **Kapazität**

$\sigma = \frac{Q}{A}$

$D = \varepsilon_0 \cdot \varepsilon_r \cdot E$

$\sigma = D$

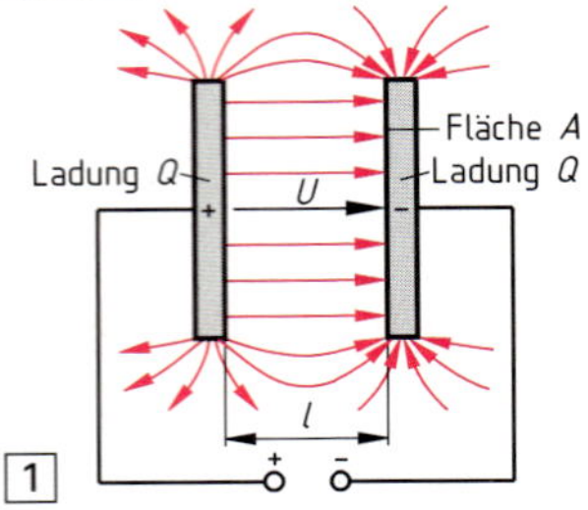

1

C	Kapazität	F
ε_0	elektrische Feldkonstante (→ **T29**)	As/(Vm)
ε_r	Permittivitätszahl (→ **T20**) (Dielektrizitätszahl)	1
A	Plattenfläche	m^2
l	Plattenabstand	m
σ	Flächenladungsdichte	C/m^2
D	Verschiebungsdichte (elektrische Flussdichte)	C/m^2
Q	Ladung auf einer Kondensatorplatte	C
E	elektrische Feldstärke	N/C, V/m

Wickelkondensator

$C = 2 \cdot C_0$ **Kapazität**

$C = 2 \cdot \varepsilon_0 \cdot \varepsilon_r \cdot \frac{A}{d}$ **Kapazität**

Beim **Wickelkondensator** wirkt jede Folie nach beiden Seiten. Deshalb müssen für die Plattenfläche A beide Oberflächen der Folie berücksichtigt werden. Die **Kapazität** C des gewickelten Kondensators ist also doppelt so groß wie die Kapazität C_0 im ungewickelten Zustand.

Kugelkondensator

$C = 4 \cdot \pi \cdot \varepsilon_0 \cdot \varepsilon_r \cdot \frac{r_a \cdot r_i}{r_a - r_i}$ **Kapazität**

C	Kapazität	F
ε_0	elektrische Feldkonstante (→ **T29**)	As/(Vm)
ε_r	Permittivitätszahl (→ **T20**)	1
r_a	Radius der äußeren Kugel	m
r_i	Radius der inneren Kugel	m

Sonderfall: **Kugelkonduktor** ($r_a \rightarrow \infty$, $r_i = r$)

$C = 4 \cdot \pi \cdot \varepsilon_0 \cdot \varepsilon_r \cdot r$ **Kapazität einer Kugel**

r	Kugelradius	m

Zylinderkondensator

$C = \frac{2 \cdot \pi \cdot \varepsilon_0 \cdot \varepsilon_r \cdot l}{\ln (r_a / r_i)}$ **Kapazität**

l	Länge des Zylinders	m
r_i	Radius des Innenzylinders	m
r_a	Radius des Außenzylinders	m

Drehkondensator (→ Bild 2)

$C_{max} = (n - 1) \cdot \varepsilon_0 \cdot \varepsilon_r \cdot \frac{A}{d}$ **Maximalkapazität des Drehkondensators**

$C = C_{max} \cdot \frac{A'}{A}$ **Kapazität des Drehkondensators**

C_{max}	Maximalkapazität des Drehkondensators	F
n	Anzahl der Platten des Drehkondensators	1
A	Fläche einer Platte	m^2
A'	wirksame Fläche einer Platte	m^2
C	Kapazität des Drehkondensators	F

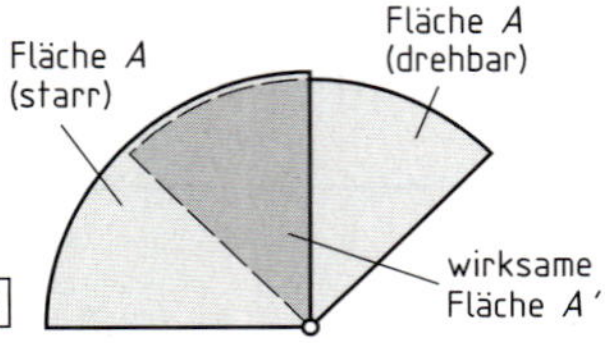

2

Beim **Drehkondensator** kann der Kapazitätswert verändert werden, indem ein drehbares Plattenpaket in ein starres Plattenpaket hineingedreht wird, wodurch die für die elektrische Kapazität wirksame Plattenoberfläche verändert wird (→ Bild 2).

Elektrolytkondensatoren dürfen nur an eine Gleichspannungsquelle mit der angegebenen Polung (+, –) angeschlossen werden. Ihre großen Kapazitätswerte beruhen auf der sehr dünnen Oxidschicht als Dielektrikum.

F

Schaltung von Kondensatoren

Parallelschaltung (→ Bild 1)

$$U = U_1 = U_2 = U_3 = \dots$$

$$C = C_1 + C_2 + C_3 + \dots \qquad C = n \cdot C_1$$

$$Q = Q_1 + Q_2 + Q_3 + \dots$$

$$\frac{Q_1}{Q_2} = \frac{C_1}{C_2} \qquad \frac{Q_1}{Q} = \frac{C_1}{C}$$

U	Gesamtspannung (→ **F1**)	V
$U_1, U_2 \dots$	Teilspannungen	V
C	Gesamtkapazität	F
$C_1, C_2 \dots$	parallelgeschaltete Teilkapazitäten	F
Q	Gesamtladung (→ **F1**)	C
$Q_1, Q_2 \dots$	Teilladungen	C
n	Anzahl der parallel geschalteten gleichen Kondensatoren C_1	1

Bei der **Parallelschaltung** ist die **Gesamtladung** gleich der Summe aller Teilladungen.

Reihenschaltung (→ Bild 2)

$$U = U_1 + U_2 + U_3 + \dots$$

$$Q = Q_1 = Q_2 = Q_3 = \dots$$

$$\frac{1}{C} = \frac{1}{C_1} + \frac{1}{C_2} + \frac{1}{C_3} + \dots$$

$$C = \frac{C_1 \cdot C_2}{C_1 + C_2}$$

Gesamtkapazität (zwei Kondensatoren)

$$C = \frac{C_1}{n}$$

Gesamtkapazität (n Kondensatoren)

$$\frac{U_1}{U_2} = \frac{C_2}{C_1} \qquad \frac{U_1}{U} = \frac{C}{C_1}$$

Verhältnisse von Teilspannungen und Teilkapazitäten

1

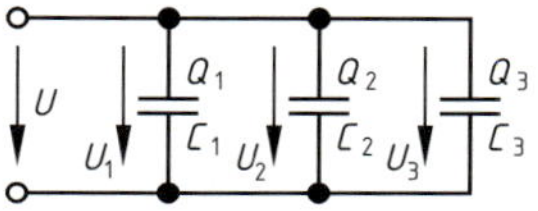

2

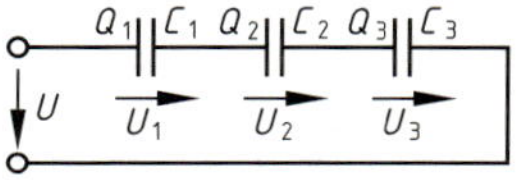

U	Gesamtspannung (→ **F1**)	V
$U_1, U_2 \dots$	Teilspannungen	V
Q	Gesamtladung (→ **F1**)	C
$Q_1, Q_2 \dots$	Teilladungen	C
C	Gesamtkapazität	F
$C_1, C_2 \dots$	in Reihe geschaltete Teilkapazitäten	F
n	Anzahl der in Reihe geschalteten gleichen Kondensatoren C_1	1

Bei der **Reihenschaltung** ist auf jedem Kondensator die gleiche **Ladungsmenge**.

Energie im elektrischen Feld eines geladenen Kondensators

$$W_{el} = \frac{1}{2} \cdot Q \cdot U \qquad W_{el} = \frac{1}{2} \cdot C \cdot U^2 \qquad W_{el} = \frac{1}{2} \cdot \frac{Q^2}{C}$$

$$w_{el} = \frac{W}{V} \qquad w_{el} = \frac{1}{2} \cdot E \cdot D \qquad w_{el} = \frac{1}{2} \cdot \varepsilon_0 \cdot \varepsilon_r \cdot E^2$$

W_{el}	Energie (→ **A18**) im elektrischen Feld	Ws
Q	Ladung auf dem Kondensator	C
U	Spannung am Kondens. (→ **F1**)	V
C	Kapazität	F
w_{el}	elektrische Energiedichte	J/m^3
V	Volumen des Kondensators	m^3
E	elektrische Feldstärke	V/m
D	Verschiebungsdichte	C/m^2
ε_0	elektr. Feldkonstante (→ **T29**)	F/m
ε_r	Permittivitätszahl (→ **T20**)	1

Anziehungskraft zwischen zwei Kondensatorplatten

$$F = \frac{1}{2} \cdot \varepsilon_0 \cdot \varepsilon_r \cdot \frac{U^2}{l^2} \cdot A$$

Anziehungskraft

$$F = \frac{1}{2} \cdot E \cdot D \cdot A$$

Anziehungskraft

$$F = \frac{1}{2} \cdot Q \cdot E$$

Anziehungskraft

F	Anziehungskraft zwischen den Platten	N
ε_0	elektr. Feldkonstante (→ **T29**)	F/m
ε_r	Permittivitätszahl (→ **T20**)	1
U	Spannung am Kondens. (→ **F1**)	V
l	Plattenabstand	m
A	Plattenfläche	m^2
E	elektrische Feldstärke	V/m
D	Verschiebungsdichte	C/m^2
Q	Ladung auf einer Platte (→ **F1**)	C

Auf- und Entladen eines Kondensators

$\tau = R \cdot C$	$\tau_C = 5 \cdot \tau$	**Zeitkonstante**

Ladevorgang (→ Bild 1, Schalterstellung 1)

$u_c = U_0 \cdot (1 - e^{-t/\tau})$	**Spannung** (→ Bild 2)
$i_C = I_0 \cdot e^{-t/\tau}$	**Ladestrom** (→ Bild 3)
$I_0 = \dfrac{U_0}{R}$	**Maximalstrom**
$q_C = C \cdot u_C$	**Ladung**

τ	Zeitkonstante	s
R	Ohm'sche Widerstand (→ **F2**)	Ω
C	Kapazität	F
τ_C	Ladezeit, Entladezeit	s
u_C	Spannung am Kondensator (→ **F1**)	V
U_0	Ladespannung	V
e	Euler'sche Zahl = 2,71828	1
t	Zeit nach Beginn des Ladevorgangs	s
i_C	Ladestrom (→ **F1**)	A
I_0	Maximalstrom	A
q_C	Ladung auf dem Kondensator (→ **F1**)	C

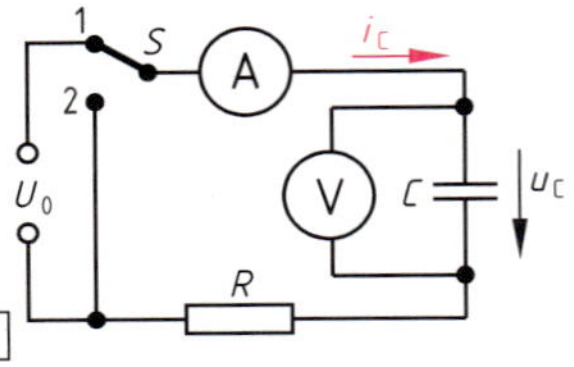

1

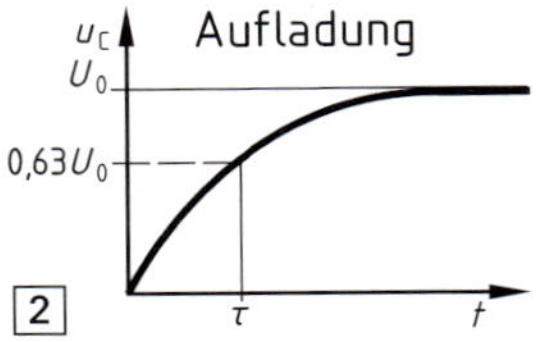

2

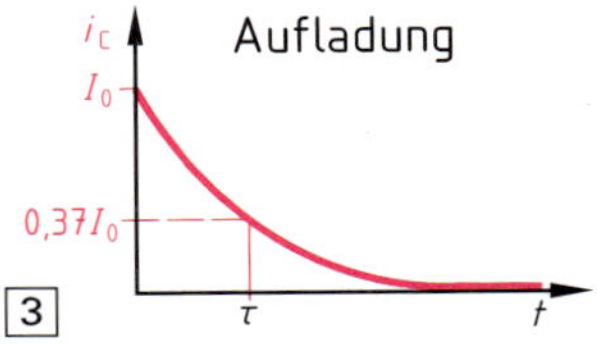

3

Nach der Zeit τ ist der Kondensator zu 63,2 % und nach der Zeit $\tau_C = 5 \cdot \tau$ zu 99,3 % geladen.

Entladevorgang (→ Bild 1, Schalterstellung 2)

$u_C = U_0 \cdot e^{-t/\tau}$	**Spannung** (→ Bild 4)
$i_C = -I_0 \cdot e^{-t/\tau}$	**Entladestrom** (→ Bild 5)
$I_0 = \dfrac{U_0}{R}$	**Maximalstrom**
$q_C = C \cdot u_C$	**Ladung**

t	Zeit nach Beginn des Entladevorgangs	s
i_C	Entladestrom (→ **F1**)	A

Nach der Zeit τ ist der Kondensator noch zu 36,8 % und nach der Zeit $\tau_C = 5 \cdot \tau$ noch zu 0,7 % geladen.

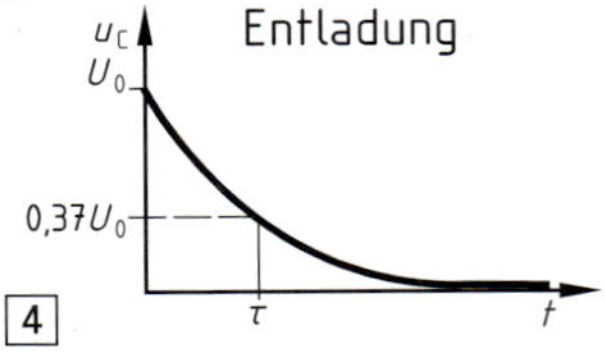

4

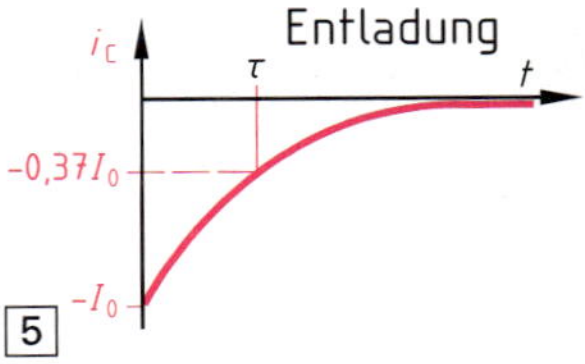

5

F5 Das magnetische Feld

Grundgrößen

$\Theta = I \cdot N$		**elektrische Durchflutung**
$H = \dfrac{\Theta}{l}$	$H = \dfrac{I \cdot N}{l}$	**magnetische Feldstärke**
$V_m = H \cdot l$	$V_m = I \cdot N$	**magnetische Spannung**
$\Phi = B \cdot A$		**magnetischer Fluss**

1 Vs = 1 Wb (Weber); 1 Vs/m² = 1 T (Tesla)

Θ	elektrische Durchflutung	A
I	Stromstärke (→ **F1**)	A
N	Windungszahl der Spule	1
H	magnetische Feldstärke	A/m
l	Spulenlänge (lange Spule; Ringspule)	m
V_m	magnetische Spannung	A
Φ	magnetischer Fluss	Vs, Wb
B	magnetische Flussdichte	Vs/m²
A	vom Fluss durchsetzte Fläche	m²

Magnetische Flussdichte (magnetische Induktion)

$B = \frac{\Phi}{A} = \mu \cdot H$	**magnetische Flussdichte**
$\mu = \mu_r \cdot \mu_0$	**Permeabilität**
$\mu_0 = 4\,\pi \cdot 10^{-7}\,\frac{Vs}{Am}$	**magnetische Feldkonstante**
$\mu_0 = 1{,}256637 \cdot 10^{-6}\,\frac{Vs}{Am}$	**magnetische Feldkonstante**

ferromagnetische Stoffe: $\mu_r \gg 1$ (→ **T21**)
paramagnetische Stoffe: $\mu_r \approx 1$; aber > 1 (→ **T21**)
diamagnetische Stoffe: $\mu_r \approx 1$; aber < 1 (→ **T21**)

Die **Permeabilitätszahl** μ_r bei **para-** und bei **diamagnetischen Stoffen** ist von der magnetischen Feldstärke unabhängig und konstant. Bei **ferromagnetischen Stoffen** besteht eine starke Abhängigkeit der Permeabilitätszahl von der **magnetischen Feldstärke.** Der Wert für $\mu_r = B/(\mu_0 \cdot H)$ kann der **Magnetisierungskurve** (→ Bild 1) des betreffenden Stoffes entnommen werden.

B	magnet. Flussdichte (Induktion)	T
Φ	magnetischer Fluss	Vs
A	Fläche	m^2
μ	Permeabilität	Vs/(Am)
H	magnetische Feldstärke	A/m
μ_r	Permeabilitätszahl (→ **T21**)	1

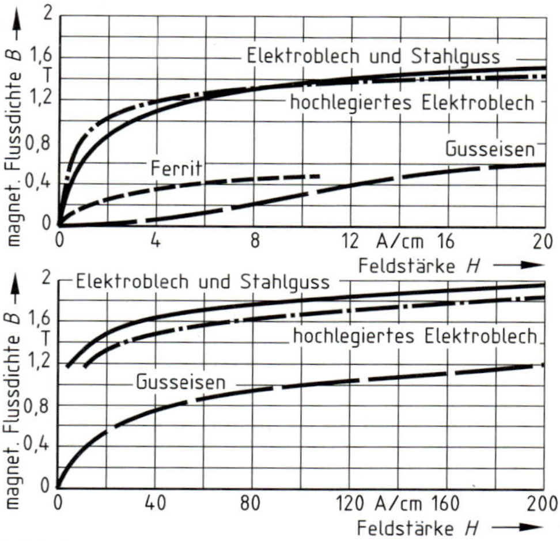

1

Magnetischer Kreis (→ Bild 2)

$\Phi_{Fe} = \Phi_L$	**magnetischer Fluss**
$B_{Fe} = B_L$	**magnetische Flussdichte**
$\Theta = H_{Fe} \cdot l_{Fe} + H_L \cdot l_L$	**elektrische Durchflutung**
$\Theta = \Theta_{Fe} + \Theta_L$	**elektrische Durchflutung**
$R_m = \frac{l}{\mu \cdot A}$	**magnetischer Widerstand**
$R_m = \frac{l}{\mu_r \cdot \mu_0 \cdot A}$	**magnetischer Widerstand**
$R_{m\,ges} = R_{mFe} + R_{mL}$	**gesamter magnetischer Widerstand**
$R_m = \frac{\Theta}{\Phi}$	**Ohm'sches Gesetz des magnetischen Kreises**

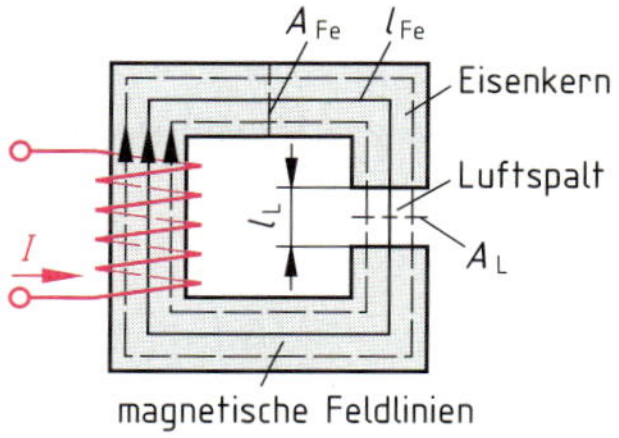

2

$\Phi_{Fe,\,L}$	magnet. Fluss in Eisen (Luft)	Vs, Wb
$B_{Fe,\,L}$	magnet. Flussdichte in Eisen (Luft)	T
Θ	elektrische Durchflutung	A
$\Theta_{Fe,\,L}$	elektr. Durchflutung in Eisen (Luft)	A
$H_{Fe,\,L}$	magnet. Feldstärke in Eisen (Luft)	A/m
$l_{Fe,\,L}$	mittl. Feldlinienlänge in Eisen (Luft)	m
R_m	magnetischer Widerstand	H^{-1}
μ	Permeabilität (magnet. Leitfähigkeit)	Vs/(Am)
l	mittlere Feldlinienlänge	m
R_{mFe}	magnet. Widerstand des Eisenkerns	H^{-1}
R_{mL}	magnet. Widerstand des Luftspalts	H^{-1}
Θ	magnetische Spannung	A

F

Spezielle Magnetfelder

$H = \frac{I \cdot N}{l}$	**magnetische Feldstärke *H*** im Innern einer stromdurchflossenen, langgestreckten Zylinderspule (Stromstärke I) der Länge l mit der Windungszahl N.
$H = \frac{I}{2 \cdot \pi \cdot r}$	**magnetische Feldstärke *H*** im Abstand r von einem geraden stromführenden Leiter (Stromstärke I).

Kräfte im Magnetfeld

Kraft auf stromdurchflossene gerade Leiter im Magnetfeld

$F = B \cdot I \cdot l$	**Kraft ($B \perp I$)**
$F = B \cdot I \cdot l \cdot \sin \varphi$	**Kraft**
$B_s = B \cdot \sin \varphi$	
$F = B_s \cdot I \cdot l$	**Kraft**
$l_w = l \cdot z$	**wirksame Leiterlänge**
$F = B_s \cdot I \cdot l \cdot z = B_s \cdot I \cdot l_w$	**Kraft**

F	Kraft auf einen Leiter (→ **A10**)	N
I	Stromstärke (→ **F1**)	A
l	Länge d. Leiters im Magnetfeld	m
B	magnetische Flussdichte	T
φ	Winkel zwischen I und B	Grad
B_s	Komponente der magnet. Flussdichte senkrecht z. Leiter	T
z	Windungszahl	1
l_w	wirksame Leiterlänge	m

Motorregel: Treffen die **magnetischen Feldlinien** B vom Nordpol kommend auf die Innenfläche der linken Hand, und zeigen die ausgestreckten Finger in Richtung des **elektrischen Stroms** I, so gibt der abgespreizte Daumen die Richtung der **Ablenkkraft** F auf den Leiter an (→ Bild 1).

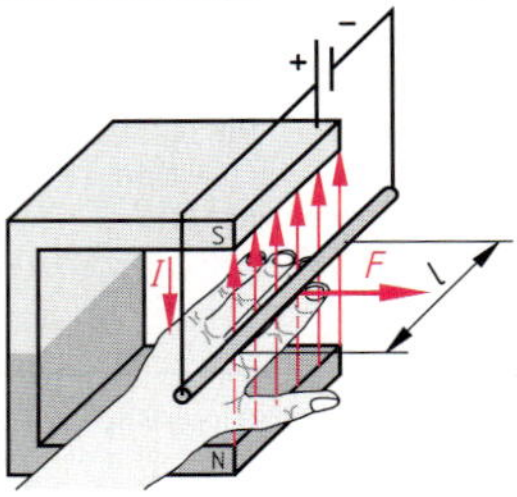

1

Kraft zwischen zwei parallelen stromdurchflossenen geraden Leitern

$F = \frac{\mu}{2\pi} \cdot \frac{I_1 \cdot I_2 \cdot l}{r}$	**Kraft**

Die Kraft ist anziehend bei gleicher, abstoßend bei entgegengesetzter Stromrichtung

F	Kraft	N
I_1, I_2	Stromstärken durch beide Leiter	A
l	Leiterlänge	m
r	Leiterabstand ($r \ll l$)	m
μ	Permeabilität (→ **T21**)	Vs/(Am)

Kraft auf bewegte geladene Teilchen im Magnetfeld (Lorentzkraft)

$F = B \cdot Q \cdot v$	**Kraft ($v \perp B$)**
$F = B \cdot Q \cdot v \cdot \sin \varphi$	**Kraft**

F	Kraft (→ **A10**)	N
Q	Ladung (→ **F1**) des Teilchens	C
v	Geschwindigk. d. Teilchens (→ **A6**)	m/s
B	magnetische Flussdichte	T
φ	Winkel zwischen der Geschwindigkeits- und der Magnetfeldrichtung	Grad

Tragkraft von Magneten

$F = \frac{B^2 \cdot A}{2 \cdot \mu_0}$	**Haltekraft**

F	Tragkraft (Haltekraft)	N
B	magnetische Flussdichte	T
μ_0	magnet. Feldkonstante (→ **T29**)	Vs/(Am)
A	gesamte Magnetpolfläche	m²

Energie des homogenen magnetischen Feldes

$W = \frac{1}{2} \cdot H \cdot B \cdot V$	**Energie**
$w = \frac{W}{V} = \frac{1}{2} \cdot B \cdot H$	**Energiedichte**
$W = \frac{1}{2} \cdot L \cdot I^2$	**Energie im Magnetfeld einer langen Spule**

W	Energie (→ **A18**)	Ws
H	magnetische Feldstärke	A/m
B	magnetische Flussdichte	T
V	Volumen d. betrachteten Feldes	m³
w	Energiedichte	Ws/m³
L	Induktivität einer langen Spule	H
I	Stromstärke durch die Spule	A

F

F 6 Elektromagnetische Induktion

Induktion durch Flussänderung

$U_i = -N \cdot \frac{\Delta\Phi}{\Delta t}$	**Induktionsspannung** (bei linearer Flussänderung)
$\Phi = B \cdot A$	**magnetischer Fluss**

Induktionsspannung bei Flächenänderung

$U_i = B \cdot \frac{\Delta A}{\Delta t}$	**Induktionsspannung**

Induktionsspannung bei Flussdichteänderung

$U_i = A \cdot \frac{\Delta B}{\Delta t}$	**Induktionsspannung**

Formelzeichen	Bedeutung	Einheit
U_i	induzierte Spannung (→ **F1**)	V
$\Delta\Phi$	Flussänderung (→ **F5**)	Vs, Wb
Δt	Zeitdauer der Flussänderung	s
N	Windungszahl	1
Φ	magnetischer Fluss (→ **F5**)	Vs, Wb
B	magnetische Flussdichte (→ **F5**)	T, Vs/m²
A	vom Fluss durchsetzte Fläche	m²
ΔA	Flächenänderung	m²
ΔB	Flussdichteänderung	T, Vs/m²
Δt	Zeitdauer der Flächen- bzw. der Flussdichteänderung	s

Induktion durch Bewegung eines Leiters im Magnetfeld

$U_i = l \cdot B \cdot v \cdot z$	**Induktionsspannung ($v \perp B$)**
$U_i = l \cdot B \cdot v \cdot z \cdot \sin\alpha$	**induzierte Spannung**

Formelzeichen	Bedeutung	Einheit
U_i	induzierte Spannung (→ **F1**)	V
l	wirksame Leiterlänge	m
B	magnet. Flussdichte (→ **F5**)	T, Vs/m²
v	Geschwindigkeit (→ **A6**)	m/s
z	Zahl d. bew. Leiter (Windungen)	1
α	Winkel zwischen B und v	Grad

Lenz'sche Regel: Der durch die Induktion hervorgerufene **Induktionsstrom** ist stets so gerichtet, dass er seiner Ursache (Änderung des bestehenden Magnetfeldes bzw. Bewegung eines Leiters im Magnetfeld) entgegenwirkt.

Selbstinduktion

$U_i = -L \cdot \frac{\Delta I}{\Delta t}$	**induzierte Spannung**

Induktivität einer Ringspule bzw. einer langen Spule

$L = \mu_0 \cdot \mu_r \cdot N^2 \cdot \frac{A}{l}$	**Induktivität**

Energie im Magnetfeld einer Spule

$W = \frac{1}{2} L \cdot I^2$	**Energie**

Induktivität gerader Leiter (→ Bild 1)

Einfachleitung

$$L = \frac{\mu_0 \cdot \mu_r \cdot l}{2 \cdot \pi}\left[\ln\left(\frac{2 \cdot l}{r}\right) - \frac{3}{4}\right]$$

Doppelleitung

$$L = \frac{\mu_0 \cdot \mu_r \cdot l}{\pi}\left[\ln\left(\frac{a}{r}\right) + \frac{1}{4}\right]$$

Formelzeichen	Bedeutung	Einheit
U_i	induzierte Spannung (→ **F1**)	V
L	Induktivität der Spule	H, Vs/A
ΔI	Änderung d. Stromstärke (→ **F1**)	A
Δt	Zeitdauer der Stromänderung	s
L	Induktivität der Spule	H, Vs/A
μ_0	magn. Feldkonstante (→ **T29**)	Vs/(Am)
μ_r	Permeabilitätszahl (→ **T21**)	1
N	Windungszahl	1
A	Querschnittsfläche der Spule	m²
l	Länge der Spule	m
W	Energie (→ **A18**)	Ws
I	Stromstärke (→ **F1**)	A
L	Induktivität der Leiter	H, Vs/A
l	Leiterlänge	m
r	Leiterradius	m
a	Leiterabstand	m

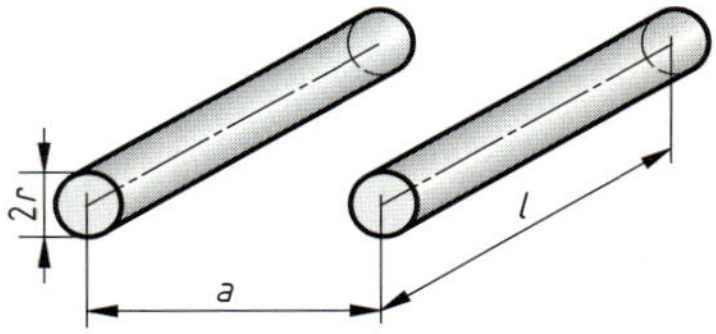

1

Schaltungen von Spulen

Reihenschaltung

$L = L_1 + L_2 + L_3 + \ldots$ **Gesamtinduktivität**

L	Gesamtinduktivität	H, Vs/A
L_1, L_2	in Reihe geschaltete Induktivitäten	H, Vs/A

Parallelschaltung

$\frac{1}{L} = \frac{1}{L_1} + \frac{1}{L_2} + \frac{1}{L_3} + \ldots$ **Kehrwert der Gesamtinduktivität**

L	Gesamtinduktivität	H, Vs/A
L_1, L_2	parallel geschaltete Induktivitäten	H, Vs/A

Auf- und Abbau eines Magnetfeldes

$\tau = \frac{L}{R}$ $\tau_G = 5 \cdot \tau$

Einschaltvorgang (→ Bild 1, Schalterstellung 1)

$u_L = -U_0 \cdot e^{-t/\tau}$ **Induktionsspannung** (→ Bild 2)

$u_{ges} = U_0 \cdot (1 - e^{-t/\tau})$ **Gesamtspannung** (→ Bild 2)

$i_L = I_0 \cdot (1 - e^{-t/\tau})$ **Stromstärke** (→ Bild 3)

$I_0 = \frac{U_0}{R}$ **Maximalstrom**

τ	Zeitkonstante	s
L	Induktivität	H, Vs/A
R	Ohm'scher Widerstand **(→ F2)**	Ω
τ_G	Gesamtzeit	s
u_L	Spannung an der Spule **(→ F1)**	V
U_0	Klemmenspannung	V
e	Euler'sche Zahl = 2,71828…	1
t	Zeit nach Beginn des Einschaltvorgangs	s
i_L	elektrischer Strom durch die Spule	A
I_0	Maximalstrom **(→ F1)**	A

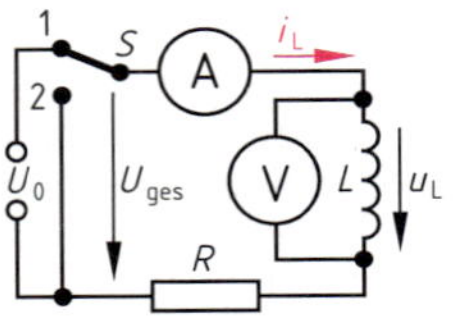

1

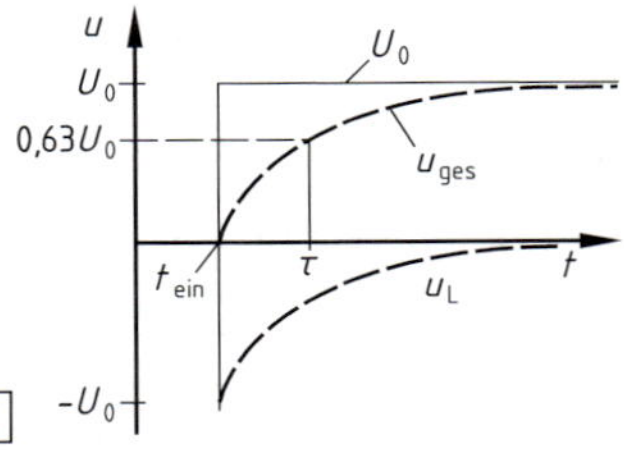

2

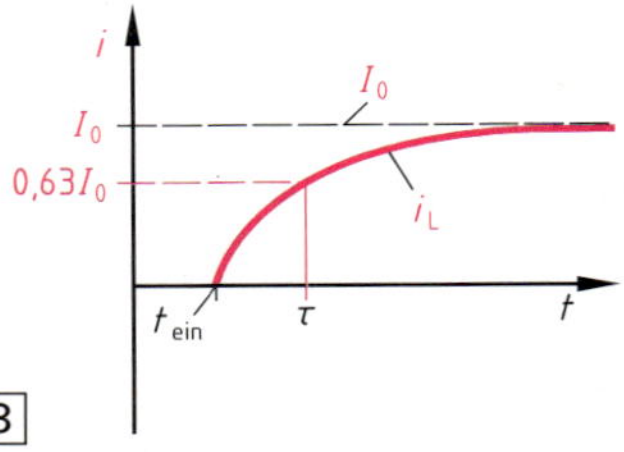

3

Beim Einschaltvorgang ist die **Selbstinduktionsspannung** zur angelegten Spannung entgegengesetzt gerichtet (Lenz'sche Regel) und verzögert somit das Ansteigen des Stroms.

Ausschaltvorgang (→ Bild 1, Schalterstellung 2)

$u_L = U \cdot e^{-t/\tau}$ **Spannung** (→ Bild 4)

$i_L = I_0 \cdot e^{-t/\tau}$ **Stromstärke** (→ Bild 5)

$I_0 = \frac{U_0}{R}$ **Maximalstrom**

U	Spitzenwert der Induktionsspannung	V
t	Zeit nach Beginn des Ausschaltvorgangs	s

Beim Ausschaltvorgang sinkt der Strom in sehr kurzer Zeit auf null ab, deshalb wird die **Selbstinduktionsspannung** sehr groß (→ Bild 4). Die Selbstinduktionsspannung hat dieselbe Richtung wie die ursprünglich angelegte Spannung.

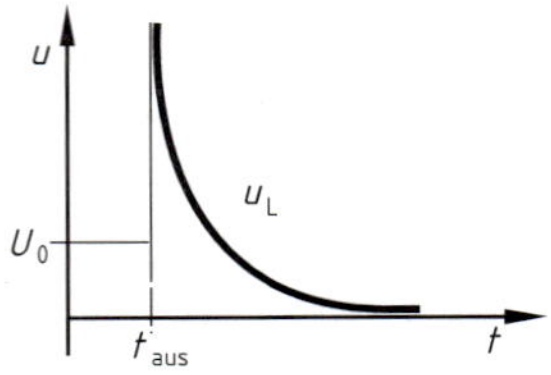

4

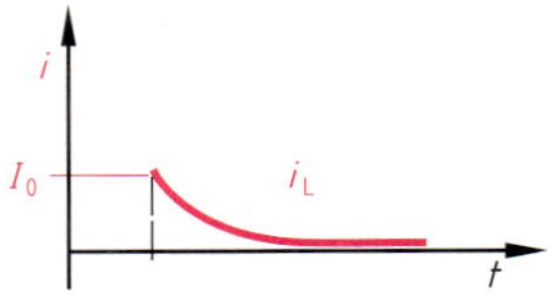

5

F

Elektromagnetische Schalter und elektrische Messgeräte

Elektromagnete

Elektromagnete bestehen aus einer stromdurchflossenen **Erregerspule** und einem Kern aus **weichmagnetischem Werkstoff.**

Anwendungsbeispiele: Lastmagnete, elektromagnetische Kupplungen, elektrische Maschinen, magnetische Ventile, Schütze, Relais, Magnete zur Erzeugung starker Magnetfelder bei Teilchenbeschleunigern und zur Ablenkung von Elektronenstrahlen in Elektronenstrahlröhren usw.

Schütze und Schützsteuerung

Schütze sind elektromagnetisch angetriebene **Schalter** der Energietechnik. **Schützschaltungen** bestehen aus dem **Hauptstromkreis,** in dem der Strom über die **Sicherungen** zum Verbraucher (z.B. Motor) fließt und dem **Hilfsstromkreis,** der zum Schalten des Hauptstromkreises nötig ist. Bild 1 zeigt den **Schaltplan** einer einfachen Schützsteuerung. Dabei bedeuten:

L	spannungsführender Außenleiter		
A1, A2	Ein- bzw. Ausgang des Schütz		
N	Neutralleiter	S Steuer-Schalter	M Motor
F	Sicherung	Q Schaltschütz	

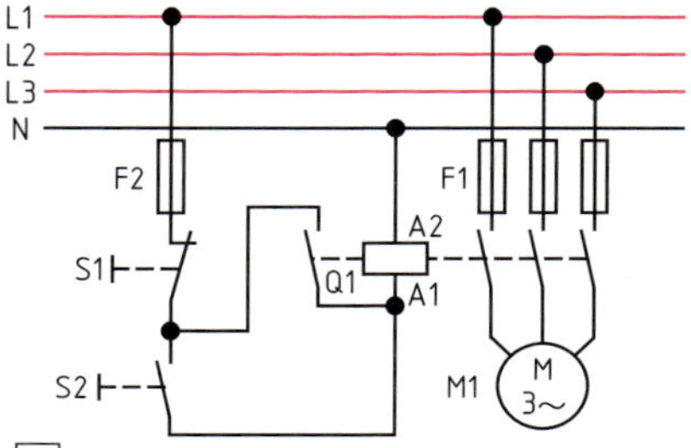

1

Relais und Schutzschalter

Relais sind **elektromagnetische Schalter** mit meist geringer Schaltleistung. Bauarten sind:

Monostabile Relais: Aufgrund eines Erregerstromes wechseln sie die Schaltstellung und beim Abschalten des Erregerstromes gehen sie wieder in ihre ursprüngliche Stellung zurück.

Bistabile Relais: Aufgrund eines Erregerstromes wechseln sie die Schaltstellung und bleiben dann aber nach dem Abschalten des Erregerstromes in der neuen Schaltstellung. Ein Wechsel der Schaltstellung erfolgt erst nach einem weiteren elektrischen Stromstoß.

Gleichstromrelais: Sie können nur mit Gleichstrom betrieben werden.

Gepolte Relais: Sie sind Gleichstromrelais, bei denen ein Wechsel der Schaltstellung von der Richtung des Erregerstromes abhängt.

Ungepolte Relais: Sie sind Gleichstromrelais, bei denen ein Wechsel der Schaltstellung von der Richtung des Erregerstromes unabhängig ist.

Wechselstromrelais: Sie können nur mit Wechselstrom betrieben werden; ein Anschluss an Gleichspannung ist unzulässig.

Leitungsschutzschalter (→ Bild 2):

Um elektrische Bauelemente oder elektrische Anlagen vor **Überströmen** zu schützen, werden Schutzeinrichtungen benötigt. Als Beispiel soll der **Leitungsschutzschalter** (LS-Schalter, LS-Automat oder Sicherungsautomat) in Bild 2 gezeigt werden. Der LS-Automat schützt den Verbraucher vor **Überstrom** und **Kurzschluss.** Bei Überstrom erwärmt sich das **Bimetall** und löst über den drehbar gelagerten Hebel den Sperrhebel zur Unterbrechung des Stromkreises aus. Bei einem Kurzschluss zieht der Elektromagnet den drehbar gelagerten Hebel nach links, wodurch ebenfalls der Sperrhebel frei wird und den Stromkreis unterbricht.

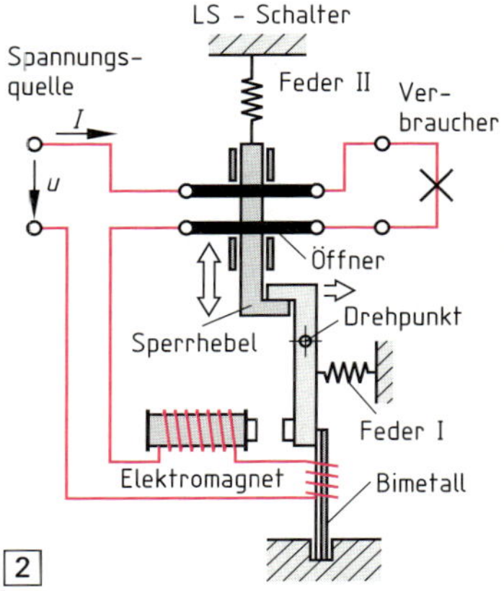

2

Drehspulmesswerk

Beim Drehspulmesswerk ist eine **Spule** im Feld eines Dauermagneten drehbar gelagert (→ Bild 1). Die vom Messstrom durchflossene Spule erzeugt ein **Magnetfeld,** das sich dem **Dauermagnetfeld** überlagert und so ein Drehmoment (→ **A13**) erzeugt. Die Spule dreht sich so weit, bis das Drehmoment der gespannten Spiralfedern dem Drehmoment der Spule das Gleichgewicht hält. Der Zeigerausschlag ist proportional zum durch die Spule fließenden Strom. Geeignet ist dieses Instrument zur Messung von Gleichstrom, Gleichspannung, Wechselstrom und Wechselspannung (Gleichrichter).

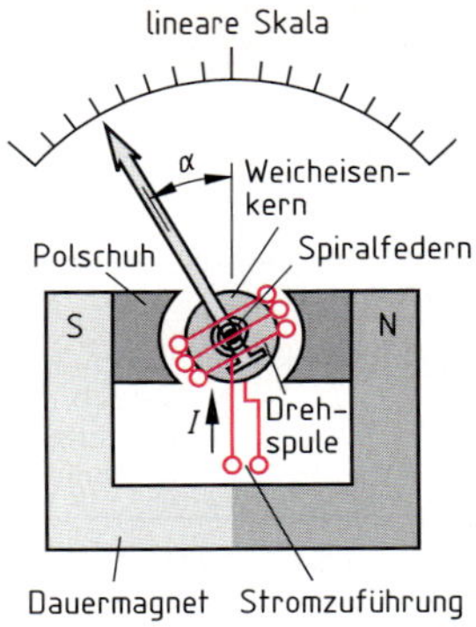

1

Das Oszilloskop

Mit dem **Elektronenstrahl-Oszilloskop** ist es möglich, den zeitlichen Verlauf einer Spannung mit beliebiger Kurvenform auf einem Schirm sichtbar zu machen. Aufbau → Bild 2

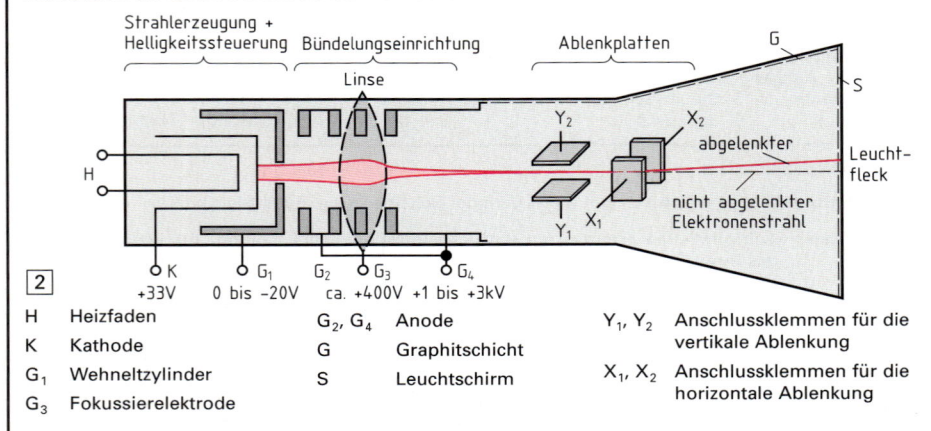

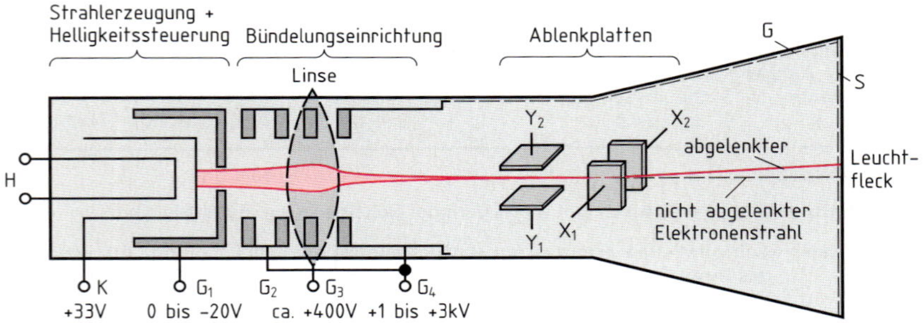

2

H	Heizfaden	G_2, G_4	Anode	Y_1, Y_2	Anschlussklemmen für die vertikale Ablenkung
K	Kathode	G	Graphitschicht	X_1, X_2	Anschlussklemmen für die horizontale Ablenkung
G_1	Wehneltzylinder	S	Leuchtschirm		
G_3	Fokussierelektrode				

Messen mit dem Oszilloskop

Das Oszilloskop kann nur elektrische Spannungen messen. Alle anderen physikalischen Größen, die gemessen werden sollen, müssen in eine Spannung umgeformt werden. Folgendes lässt sich messen oder darstellen:

1. Es lassen sich **Gleich- und Wechselgrößen** mit jeder beliebigen Signalform darstellen.
2. Es ist möglich, **Frequenzmessungen** und Messungen zur **Phasenverschiebung** durchzuführen.
3. Aus dem Kurvenverlauf einer Messgröße lässt sich zu jedem Zeitpunkt der **Momentanwert der Messgröße** bestimmen.
4. Mit einem **Zweikanaloszilloskop** lassen sich Kennlinien verschiedener elektrischer Bauteile aufnehmen.

F

$u_{ss} = A_y \cdot y$	**Spannung Spitze-Spitze**
$\hat{u} = \frac{u_{ss}}{2}$	**Amplitude**
$T = A_x \cdot \varkappa$	**Periodendauer**
$U = \frac{u_{ss}}{2 \cdot \sqrt{2}} = \frac{\hat{u}}{\sqrt{2}}$	**Effektivwert der Spannung**
$f = \frac{1}{T}$	**Frequenz**

u_{ss}	Spannung Spitze-Spitze (→ **F1**)	V
A_y	*y*-Ablenkfaktor	V/cm
y	Strichlänge auf dem Schirmbild	cm
$\hat{u}$	Amplitude (→ **D2**)	V
U	Effektivwert der Spannung	V
T	Periodendauer (→ **D2**)	s
A_x	*x*-Ablenkfaktor	µs/cm
$\varkappa$	Periodenlänge auf dem Bildschirm	cm
f	Frequenz (→ **D2**)	s^{-1}

F8 Der Wechselstromkreis

Darstellung und Berechnung von sinusförmigen Wechselgrößen

Die grafische Darstellung einer Wechselgröße in einem Koordinatensystem (→ Bild 1) nennt man **Liniendiagramm.** Es zeigt die Abhängigkeit dieser physikalischen Größe von der Zeit t bzw. vom Phasenwinkel φ. In Bild 1 ist der Verlauf einer **sinusförmigen Wechselspannung** dargestellt.

Dabei bedeuten:

φ Phasenwinkel, Drehwinkel
$\hat{u}$ Scheitelwert der Spannung
T Periodendauer der Spannung
u Momentanwert der Wechselspannung
t Zeit ab erstem positiven Nulldurchgang

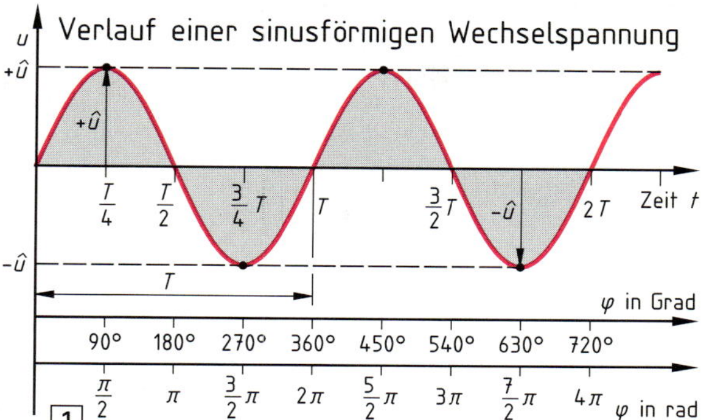

1

Bild 2 zeigt den Zusammenhang zwischen dem **Zeigerdiagramm** und dem Liniendiagramm. Dabei lässt man einen Pfeil der Länge $\hat{u}$, den Zeiger, mit der Winkelgeschwindigkeit ω (→ **A22**) um den Nullpunkt des Koordinatensystems rotieren (→ **D2**) und erhält aus seiner Projektion auf die u-Achse den Momentanwert der Wechselspannung u.

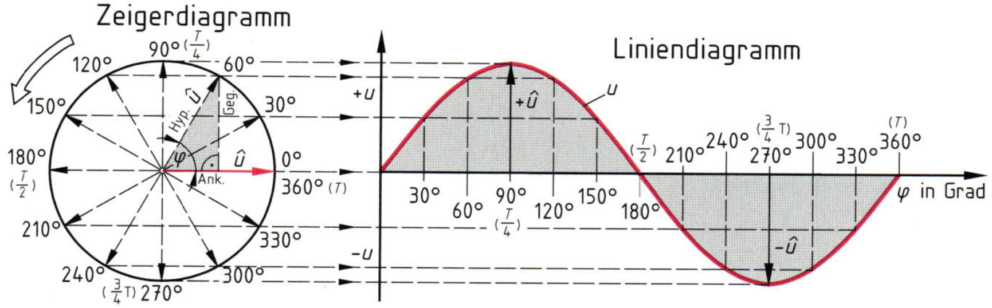

2

Berechnungsformeln und Bezeichnungen

$\omega = \frac{2 \cdot \pi}{T}$	$\omega = 2 \cdot \pi \cdot f$	**Kreisfrequenz**
$\varphi = \omega \cdot t$	$\varphi = \frac{2 \cdot \pi}{T} \cdot t$	**Drehwinkel**
$\varphi = \frac{2 \cdot \pi}{360°} \cdot \varphi^0$		**Drehwinkel**
$u = \hat{u} \cdot \sin \omega t$		**Momentanwert der Spannung**
$i = \hat{i} \cdot \sin \omega t$		**Momentanwert des Stroms**
$U_{eff} = U = \frac{\hat{u}}{\sqrt{2}} = 0{,}707 \cdot \hat{u}$		**Effektivwert der Wechselspannung**
$I_{eff} = I = \frac{\hat{i}}{\sqrt{2}} = 0{,}707 \cdot \hat{i}$		**Effektivwert des Wechselstroms**

ω	Kreisfrequenz, Winkelgeschwindigkeit (→ **A22, D2**)	s^{-1}
T	Periodendauer (→ **D2**)	s
f	Frequenz (→ **D2**)	s^{-1}
φ	Drehwinkel im Bogenmaß (→ **A22**)	rad
t	Zeit ab Drehbeginn von $\varphi = 0°$	s
φ^0	Drehwinkel im Gradmaß	Grad
u	Momentanwert der Wechselspannung	V
$\hat{u}$	Scheitelwert der Wechselspannung	V
i	Momentanwert des Wechselstr.	A
$\hat{i}$	Scheitelwert des Wechselstr.	A
U_{eff}, U	Effektivwert der Wechselspannung	V
I_{eff}, I	Effektivwert des Wechselstr.	A

Der **Effektivwert eines Wechselstroms** ist betragsmäßig genau so groß wie der Gleichstromwert der dieselbe Wärmewirkung (→ **C2**) in einem Widerstand hervorruft.

F

Phasenverschiebung

Zwei sinusförmige Wechselgrößen sind **in Phase,** wenn sie gleichzeitig ihren positiven bzw. ihren negativen Scheitelwert erreichen. Ihre Phasenverschiebung ist null. In Bild 1 haben die Spannungen u_1 und u_2 (→ **F1**) die Phasenverschiebung null ($\Delta\varphi = 0$).

Zwei sinusförmige Wechselgrößen sind **phasenverschoben,** wenn sie nicht gleichzeitig ihre positiven bzw. negativen Scheitelwerte erreichen. Die Phasenverschiebung ist durch den Winkel $\Delta\varphi$ zwischen den sinusförmigen Wechselspannungen gekennzeichnet. In Bild 1 haben die beiden Wechselspannungen u_1 und u_3 eine Phasenverschiebung zueinander ($\Delta\varphi = 60°$).

Die sinusförmige Wechselgröße „eilt voraus (nach)", die ihren positiven Scheitelwert zu einem früheren (späteren) Zeitpunkt erreicht. In Bild 1 eilt die Spannung u_1 der Spannung u_3 um 60° ($\pi/3$; $T/6$) voraus.

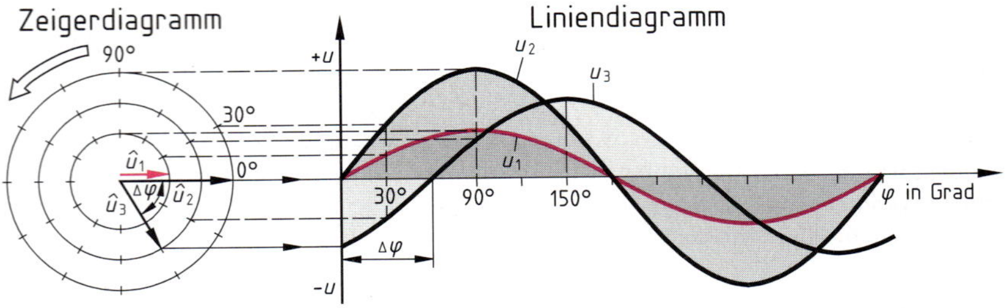

1

In Bild 1 gilt:

$u_1 = \hat{u}_1 \cdot \sin \omega t$	**Spannungen zur Zeit *t***	u	Spannung zur Zeit t (Momentanwert)	V
$u_2 = \hat{u}_2 \cdot \sin \omega t$		$\hat{u}$	Scheitelwert d. Spann. (→ **F1**)	V
$u_3 = \hat{u}_3 \cdot \sin (\omega t - \pi/3)$		ω	Winkelgeschwindigkeit (→ **D2**)	s^{-1}
		t	Zeit	s
		φ_1	Nullphasenwinkel d. Spannung	rad
		i	Strom zur Zeit t (Momentanw.)	A
		$\hat{i}$	Scheitelwert d. Stroms (→ **F1**)	A

Momentanwerte der Spannung *u* und der Stromstärke *i*

$u = \hat{u} \cdot \sin (\omega t - \varphi_1)$	**Spannung**
$i = \hat{i} \cdot \sin (\omega t - \varphi_2)$	**Stromstärke**

Unter dem **Nullphasenwinkel** versteht man den Winkel, bei dem die betreffende sinusförmige Wechselgröße im Bereich $-\pi < \varphi \leq \pi$ ihren positiven **Nulldurchgang** besitzt.

Wirkwiderstand, Kondensator und Spule im Wechselstromkreis

Wirkwiderstand *R* im Wechselstromkreis (→ Bilder 1 und 2, Seite 129)

Bei einem Wirkwiderstand sind die Wechselspannung u und der Wechselstrom i in Phase.

$u_R = \hat{u} \cdot \sin \omega t$	**Spannung**
$i_R = \hat{i} \cdot \sin \omega t$	**Stromstärke**
$R = \frac{u_R}{i_R}$ $\quad R = \frac{\hat{u}}{\hat{i}}$ $\quad R = \frac{U}{I}$	**Ohm'scher Widerstand**
$P = U \cdot I$	**Wirkleistung**
$p = \hat{u} \cdot \hat{i} \cdot \sin^2 \omega t$	**Augenblicksleistung**
$P = \frac{\hat{p}}{2} = \frac{\hat{u} \cdot \hat{i}}{2} = \frac{\hat{u}}{\sqrt{2}} \cdot \frac{\hat{i}}{\sqrt{2}}$	**Wirkleistung**

u_R	Spannung (→ **F1**) an R z. Zeit t	V
$\hat{u}$	Scheitelwert der Spannung	V
ω	Winkelgeschwindigkeit (→ **D2**)	s^{-1}
t	Zeit ab positiv. Nulldurchgang	s
i_R	Stromstärke (→ **F1**) durch R zur Zeit t	A
$\hat{i}$	Scheitelwert des Stroms	A
R	Ohm'scher Widerstand (→ **F2**)	Ω
U	Effektivwert d. elektr. Spannung	V
I	Effektivwert der elektrischen Stromstärke	A
P	Wirkleistung	W
p	Leistung zur Zeit t (→ **A19**)	W
$\hat{p}$	Scheitelwert der elektrischen Leistung	W

F

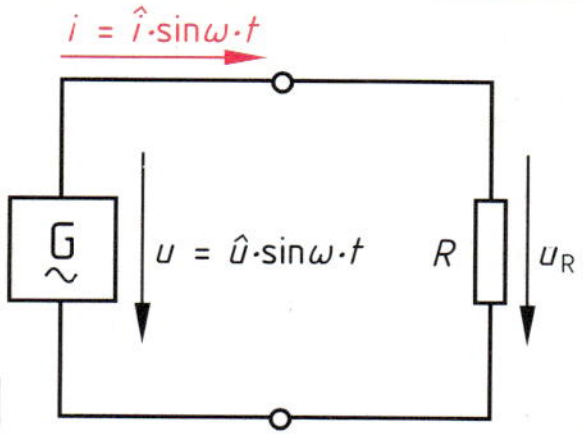

1

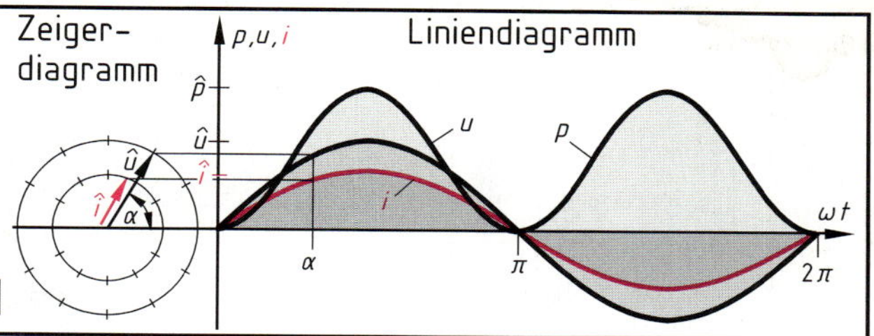

2

Der verlustfreie Kondensator im Wechselstromkreis (→ Bilder 3 und 4)

Beim **Kondensator** mit einem vernachlässigbaren Wirkwiderstand R eilt der Wechselstrom i der Wechselspannung u um $\varphi = 90° = \pi/2$ voraus (→ Bild 4).

$u_{bC} = \hat{u} \cdot \sin \omega t$	**Spannung**
$i_{bC} = \hat{i} \cdot \sin\left(\omega t + \frac{\pi}{2}\right)$	**Stromstärke**
$X_C = \frac{u_{bC}}{i_{bC}} = \frac{\hat{u}}{\hat{i}} = \frac{U}{I}$	**kapazitiver Blindwiderstand**
$X_C = \frac{1}{\omega \cdot C} = \frac{1}{2 \cdot \pi \cdot f \cdot C}$	**kapazitiver Blindwiderstand**
$Q_C = U \cdot I_{bC}$	**kapazitive Blindleistung**
$Q_C = \frac{U^2}{X_C} = X_C \cdot I_{bC}^2$	**kapazitive Blindleistung**

u_{bC}	Spannung (→**F1**) an C zur Zeit t	V
$\hat{u}$	Scheitelwert der Spannung	V
ω	Kreisfrequenz, Winkelgeschwindigkeit (→ **D2**)	s^{-1}
t	Zeit ab positivem Nulldurchgang der Spannung u	s
i_{bC}	Momentanwert des kapazitiven Blindstroms zur Zeit t	A
$\hat{i}$	Scheitelwert des Stroms (→ **F1**)	A
X_c	kapazitiver Blindwiderstand	Ω
U	Effektivwert der elektr. Spannung	V
I_{bc}	Effektivwert des kapazitiven Blindstroms	A
C	Kapazität des Kondensators (→ **F4**)	F
Q_C	kapazitive Blindleistung	W, var

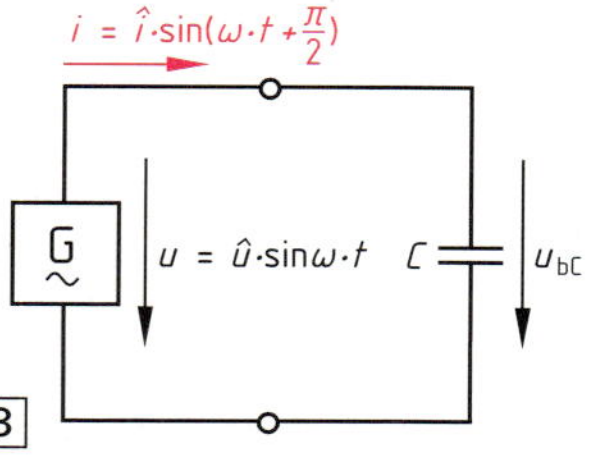

3

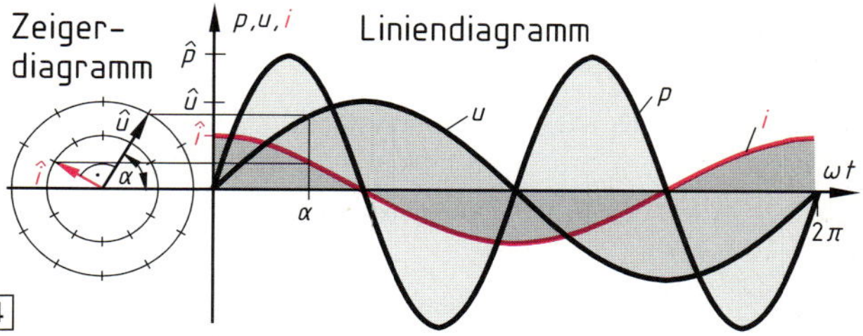

4

Die verlustfreie Spule im Wechselstromkreis (→ Bilder 1 und 2, Seite 130)

Bei der **Spule** mit einem vernachlässigbaren Wirkwiderstand R eilt der Wechselstrom i der Wechselspannung u um $\varphi = 90° = \pi/2$ hinterher (→ Bild 2, Seite 130).

$u_{bL} = \hat{u} \cdot \sin \omega t$	**Spannung**
$i_{bL} = \hat{i} \cdot \sin\left(\omega t - \frac{\pi}{2}\right)$	**Stromstärke**
$X_L = \frac{u_{bL}}{i_{bL}} = \frac{\hat{u}}{\hat{i}} = \frac{U}{I}$	**induktiver Blindwiderstand**
$X_L = \omega \cdot L = 2 \cdot \pi \cdot f \cdot L$	**induktiver Blindwiderstand**
$Q_L = U \cdot I_{bL}$	**induktive Blindleistung**
$Q_L = \frac{U^2}{X_L} = X_L \cdot I_{bL}^2$	**induktive Blindleistung**

u_{bL}	induktive Blindspannung an L zur Zeit t	V
$\hat{u}$	Scheitelwert der Spannung	V
ω	Kreisfrequenz, Winkelgeschwindigkeit (→ **D2**)	s^{-1}
t	Zeit ab positivem Nulldurchgang der Spannung u	s
i_{bL}	induktiver Blindstrom zur Zeit t	A
$\hat{i}$	Scheitelwert des Stroms (→ **F1**)	A
X_L	induktiver Blindwiderstand	Ω
U	Effektivwert der elektr. Spannung	V
I_{bL}	Effektivwert des induktiven Blindstroms	A
L	Induktivität der Spule (→ **F6**)	H
Q_L	induktive Blindleistung	W, var

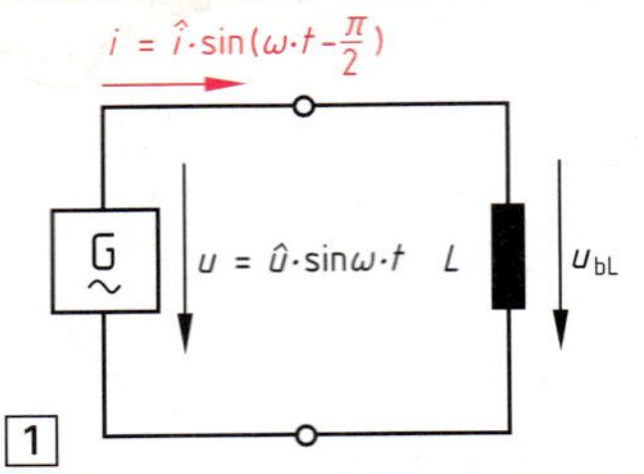

1

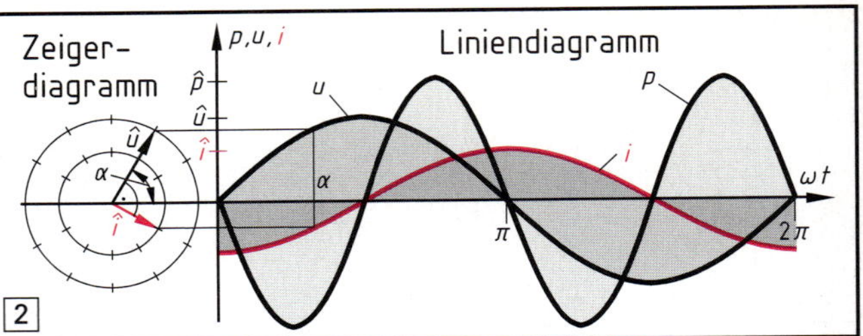

2

Reihenschaltung von Wirkwiderstand, kapazitivem Widerstand und induktivem Widerstand

Bei der Reihenschaltung von *R*, *C* und *L* ist der Strom zu jedem Zeitpunkt in allen Bauteilen gleich groß. Zwischen der Spannung *u* und der Stromstärke *i* besteht eine Phasenverschiebung *φ*, die von den Größen *R*, *C*, *L* und der Kreisfrequenz *ω* abhängig ist (→ Bilder 3, 4 und 5).

$i = i_w = i_{bC} = i_{bL}$ **Stromstärke**

$u = \hat{u} \cdot \sin \omega t$ **Spannung**

$i = \hat{i} \cdot \sin(\omega t - \varphi)$ **Stromstärke**

$Z = \frac{U}{I} = \sqrt{R^2 + (X_L - X_C)^2}$ **Scheinwiderstand**

$Z = \sqrt{R^2 + \left(\omega \cdot L - \frac{1}{\omega \cdot C}\right)^2}$ **Scheinwiderstand**

$U = \sqrt{U_W^2 + (U_{bL} - U_{bC})^2}$ **Gesamtspannung**

$S = U \cdot I = \sqrt{P^2 + (Q_L - Q_C)^2}$ **Scheinleistung**

$Q = Q_C - Q_L = S \cdot \sin \varphi$ **Blindleistung**

$\cos \varphi = \frac{R}{Z} = \frac{U_W}{U} = \frac{P}{S}$ **Leistungsfaktor**

$\sin \varphi = \frac{U_{bC} - U_{bL}}{U} = \frac{X_C - X_L}{Z}$ **Blindfaktor**

$\tan \varphi = \frac{X_C - X_L}{R} = \frac{\frac{1}{\omega \cdot C} - \omega \cdot L}{R}$

i, i_w, i_{bC}, i_{bL}	Stromstärke (→ **F1**) durch alle Bauteile (*R*, *C* und *L*) zur Zeit *t*	A
u	Spannung (→ **F1**) zur Zeit *t*	V
$\hat{u}$	Scheitelspannung	V
t	Zeit ab positivem Nulldurchgang der Spannung	s
$\hat{i}$	Scheitelstromstärke	A
φ	Phasenverschiebung	Grad, rad
Z	Scheinwiderstand	Ω
U	Effektivwert der Gesamtspannung	V
I	Effektivwert der Stromstärke	A
R	Wirkwiderstand (→ **F2**)	Ω
X_L	induktiver Blindwiderstand	Ω
X_C	kapazitiver Blindwiderstand	Ω
ω	Kreisfrequenz (→ **D2**)	s^{-1}
L	Induktivität (→ **F6**)	H
C	Kapazität (→ **F4**)	F
U_W	Wirkspannung	V
u_{bL}	induktive Blindspannung	V
u_{bC}	kapazitive Blindspannung	V
S	Scheinleistung	W, VA
Q	gesamte Blindleistung	W, var
P	Wirkleistung	W
Q_L	induktive Blindleistung	W, var
Q_C	kapazitive Blindleistung	W, var
$\cos \varphi$	Leistungsfaktor	1
$\sin \varphi$	Blindfaktor	1

F

Sind in einer Schaltung nur zwei der drei Bauteile *R*, *L* und *C* in Reihe geschaltet, so ist der für das fehlende Bauteil geltende Ausdruck in den obigen Gleichungen zu streichen.

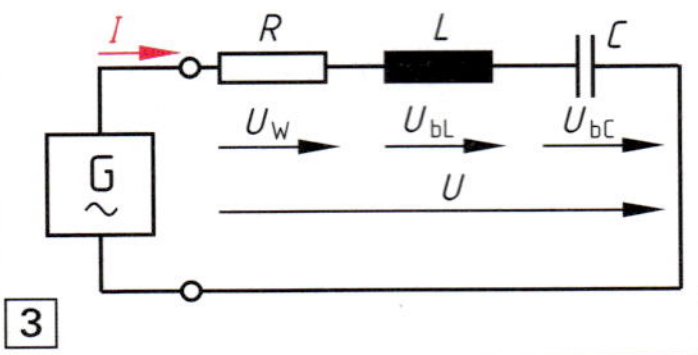

3

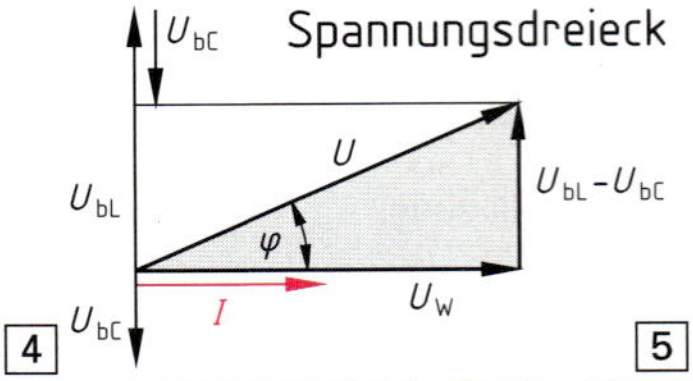

4

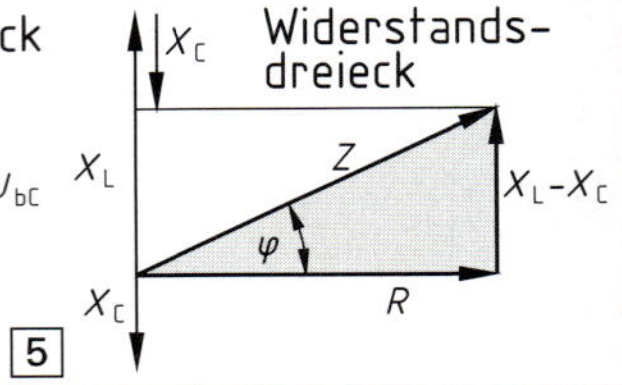

5

Parallelschaltung von Wirkwiderstand, kapazitivem Widerstand und induktivem Widerstand

Bei der Parallelschaltung von *R*, *C* und *L* ist die Spannung zu jedem Zeitpunkt an allen Bauteilen gleich groß. Zwischen der **Spannung** *u* und der **Stromstärke** *i* besteht eine **Phasenverschiebung** φ, die von den Größen *R*, *C*, *L* und der **Kreisfrequenz** ω (→ **D2**) abhängig ist (→ Bilder 1, 2 und 3).

$u = u_w = u_{bC} = u_{bL}$	**Spannung**
$u = \hat{u} \cdot \sin \omega t$	**Spannung**
$i = \hat{i} \cdot \sin (\omega t + \varphi)$	**Stromstärke**
$Y = \frac{1}{Z}$ $Y = \frac{I}{U}$	**Scheinleitwert**
$B_L = \frac{1}{\omega \cdot L}$	**induktiver Blindleitwert**
$B_C = \omega \cdot C$	**kapazitiver Blindleitwert**
$Y = \sqrt{\frac{1}{R^2} + \left(\omega \cdot C - \frac{1}{\omega \cdot L}\right)^2}$	**Scheinleitwert**
$I = \sqrt{I_W^2 + (I_{bL} - I_{bC})^2}$	**Stromstärke**
$S = U \cdot I$	**Scheinleistung**
$S = \sqrt{P^2 + (Q_L - Q_C)^2}$	**Scheinleistung**
$Q = Q_C - Q_L = S \cdot \sin \varphi$	**Blindleistung**
$\cos \varphi = \frac{G}{Y} = \frac{I_W}{I} = \frac{P}{S}$	**Leistungsfaktor**
$\sin \varphi = \frac{I_{bC} - I_{bL}}{I} = \frac{B_C - B_L}{Y}$	**Blindfaktor**
$\tan \varphi = \frac{B_C - B_L}{G}$	
$\tan \varphi = R \cdot \left(\omega \cdot C - \frac{1}{\omega \cdot L}\right)$	
$\tan \delta = \frac{I_W}{I_{bC}}$ $\tan \delta = \frac{1}{Q}$	**Verlustfaktor**

Formelzeichen	Bedeutung	Einheit
u, u_w, u_{bC}, u_{bL}	Spannung an allen parallel geschalteten Bauteilen (*R*, *C*, *L*) zur Zeit *t*	V
$\hat{u}$	Scheitelspannung (→ **F1**)	V
t	Zeit ab positivem Nulldurchgang der Spannung	s
i	Stromstärke (→ **F1**) zur Zeit *t*	A
$\hat{i}$	Scheitelstromstärke	A
φ	Phasenverschiebung	Grad, rad
B_L	induktiver Blindleitwert	S
B_C	kapazitiver Blindleitwert	S
ω	Kreisfrequenz (→ **D2**)	s^{-1}
L	Induktivität (→ **F6**)	H
C	Kapazität (→ **F4**)	F
Y	Scheinleitwert	S
Z	Scheinwiderstand	Ω
I	Effektivwert der Gesamtstromstärke	A
U	Effektivwert der Gesamtspannung	V
R	Wirkwiderstand	Ω
I_W	Wirkstrom	A
I_{bL}	induktiver Blindstrom	A
I_{bC}	kapazitiver Blindstrom	A
S	Scheinleistung	W, VA
P	Wirkleistung	W
Q_L	induktive Blindleistung	W, var
Q_C	kapazitive Blindleistung	W, var
Q	gesamte Blindleistung	W, var
G	Wirkleitwert	S
φ	Phasenverschiebung zwischen Strom und Spannung	Grad, rad
$\tan \delta$	Verlustfaktor	1
Q	Gütefaktor	1

Sind in einer Schaltung nur zwei der drei Bauteile *R*, *L* und *C* parallel geschaltet, so ist der für das fehlende Bauteil geltende Ausdruck in den obigen Gleichungen zu streichen.

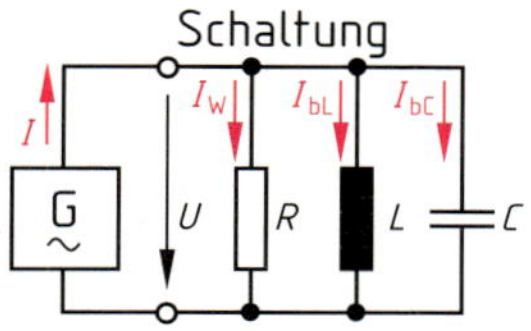

1

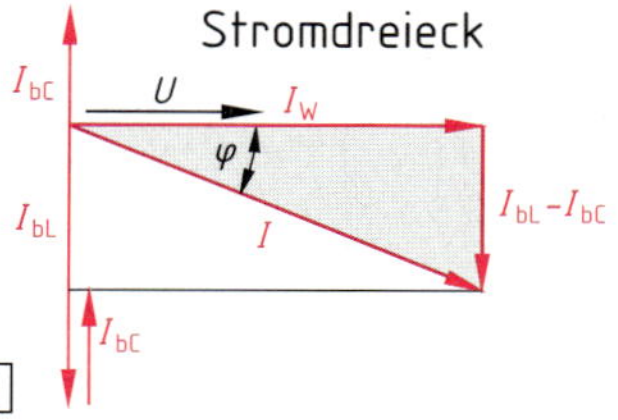

2

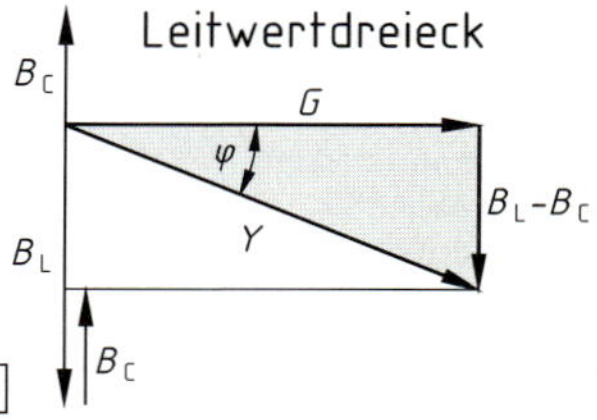

3

F

Blindleistungskompensation

Den Vorgang, die häufig auftretende **induktive Blindleistung** Q_L durch **kapazitive Blindleistung** Q_C in ihrer Wirkung zu verringern, nennt man **Blindleistungskompensation.** Dabei ist man bestrebt, dass der **Phasenverschiebungswinkel** gegen null und damit der Leistungsfaktor cos φ gegen 1 geht (→ Bild 3).

$Q_L = P \cdot \tan \varphi_1$	**induktive Blindleistung**
$Q = P \cdot \tan \varphi_2$	**Blindleistung**
$Q_C = P \cdot (\tan \varphi_1 - \tan \varphi_2)$	**kapazitive Blindleistung**
$Q = Q_L - Q_C$	**Blindleistung**
$Q_C = U \cdot I_{bC} = \dfrac{U^2}{X_C} = I_{bC}^2 \cdot X_C$	**kapazitive Blindleistung**

Parallelkompensation (→ Bild 1):

$$C = \frac{Q_C}{2 \cdot \pi \cdot f \cdot U^2}$$ **Kapazität**

Reihenkompensation (→ Bild 2):

$$C = \frac{I_{bC}^2}{2 \cdot \pi \cdot f \cdot Q_C}$$ **Kapazität**

Formelzeichen	Bedeutung	Einheit
Q_L	induktive Blindleistung vor der Kompensation	W, var
P	Wirkleistung	W
φ_1	Phasenverschiebungswinkel vor der Kompensation	Grad, rad
Q	Blindleistung nach der Kompensation	W, var
φ_2	Phasenverschiebungswinkel nach der Kompensation	Grad, rad
Q_C	kapazitive Blindleistung zur Kompensation	W, var
U	Spannung	V
I_{bC}	kapazitiver Blindstrom	A
X_C	kapazitiver Blindwiderstand	Ω
C	Kapazität des Kompensationskondensators	F

Parallelkompensation:

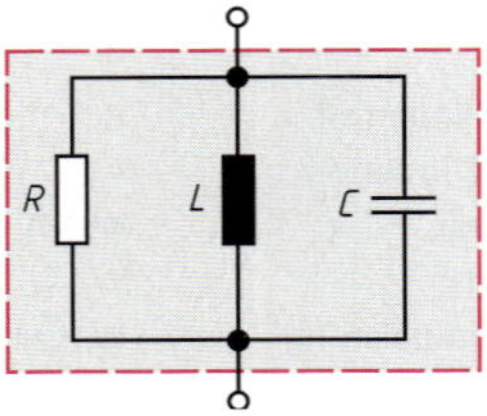

1

Reihenkompensation:

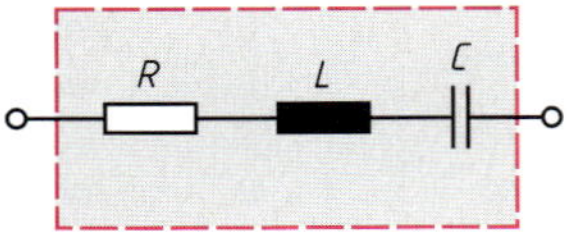

2

Leistungsdreieck:

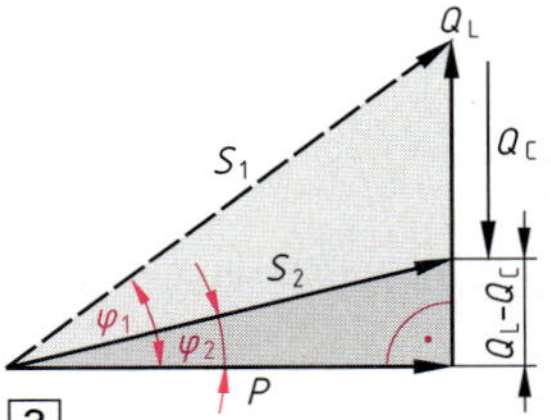

3

F 9 Dreiphasenwechselspannung, Drehstrom

Entstehung der Dreiphasenwechselspannung

Ein Drehstromgenerator besteht im Wesentlichen aus dem Ständer mit den drei um jeweils 120° räumlich versetzt angeordneten, baugleichen **Spulen**, die auch **Stränge** genannt werden, und aus dem **Polrad.**

Das Polrad induziert während einer Umdrehung in jedem Strang jeweils eine Wechselspannung, die auch **Strangspannung** genannt wird, wobei die einzelnen Strangspannungen um jeweils 120° (2 · π/3) gegeneinander phasenverschoben sind (→ Bild 4).

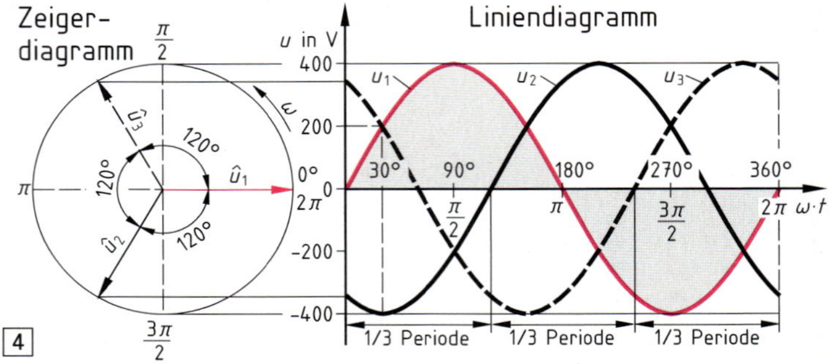

4

Spannungen und Ströme bei der Sternschaltung (→ Bild 1)

Allgemein gilt:

$I_1 = I_{Str.1}$ $I_2 = I_{Str.2}$ $I_3 = I_{Str.3}$	**Leiterströme**
$U = U_{12} = U_{23} = U_{31}$	**Leiterspannungen**

I_1, I_2, I_3	Leiterströme	A
$I_{Str.1}, I_{Str.2}, I_{Str.3}$	Strangströme	A
U	Außenleiterspannung	V
U_{12}, U_{23}, U_{31}	Leiterspannungen	V

Nur bei symmetrischer Belastung gilt ($R_1 = R_2 = R_3$) (→ Bild 2):

$I_N = 0$	**Neutralleiterstrom**
$U_{Str.} = U_{Str.1} = U_{Str.2} = U_{Str.3}$	**Strangspannungen**
$U = \sqrt{3} \cdot U_{Str.}$	**Leiterspannung**
$I = I_1 = I_2 = I_3$	**Leiterströme**

I_N	Neutralleiterstrom	A
$U_{Str.1}, U_{Str.2}, U_{Str.3}$	Strangspannungen	V
$\sqrt{3}$	Verkettungsfaktor	1

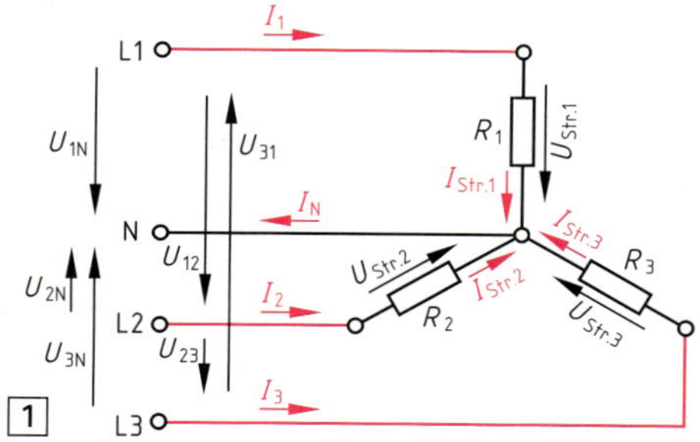

1

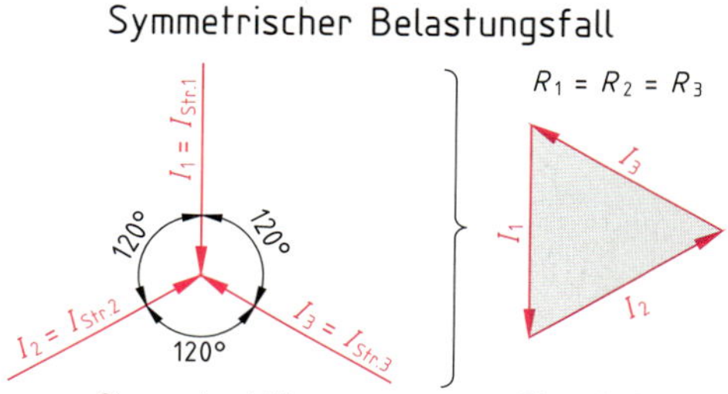

2

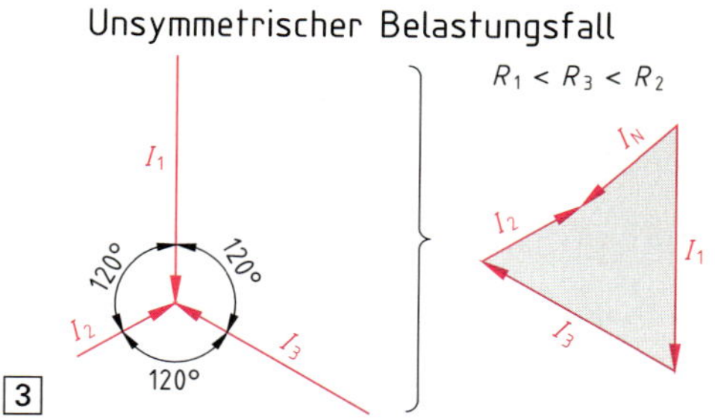

3

Bei **unsymmetrischer Belastung** kann der Neutralleiterstrom durch geometrische Addition (→ **A8, A12**) der drei Leiterströme bestimmt werden (→ Bild 3).

Index 1: Strang 1
Index 2: Strang 2
Index 3: Strang 3

Spannungen und Ströme bei der Dreieckschaltung (→ Bild 1, Seite 134)

Allgemein gilt:

$U = U_{12} = U_{23} = U_{31} = U_{Str.}$	**Leiterspannungen**
$U_{Str.1} = U_{Str.2} = U_{Str.3}$	**Strangspannungen**

U	Leiterspannung	V
U_{12}, U_{23}, U_{31}	Leiterspannungen	V
$U_{Str.1}, U_{Str.2}, U_{Str.3}$	Strangspannungen	V

Nur bei symmetrischer Belastung gilt ($R_1 = R_2 = R_3$):

$I = \sqrt{3} \cdot I_{Str.}$	**Leiterstrom**
$I = I_1 = I_2 = I_3$	**Leiterstrom**
$I_{Str.} = I_{Str.1} = I_{Str.2} = I_{Str.3}$	**Strangströme**

I, I_1, I_2, I_3	Leiterströme	A
$I_{Str.1}, I_{Str.2}, I_{Str.3}$	Strangströme	A
$\sqrt{3}$	Verkettungsfaktor	1

Index 1: Strang 1
Index 2: Strang 2
Index 3: Strang 3

Bild 2, Seite 134, zeigt ein **Dreileiter-Drehstromnetz** mit zwei angeschlossenen Drehstrommotoren.

Durch geometrische Addition (→ **A8, A12**) der Strangströme können sowohl bei der **symmetrischen Belastung** (→ Bild 3, Seite 134) als auch bei der **unsymmetrischen Belastung** (→ Bild 4, Seite 134) die Außenleiterströme bestimmt werden.

F

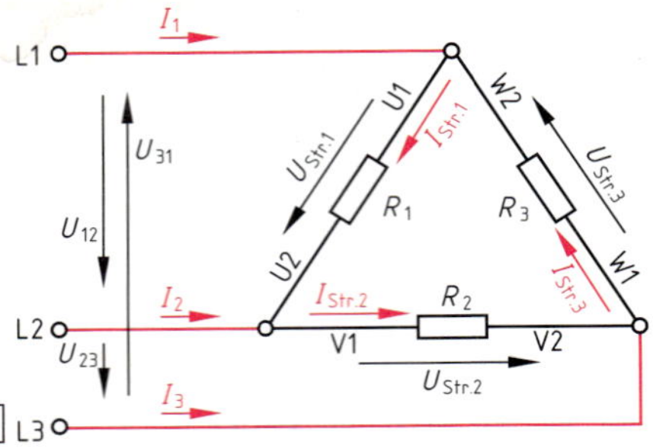

1

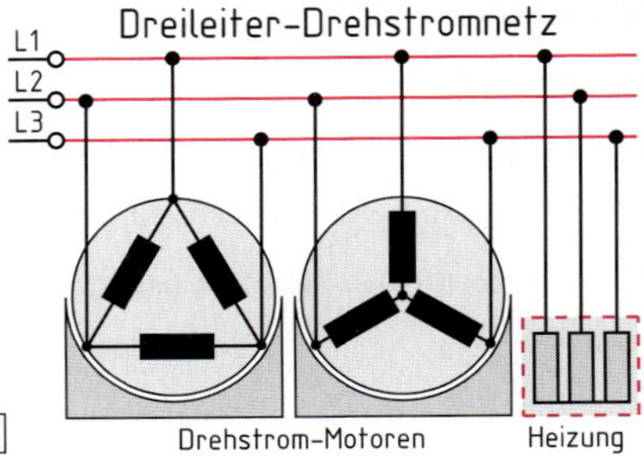

2

Symmetrischer Belastungsfall

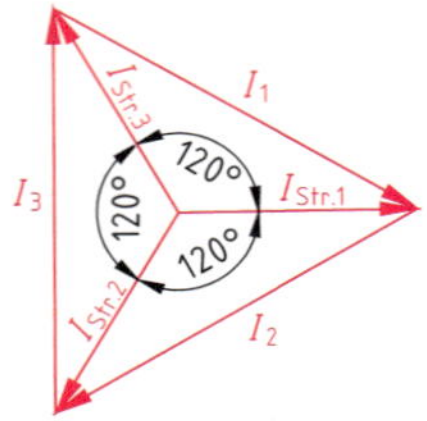

3

Unsymmetrischer Belastungsfall

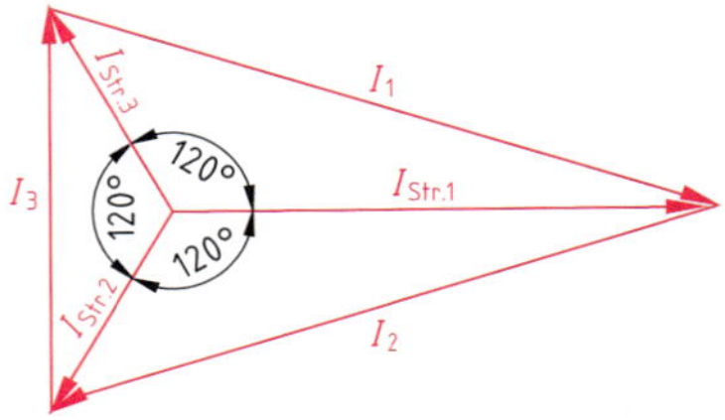

4

Drehstromleistung

Symmetrische Belastung

$S = 3 \cdot U_{Str.} \cdot I_{Str.}$ $S = 3 \cdot S_{Str.}$ **Scheinleistung**

$S = \sqrt{3} \cdot U \cdot I$ **Scheinleistung**

$P = S \cdot \cos\varphi$ **Wirkleistung**

$Q = S \cdot \sin\varphi$ **Blindleistung**

S	gesamte Scheinleistung	W, VA
$U_{Str.}$	Strangspannung	V
$I_{Str.}$	Strangstrom	A
$S_{Str.}$	Scheinleistung eines Stranges	W, VA
U	Außenleiterspannung	V
I	Außenleiterstrom	A
P	gesamte Wirkleistung	W
Q	gesamte Blindleistung	W, var
φ	Phasenverschiebung zwischen U und I	Grad, rad

Bei gleicher Netzspannung und gleichen Widerständen fließt bei der Dreieckschaltung (△) im Außenleiter die dreifache Stromstärke wie bei der Sternschaltung (Y).

Daraus folgt:

$\frac{I_\triangle}{I_Y} = \frac{3}{1}$ $\frac{S_\triangle}{S_Y} = \frac{3}{1}$ $\frac{P_\triangle}{P_Y} = \frac{3}{1}$ $\frac{Q_\triangle}{Q_Y} = \frac{3}{1}$

$I_\triangle$, I_Y	Außenleiterstrom bei der Dreieck- bzw. Sternschaltung	A
$S_\triangle$, S_Y	Scheinleistung bei der Dreieck- bzw. Sternschaltung	W, VA
$P_\triangle$, P_Y	Wirkleistung bei der Dreieck- bzw. Sternschaltung	W
$Q_\triangle$, Q_Y	Blindleistung bei der Dreieck- bzw. Sternschaltung	W, var

F

F 10 Transformatoren

$\ddot{u} = \frac{N_1}{N_2}$ $\ddot{u} = \frac{U_1}{U_2}$ **Übersetzungsverhältnis**

$\frac{U_1}{U_2} = \frac{N_1}{N_2}$

Index 1: Primärseite
Index 2: Sekundärseite

$\ddot{u}$	Übersetzungsverhältnis	1
N_1, N_2	Windungszahlen	1
U_1, U_2	Spannungen	V
I_1, I_2	Ströme durch die beiden Spulen	A
Z_1, Z_2	Scheinwiderstände	Ω

$$\frac{I_1}{I_2} = \frac{U_2}{U_1} \qquad \frac{I_1}{I_2} = \frac{N_2}{N_1}$$

$$\frac{Z_1}{Z_2} = \frac{N_1^2}{N_2^2}$$

$S_1 = U_1 \cdot I_1$ **aufgenommene Scheinleistung**

$S_2 = U_2 \cdot I_2$ **abgegebene Scheinleistung**

$P_1 = S_1 \cdot \cos\varphi_1$ **aufgenommene Wirkleistung**

$P_2 = S_2 \cdot \cos\varphi_2$ **abgegebene Wirkleistung**

$\eta_n = \frac{S_{2n}}{S_{1n}}$ **Nennwirkungsgrad**

$\eta_n = \frac{P_{2n}}{P_{1n}} = \frac{P_{2n}}{P_{2n} + P_V}$ **Nennwirkungsgrad** (bei Ohm'scher Last)

$P_V = P_{VCu} + P_{VFe}$ **gesamte Verlustleistung**

$P_{VCu} = I_{1n}^2 \cdot R_1 + I_{2n}^2 \cdot R_2$ **Kupferverlustleistung**

Der **Index n** steht für die jeweiligen Nenngrößen

S_1	aufgenommene Scheinleistung (→ **F8**)	W, VA
S_2	abgegebene Scheinleistung	W, VA
P_1	aufgenommene Wirkleistung (→ **F8**)	W
P_2	abgegebene Wirkleistung	W
φ_1	Phasenverschiebung zwischen U_1 und I_1	Grad, rad
φ_2	Phasenverschiebung zwischen U_2 und I_2	Grad, rad
η_n	Nennwirkungsgrad (→ **A20**)	1
P_V	gesamte Verlustleistung	W
P_{VCu}	Kupferverlustleistung	W
P_{VFe}	Eisenverlustleistung	W
I_1, I_2	Nennströme durch die beiden Spulen	A
R_1, R_2	Wirkwiderstände der beiden Spulen	Ω

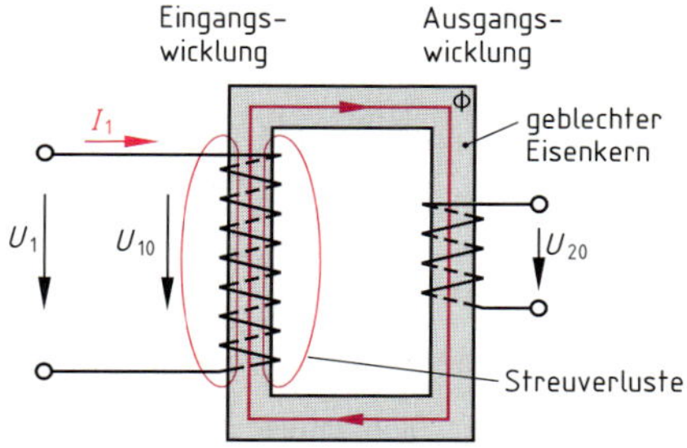

1 Φ = magnetischer Wechselfluss

F 11 Elektrische Maschinen, Schutzmaßnahmen

Zu den **elektrischen Maschinen** gehören die **Generatoren,** die mechanische Energie in elektrische Energie umwandeln, und die **Elektromotoren,** die elektrische Energie in mechanische Energie umwandeln.

→ **Berechnungsformeln** finden Sie in der umfangreichen Fachliteratur!

Generator (→ Bild 2)

Gemäß dem Prinzip „Induktion durch Bewegung eines Leiters im Magnetfeld" (→ **F5**) wird bei der Rotation einer Leiterschleife in einem Magnetfeld eine Spannung u induziert. Die elektrische Verbindung der Leiterschleife mit einem Verbraucher oder einem Messgerät erfolgt über zwei Kohlebürsten, die auf Schleifringe angepresst werden. Die Schleifringe sind mit den Leiterenden der im Magnetfeld rotierenden Leiterschleife verbunden. Wird die Leiterschleife mit einer konstanten Drehzahl gedreht, so wird eine sinusförmige Wechselspannung erzeugt. Ist der Stromkreis über einen Ohm'schen Widerstand geschlossen, so fließt dort ein sinusförmiger Wechselstrom.

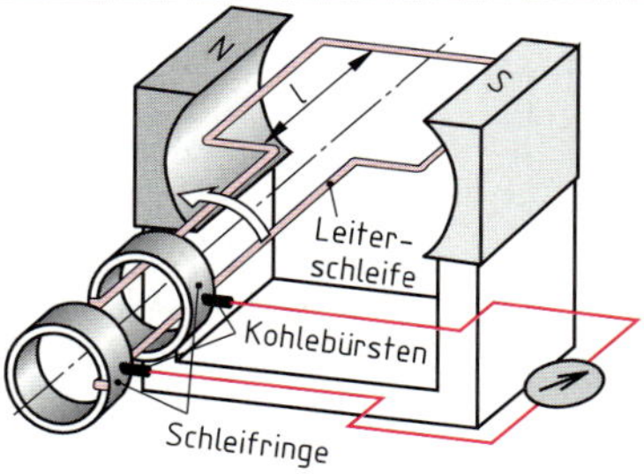

2

$u_i = N \cdot B \cdot A \cdot \omega \cdot \sin\omega t$ **induzierte Spannung**

u_i	induzierte Spannung zur Zeit t	V
N	Windungszahl der Leiterschleife	1
B	magnetische Flussdichte (→ **F5**)	T
A	Fläche der Leiterschleife	m^2
ω	Winkelgeschwindigkeit (→ **A22**)	s^{-1}
t	Zeit ab Drehbeginn von senkrechter Leiterschleifenstellung aus	s

F

Elektromotor

Alle Elektromotoren lassen sich nach folgenden Kriterien unterscheiden:

1. Stromart: ⟶ Gleichstrommotoren und Wechselstrommotoren

2. Motornennleistung: ⟶ Kleinmotoren (1 W bis etwa 1 kW)
mittelstarke Motoren (1 kW bis etwa 10 kW)
leistungsstarke Motoren (10 kW bis etwa mehrere MW)

3. Motorprinzip: ⟶ Drehstrom: Kurzschlussläufermotor, Schleifringläufermotor
Gleichstrom: fremderregter Motor, Nebenschlussmotor, Reihenschlussmotor, Doppelschlussmotor

4. Drehzahlverhalten: ⟶ Synchronverhalten
Synchronmotor: (Drehzahl ist unabhängig von der Belastung)
Asynchronmotor: (Drehzahl sinkt bei Belastung)
Nebenschlussmotor, Reihenschlussmotor

Das Grundprinzip des **Gleichstrommotors** beruht darauf, dass ein stromdurchflossener Leiter in einem Magnetfeld (→ **F5**) eine Kraft erfährt, die bei einer drehbar gelagerten Leiterschleife ein Drehmoment erzeugt (→ Bild 1).

Beim **Drehstrommotor,** der prinzipiell den selben Aufbau haben kann wie ein Drehstromgenerator (→ Bild 4, Seite 132), wird mit Hilfe des Dreiphasen-Wechselstroms und drei um jeweils 120° räumlich versetzt angeordneten baugleichen Spulen ein rotierendes Magnetfeld (Drehfeld) erzeugt. In diesem Drehfeld kann ein Läufer, der einen Dauermagneten oder eine von Gleichstrom durchflossene Ankerwicklung enthält, synchron mitdrehen. Eine solche Maschine nennt man Synchronmotor.

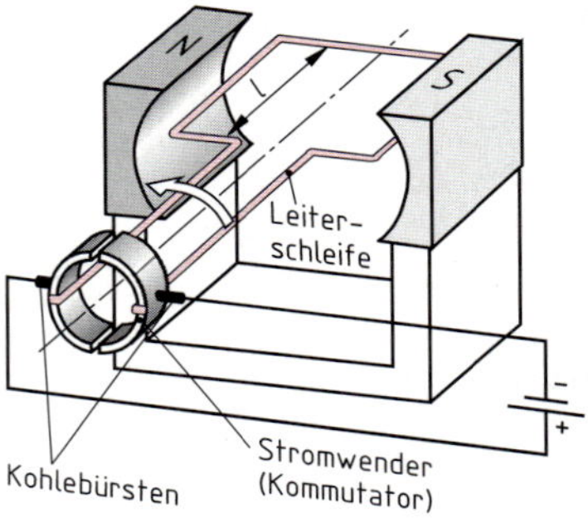

1

$\Delta n = n_s - n$	**Schlupfdrehzahl beim Asynchronmotor**	Δn	Schlupfdrehzahl (→ **A21**)	s^{-1}, min^{-1}
$s = \frac{n_s - n}{n_s} \cdot 100\ \%$	**Schlupf in %**	n_s	Drehfelddrehzahl (→ **A21**)	s^{-1}, min^{-1}
		n	Läuferdrehzahl (→ **A21**)	s^{-1}, min^{-1}
		s	Schlupf	1

Gefährliche Wirkungen des elektrischen Stromes

Bild 2 zeigt das **Zeit, Strom-Gefährdungsdiagramm** bei Wechselstrom mit 50 Hz für erwachsene Personen. Daraus ist zu ersehen, dass nicht nur die Größe der **Körperstromstärke** I, sondern auch die **Einwirkzeit** t der **Fremdströme** von Bedeutung ist.

Bereich (I in mA bei t = 10 s)	**Körperreaktionen**
① bis 0,5	Keine Reaktion des Körpers bis zur Wahrnehmbarkeitsschwelle zu erwarten.
② 0,5 bis 10	Keine schädlichen Wirkungen bis zur Loslassschwelle zu erwarten.
③ 10 bis 50	Gefahr von Herzkammerflimmern, organische Schäden nicht wahrscheinlich.
④ über 50	Herzkammerflimmern möglich (tödliche Stromwirkungen wahrscheinlich).

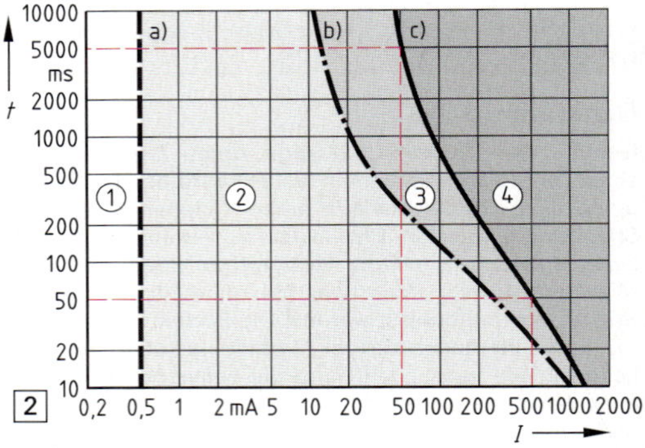

2

In Bild 2 bedeuten:

a) Wahrnehmbarkeitsschwelle

b) Loslassschwelle

c) Flimmerschwelle (Gefährdungskurve)

F

Mit einer **tödlichen Stromwirkung** ist zu rechnen, wenn die **Berührungsspannung** U_B beim Menschen 50 V bei Wechselspannung und 120 V bei Gleichspannung übersteigt. Die dabei auftretende Stromstärke I ist abhängig vom **Körperwiderstand** R_K, der sich aus dem inneren Körperwiderstand R_i und den Übergangswiderständen $R_{ü1}$ und $R_{ü2}$ zusammensetzt.

$$I = \frac{U_B}{R_K}$$ **Stromstärke**

$$R_K = R_i + R_{ü1} + R_{ü2}$$ **Körperwiderstand**

Schutzmaßnahmen gegen gefährliche Körperströme

Schutzmaßnahmen gegen direktes Berühren	Schutzmaßnahmen gegen indirektes Berühren	Schutzmaßnahmen gegen direktes und indirektes Berühren
Schutz durch:	Schutz durch:	Schutz durch:
Isolierung aktiver Teile, Abdeckung oder Umhüllung, Hindernisse, Abstand, FI-Schutzeinrichtung (als zusätzlicher Schutz)	Schutzisolierung, Schutztrennung, nichtleitende Räume, erdfreien örtlichen Potentialausgleich, FI-Schutzschalter, FU-Schutzschalter, Überstromschutzorgane	Schutzkleinspannung, Funktionskleinspannung, Begrenzung der Entladungsenergie

Schutzmaßnahmen von elektrischen Betriebsmitteln und Schutzmaßnahmen gegen elektromagnetische Störungen

Schutz von elektrischen Leitungen und Betriebsmitteln	Schutz gegen elektromagnetische Störungen
Schmelzsicherungen, Geräteschutzsicherungen (Feinsicherungen), Leitungsschutzschalter, Funkenlöschung von Schaltern	Entstörkondensator, Entstördrossel und Entstörfilter, Abschirmung; Galvanische Trennung, Potentialausgleich und Überspannungsschutz in der Energietechnik

F 12 Elektromagnetische Schwingungen

Für den Reihenschwingkreis (→ Bild 2, Seite 138) **und den Parallelschwingkreis** (→ Bild 4, Seite 138) gilt:

$f_0 = \frac{1}{2 \cdot \pi \cdot \sqrt{L \cdot C}}$	**Resonanzfrequenz**
$T_0 = 2 \cdot \pi \cdot \sqrt{L \cdot C}$	**Periodendauer**
$W = \frac{1}{2} \cdot L \cdot \hat{i}^2 = \frac{1}{2} \cdot C \cdot \hat{u}^2$	**Schwingungsenergie**
$X_{L0} = X_{C0} = \sqrt{\frac{L}{C}}$	**Blindwiderstände**
$Z_0 = R$	**Scheinwiderstand**
$S_0 = P_0$	**Leistung**

Größe	Bedeutung	Einheit
f_0	Resonanzfrequenz (→ **D5)**	s^{-1}
L	Induktivität der Spule (→ **F6)**	H
C	Kapazität des Kondensators (→ **F4)**	F
T_0	Periodendauer (→ **D2)**	s
W	Schwingungsenergie (→ **D2)**	J, Ws
$\hat{i}$	Scheitelwert der Stromst. (→ **F1)**	A
$\hat{u}$	Scheitelwert der Spannung (→ **F1)**	V
X_{L0}	induktiver Resonanzblindwiderstand (→ **F8)**	Ω
X_{C0}	kapazitiver Resonanzblindwiderstand	Ω
Z_0	Scheinwiderstand bei Resonanz (→ **F8)**	Ω
R	Wirkwiderstand (→ **F2)**	Ω
S_0	Resonanzscheinleistung (→ **F8)**	W, VA
P_0	Resonanzwirkleistung (→ **F8)**	W

Die **Null im Index** weist jeweils auf den **Resonanzfall** hin (→ **D2**).

F

Nur für den **Reihenschwingkreis** (→ Bild 2) **im Resonanzfall** gilt:

$$U_{bL0} = U_{bC0} = I_0 \cdot \sqrt{\frac{L}{C}}$$ **Blindspannungen**

$$U = U_{R0}$$ **Spannung**

$$Q_{L0} = Q_{C0} = I_0^2 \cdot \sqrt{\frac{L}{C}}$$ **Blindleistungen**

U_{bL0}	induktive Resonanzblindspannung (→ **F8**)	V
U_{bC0}	kapazitive Resonanzblindspannung (→ **F8**)	V
I_0	Resonanzstromstärke	A
L	Induktivität der Schwingkreisspule (→ **F6**)	H
C	Kapazität des Schwingkreiskondensators	F
U	Gesamtspannung	V
U_{R0}	Resonanzwirkspannung	V
Q_{L0}	induktive Resonanzblindleistung (→ **F8**)	W, var
Q_{C0}	kapazitive Resonanzblindleistung (→ **F8**)	W, var

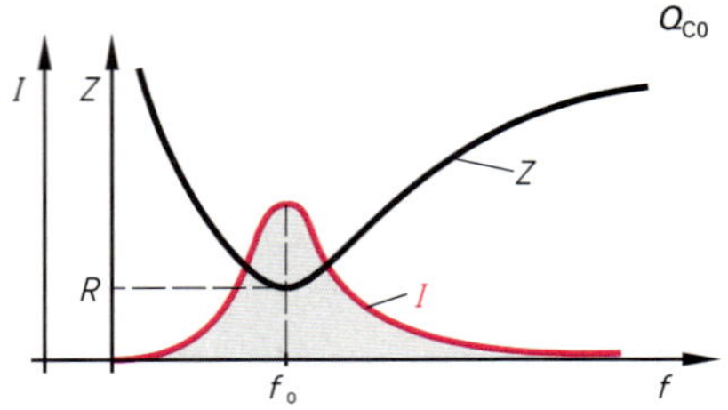

1

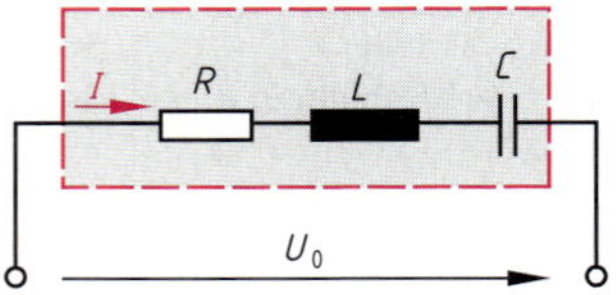

2

Der Reihenschwingkreis hat **im Resonanzfall** den geringsten Scheinwiderstand Z und lässt bevorzugt den Wechselstrom mit der Frequenz f_0 durch (→ **Bild 1**).

Nur für den **Parallelschwingkreis** (→ Bild 4) **im Resonanzfall** gilt:

$$I_{bL0} = I_{bC0} = U \cdot \sqrt{\frac{C}{L}}$$ **Resonanzstromstärke**

$$I_0 = I_{R0}$$ **Stromstärke**

$$Q_{L0} = Q_{C0} = U^2 \cdot \sqrt{\frac{C}{L}}$$ **Blindleistungen**

I_{bL0}	Resonanzstromstärke	A
I_{bC0}	Resonanzstromstärke	A
U	Gesamtspannung	V
L	Induktivität der Schwingkreisspule	H
C	Kapazität des Schwingkreiskondensators	F
I_0	Gesamtstrom (Resonanzstromstärke)	A
I_{R0}	Resonanzwirkstromstärke	A
Q_{L0}	induktive Resonanzblindleistung	W, var
Q_{C0}	kapazitive Resonanzblindleistung	W, var

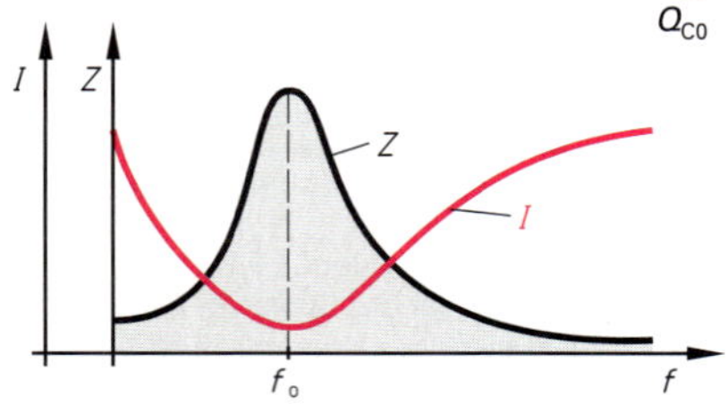

3

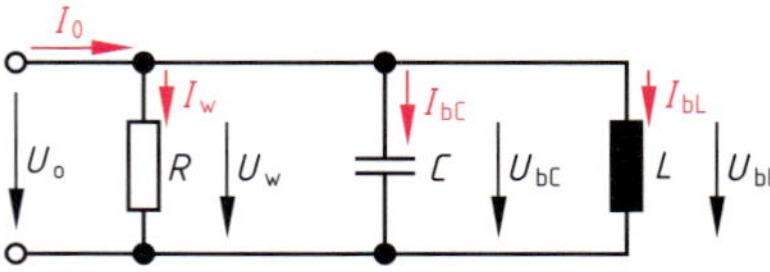

4

Der Parallelschwingkreis hat **im Resonanzfall** den größten Scheinwiderstand Z und durch ihn fließt dann die geringste Stromstärke I (→ Bild 3).

Hochpass – Tiefpass

RL-Hochpass (→ Bild 5)

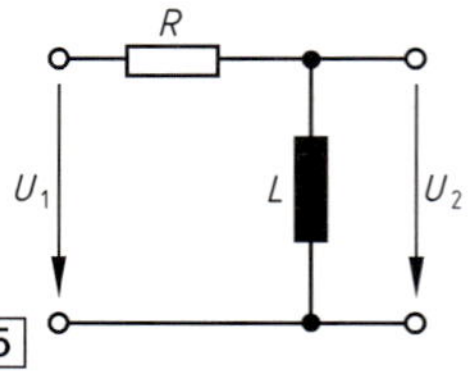

5

RC-Hochpass (→ Bild 6)

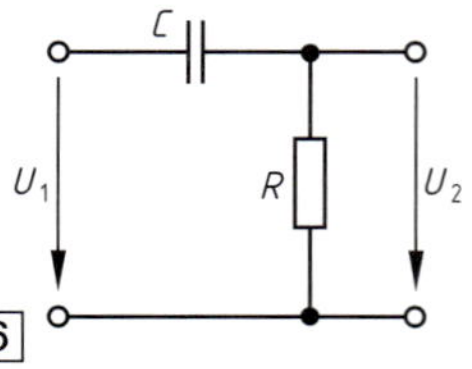

6

RC-Tiefpass (→ Bild 7)

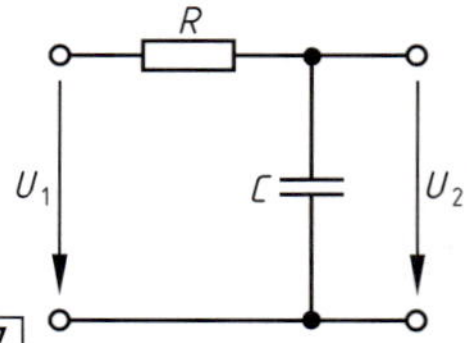

7

F

RL-Hochpass (→ Bild 5, Seite 138)	**RC-Hochpass** (→ Bild 6, Seite 138)
$\frac{U_2}{U_1} = \frac{1}{\sqrt{1 + \left(\frac{R}{\omega \cdot L}\right)^2}}$	$\frac{U_2}{U_1} = \frac{R}{\sqrt{R^2 + \left(\frac{1}{\omega \cdot C}\right)^2}}$
$f_G = \frac{R}{2 \cdot \pi \cdot L}$	$f_G = \frac{1}{2 \cdot \pi \cdot R \cdot C}$
RC-Tiefpass (→ Bild 7, Seite 138)	**RL-Tiefpass** (→ Bild 1)
$\frac{U_2}{U_1} = \frac{1}{\sqrt{1 + (\omega \cdot R \cdot C)^2}}$	$\frac{U_2}{U_1} = \frac{1}{\sqrt{1 + \left(\frac{\omega \cdot L}{R}\right)^2}}$
$f_G = \frac{1}{2 \cdot \pi \cdot R \cdot C}$	$f_G = \frac{R}{2 \cdot \pi \cdot L}$

U_1	Eingangsspannung	V
U_2	Ausgangsspannung	V
R	Widerstand	Ω
C	Kapazität	F
L	Induktivität	H
f_G	Grenzfrequenz	s^{-1}
ω	Kreisfrequenz	s^{-1}

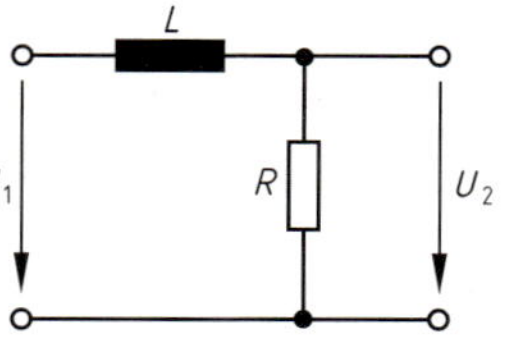

1

Hertz'scher Dipol; Elektromagnetische Wellen

Unter einem **Hertz'schen Dipol** versteht man einen Metallstab, in dem eine von einem **Hochfrequenzoszillator** erzeugte hochfrequente elektrische Schwingung stattfindet. Der Metallstab stellt einen offenen elektrischen Schwingkreis dar. Von diesem schwingenden Dipol lösen sich die elektromagnetischen Wellen ab und breiten sich mit Lichtgeschwindigkeit (→ **E2)** aus. Bei elektromagnetischen Wellen schwingen, ausgehend vom schwingenden Dipol, die elektrische und die magnetische Feldstärke senkrecht zueinander und beide stehen senkrecht zur Ausbreitungsrichtung (→ Bild 2).

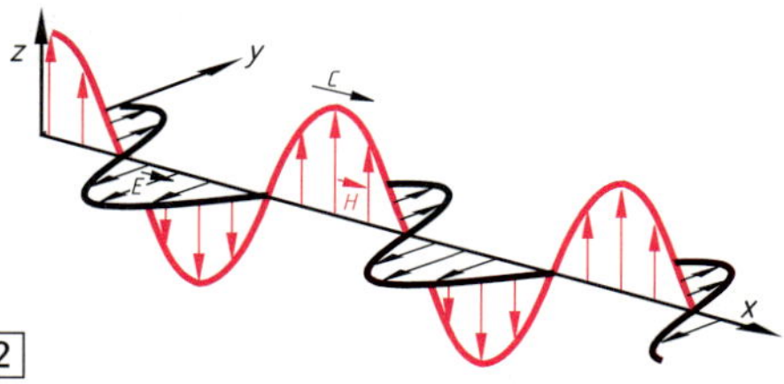

2

$c = \frac{\lambda}{T}$ $\quad c = \lambda \cdot f$	**Ausbreitungsgeschwindigkeit**
$l = \frac{\lambda}{2}$	**Dipollänge**

c	Ausbreitungsgeschwindigkeit elektromagnetischer Wellen; Lichtgeschwindigkeit (→ **E2)**	m/s
λ	Wellenlänge (→ **D7)**	m
T	Periodendauer (→ **D7)**	s
f	Frequenz (→ **D7)**	s^{-1}
l	Länge des schwingenden Dipols	m

Der Empfang elektromagnetischer Wellen durch einen Empfangsdipol ist dann am Besten, wenn die Länge des Dipols der halben Wellenlänge entspricht.

Mit Hilfe der Elektrotechnik ist es möglich, elektromagnetische Wellen mit Frequenzen zwischen fast 0 Hz und ungefähr 10^{12} Hz zu erzeugen. Die zugehörigen Wellenlängen liegen dabei zwischen mehreren Kilometern und Bruchteilen von Millimetern (→ **T15)**.

F 13 Grundlagen der Halbleitertechnik

Werkstoffe, die bezüglich ihrer elektrischen Leitfähigkeit zwischen den elektrischen Leitern und den Isolierwerkstoffen stehen, werden als **Halbleiter** bezeichnet. Es handelt sich dabei hauptsächlich um die Elemente Germanium (Ge), Silicium (Si) und Selen (Se).

Wird ein reiner nichtleitender Halbleiterkristall mit 5-wertigen Fremdatomen dotiert, so wird dieser Kristall leitend, weil er freie bewegliche Elektronen erhält; es wird ein **N-Leiter.** Wird er dagegen mit 3-wertigen Fremdatomen dotiert, so wird dieser Kristall leitend, weil er freie bewegliche Elektronenlöcher (Defektelektronen) erhält; es wird ein **P-Leiter.**

Halbleiterdiode

Wird ein N- und ein P-Leiter zusammengebracht, so entsteht an der Grenzfläche ein PN-Übergang. Ein aus einem N- und einem P-Leiter bestehendes Bauteil wird **Halbleiterdiode** genannt, weil es den Strom nur in einer Richtung durchlässt. Bild 1 zeigt die **Strom, Spannungskennlinien** einer Si-Diode und einer Ge-Diode.

Mit solchen Halbleiterdioden lassen sich Wechselspannungen und Wechselströme mit verschiedenen **Gleichrichterschaltungen** (→ Bilder 2, 3 und 4) gleichrichten. **Kennlinien dieser Gleichrichter** (→ Bilder 5, 6 und 7).

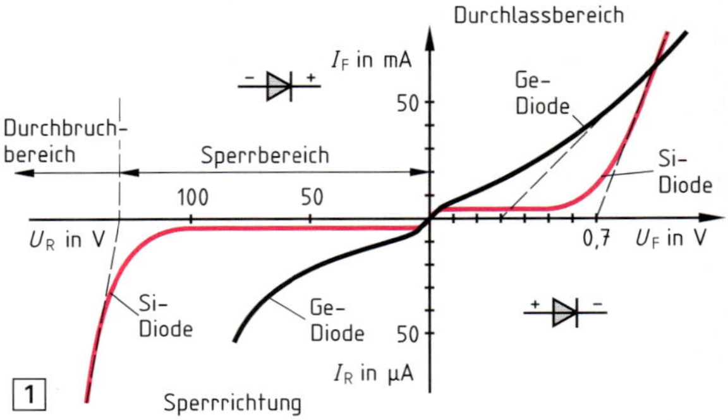

1

Einpuls-Gleichrichterschaltung	Zweipuls-Gleichrichterschaltung	Dreipuls-Gleichrichterschaltung

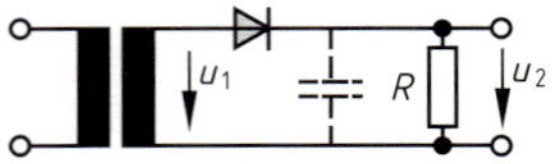

2

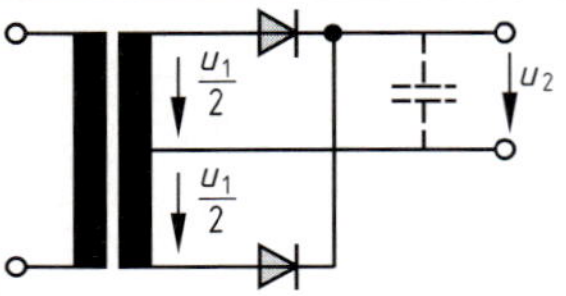

3

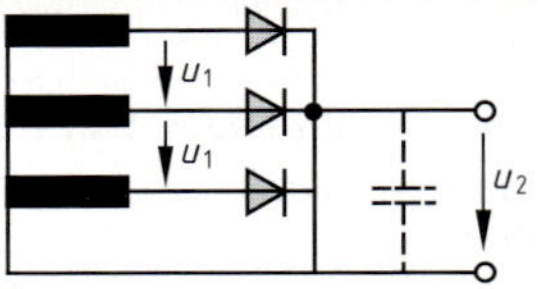

4

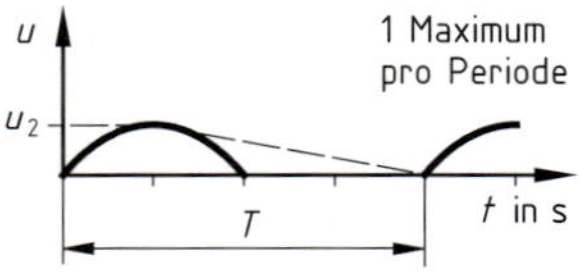

5

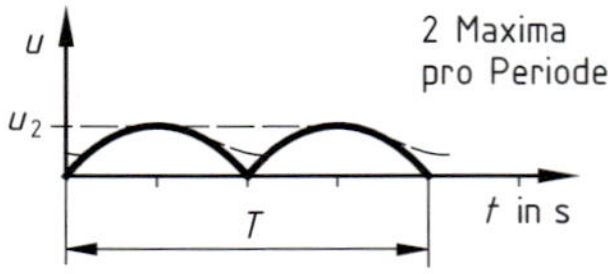

6

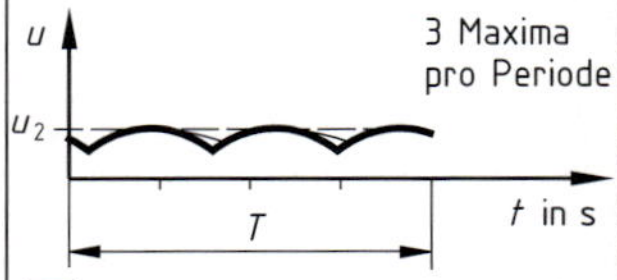

7

Transistor

Bild 8 zeigt den prinzipiellen Aufbau eines NPN- und Bild 9 den eines PNP-Transistors mit den Anschlussbezeichnungen **Kollektor** (C), **Basis** (B) und **Emitter** (E).

Der Widerstandswert der Kollektor-Emitter-Strecke kann mit U_{BE} und I_B gesteuert werden. Kleine Strom- bzw. Spannungsänderungen (ΔI_B bzw. ΔU_{BE}) im Steuerkreis führen zu großen Strom- bzw. Spannungsänderungen (ΔI_C bzw. ΔU_{CE}) im Lastkreis.

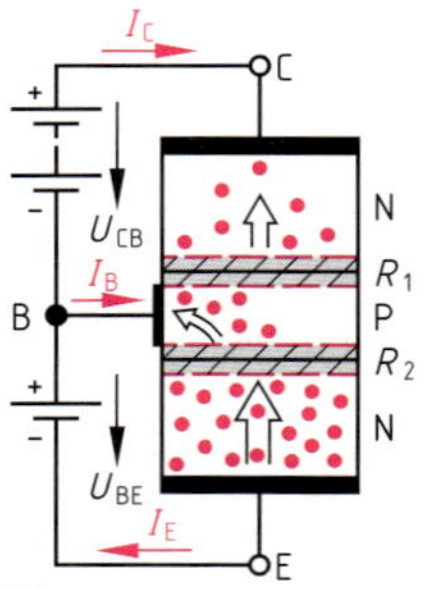

8

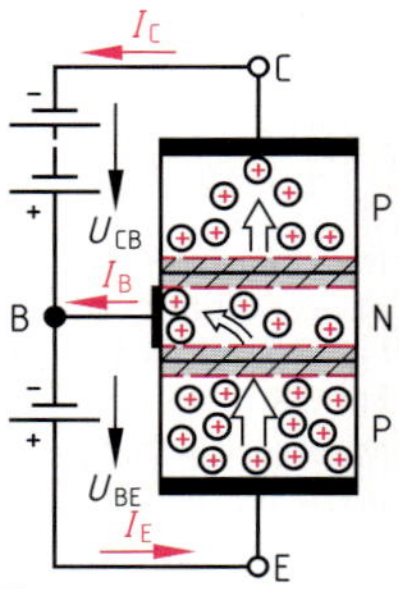

9

$I_C + I_B - I_E = 0$	**Knotenregel**
$U_{CB} + U_{BE} - U_{CE} = 0$	**Maschenregel**
$v = \frac{\Delta U_{CE}}{\Delta U_{BE}}$	**Spannungsverstärkung**

I_C	Kollektorstrom	A
I_B	Basisstrom	A
I_E	Emitterstrom	A
U_{CE}	Kollektor-Basis-Spannung	V
U_{BE}	Basis-Emitter-Spannung	V
U_{CE}	Kollektor-Emitter-Spannung	V
v	Spannungsverstärkung	1
ΔU_{CE}	Spannungsschwankung	V
ΔU_{BE}	Spannungsschwankung	V

F

G Atom- und Kernphysik

G1 Atomhülle; Quantentheorie

Dualismus des Lichtes

Licht als Welle

$c = \lambda \cdot f$	**Lichtgeschwindigkeit**
$c = \frac{1}{\sqrt{\varepsilon_0 \cdot \varepsilon_r \cdot \mu_0 \cdot \mu_r}}$	**Lichtgeschwindigkeit**
$c_0 = \frac{1}{\sqrt{\varepsilon_0 \cdot \mu_0}}$	**Lichtgeschwindigkeit im Vakuum**

c	Lichtgeschwindigkeit (→ **E2**)	m/s
λ	Wellenlänge des Lichtes (→ **E2, T15**)	m
f	Frequenz des Lichtes (→ **E2, T15**)	s^{-1}
ε_0	elektrische Feldkonstante	As/Vm
ε_r	Dielektrizitätszahl (frequenzabhängig)	1
μ_0	magnetische Feldkonstante	Vs/Am
μ_r	Permittivitätszahl (frequenzabhängig)	1
c_0	Vakuum-Lichtgeschwindigkeit (→ **E2**)	m/s

Quantencharakter des Lichtes

Beugung und **Interferenz** des Lichts (→ **E2**)

Grundgrößen des Photons

$E = h \cdot f$	**Energie (→ A18)**
$m = \frac{h \cdot f}{c_0^2} = \frac{h}{\lambda_0 \cdot c_0}$	**Masse (→ A4)**
$p = \frac{h}{\lambda_0} = \frac{h \cdot f}{c_0}$	**Impuls (→ A18, A24)**

E	Energie des Photons	J, eV
h	Planck'sche Konstante (→ **E3, T29**)	Js, eVs
f	Frequenz des Strahlungsquantes	s^{-1}
m	Masse des Photons	kg
c_0	Vakuum-Lichtgeschwindigkeit	m/s
λ_0	Wellenlänge des Photons (→ **E2**)	m
p	Impuls des Photons	kg · m/s

Photonen bewegen sich mit Lichtgeschwindigkeit und besitzen keine Ruhemasse.

$h = 6{,}62608 \cdot 10^{-34}$ Js $= 4{,}13567 \cdot 10^{-19}$ eVs
1 eV $= 1{,}6022 \cdot 10^{-19}$ J

Äußerer lichtelektrischer Effekt (Äußerer Photoeffekt)

$E_{kin\,max} = h \cdot f - E_A$	**Einstein'sche Gleichung**

Die Energie des Photons $E = h \cdot f$ ist proportional zur Frequenz f und im Diagramm als Ursprungsgerade eingezeichnet (→ Bild 1).

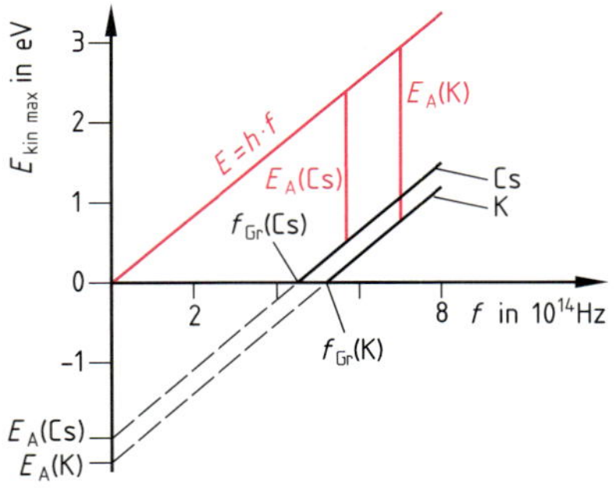

1

$E_{kin\,max}$	maximale kinetische Energie des durch ein Lichtquant ausgelösten Elektrons	J, eV
h	Planck'sche Konstante (→ **E3, T29**)	Js, eVs
f	Frequenz des eingestrahlten Lichtes (→ **E2**)	s^{-1}
E_A	Austrittsarbeit (→ **A18**) des Elektrons aus der Photokathode (→ **T26**)	J, eV

Die Planck'sche Konstante wird auch als das **Planck'sche Wirkungsquantum** bezeichnet.

In **Tabelle 26** sind die **Elektronenaustrittsarbeiten** (Ablösearbeiten) für verschiedene Elemente angegeben sowie die zugehörigen **Grenzfrequenzen** bzw. die **langwelligen Grenzen**, für die gerade noch eine Elektronenfreisetzung erfolgen kann.

Comptoneffekt (→ Bild 1)

$$\Delta\lambda = \lambda' - \lambda = \lambda_C \cdot (1 - \cos \vartheta)$$ **Wellenlängenzunahme**

$$\lambda_C = \frac{h}{m_e \cdot c_0^2} = 2{,}426 \cdot 10^{-12}\,\text{m}$$ **Compton-Wellenlänge**

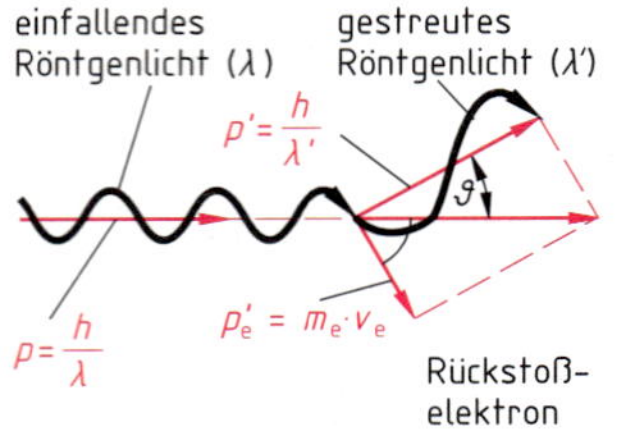

1

$\Delta\lambda$	Wellenlängenzunahme (→ **E2**)	m
λ	Wellenlänge vor dem Stoß (→ **A14**)	m
λ'	Wellenlänge nach dem Stoß (→ **A14**)	m
λ_C	Compton-Wellenlänge	m
h	Planck'sche Konstante (→ **E3, T29**)	Js, eVs
m_e	Masse des Elektrons (→ **T29**)	kg
c_0	Vakuum-Lichtgeschwindigkeit (→ **E2**)	m/s
ϑ	Streuwinkel des Röntgenquants	Grad
p	Impuls des Photons vor dem Stoß (→ **A14**)	m · kg/s
p'	Impuls des Photons nach dem Stoß	m · kg/s
p_e'	Impuls des Rückstoßelektrons	m · kg/s

Materiewellen

$$\lambda = \frac{h}{p} = \frac{h}{m \cdot v}$$ **de Broglie-Beziehung**

$$f = \frac{W}{h}$$ **Frequenz der Materiewelle**

$$\lambda = \frac{h}{\sqrt{2 \cdot Q \cdot m \cdot U}}$$ **Wellenlänge der Materiewelle**

λ	de Broglie-Wellenlänge (→ **E2**)	m
h	Planck'sche Konstante (→ **E3, T29**)	Js, eVs
p	Impuls des Teilchens (→ **A14**)	kg · m/s
m	Masse des Teilchens	kg
v	Geschwindigkeit des Teilchens	m/s
f	Frequenz der Materiewelle (→ **E2**)	s^{-1}
W	Energie des Teilchens	J, eV
Q	Ladung des Teilchens (→ **F1**)	C
U	Beschleunigungsspannung	V

Bewegt sich ein Teilchen mit der Ruhemasse *m*, der Energie *E* und dem Impuls *p*, dann kann ihr eine Materiewelle der Wellenlänge λ und der Frequenz *f* zugeordnet werden.

Heisenberg'sche Unschärferelation (Unbestimmtheitsrelation)

$$\Delta p_x \cdot \Delta x \geq \frac{h}{4 \cdot \pi}$$ **Unbestimmtheit des Ortes und des Impulses**

$$\Delta E \cdot \Delta t \geq \frac{h}{4 \cdot \pi}$$ **Unbestimmtheit der Energie und der Zeit**

Δp_x	Unbestimmtheit des Impulses p_x (→ **A14**)	kg · m/s
Δx	Unbestimmtheit der Ortskoordinate x (entsprechend y- und z-Richtung)	m
ΔE	Unbestimmtheit der Energie E	J, eV
Δt	Unbestimmtheit der Zeit t	s
h	Planck'sche Konstante (→ **E3, T29**)	Js, eVs

Rutherford'sche Streuformel (→ Bild 2)

$$I_\varphi = \frac{n \cdot A \cdot x}{16 \cdot r^2} \cdot \frac{(2 \cdot e \cdot Z \cdot e)^2}{(4 \cdot \pi \cdot \varepsilon_0 \cdot W)^2} \cdot \frac{1}{\sin^4 \frac{\varphi}{2}} \cdot I_0$$ **Intensität**

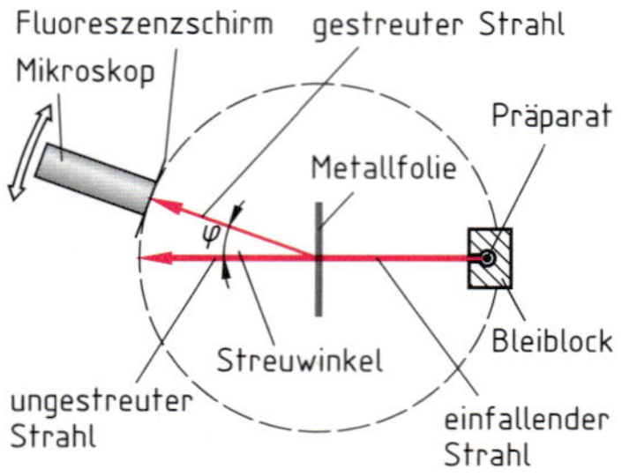

2

I_φ	Intensität des in Richtung des Streuwinkels φ gestreuten α-Teilchenstromes	s^{-1}
I_0	Intensität des einfallenden α-Teilchenstromes	s^{-1}
n	Teilchendichte in der Folie	m^{-3}
A	beschossene Fläche der Folie	m^2
x	Dicke der Folie	m
e	Elementarladung (→ **F1**)	C
Z	Kernladungszahl der streuenden Atome	1
ε_0	elektrische Feldkonstante (→ **T29**)	Vs/Am
W	kinetische Energie eines α-Teilchens	J
φ	Streuwinkel	Grad, rad
r	Abstand des Messgerätes vom streuenden Kern	m

G

Bohr'sches Atommodell

Erstes Bohr'sches Postulat

Von allen klassisch möglichen Elektronenbahnen um den Atomkern ist nur eine Anzahl stationärer Bahnen erlaubt, auf denen sich das Elektron bewegen kann, ohne zu strahlen. Jede dieser Bahnen besitzt einen ganz bestimmten Energiewert. Die sich auf diesen Bahnen bewegenden Elektronen unterliegen der **Quantenbedingung,** die besagt, dass der **Bahndrehimpuls (→ A24)** der auf den Kreisbahnen umlaufenden Elektronen nur ein ganzzahliges Vielfaches von $h / (2 \cdot \pi)$ sein kann.

$$m_e \cdot r_n \cdot v_n = n \cdot \frac{h}{2 \cdot \pi}$$ **Quantenbedingung**

h = Planck'sche Konstante (→ **E3, T29**)

$$h = 6{,}62608 \cdot 10^{-34}\ \text{Js} = 4{,}13567 \cdot 10^{-34}\ \text{eVs}$$

m_e	Masse des Elektrons (→ **T29**)	kg
r_n	Bahnradius der n-ten Bahn	m
v_n	Bahngeschwindigkeit des Elektrons auf der n-ten Bahn	m/s
n	Hauptquantenzahl $n \in N^*$ (d.h. $n \geq 1$ und ganzzahlig)	1

Zweites Bohr'sches Postulat

Beim Übergang eines Elektrons von einer Bahn mit der Gesamtenergie E_1 (W_1) auf eine Bahn mit der Gesamtenergie E_2 (W_2) wird die Energie ΔE (ΔW) in Form eines **Strahlungsquants** mit der Frequenz f aufgenommen bzw. abgegeben.

$$\Delta E = | E_1 - E_2 | = h \cdot f$$ **Energie des Strahlungsquants (→ A18, A24)**

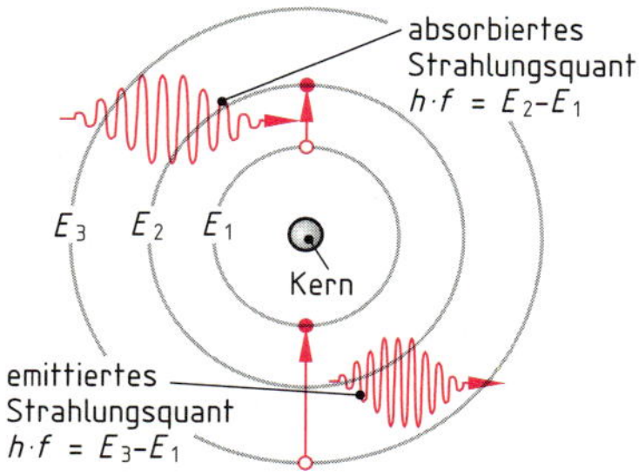

1

ΔE	abgestrahlte bzw. absorbierte Energie	J, eV
E_1, E_2	Gesamtenergie des Elektrons auf den einzelnen Bahnen	J, eV
h	Planck'sche Konstante (→ **E3, T29**)	Js, eVs
f	Frequenz des Strahlungsquantes (→ **E2**)	s^{-1}

In Bild 1 ist sowohl die Absorption als auch die Emission (→ **C21**) eines Strahlungsquants beim Übergang eines Elektrons von einer Bahn auf eine andere schematisch dargestellt.

Bahndaten bei Einelektronensystemen (Atomkerne mit nur einem kreisenden Elektron)

$$r_n = \frac{h^2 \cdot \varepsilon_0}{Z \cdot \pi \cdot m_e \cdot e^2} \cdot n^2$$ **Bahnradius der n-ten Bahn**

$$v_n = \frac{Z \cdot e^2}{2 \cdot h \cdot \varepsilon_0} \cdot \frac{1}{n}$$ **Bahngeschwindigkeit auf der n-ten Bahn**

$$E_{\text{ges n}} = \frac{Z^2 \cdot m_e \cdot e^4}{8 \cdot \varepsilon_0^2 \cdot h^2} \cdot \frac{1}{n^2}$$ **Gesamtenergie des Elektrons auf der n-ten Bahn**

r_n	Bahnradius	m
h	Planck'sche Konstante (→ **E3, T29**)	Js, eVs
ε_0	elektrische Feldkonstante (→ **T29**)	F/m
Z	Kernladungszahl (→ **T28**)	1
m_e	Masse des Elektrons (→ **T29**)	kg
e	Elementarladung (→ **E1, T29**)	C
n	Hauptquantenzahl	1
v_n	Bahngeschwindigkeit	m/s
$E_{\text{ges n}}$	Gesamtenergie	J, eV

Für das Wasserstoffatom ($Z = 1$) ergibt sich in Abhängigkeit von n:

$$r_n = 5{,}29 \cdot 10^{-11} \cdot n^2\ \text{m}$$ **Bahnradien**

$$v_n = 2{,}19 \cdot 10^6 \cdot \frac{1}{n} \cdot \frac{\text{m}}{\text{s}}$$ **Bahngeschwindigkeiten**

$$E_{\text{ges n}} = -13{,}60 \cdot \frac{1}{n^2}\ \text{eV}$$ **Gesamtenergie**

G

In der untenstehenden Tabelle sind die sechs untersten Energiebeträge des Elektrons im Wasserstoffatom zusammengestellt und im nebenstehenden **Energieniveauschema** grafisch dargestellt (→ Bild 1).

Hauptquantenzahl n	**Energie** $E_{\text{ges n}}$ in eV (bezogen auf $E_\infty = 0$)	**Energie** $E_{\text{ges n}}$ in eV (bezogen auf $E_1 = 0$)
1	–13,60	0
2	– 3,40	10,20
3	– 1,51	12,09
4	– 0,85	12,75
5	– 0,54	13,06
6	– 0,38	13,22
.	.	.
.	.	.
$n \to \infty$	0	13,60

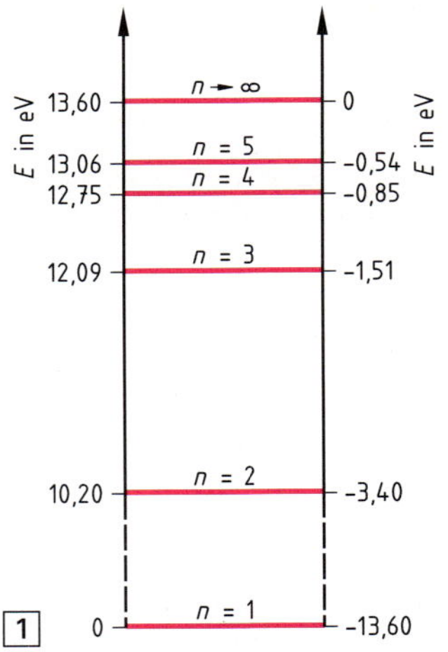

1

Lichtemission der Atome, Wasserstoffspektrum

Nach dem 2. Bohr'schen Postulat wird die **emittierte bzw. die absorbierte Energie (→ C21)** bei einem Bahnübergang des Elektrons wie folgt berechnet:

$$\Delta E = |E_1 - E_2| = h \cdot f$$

ΔE	Energie (→ **A18**) des absorbierten bzw. des emitterten Strahlungsquants	J, eV
E_1, E_2	Gesamtenergie des Elektrons auf den einzelnen Bahnen	J, eV
h	Planck'sche Konst. (→ **E3, T29**)	Js, eVs
f	Frequenz des Strahlungsquants (→ **E2**)	s^{-1}

Für wasserstoffähnliche Ionen (Kerne mit nur einem kreisenden Elektron) gilt:

$$f = Z^2 \cdot c_0 \cdot R \cdot \left(\frac{1}{n^2} - \frac{1}{m^2}\right)$$ **Frequenz**

$$\frac{1}{\lambda} = Z^2 \cdot R \cdot \left(\frac{1}{n^2} - \frac{1}{m^2}\right)$$ **Wellenzahl**

$$E = h \cdot Z^2 \cdot c_0 \cdot R \cdot \left(\frac{1}{n^2} - \frac{1}{m^2}\right)$$ **Energie**

$$R = \frac{m_e \cdot e^4}{8 \cdot \varepsilon_0^2 \cdot h^3 \cdot c_0}$$ **Rydbergkonstante**

$$R = 10{,}97 \cdot 10^6\ \text{m}^{-1}$$ **Rydbergkonstante**

f	Frequenz der Strahlung (→ **E2**)	s^{-1}
Z	Kernladungszahl (→ **T28**)	1
c_0	Lichtgeschwindigkeit (→ **E2**)	m/s
R	Rydbergkonstante (→ **T29**)	m^{-1}
n, m	Quantenzahlen	1
$1/\lambda$	Wellenzahl	m^{-1}
λ	Wellenlänge (→ **E2**)	m
m_e	Masse des Elektrons (→ **T29**)	kg
e	Elementarladung (→ **T29**)	C
ε_0	elektr. Feldkonstante (→ **T29**)	As/Vm
E	Energie	J, eV
h	Planck'sche Konstante (→ **E3, T29**)	Js, eVs

Wasserstoffspektrum ($Z = 1$):

$$f = f_R \cdot \left(\frac{1}{n^2} - \frac{1}{m^2}\right)$$ **Frequenz**

$$f_R = R \cdot c_0 = 3{,}289 \cdot 10^{15}\ \text{s}^{-1}$$ **Rydbergfrequenz**

$$\frac{1}{\lambda} = R \cdot \left(\frac{1}{n^2} - \frac{1}{m^2}\right)$$ **Wellenzahl**

$$E = h \cdot f_R \cdot \left(\frac{1}{n^2} - \frac{1}{m^2}\right)$$ **Energie**

$$E = -13{,}60 \cdot \left(\frac{1}{n^2} - \frac{1}{m^2}\right)\ \text{eV}$$ **Energie**

f	Frequenz der Strahlung (→ **E2**)	s^{-1}
f_R	Rydbergfrequenz	s^{-1}
n, m	Quantenzahlen	1
R	Rydbergkonstante (→ **T29**)	m^{-1}
c_0	Lichtgeschwindigkeit (→ **E2**)	m/s
$1/\lambda$	Wellenzahl	m^{-1}
λ	Wellenlänge (→ **E2**)	m
E	Energie	J, eV
h	Planck'sche Konstante (→ **E3, T29**)	Js, eVs

Verschiedene Arten von Spektren (→ E3):

a) Emissionsspektrum

Kontinuierliches Spektrum: Ein kontinuierliches Spektrum wird von glühenden Körpern emittiert.

Linienspektrum: Ein Linienspektrum wird von Gasen emittiert, bei denen Elektronen von höheren Energieniveaus im Atom auf tiefere, unbesetzte übergehen (Bild 1: Pfeile nach unten gerichtet).

b) Absorptionsspektrum

Linienspektrum: Ein Absorptionslinienspektrum entsteht, wenn Gase von einem kontinuierlichen Spektrum durchstrahlt werden, wobei die Quanten absorbiert werden, die ins Energieniveauschema dieser Atome passen. Dabei können Elektronen nur auf solche Niveaus angehoben werden, die unbesetzt sind (Bild 1: Pfeile nach oben gerichtet) (Fraunhofer'sche Linien).

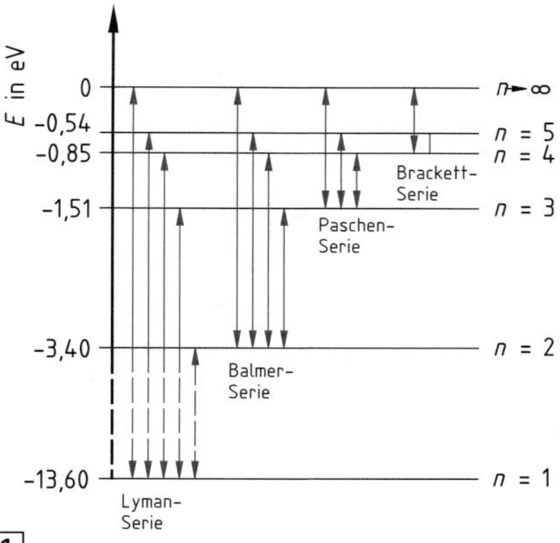

1

Spektralserien des Wasserstoffs:			
Lyman-Serie	$n = 1$	$f = f_R \cdot \left(\frac{1}{1^2} - \frac{1}{m^2}\right)$	$m = 2, 3, 4 \ldots$ UV
Balmer-Serie	$n = 2$	$f = f_R \cdot \left(\frac{1}{2^2} - \frac{1}{m^2}\right)$	$m = 3, 4, 5 \ldots$ sichtbar – UV
Paschen-Serie	$n = 3$	$f = f_R \cdot \left(\frac{1}{3^2} - \frac{1}{m^2}\right)$	$m = 4, 5, 6 \ldots$ IR
Brackett-Serie	$n = 4$	$f = f_R \cdot \left(\frac{1}{4^2} - \frac{1}{m^2}\right)$	$m = 5, 6, 7 \ldots$ IR
Pfund-Serie	$n = 5$	$f = f_R \cdot \left(\frac{1}{5^2} - \frac{1}{m^2}\right)$	$m = 6, 7, 8 \ldots$ IR

Röntgenstrahlen (→ E3)

Eigenschaften der Röntgenstrahlung

1. Röntgenstrahlen haben bei fast allen Körpern ein großes Durchdringungsvermögen.
2. Röntgenstrahlen schwärzen fotografische Schichten, sodass auf dem Film ein Bild des durchstrahlten Gegenstandes entsteht.
3. Röntgenstrahlen können Leuchtschirme zum Leuchten anregen.
4. Röntgenstrahlen breiten sich geradlinig aus und werden in elektrischen Feldern (→ **F4**) und in magnetischen Feldern (→ **F5**) nicht abgelenkt.
5. Röntgenstrahlen sind unsichtbar, sie können jedoch Gase ionisieren.
6. Röntgenstrahlen haben infolge ihres Ionisationsvermögens zerstörende Wirkung auf lebende Gewebe, weshalb mit dieser Strahlung sehr vorsichtig umgegangen werden muss.

Röntgenbremsstrahlung

Die Röntgenbremsstrahlung entsteht, wenn schnelle Elektronen im elektrischen Feld der Elektronenhülle der Atome des Anodenmaterials abgebremst werden. Die kinetische Energie wird dabei vollständig oder nur teilweise in ein Röntgenquant umgewandelt. In Bild 1, Seite 146, ist ein Röntgenbremsspektrum schematisch dargestellt, wobei an zwei Stellen noch Linien des charakteristischen Spektrums zu sehen sind.

Bei vollständiger Umwandlung der kinetischen Energie eines Elektrons in die Energie eines Röntgenquants gilt:

$$h \cdot f_{max} = e \cdot U_A$$

$$f_{max} = \frac{e \cdot U_A}{h}$$ **Grenzfrequenz**

$$\lambda_{min} = \frac{c_0}{f_{max}} = \frac{c_0 \cdot h}{e \cdot U_A}$$ **Grenzwellenlänge**

$$\lambda_{min} = 1{,}239\ \frac{\text{nm}}{\text{kV}} \cdot U_A$$ **Duane-Hunt'sches Gesetz**

h	Planck'sche Konstante (→ **E3, T29**)	Js, eVs
f_{max}	Grenzfrequenz	s^{-1}
e	Elementarladung (→ **T29**)	C
U_A	Beschleunigungsspannung	V
λ_{min}	Grenzwellenlänge	m
c_0	Vakuum-Lichtgeschwindigkeit (→ **E2**)	m/s

Charakteristische Röntgenstrahlung (→ Bild 1)

Das charakteristische Spektrum kommt dadurch zustande, dass die energiereichen Elektronen des Elektronenstrahles ein Elektron aus der K- oder aus der L-Schale der Atome des Anodenmaterials herausschlagen. Die entstandene Lücke wird nun von einem Elektron einer höheren Schale wieder aufgefüllt, das dabei seine Energie in Form eines Strahlungsquants abgibt. Da dabei nur Elektronenübergänge von höheren auf tiefere Bahnen vorkommen, gibt es auch hier, wie bei den Spektrallinien im sichtbaren Bereich nur Linien mit ganz bestimmten Wellenlängen. In Bild 1 ist ein charakteristisches Spektrum einem kontinuierlichen Spektrum überlagert (→ **E3**).

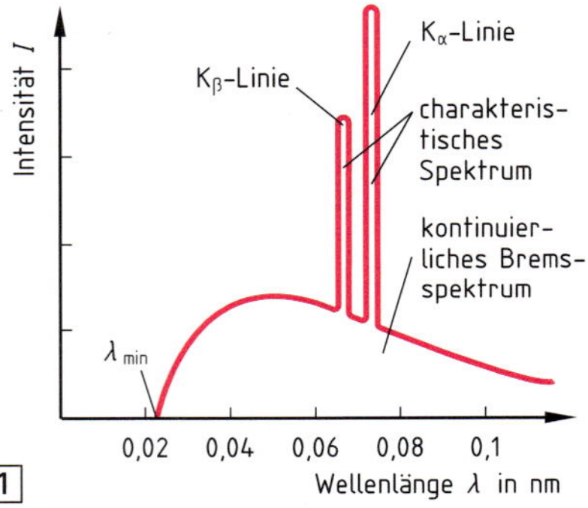

1

Moseley'sche Gleichung

Die K_α-Linie wird ausgestrahlt, wenn eine Lücke in der K-Schale (n = 1) von einem Elektron aus der L-Schale (n = 2) aufgefüllt wird.

$$\frac{1}{\lambda} = (Z-1)^2 \cdot R \cdot \left(\frac{1}{1^2} - \frac{1}{2^2}\right) = \frac{3}{4} \cdot R \cdot (Z-1)^2$$ **Wellenzahl der K_α-Linie**

$$f = \frac{3}{4} \cdot f_R \cdot (Z-1)^2$$ **Frequenz der K_α-Linie**

$$f_R = R \cdot c_0 = 3{,}289 \cdot 10^{15}\ s^{-1}$$ **Rydbergfrequenz**

$$\sqrt{f} = \sqrt{\frac{3}{4}} \cdot \sqrt{f_R} \cdot (Z-1)$$ **Moseley'sche Gleichung**

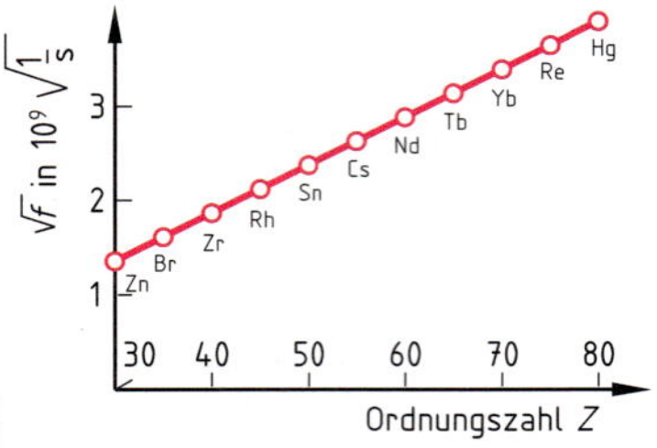

2

$1/\lambda$	Wellenzahl	m^{-1}
λ	Wellenlänge (→ **E2**)	m
Z	Kernladungszahl (→ **T28**)	1
R	Rydbergkonstante (→ **T29**)	m^{-1}
f	Frequenz (→ **E2**)	s^{-1}
f_R	Rydbergfrequenz	s^{-1}

In Bild 2 ist das Moseley'sche Gesetz grafisch dargestellt.

Mit Hilfe des **Moseley'schen Gesetzes** ist es möglich, bei der Röntgenspektroskopie die Ordnungszahl (Kernladungszahl) (→ **T27, T28**) der untersuchten Elemente zu bestimmen.

Bragg'sche Drehkristallmethode (→ Bild 1)

$n \cdot \lambda = 2 \cdot d \cdot \sin \varphi$ **Bragg'sche Gleichung**

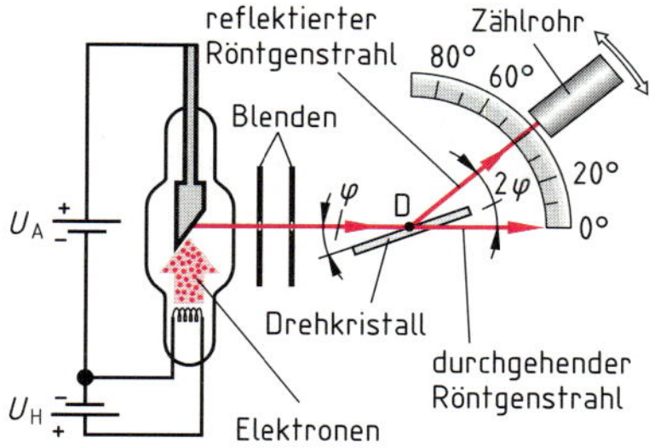

1

λ	Wellenlänge der Röntgenstrahlung (→ **E2**)	m
d	Netzebenenabstand, Gitterkonstante	m
φ	Winkel, unter dem es maximale Verstärkung gibt = Glanzwinkel	Grad, rad
$n \in N^*$	Ordnungszahl der reflektierten Strahlen	1

Die **Beugung von Röntgenstrahlen** an Kristallebenen erfolgt nach dem gleichen Prinzip wie die Beugung von Licht an einem Gitter (→ **D8, E2**).

Schwächung von Röntgen- und γ-Strahlung (→ T24)

Röntgenstrahlung

Die Schwächung von Röntgenstrahlen beim Durchgang durch Materie erfolgt durch Ionisation und durch Streuprozesse. Diese Schwächung wird mathematisch durch folgende Gleichung beschrieben:

$I = I_0 \cdot e^{-\mu \cdot d}$ **Schwächungsgesetz**

$\tau = \frac{I}{I_0}$ **Transmissionsgrad**

I	Strahlungsintensität (→ **E3**) hinter dem Abschirmmaterial	W/m²
I_0	Strahlungsintensität (→ **E3**) vor dem Abschirmmaterial	W/m²
μ	Schwächungskoeffizient (→ **T24**)	1/m
d	Schichtdicke des Abschirmmaterials	m
τ	Transmissionsgrad (→ **E4**)	1

Der Schwächungskoeffizient ist vom durchstrahlten Material und von der Energie der Röntgenstrahlung abhängig. Bei bestimmten Energien treten große Sprünge im Schwächungskoeffizienten auf.

γ-Strahlung

Die Schwächung von γ-Strahlung erfolgt im Wesentlichen auf drei verschiedene Arten:

1. Schwächung durch echte (photoelektrische) Absorption und Streuung. Schwächungskoeffizient τ_{photo}
2. Schwächung durch den Compton-Effekt. Schwächungskoeffizient $\tau_{Compton}$
3. Schwächung durch den Paarbildungseffekt. Schwächungskoeffizient τ_{Paar}

Die Summe dieser drei Schwächungskoeffizienten ergibt den Schwächungskoeffizienten μ, der wie bei der Röntgenstrahlung vom Material und von der Energie der Strahlung abhängig ist.

$\mu = \tau_{photo} + \tau_{Compton} + \tau_{Paar}$ **Schwächungskoeffizient**

$I = I_0 \cdot e^{-\mu \cdot d}$ **Schwächungsgesetz**

$d_{1/2} = \frac{\ln 2}{\mu}$ **Halbwertsdicke**

μ	Schwächungskoeffizient (→ **T24**)	1/m
τ_{photo}	Photoeffektschwächungskoeffizient	1/m
$\tau_{Compton}$	Comptoneffektschwächungskoeffizient	1/m
τ_{Paar}	Paarbildungseffektschwächungskoeffizient	1/m
I	Strahlungsintensität (→ **E3**) hinter dem Abschirmmaterial	W/m²
I_0	Strahlungsintensität (→ **E3**) vor dem Abschirmmaterial	W/m²
d	Schichtdicke des Abschirmmaterials	m
$d_{1/2}$	Halbwertsdicke (→ **T25**)	m

Unter der **Halbwertsdicke** $d_{1/2}$ (→ **T25**) eines Materials versteht man die Schichtdicke, innerhalb der die Intensität einer Strahlung (→ **E3**) von I_0 auf $I_0/2$ absinkt.

Pauli-Prinzip; Aufbau der Elektronenhülle

Pauli-Prinzip und Quantenzahlen

Innerhalb eines Atoms gibt es keine zwei Elektronen, die in allen vier **Quantenzahlen** übereinstimmen.

Diese vier Quantenzahlen sind:

Bezeichnung	Bedeutung	mögliche Werte	Bezeichnung der Schale bzw. der Unterschale
Hauptquantenzahl (HQZ) n	Durch sie wird die Schale bestimmt, der das Elektron angehört	$n = 1$ $n = 2$ $n = 3$ $n = 4$ ...	K-Schale L-Schale M-Schale N-Schale ...
Bahndrehimpuls-quantenzahl (Nebenquanten-zahl) BQZ l	Sie bestimmt den Bahndrehimpuls **(→ A24)** des Elektrons und kann bei gegebenem n alle ganzzahligen Werte von 0 bis $(n-1)$ annehmen. Die n. Hauptschale wird dadurch in n Unterschalen zerlegt.	$l = 0$ $l = 1$ $l = 2$ $l = 3$ ...	s-Unterschale p-Unterschale d-Unterschale f-Unterschale ...
Magnetquantenzahl (MQZ) m	Sie beschreibt die räumliche Quantelung gegen ein äußeres Feld. Bei gegebenem l kann m alle ganzzahligen Werte von $-l$ bis $+l$ annehmen.	0 ±1 ... $\pm l$	
Spinquantenzahl (SQZ) m_s	Sie bestimmt die beiden Orientierungsmöglichkeiten des Eigendrehimpulses **(→ A24)** des Elektrons.	$m_s = \pm 0{,}5$	

Aufbau der Elektronenhülle (→ T28)

Die Auffüllung der Energiezustände bzw. der Energieniveaus in einem Atom erfolgt nach dem **Pauli-Prinzip.** Daraus ergeben sich z.B. für die Edelgase folgende **Elektronenkonfigurationen** mit 2 bzw. 8 Elektronen auf den zum Teil nicht voll besetzten äußersten Schalen.

HQZ n	BQZ l	MQZ m	SQZ m_s	Symbolische Bezeichnung	Zahl der Elektronen		Elektronenkonfiguration der ersten vier Edelgase
1	0	0	± 0,5	$1\,s^2$	2	2	Helium ($1s^2$)
2	0	0	± 0,5	$2\,s^2$	2		
	1	−1, 0, 1	± 0,5	$2\,p^6$	6	8	Neon ($1s^2\,2s^2\,2p^6$)
3	0	0	± 0,5	$3\,s^2$	2		
	1	−1, 0, 1	± 0,5	$3\,p^6$	6	18	
	2	−2, −1, 0, 1, 2	± 0,5	$3\,d^{10}$	10		Argon ($1s^2\,2s^2\,2p^6\,3s^2\,3p^6$)
4	0	0	± 0,5	$4\,s^2$	2		
	1	−1, 0, 1	± 0,5	$4\,p^6$	6		
	2	−2, −1, 0, 1, 2	± 0,5	$4\,d^{10}$	10	32	Krypton ($1s^2\,2s^2\,2p^6\,3s^2\,3p^6$ $3d^{10}\,4s^2\,4p^6$)
	3	−3, −2, −1, 0, 1, 2, 3	± 0,5	$4\,f^{14}$	14		

Die **Elektronenanordnung im Atom** wird durch die folgende Symbolik dargestellt:

Hauptquantenzahl Bahndrehimpulsbezeichnung$^{\text{Anzahl der Elektronen}}$ z.B. $3\,p^6$

Das bedeutet, dass es in der 3. Schale 6 p-Elektronen gibt.

Als weiteres Beispiel für diese Symbolik soll das Na-Atom mit seiner **Elektronenhülle** dienen.

Die Elektronenkonfiguration des Na-Atoms sieht folgendermaßen aus: $1s^2\,2s^2\,2p^6\,3s^1$, und bedeutet, dass das Natrium-Atom 11 Elektronen besitzt und zwar 2s-Elektronen in der 1. Schale, 2s-Elektronen in der 2. Schale, 6p-Elektronen in der 2. Schale und 1s-Elektron in der 3. Schale.

G

G2 Radioaktive Strahlung

Radioaktivität

Man unterscheidet im Wesentlichen die drei folgenden **radioaktiven Strahlen**:

α-Strahlen	→ Sie bestehen aus zweifach positiv geladenen Heliumkernen.
β-Strahlen	→ Sie bestehen aus sehr schnellen Elektronen.
γ-Strahlen	→ Sie sind kurzwellige elektromagnetische Wellen (→ **E2**).

Gesetz des radioaktiven Zerfalls, Halbwertszeit, Aktivität (→ Bild 1)

$N(t) = N_0 \cdot e^{-\lambda t}$	**Zerfallsgesetz**
$N(t) = N_0 \cdot 2^{-t/T_{1/2}}$	**Zerfallsgesetz**
$T_{1/2} = \frac{\ln 2}{\lambda} = \frac{0{,}693}{\lambda}$	**Halbwertszeit**
$\tau = \frac{1}{\lambda}$	**mittlere Lebensdauer**
$A(t) = -\frac{\Delta N}{\Delta t}$	**Aktivität** für $\Delta t \ll T_{1/2}$
$A(t) = \lambda \cdot N(t)$	**Aktivität**
$A(t) = A_0 \cdot e^{-\lambda t}$	**Aktivität**
$A(t) = A_0 \cdot 2^{-t/T_{1/2}}$	**Aktivität**
$a(t) = \frac{A(t)}{m}$	**spezifische Aktivität**

$N(t)$	Anz. der Teilchen zur Zeit t	1
N_0	Anz. der Teilchen zur Zeit $t = 0$	1
t	Zeit	s, min, h, d, a
λ	Zerfallskonstante	s^{-1}, min^{-1}, h^{-1}, d^{-1}
τ	mittlere Lebensdauer	s, min, h, d, a
e	Eulersche Zahl = 2,7182818 …	
$T_{1/2}$	Halbwertszeit (→ **T27**)	s, min, h, d, a
$A(t)$	Aktivität nach der Zeit t	Bq, s^{-1}
ΔN	während der Zeit Δt zerfallende Kerne	1
A_0	Ausgangsaktivität	Bq, s^{-1}
$a(t)$	spezifische Aktivität	Bq/kg
m	Masse der radioakt. Substanz	kg

In Bild 1 ist das Gesetz des radioaktiven Zerfalls grafisch dargestellt.

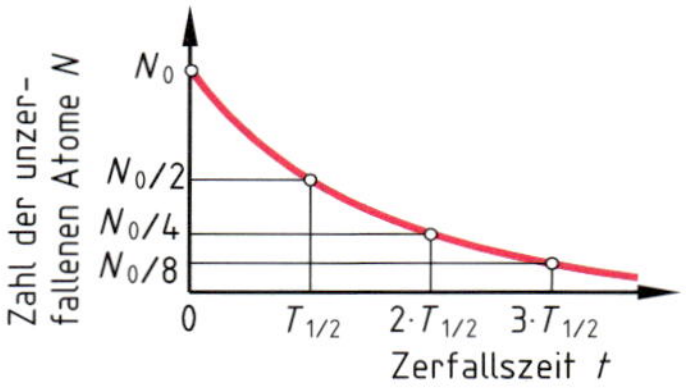

1

G3 Atomkern

Eigenschaften des Atomkerns

Die Kernladungszahl Z eines Atomkerns ist gleich der Anzahl der Protonen im Kern und gleich der Ordnungszahl des betreffenden Elements im Periodensystem der Elemente (→ **T28**).

$Q = Z \cdot e$	**Kernladung**
$r_K = 1{,}4 \cdot 10^{-15} \cdot \sqrt[3]{A}$ m	**Kernradius**
$\varrho_K \approx 1{,}5 \cdot 10^{17}$ kg/m^3	**Kerndichte**
$m_A = A_r \cdot u$	**Atommasse**

Q	Kernladung	C
e	Elementarladung (→ **T27**)	C
Z	Kernladungszahl (→ **T27**)	1
r_K	Kernradius	m
A	Massenzahl (→ **T27**)	1
ϱ_K	Kerndichte	kg/m^3
m_A	Atommasse	kg, u
A_r	relative Atommasse (→ **C6, T27, T28**)	1
u	atomare Masseneinheit (→ **C6, T29**)	kg

$m_K = m_A - Z \cdot m_e$	**Kernmasse**	
$m_K \approx m_A$	**Kernmasse ≈ Atommasse**	
$r_A = \sqrt[3]{\frac{3 \cdot m_{mol}}{4 \cdot \pi \cdot \varrho \cdot N_A}}$	**Atomradius** (bestimmt aus dichtester Kugelpackung)	
$1u = \frac{1}{12} \cdot m\,(^{12}_{6}C) = 1{,}6605 \cdot 10^{-27}$ kg		

m_A	Atommasse	kg, u
A_r	relative Atommasse (→ **C6, T27, T28**)	1
u	atomare Masseneinheit (→ **C6, T29**)	
m_K	Kernmasse	kg, u
m_e	Elektronenmasse (→ **T29**)	kg
r_A	Atomradius	m
m_{mol}	Molmasse	kg/mol
ϱ	Dichte (→ **A4**)	kg/m³
N_A	Avogadrokonstante (→ **C6, T29**)	mol⁻¹

Aufbau des Atomkerns

$A = N + Z$	**Massenzahl**
$^{A}_{Z}X$ z.B. $^{23}_{11}Na$	**Kennzeichnung des Atomkerns**

A	Massenzahl	1
N	Anzahl der Neutronen im Kern	1
Z	Anzahl der Protonen im Kern	1
X	Elementsymbol	

In Bild 1 sind einige Atomkerne schematisch dargestellt und durch ihre symbolische Schreibweise gekennzeichnet.

1

Man bezeichnet solche Atomkerne, die dieselbe Kernladungszahl Z, aber unterschiedliche Massenzahlen bzw. Neutronenzahlen haben, als **Isotope** (→ **T27**) eines bestimmten Elementes. Zum Beispiel hat das Element Wasserstoff folgende Isotope: $^{1}_{1}H$, $^{2}_{1}H$ **(Deuterium)** und $^{3}_{1}H$ **(Tritium)**, wobei jedes dieser Isotope 1 Proton, aber 0 bzw. 1 bzw. 2 Neutronen besitzt. In Bild 2 sind diese 3 Isotope schematisch dargestellt.

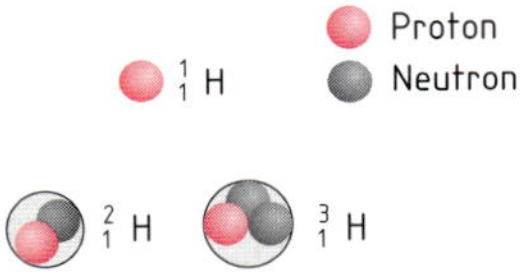

2

Kernumwandlungen beim radioaktiven Zerfall (→ T26, T27)

***α*-Zerfall**

$^{A}_{Z}X \rightarrow ^{A-4}_{Z-2}Y + ^{4}_{2}\alpha\ (^{4}_{2}He)$

$^{235}_{92}U \rightarrow ^{231}_{90}Th + ^{4}_{2}\alpha\ (^{4}_{2}He)$ **Beispiel**

***β*-Zerfall**

$^{A}_{Z}X \rightarrow ^{A}_{Z+1}Y + ^{0}_{-1}\beta\ (^{0}_{-1}e)$

$^{214}_{82}Pb \rightarrow ^{214}_{83}Bi + ^{0}_{-1}\beta\ (^{0}_{-1}e)$ **Beispiel**

$^{1}_{0}n = ^{1}_{1}p + ^{0}_{-1}\beta\ (^{0}_{-1}e)$ **Reaktion zur Bildung von Elektronen im Kern für die *β*-Emission**

A	Massenzahl des Ausgangskerns	1
Z	Kernladungszahl des Ausgangskerns	1
X	Elementsymbol des Ausgangskerns	
Y	Elementsymbol des Endkerns	

Beim ***α*-Zerfall** verringert sich die **Kernladungszahl** um 2, während sich die **Massenzahl** um 4 verringert.

Beim ***β*-Zerfall** erhöht sich die **Kernladungszahl** um 1, während die **Massenzahl** konstant bleibt.

Eine Folge des α-Zerfalls oder des β-Zerfalls ist in vielen Fällen die Emission von γ-Strahlen.

Radioaktive Zerfallsreihen

In der Natur kommen vier Zerfallsreihen vor, die jeweils von einer radioaktiven Substanz ausgehen und über verschiedene Zwischenstufen bis zu einem stabilen Endkern führen.

(→ nebenstehende Tabelle)

Reihe	Ausgangskern	Endkern
Thorium-Reihe	$^{232}_{90}Th$	$^{208}_{82}Pb$
Neptunium-Reihe	$^{241}_{94}Pu$	$^{209}_{83}Bi$
Uran-Radium-Reihe	$^{238}_{92}U$	$^{206}_{82}Pb$
Uran-Actinium-Reihe	$^{235}_{92}U$	$^{207}_{82}Pb$

G

Als **Beispiel** einer solchen **radioaktiven Zerfallsreihe** soll die Uran-Radium-Reihe dargestellt werden.

$$^{238}_{92}U \xrightarrow[4,5\cdot 10^9\ a]{\alpha} {}^{234}_{90}Th \xrightarrow[24,1\ d]{\beta} {}^{234}_{91}Pa \xrightarrow[1,2\ min]{\beta} {}^{234}_{92}U \xrightarrow[2,5\cdot 10^5\ a]{\alpha} {}^{230}_{90}Th \xrightarrow[7,5\cdot 10^4\ a]{\alpha} {}^{226}_{88}Ra \xrightarrow[1600\ a]{\alpha} {}^{222}_{86}Rn \xrightarrow[3,8\ d]{\alpha}$$

$$^{218}_{84}Po \xrightarrow[3\ min]{\alpha} {}^{214}_{82}Pb \xrightarrow[28\ min]{\beta} {}^{214}_{83}Bi \begin{smallmatrix} \xrightarrow[19,8\ min]{\alpha} \\ \xrightarrow[\ ]{\beta} \end{smallmatrix} \begin{smallmatrix} {}^{210}_{81}Ti \xrightarrow[1,2\ min]{\beta} \\ {}^{214}_{84}Po \xrightarrow[0,16\ ms]{\alpha} \end{smallmatrix} {}^{210}_{82}Pb \xrightarrow[22\ a]{\beta} {}^{210}_{83}Bi \xrightarrow[5,0\ d]{\beta} {}^{210}_{84}Po \xrightarrow[138\ d]{\alpha} {}^{206}_{82}Pb$$

|1|

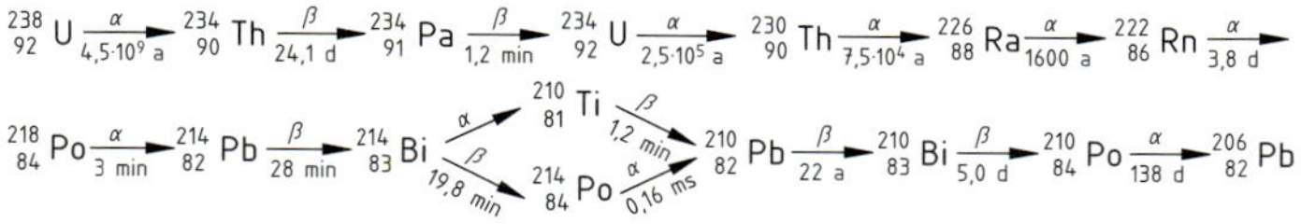

Künstliche Kernumwandlungen

Durch Beschuss stabiler Kerne mit energiereichen Atombausteinen (z. B. Elektronen, Protonen, Neutronen, α-Teilchen) oder auch mit γ-Strahlen können **Kernumwandlungen** in großer Zahl und Mannigfaltigkeit erzwungen werden. Beispiele dafür sind folgende Reaktionen, die in ausführlicher Form und in Kurzschreibweise dargestellt sind:

$K_1 + a \rightarrow K_2 + b$	**ausführliche Form**	K_1	Ausgangskern, Targetkern
		K_2	Endkern, Restkern
$K_1\ (a, b)\ K_2$	**Kurzschreibweise**	a	eindringendes Teilchen
		b	emittiertes Teilchen
$^{14}_{7}N + {}^{4}_{2}He \rightarrow {}^{18}_{9}F \rightarrow {}^{17}_{8}O + {}^{1}_{1}p\ ({}^{1}_{1}H)$		$^{14}_{7}N\ (\alpha, p)\ {}^{17}_{8}O$	1. künstliche Kernreaktion
$^{9}_{4}Be + {}^{4}_{2}He \rightarrow {}^{13}_{6}C \rightarrow {}^{12}_{6}C + {}^{1}_{0}n$		$^{9}_{4}Be\ (\alpha, n)\ {}^{12}_{6}C$	Diese Reaktion führte zur Entdeckung des Neutrons
$^{238}_{92}U\ (n, \gamma)\ {}^{239}_{92}U \xrightarrow{\beta} {}^{239}_{93}Np \xrightarrow{\beta} {}^{239}_{94}Pu$		**Brutreaktion**	

G4 Kernenergie

Massendefekt und Bindungsenergie

$\Delta m = Z \cdot m_H + (A - Z) \cdot m_n - m_A$ **Massendefekt**

$W_B = \Delta m \cdot c^2$ **Bindungsenergie**

$\dfrac{W_B}{A} = \dfrac{\Delta m \cdot c^2}{A}$ **Bindungsenergie/Nukleon**

Δm	Massendefekt	kg, u
m_H	Masse des Wasserstoffatoms	kg, u
m_n	Masse des Neutrons (→ **T29**)	kg, u
m_A	Masse des Atoms (→ **T28**)	kg, u
Z	Kernladungszahl (→ **T28**)	1
A	Massenzahl	1
W_B	Bindungsenergie	J, eV
W_B/A	Bindungsenergie/Nukleon	J, eV
c	Lichtgeschwindigkeit (→ **T29**)	m/s

Der Massendefekt Δm ergibt sich aus der Summe aller Massen der ein Atom bildenden Bestandteile (Protonen, Neutronen, Elektronen) abzüglich der **Masse** des Atoms.

In Bild 2 ist die mittlere Bindungsenergie/Nukleon in Abhängigkeit von der Massenzahl dargestellt. Dabei ist zu sehen, dass Atome in der Nähe von $A = 60$ am festesten gebunden sind. Deshalb kann **Kernenergie** gewonnen werden, wenn schwerere Kerne gespalten werden (**Kernspaltung**), oder wenn leichte Kerne zu schwereren verschmolzen werden (**Kernfusion**).

|2|

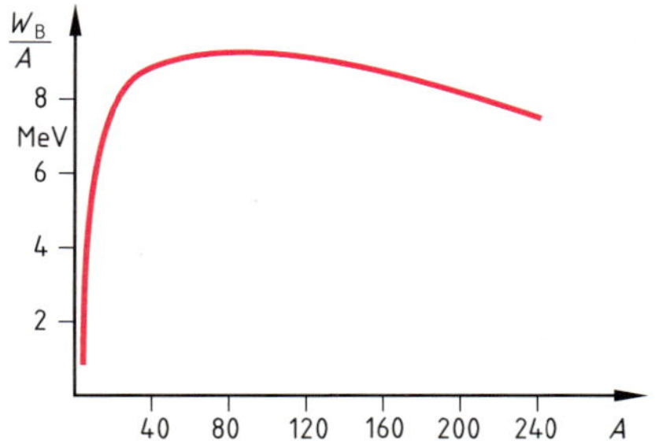

Kernspaltung

In Bild 1, Seite 152, ist eine von vielen Möglichkeiten der Spaltung eines Urankerns schematisch dargestellt. Die bei einer Kernspaltung freiwerdende Energie von etwa 200 MeV setzt sich ungefähr folgendermaßen zusammen:

Freiwerdende Energie während der Spaltung		Freiwerdende Energie während der Zerfallsreihe	
kinetische Energie der Spaltprodukte	≈ 165 MeV	Energie der β-Strahlung	≈ 7 MeV
kinetische Energie der Neutronen	≈ 5 MeV	Energie der γ-Strahlung	≈ 7 MeV
Energie der γ-Quanten	≈ 6 MeV	Energie der Antineutrinos	≈ 10 MeV

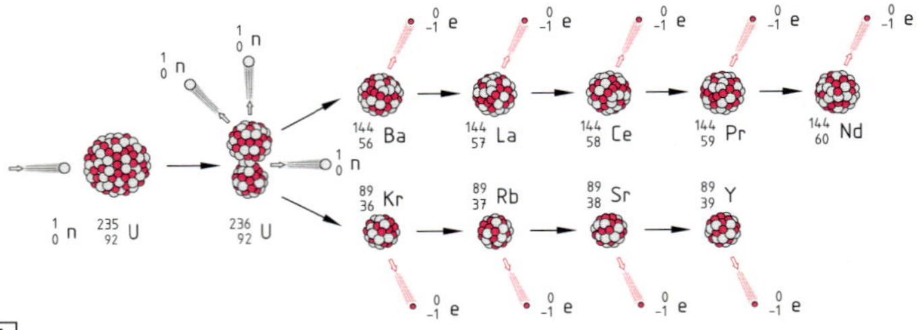

1

Kernverschmelzung

Eine mögliche Reaktionskette zur **Fusion** von vier Wasserstoffkernen (Protonen) führt bei einer Temperatur von über 10^6 K (→ **C1**) zum Helium, wobei eine Energie von 26,7 MeV frei wird. Außerdem entstehen noch zwei Positronen, γ-Quanten und Neutrinos. Diese Reaktion setzt sich aus folgenden Teilreaktionen zusammen:

$^{1}_{1}H + ^{1}_{1}H \rightarrow ^{2}_{1}H + ^{0}_{1}e$ (Positron) $+ ^{0}_{0}\nu_e$ (Elektroneneutrino)

$^{2}_{1}H + ^{1}_{1}H \rightarrow ^{3}_{2}He$

$^{3}_{2}He + ^{3}_{2}He \rightarrow ^{4}_{2}He + 2\,^{1}_{1}H$

$4\,^{1}_{1}H \rightarrow ^{4}_{2}He + 2\,^{0}_{1}e + 2\,\gamma + 2\,^{0}_{0}\nu_e + 26{,}7\ \text{MeV}$ **Gesamtreaktion**

G5 Dosimetrie und Strahlenschutz

Dosisbegriffe

Aktivität (→ G2)

Unter der Aktivität A versteht man die Zahl der Zerfälle ΔN während dem Zeitintervall Δt.

Die Einheit der Aktivität ist ein Bq (Becquerel).
1 Bq = 1 s^{-1} = $0{,}27 \cdot 10^{-10}$ Ci (Curie; frühere, jetzt nicht mehr gültige Einheit).

$$A = \frac{\Delta N}{\Delta t}$$ **Aktivität**

A	Aktivität	Bq, s^{-1}
ΔN	während der Zeit Δt zerfallene Atomkerne	1
Δt	Zeitintervall	s

Ionendosis, Ionendosisleistung

Unter der Ionendosis J versteht man den Quotienten aus der durch Ionisation der radioaktiven Strahlung erzeugten Ladung Q (→ **F1**) und der durchstrahlten Masse m.

Die Einheit der Ionendosis ist 1 C/kg = $0{,}39 \cdot 10^4$ R (Röntgen; frühere, jetzt nicht mehr gültige Einheit).

$$J = \frac{Q}{m}$$ **Ionendosis**

$$j = \frac{\Delta J}{\Delta t}$$ **Ionendosisleistung** **Ionendosisrate**

J	Ionendosis	C/kg
Q	durch Strahlung erzeugte Ladung (→ **F1**)	C
m	durchstrahlte Masse	kg
j	Ionendosisleistung	C/(kg · s)
ΔJ	während der Zeit Δt entstandene Ionendosis	C/kg

G

Energiedosis, Energiedosisleistung

Unter der Energiedosis D versteht man den Quotienten aus der von der durchstrahlten Masse absorbierten Strahlungsenergie E und der durchstrahlten Masse m.

$D = \frac{E}{m}$ **Energiedosis**

$\dot{D} = \frac{\Delta D}{\Delta t}$ **Energiedosisleistung Energiedosisrate**

Die Einheit der Energiedosis ist 1 Gy (Gray) = 1 J/kg = 100 rad (frühere, jetzt nicht mehr gültige Einheit)

D	Energiedosis	Gy
E	absorbierte Energie	J
m	durchstrahlte Masse	kg
$\dot{D}$	Energiedosisleistung	Gy/s
ΔD	während der Zeit Δt absorbierte Energiedosis	Gy

Äquivalentdosis, Äquivalentdosisleistung

Unter der Äquivalentdosis versteht man die mit einem Bewertungsfaktor (Qualitätsfaktor) multiplizierte Energiedosis. Dadurch wird die unterschiedliche biologische Wirksamkeit verschiedener Strahlenarten bei gleicher Energiedosis berücksichtigt. In der nebenstehenden Tabelle sind die Bewertungsfaktoren für die unterschiedlichen Strahlenarten angegeben.

Strahlenart	Bewertungsfaktor
Röntgenstrahlen (→ **E2**)	1
γ-Strahlung	1
Elektronen, β-Strahlung	1
Thermische Neutronen	4
Schnelle Neutronen	10
α-Strahlen	20

$H = q \cdot D$ **Äquivalentdosis**

$\dot{H} = \frac{\Delta H}{\Delta t}$ **Äquivalentdosisleistung**

$\dot{H} = q \cdot \dot{D}$ **Äquivalentdosisleistung**

H	Äquivalentdosis	Sv
q	Bewertungsfaktor	1
D	Energiedosis	Gy
$\dot{H}$	Äquivalentdosisleistung	Sv/s
ΔH	während der Zeit Δt absorbierte Energiedosis	Sv
$\dot{D}$	Energiedosisleistung	Gy/s

Die Einheit der Äquivalentdosis ist 1 Sv (Sievert). 1 Sv = 1 J/kg = 100 rem (frühere, jetzt nicht mehr gültige Einheit).

Umrechnungsfaktoren für Curie, Röntgen, Rad und Rem

Aktivität 1 Curie = 1 Ci = $3{,}7 \cdot 10^{10}$ Bq

Energiedosis 1 Rad = 1 rd = 0,01 Gy = 0,01 J/kg (Rad: **R**adiation **a**bsorbed **d**ose)

Ionendosis 1 Röntgen = 1 R = $2{,}58 \cdot 10^{-4}$ C/kg

Äquivalentdosis 1 Rem = 1 rem = 0,01 Sv = 0,01 J/kg (Rem: **R**oentgen **e**quivalent **m**an)

Energiedosisleistung und Aktivität

Eine punktförmige Strahlenquelle mit der Aktivität A verursacht im Abstand r von der Strahlenquelle die Energiedosisleistung.

$\frac{\Delta D}{\Delta t} = k \cdot \frac{A}{r^2}$ **Energiedosisleistung Energiedosisrate**

$\frac{\Delta D}{\Delta t}$	Energiedosisleistung	Gy/s
A	Aktivität	Bq, s^{-1}
r	Abstand	m
k	Energiedosisleistungskonstante	$Sv \cdot m^2/(h \cdot Bq)$

Die Energiedosisleistungskonstante k ist von der Energie der Strahlung abhängig und hat für jeden Strahler einen charakteristischen Wert. In der nebenstehenden Tabelle ist die Dosiskonstante k für einige γ-Strahler angegeben.

Energiedosisleistungskonst. *k* einiger Radionuklide

γ-Strahler	k in 10^{-12} $Sv \cdot m^2/(h \cdot Bq)$
Na-24	0,46
Co-60	0,34
J-131	0,055
Cs-137	0,077
Ra-226	0,22

G

Abschirmung radioaktiver Strahlung (→ T24, T25)

α- **bzw.** β**-Strahlen** lassen sich bereits durch dünne Folien bzw. durch dünne Metallplatten vollständig abschirmen. Ein Maß für das **Abschirmverhalten** verschiedener Stoffe gegenüber Röntgen- und γ-Strahlung ist die **Halbwertsdicke**, die angibt, nach welcher Strecke, die Dosisleistung der Strahlung auf die Hälfte des Ausgangswertes gesunken ist. In Bild 1 ist das Abschirmverhalten für die verschiedenen Strahlenarten dargestellt.

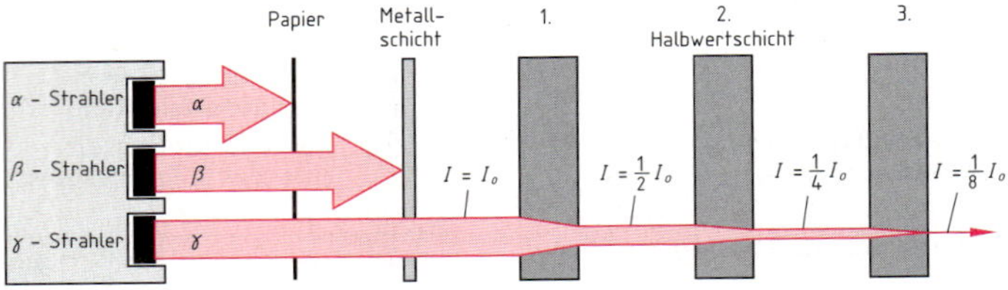

1

Die **Abschirmung von Neutronenstrahlen** erfolgt in zwei Schritten:

1. Die schnellen Neutronen müssen abgebremst werden, wozu wasserstoffhaltige Materialien am besten geeignet sind.
2. Die langsamen (thermischen) Neutronen müssen eingefangen werden. Dazu werden Bor und Cadmium, aber auch dicke Betonwände verwendet.

Dosisgrenzwerte

Die derzeitige Strahlenbelastung der Bevölkerung (natürlicher und zivilisatorischer Anteil) liegt bei ungefähr 4 mSv/a. Diese Belastung setzt sich etwa folgendermaßen zusammen:

Strahlung aus natürlichen Quellen	mSv/a	**Strahlung aus zivilisatorischen Einrichtungen**	mSv/a
Kosmische Höhenstrahlung	0,5	Medizinische Radiologie	1,0
Terrestrische Strahlung	1,0	Technische Strahlenquellen	0,2
Strahlung in Gebäuden	0,4	Kosmische Strahlung im Flugzeug	0,2
Strahlung durch inkorporierte Radionuklide	0,5		

Als zusätzliche Äquivalentdosisleistung ist nach der **Strahlenschutzverordnung** für die Bevölkerung $\dot{H}$ = 0,5 mSv/a zugelassen. Für beruflich strahlenexponierte Personen gilt ein Grenzwert von 50 mSv/a. Zugelassene **Teiläquivalentdosisleistungen** für bestimmte Körperteile liegen teilweise wesentlich höher.

Tabellenteil

T1 Physikalische Größen, deren Formelzeichen und Einheiten

Größe	Formelzeichen	Einheit
Abklingkoeffizient	δ	s^{-1}
Ablenkkraft	F	N
Absolute Luftfeuchtigkeit	ϱ	kg/m^3
Absolute Temperatur	T	K
Absoluter Druck	p_{abs}	Pa, bar
Absolutgeschwindigkeit	v	m/s
Absorptionskoeffizient	a	1
Abtrennenergie	ΔE	eV
Adhäsionskraft	F	N
Adiabatenexponent	$\varkappa$	1
Aerostatischer Druck	p	Pa, bar
Aktionskraft	F	N
Aktivität	A	Bq
Akustische Brechzahl	n	1
Allgemeine Gaskonstante	R	J/(kmol · K)
Anergie	E_2	Nm, Ws, J
Anhangskraft	F	N
Ankerspannung	U	V
Anlasswiderstand	R_v	Ω
Antrieb	I	Ns
Apertur, numerische	A	1
Äquivalentdosis	H	Sv
Äquivalentdosisleistung	$\Delta H/\Delta t$	Sv/h
Arbeit	W	Nm, Ws, J
Arbeit, elektrische	W	Ws
Atmosphärendruck	p_{amb}	Pa, bar
Atmosphärische Druckdifferenz	p_e	Pa, bar
Atommasse	m_A	kg, u
Atommasse, relative (Atomgewicht)	A_r	1
Aufdruckkraft	F_a	N
Aufgewendete Arbeit	W_a, W_{zu}	Nm, Ws, J
Aufgewendete Energie	E_{zu}, W_{zu}	Nm, Ws, J
Auftriebsbeiwert	C_A	1
Auftriebskraft	F_A	N
Ausbreitungsgeschwindigkeit	c	m/s
Ausdehnungskoeffizient	α	m/(m · K)
Ausfallwinkel	ε'	Grad
Äußere Energie	E, W	Nm, Ws, J
Avogadro-Konstante	N_A	mol^{-1}
Bahngeschwindigkeit	v_n	m/s
Bahnradius	r_n	m
Basis-Emitterspannung	U_{BE}	V
Basisstrom	I_B	A
Beleuchtungsstärke	E_v	lm/m^2
Beschleunigung	a	m/s^2
Beschleunigungsarbeit	W_a	Nm, J
Beschleunigungskraft	F_a	N
Beschleunigungsleistung	P_a	W
Bestrahlungsstärke	E_0	W/m^2
Bewegungsenergie	W_{kin}	Nm, J
Bewegungsgröße	p	kg m/s
Bezugsschalldruck	p_{effo}	N/m^2 = Pa
Bezugsschall-Leistung	P_o	W
Bildgröße	B	m
Bildweite	b	m
Bindungsenergie	E	J
Blindleistung, kapazitiv	Q_C	W, var
Blindleistung, induktiv	Q_L	W, var
Blindspannung, induktiv	U_{bL}	V
Blindstrom, induktiv	I_{bL}	A
Blindwiderstand, induktiver	X_L	Ω
Blindwiderstand, kapazitiver	X_C	Ω
Bodendruckkraft	F_b	N
Bogenmaß	$\widehat{\alpha}$	rad
Brechungsquotient	n	1
Brechwert	D	m^{-1} = dpt
Brechzahl	n	1
Bremsleistung	P_{Br}	W
Brennweite	f	m
Brennwert, spezifischer	H_0	kJ/kg, kJ/m_n^3
Bruchdehnung	ε	1
Coriolisbeschleunigung	a_c	m/s^2
Corioliskraft	F_c	N
Coulomb'sche Anziehungskraft	F_{Coul}, F	N
Dampfdichte	ϱ	kg/m^3
Dämpfungsgrad	ϑ	1
Dämpfungsverhältnis	k	1
Debye-Frequenz	f	Hz = s^{-1}
Dichte	ϱ	kg/m^3
Diffusionskoeffizient	D	m^2/h
Diffusionsstromdichte	i	$kg/(m^2 \cdot h)$
Direktionsgröße	D	N/m
Drall	L	kg m^2/s
Dreharbeit	W_{rot}	Nm, J
Drehenergie	W_{rot}	Nm, J
Drehfelddrehzahl	n_s	s^{-1}
Drehimpuls	L	kg m^2/s
Drehleistung	P	W
Drehmoment	M_d, M	Nm
Drehstoß	H	N · m · s
Drehwinkel	φ	rad
Drehzahl	n	min^{-1}
Drehzahländerung	Δn	min^{-1}
Druck	p	N/m^2 = Pa
Druckenergie	E_d	Nm, J
Druckhöhe	h_{st}	m
Druckkraft	F	N
Druckspannung	σ_d	N/mm^2
Druckwiderstandsbeiwert	C_D	1
Druckwiderstandskraft	F_D	N
Durchlassspannung	U_F	V
Durchlassstromstärke	I_F	A

Größe	Formelzeichen	Einheit
Durchsatz	$\dot{V}$	m^3/s
Durchschnittsbeschleunigung	a_m	m/s^2
Durchschnittsgeschwindigkeit	v_m	m/s
Dynamische Auftriebskraft	F_A	N
Dynamische Querkraft	F_q	N
Dynamischer Druck	p_{dyn}	$N/m^2 = Pa$
Eigenfrequenz	f	$Hz = s^{-1}$
Eigenträgheitsmoment	J_s	$kg\ m^2$
Einfallwinkel	ε	Grad
Elastische Verlängerung	Δl	m, mm
Elastizitätsmodul	E	N/mm^2
Elektrische Arbeit	W	Ws, J
Elektrische Durchflutung	Θ	A
Elektrische Feldkonstante	ε_0	F/m, As/Vm
Elektrische Feldstärke	E	V/m, N/C
Elektrische Kapazität	C	F, C/V
Elektrische Ladung	Q	C
Elektrische Ladungsmenge	Q	C
Elektrische Leistung	P	W = VA
Elektrische Leitfähigkeit	γ	$m/(\Omega \cdot mm^2)$
Elektrische Spannung	U	V
Elektrische Stromstärke	I	A
Elektrischer Leitwert	G	S
Elektrischer Widerstand	R	Ω
Elektrisches Übersetzungsverhältnis	$ü$	1
Emissionskoeffizient	ε	1
Emitterstrom	I_E	A
Empfängerfläche	A_2	m^2
Energie	E, W	Nm, Ws, J
Energie der Lage	W_{pot}	Nm, J
Energiedosis	D	J/kg, Gy
Energiedosisleistung	$\Delta D/\Delta t$	Gy/h
Energiedosisleistungskonstante	k	$Gy \cdot m^2/(h \cdot Bq)$
Energiestrom	E	J/s
Enthalpie	H	J, kJ
Enthalpie, spezifische	h	kJ/kg
Entropie	S	J/K
Entropie, spezifische	s	$J/(kg \cdot K)$
Erdanziehungskraft	F_G	N
Erdbeschleunigung	g	m/s^2
Erregerfrequenz	f	$Hz = s^{-1}$
Erregerspannung	U_E	V
Erregerstrom	I_E	A
Ersatzwiderstand	R_{12}	Ω
Erzeugerspannung	U_o	V
Fahrwiderstandsarbeit	W_a	Nm
Faktor der Messbereichserweiterung	n	1
Fallbeschleunigung	g	m/s^2
Fallgeschwindigkeit	v, v_0	m/s
Fallhöhe	h	m
Federkonstante	c	N/m, N/mm
Federkraft	F	N
Federrate	c	N/m, N/mm
Federrückstellkraft	F_R	N
Federspannarbeit	W_F	Nm
Federsteifigkeit	c	N/m, N/mm
Federweg	s	m, mm
Feldkonstante, elektrische	ε_0	F/m, As/Vm
Feldkonstante, magnetische	μ_0	H/m, Vs/Am
Feldlinienlänge	l	m
Feldstärke, elektrische	E	N/C, V/m
Feldstärke, magnetische	H	A/m
Feuchtkugeltemperatur	ϑ_f	°C
Fläche	A	m^2
Flächenmoment 1. Grades	$A \cdot l$	m^3
Flächenmoment 2. Grades	I	m^4
Flächenträgheitsmoment	I	m^4
Fliehkraft	F_z	N
Fluchtgeschwindigkeit	v_t	m/s
Fluidität	φ	$(Pa \cdot s)^{-1}$
Fluss, magnetischer	Φ	Vs, Wb
Flussdichte, magnetische	B	$T, Vs/m^2$
Flüssigkeitsgewicht	F_G	N
Formänderungsarbeit	W_f	Nm
Frequenz	f	$Hz = s^{-1}$
Frequenzverhältnis	–	1
Führungsgeschwindigkeit	v	m/s
Gangunterschied	Δs	m
Gasdichte	ϱ	kg/m^3
Gaskonstante, spezifische	R_B	$J/(kg \cdot K)$
Gaskonstante, universelle	R	$J/(kmol \cdot K)$
Gegenstandsgröße	G	m
Gegenstandsweite	g	m
Geodätische Höhe	h	m
Geodätischer Druck	p_h	$N/m^2 = Pa$
Gesamtleitwert	G	S
Gesamtspannung	U	V
Gesamtstrom	I	A
Gesamtwiderstand	R	Ω
Gesamtwirkungsgrad	η_{ges}	1
Geschwindigkeit	v	m/s
Geschwindigkeitsdruck	p_{dyn}	$N/m^2 = Pa$
Geschwindigkeitshöhe	h_{dyn}	m
Gewichtsdruck	p_s	$N/m^2 = Pa$
Gewichtskraft (Gewicht)	F_G	N
Gitterkonstante	a_0, g	m, nm
Gleitreibungsarbeit	W_R	Nm
Gleitreibungskraft	F_R	N
Gleitreibungszahl	μ	1
Gravitationsbeschleunigung	g	m/s^2
Gravitationskonstante	G	$m^3/(kg \cdot s^2)$
Gravitationskraft	F, F_G	N
Grenzfrequenz	f_{max}	$Hz = s^{-1}$
Grenzwellenlänge	λ_{min}	m
Haftreibungskraft	F_{Ro}	N
Haftreibungszahl	μ_0	1
Halbwertzeit	$T_{1/2}$	a, d, h, min, s
Hangabtriebskraft	F_H	N
Hebelarm	l, a	m
Heizwert, spezifischer	H_u	$kJ/kg,\ kJ/m_n^3$
Hellempfindlichkeitsgrad	$V(\lambda)$	1
Hörschwellendruck	p_{effo}	$N/m^2 = Pa$
Hubarbeit	W_h	Nm
Hubleistung	P_h	W
Hydrostatischer Druck	p_{st}	$N/m^2 = Pa$
Impuls	p	kg m/s
Individuelle Gaskonstante	R_B	$J/(kg \cdot K)$
Induktive Blindspannung	U_{bL}	V

Größe	Formelzeichen	Einheit
Induktiver Blindstrom	I_{bL}	A
Induktiver Blindwiderstand	X_L	Ω
Induktivität	L	H
Induzierte Spannung	U_L	V
Innere Energie	U	Nm, J
Ionendosis	J	C/kg
Isentropenexponent	$\varkappa$	1
Kapazität, elektrische	C	F, C/V
Kapazitiver Blindwiderstand	X_C	Ω
Kapillardruck	p	N/m^2 = Pa
Kerndichte	ϱ_K	kg/m^3
Kernladung	Q	C
Kernradius	r_K	m
Kinematische Viskosität	ν	m^2/s
Kinetische Energie	W_{kin}	Nm
Kinetische Höhe	h_{dyn}	m
Kinetischer Druck	p_{dyn}	N/m^2 = Pa
Kippmoment	M_K	Nm
Kippsicherheit	ν_K	1
Klemmenspannung	U	V
Kohärenzlänge	l	m
Kohäsionskraft	F	N
Kolbenarbeit	W_K	Nm
Kolbenkraft	F_K	N
Kolbenweg	s_K	m
Kollektor-Basisspannung	U_{CB}	V
Kollektor-Emitterspannung	U_{CE}	V
Kollektorstrom	I_C	A
Kompressibilität	$\varkappa$	bar^{-1}
Kondensationswärme, spezifische	r	kJ/kg
Kraft	F	N
Kraftmoment	M, M_d	Nm
Kraftstoß	I	Ns
Kraftübersetzungsverhältnis	i	1
Kreisbahngeschwindigkeit	v_u	m/s
Kreisdurchmesser	d	m
Kreisfrequenz	ω	s^{-1}
Kreisumfang	U, l_u	m
Kritische Geschwindigkeit	w_{krit}	m/s
Kritische Masse	m_{krit}	kg
Kurzschlussstrom	I_k	A
Kurzschlussstromstärke	I_k	A
Ladung, elektrische	Q	C
Länge	l	m
Längenausdehnungskoeffizient	α	m/(m · K)
Längendehnzahl	α	m/(m · K)
Laststrom	I_L	A
Lastwiderstand	R_L	Ω
Läuferdrehzahl	n	s^{-1}, min^{-1}
Lautheit	N	sone
Lautstärkepegel	L_N	phon
Leerlaufspannung	U_0	V
Leerlaufstrom	I_0	A
Leistung	P	W
Leistungsfaktor	$\cos \varphi$	1
Leiterspannung	U	V
Leiterstrom	I	A
Leitfähigkeit, elektrische	γ	m/(Ω · mm^2)
Leitwert, elektrischer	G	S
Leuchtdichte	L_v	cd/m^2

Größe	Formelzeichen	Einheit
Lichtgeschwindigkeit	c, c_0	m/s
Lichtstärke	I_v	lm/sr
Lichtstrom	Φ_v	lm
Linearer Ausdehnungskoeffizient	α	m/(m · K)
Lorentzkraft	F_L	N
Luftdruck	p_{amb}	mbar, hPa
Luftwiderstand	F_W	N
Machzahl	Ma	1
Magnetische Feldkonstante	μ_0	H/m, Vs/(Am)
Magnetische Feldstärke	H	A/m
Magnetisiche Flussdichte	B	T, Vs/m^2
Magnetischer Fluss	Φ	Vs, Wb
Manometerdruck	p_{amb}	N/m^2 = Pa
Masse	m	kg
Massenmoment 2. Grades	J	kg m^2
Massenstrom	$\dot{m}$	kg/s
Massenträgheitskraft	F	N
Massenträgheitsmoment	J	kg m^2
Massenzahl	A	1
Mechanische Arbeit	W	Nm, J
Mechanische Energie	E, W	Nm, J
Mechanische Leistung	P	W
Mechanische Spannung	σ	N/mm^2
Mechanischer Wirkungsgrad	η	1
Messwerkstrom	I_m	A
Messwerkwiderstand	R_m	Ω
Mittlere Beschleunigung	a_m	m/s^2
Mittlere Geschwindigkeit	v_m	m/s
Molare Gaskonstante	R	J/(kmol · K)
Molare Masse	M	kg/kmol
Molares Normvolumen	V_{mn}	m^3/kmol
Molekülmasse, relative (Molekulargewicht)	M_r	1
Moment	M, M_d	Nm
Momentangeschwindigkeit	v	m/s
Momentenstoß	H	N · m · s
Nebenwiderstand	R_p	Ω
Nennleistung	P_n	W
Nennscheinleistung	S_n	VA, W
Nennstromstärke	I_n	A
Nennwirkleistung	P_n	W
Nennwirkungsgrad	η_n	1
Neutralleiterstrom	I_N	A
Neutronenmasse	m_n	kg, u
Normfallbeschleunigung	g_n, g_o	m/s^2
Normalkraft	F_N	N
Normdichte	ϱ_n	kg/m^3
Normdruck	p_n	N/m^2 = Pa
Normtemperatur	ϑ_n, T_n	°C, K
Normvolumen	V_n	m^3
Numerische Apertur	A	1
Nutzarbeit	W_n, W_{ab}	Nm
Nutzenergie	E_n, W_n	Nm, J
Oberflächenenergie	W	Nm, J
Oberflächenspannung	σ	N/m
Objektgröße	B	m
Partialdruck	p_z	Pa, bar
Peltier-Koeffizient	π	J/As
Peltier-Wärme	Q_p	J
Periodendauer	T	s
Permeabilität	μ	H/m, Vs/Am
Permeabilitätszahl	μ_r	1

Größe	Formelzeichen	Einheit
Permittivitätszahl	ε_r	1
Phasengeschwindigkeit	c	m/s
Photometrisches Strahlungsäquivalent	K	lm/W
Piezometerdruck	p_{abs}	N/m^2 = Pa
Planck-Konstante	h	Js, eVs
Planck'sches Wirkungsquantum	h	Js, eVs
Polpaarzahl	p	1
Polytropenexponent	n	1
Potentielle Energie	W_{pot}	Nm, J
Pressdruck	p_p	N/m^2 = Pa
Protonenmasse	m_p	kg, u
Pulsatanz	ω	s^{-1}
Quantenzahl	n	1
Quellenspannung	U_0	V
Radius	r	m
Rauminhalt	V	m^3
Raumwinkel	Ω	sr
Reduzierte Länge	l_{red}	m
Reduzierte Masse	m_{red}	kg
Reflexionsgrad	ϱ	1
Reflexionswinkel	δ	Grad
Reibungsarbeit	W_R	Nm
Reibungskoeffizient	μ_0, μ	1
Reibungskraft	F_R	N
Reibungsleistung	P_R	W
Reibungszahl	μ_0, μ	1
Reibungsziffer	μ_0, μ	1
Relative Atommasse (Atomgewicht)	A_r	1
Rel. Dielektrizitätszahl	ε_r	1
Relative Luftfeuchtigkeit	φ	1, %
Relative Molekülmasse (Molekulargewicht)	M_r	1
Relative Permeabilität	μ_r	1
Relativgeschwindigkeit	v	m/s
Resonanzfrequenz	f, f_0	Hz = s^{-1}
Resultierende	F_R	N
Resultierende Kraft	F_R	N
Reynolds'sche Zahl	Re	1
Richtgröße	D	N/m
Rollreibungsarbeit	W_{RR}	Nm
Rollreibungskraft	F_{RR}	N
Rotationsenergie	W_{rot}	Nm
Rückstellkraft	F_R	N
Rydberg-Konstante	R	m^{-1}
Rydbergfrequenz	f_R	Hz = s^{-1}
Sättigungsdruck	p_s	N/m^2 = Pa
Sättigungstemperatur	ϑ_s	°C
Saughöhe	h_0	m
Schallabsorptionsgrad	α	1
Schalldissipationsgrad	δ	1
Schalldruck	p_{eff}	N/m^2 = Pa
Schalldruckpegel	L_p	dB
Schall-Leistung	P	W
Schall-Leistungspegel	L_W	dB
Schallgeschwindigkeit	c	m/s
Schallintensität	I	W/m^2
Schallintensitätspegel	L_I	dB
Schallreflexionsgrad	ϱ	1
Schallschnelle	v	m/s
Schallschnellepegel	L_v	dB

Größe	Formelzeichen	Einheit
Schallstärke	I	W/m^2
Schalltransmissionsgrad	τ	1
Scheinleistung	S	W, VA
Scheinwiderstand	Z	Ω
Scherkraft	F	N
Schichtdicke	d	m
Schlupf	s	1
Schlupfdrehzahl	Δn	s^{-1}, min^{-1}
Schnelle	v	m/s
Schwärzegrad	ε	1
Schwebungsfrequenz	f_s	Hz = s^{-1}
Schweredruck	p_s	N/m^2 = Pa
Schwerkraft	F_G	N
Schwingungsdauer	T	s
Schwingungsenergie	W_{sch}	Nm, J
Seitendruckkraft	F_s	N
Selbstinduktionsspannung	U_i	V
Senderfläche	A_1	m^2
Siedetemperatur	ϑ_s	°C
Spannung, elektrische	U	V
Spannung, induzierte	U_i	V
Sperrspannung	U_R	V
Sperrstrom	I_R	A
Spezielle Gaskonstante	R_B	J/(kg · K)
Spezifische Enthalpie	h	kJ/kg
Spezifische Gaskonstante	R_B	J/(kg · K)
Spezifische Masse (Dichte)	ϱ	kg/m^3
Spezifische Schmelzwärme	q	kJ/kg
Spez. Sublimationswärme	σ	kJ/kg
Spezifische Wärme	c	kJ/(kg · K)
Spezifische Wärme bei konstantem Druck	c_p	kJ/(kg · K)
Spezifische Wärme bei konstantem Volumen	c_v	kJ/(kg · K)
Spezifischer Brennwert	H_o	kJ/kg, kJ/m^3_n
Spezifischer Heizwert	H_u	kJ/kg, kJ/m^3_n
Spezifische Verdampfungswärme	r	kJ/kg
Spezifischer Widerstand	ϱ	$\Omega \cdot mm^2/m$
Spezifisches Normvolumen	v_n	m^3/kg
Spezifisches Volumen	v	m^3/kg
Standmoment	M_s	Nm
Statische Druckhöhe	h_{st}	m
Statische Höhe	h_{st}	m
Statischer Druck	p_{st}	N/m^2 = Pa
Statisches Moment	M, M_d	Nm
Stauhöhe	h_{dyn}	m
Sternspannung	U_N	V
Stoffmenge	n	mol, kmol
Stoffmengenbezogene Masse	M	kg/kmol
Stoßzahl	k	1
Strahlablenkung	δ	Grad
Strahldichte	L_0	$W/(sr \cdot m^2)$
Strahlstärke	I_0	W/sr
Strahlungsäquivalent	K	lm/W
Strahlungsenergie	Q_0	Ws, J
Strahlungsfluss	Φ_0	W
Strahlungskonstante	C_0	$W/(m^2 \cdot K^4)$
Strahlungsleistung	Φ_0	W
Strahlungszahl	C	$W/(m^2 \cdot K^4)$
Strangspannung	U_{Str}	V

Größe	Formelzeichen	Einheit
Strangstrom	I_{Str}	A
Stromdichte	J	A/mm^2
Stromstärke, elektrische	I	A
Strömungsgeschwindigkeit	w	m/s
Strömungswiderstand	F_w	N
Tangentialbeschleunigung	a_t	m/s^2
Tauchgewichtskraft	F_G'	N
Taupunkttemperatur	ϑ_s	°C
Teilchengeschwindigkeit	v	m/s
Teildruck	p_z	$N/m^2 = Pa$
Teilspannungen	$U_1, U_2 \ldots$	V
Teilströme	$I_1, I_2 \ldots$	A
Temperatur	ϑ, T	°C, K
Temperaturdifferenz beachten: $\Delta\vartheta = \Delta T$	$\Delta\vartheta, \Delta T$	°C, K
Thermischer Längenausdehnungskoeffizient	α	$m/(m \cdot K)$
Thermischer Wirkungsgrad	η_{th}	1
Trägheitsmoment	J	$kg\ m^2$
Trägheitsradius	i	m
Tripelpunktdruck	p_t	mbar
Tripelpunkttemperatur	ϑ_t	°C
Trockenkugeltemperatur	ϑ_{tr}	°C
Überdruck	p_e	$N/m^2 = Pa$
Überdruck, negativer (Unterdruck)	p_e	$N/m^2 = Pa$
Überführungsarbeit	W	Nm
Übersetzungsverhältnis, elektrisches	$ü$	1
Umdrehungsfrequenz	n	s^{-1}
Umfang	U, l_u	m
Umfangsgeschwindigkeit	v_u	m/s
Umfangskraft	F_u	N
Unbekannter Widerstand	R_x	Ω
Universelle Gaskonstante	R	$J/(kmol \cdot K)$
Urspannung	U_0	V
Vakuumlichtgeschwindigkeit	c_0	m/s
Verbrennungswärme	Q	J, kJ
Verdampfungswärme	Q	J, kJ
Verdampfungsdruck	p_s	$N/m^2 = Pa$
Verdampfungsenthalpie, spezifische	$\Delta h_s, r$	kJ/kg
Verdampfungstemperatur	ϑ_s	°C
Verdunstungswärme	Q	J, kJ
Vergleichswiderstand	R_N	Ω
Verlustenergie	W_v	J, Ws, Nm, VAs
Verzögerung	a, a'	m/s^2
Viskosität, dynamische	η	Pa · s
Viskosität, kinematische	ν	m^2/s
Volumen	V	m^3
Volumenänderungsarbeit	W_v	Nm, J
Volumenausdehnungskoeffizient	γ	$m^3/(m^3 \cdot K)$
Volumenbezogene Masse (Dichte)	ϱ	kg/m^3
Volumenstrom	$\dot{V}$	m^3/s
Vorwiderstand	R_v	Ω
Wärme	Q	J, kJ
Wärmedehnung	ε	1
Wärmedehnzahl, linear	α	$m/(m \cdot K)$
Wärmedehnzahl, räumlich	γ	$m^3/(m^3 \cdot K)$
Wärmedurchgangszahl	k	$W/(m^2 \cdot K)$
Wärmeenergie	Q	J, kJ
Wärmeinhalt (Enthalpie)	H	J, kJ
Wärmekapazität	C	kJ/kg
Wärmekapazität, spezifische	c, c_p, c_v	$kJ/(kg \cdot K)$
Wärmeleitkoeffizient	λ	$W/(m \cdot K)$
Wärmeleitzahl	λ	$W/(m \cdot K)$
Wärmespannung	σ	N/mm^2
Wärmestrom	$\dot{Q}$	W
Wärmeübergangskoeffizient	α	$W/(m^2 \cdot K)$
Wärmeübergangszahl	α	$W/(m^2 \cdot K)$
Wasserdampfdiffusionswiderstandsfaktor	μ	1
Wasserdampfpartialdruck	p_z	$N/m^2 = Pa$
Wasserdampfteildruck	p_z	$N/m^2 = Pa$
Wechselspannung	u	V
Wechselstromstärke	i	A
Weg	s	m
Wegintervall	Δs	m
Wellenlänge	λ	m
Wellenzahl	$1/\lambda$	m^{-1}
Widerstand, elektrischer	R	Ω
Widerstand, elektrischer (temperaturabhängig)	R_ϑ	Ω
Widerstand, spezifischer	ϱ	$\Omega \cdot mm^2/m$
Widerstandsbeiwert	C_w	1
Windungszahl	N	1
Winkel	$\alpha, \beta, \ldots$	Grad, rad
Winkelbeschleunigung	α	rad/s^2
Winkelfrequenz	ω	s^{-1}
Winkelgeschwindigkeit	ω	s^{-1}
Wirkleistung	P_{eff}, P	W
Wirkspannung	U_w	V
Wirkungsgrad	η	1
Wirkungsgrad, elektrischer	η	1
Wirkwiderstand	R	Ω
Zähigkeit, dynamische	η	Pa · s
Zähigkeit, kinematische	ν	m^2/s
Zeit	t	s
Zeitintervall	Δt	s
Zentrifugalkraft	F_z	N
Zentripetalbeschleunigung	a_z	m/s^2
Zentripetalkraft	F_z'	N
Zugeführte Energie	W_a, W_{zu}	Nm, J
Zugspannung	σ_z	N/mm^2
Zusammenhangskraft	F	N

T2 Dichte technisch wichtiger Stoffe

Auf Druck- und Temperaturabhängigkeit achten!

s = feste Stoffe, l = flüssige Stoffe: in g/cm³, kg/dm³ oder t/m³ bei 20 °C und 101325 Pa

g = gasförmige Stoffe in g/dm³ oder kg/m³ bei 0 °C und 101325 Pa

davon abweichende Temperaturen sind angegeben

Stoff	Zustand	Dichte ϱ
Aluminium		
gegossen	s	2,56
gehämmert	s	2,75
Aluminiumbronze	s	7,6 … 8,4
Aluminiumlegierung	s	2,6 … 2,87
Ammoniak	g	0,77
Antimon	s	6,69
Asphalt	s	1,05 … 1,38
Bakelit	s	1,335
Basalt, Natur-	s	2,6 … 3,3
Benzin		
Fahr-	l	0,78
Flug-	l	0,72
Bernstein	s	1,0 … 1,1
Beton	s	1,8 … 2,45
Bimsstein, Natur-	s	0,37 … 0,9
Blei	s	11,3
Braunkohle	s	1,2 … 1,4
Braunkohlenbrikett	s	1,25
Braunkohlenschwelgas	g	1,0 … 1,3
Braunkohlenteeröl	l	0,798 … 1,04
Bronze, Sn-	s	7,4 … 8,9
Butan	g	2,7
Chrom	s	7,2
Chromnickel	s	7,9
Chromnickelstahl	s	7,85
Chromstahl	s	7,85
Dachschiefer	s	2,77 … 2,84
Dieselkraftstoff		
Braunkohlenteeröl	l	0,85 … 0,9
Gasöl aus Erdöl	l	0,84 … 0,88
Steinkohlenteeröl	l	1,0 … 1,1
Eis	s	0,92
Eisen, Roh-		
grau	s	6,7 … 7,6
weiß	s	7,0 … 7,8
Erdgas		
naß	g	0,7 … 1,0
trocken	g	≈ 0,7
Erdöl	l	0,7 … 1,04
Feldspat	s	2,5 … 3,3
Fette	s	0,92 … 0,94
Flussstahl	s	7,85
Flussstahlblech	s	8,0
Generatorgas	g	1,14
Gichtgas	g	1,28
Glas		
Fenster-	s	2,4 … 2,67
Flaschen-	s	2,6
Flint-	s	3,6 … 4,7
Jenaer-	s	2,6

Stoff	Zustand	Dichte ϱ	
Kristall-	s	2,9	
Quarz-	s	2,2	
Spiegel-	s	2,46	
Glaswolle	s	0,05 … 0,3	
Glimmer	s	2,6 … 3,2	
Gold			
gegossen	s	19,25	
geprägt	s	19,50	
gezogen	s	19,36	
Graphit	s	2,24	
Grauguss	s	7,25	
Grauguss / 1550 °C	l	6,9 … 7,0	
Hartgewebe	s	1,3 … 1,42	
Hartgummi	s	1,15 … 1,5	
Hartmetall	s	10,5 … 15,0	
Heizöl	l	0,95 … 1,01	
Holz		frisch	luft-trocken
Mittelwerte			
Birke	s	0,95	0,65
Buche	s	1,0	0,73
Ebenholz	s		1,2
Eiche	s	1,10	0,86
Esche	s	0,95	0,72
Fichte, Tanne	s	0,75	0,47
Linde, Pappel	s	0,80	0,46
Nussbaum	s	0,95	0,68
Pockholz	s		1,23
Teakholz	s		0,9
Weide	s	0,8	0,55
Holzkohle, luftfrei	s	1,4 … 1,5	
Invarstahl	s	8,7	
Iridium	s	22,4	
Kalkmörtel			
frisch	s	1,75 … 1,80	
trocken	s	1,60 … 1,65	
Kalksandstein	s	1,89 … 1,92	
Kaolin, Porzellanerde	s	2,2 … 2,6	
Kautschuk, natur	s	0,91 … 0,96	
Kesselstein	s	≈ 2,5	
Kiessand			
erdfeucht	s	2,0	
trocken	s	1,8 … 1,85	
Knochen	s	1,7 … 2,0	
Kobaltstahl			
15 %	s	7,8	
35 %	s	8,0	
Kohlenstoff	s	3,5	
Koks, Zechen-	s	1,6 … 1,9	
Koksofengas	g	0,54	
Konstantan	s	8,8	
Kork	s	0,2 … 0,35	

Stoff	Zustand	Dichte ϱ
Kupfer		
gegossen	s	8,3 … 8,92
gewalzt	s	8,9 … 9,0
Leder, trocken	s	0,86 … 1,02
Leinöl	l	0,93
Lot		
Aluminium-	s	2,63 … 2,71
Blei-	s	11,2
Messing-	s	8,1 … 8,7
Silber-	s	8,27 … 9,18
Silberblei-	s	11,3
Zink-	s	7,2
Zinn-	s	7,5 … 10,8
Luft	g	1,2928
Luft / – 194 °C	l	0,875
Magnesium	s	1,74
Mangan	s	7,43
Manganin	s	8,4
Maschinenöl	l	≈ 0,90
Mauerwerk		
Bruchstein-	s	2,40 … 2,45
Sandstein-	s	2,00 … 2,15
Ziegelstein-	s	1,40 … 1,65
Mauerziegel	s	1,2 … 1,9
Klinker	s	2,6 … 2,7
Meerwasser /4 °C	l	1,026
Messing		
gegossen	s	8,4 … 8,7
gewalzt	s	8,5 … 8,6
gezogen	s	8,43 … 9,73
Methan	g	0,72
Mikanit	s	1,9 … 2,6
Milch		
Mager-	l	1,032
Voll-	l	1,028
Mineralöl		
Schmieröl	l	0,89 … 0,96
Spindelöl	l	0,89 … 0,90
Zylinderöl	l	0,92 … 0,94
Molybdän	s	10,22
Monelmetall	s	8,6 … 8,9
Natrium	s	0,97
Neusilber	s	8,4 … 8,7
Nickel, gegossen	s	8,35
Nickelin	s	8,6 … 8,8
Nickelstahl	s	8,13 … 8,19
Novotext	s	1,30 … 1,33
Olivenöl	l	0,91 … 0,92
Papier	s	0,7 … 1,15
Paraffin	s	0,86 … 0,92
Paraffinöl	l	0,90 … 1,0
Pertinax	s	1,3
Petroleum	l	0,80 … 0,82
Phosphorbronze	s	8,80 … 8,86
Platin		
gegossen	s	21,15
gewalzt	s	21,3 … 21,5
gezogen	s	21,3 … 21,6
Platiniridium, 10 % Ir	s	21,6
Plexiglas	s	1,18 … 1,2
Polystyrol	s	1,05
Polyvinylchlorid	s	1,38
Porzellan, Hart-	s	2,3 … 2,5
Quecksilber / – 39 °C	l	13,6
Retortenkohle	s	≈ 1,9
Rizinusöl	l	0,96 … 0,97
Rohöl	l	0,7 … 1,04
Rotguss	s	8,5 … 8,9
Rüböl	l	0,91
Ruß	s	1,7 … 1,8
Sand		
erdfeucht	s	2,0
trocken	s	1,58 … 1,65
Sandstein		
Kunst-	s	2,0 … 2,1
Natur-	s	2,2 … 2,7
Sauerstoff	g	1,43
Schamottestein	s	2,5 … 2,7
Schellack	s	1,2
Schiefer	s	2,65 … 2,7
Schlacke		
Hochofen-	s	2,5 … 3,0
Thomas-	s	3,3 … 3,5
Schmirgel	s	4,0
Schwefel	s	2,05
Seide, roh	s	1,37
Silber		
gegossen	s	10,42 … 10,53
gewalzt	s	10,5 … 10,6
Silicium	s	2,33
Stahl, s. Flussstahl		
Stahlguss	s	7,85
Steinkohle		
im Stück	s	1,2 … 1,5
Anthrazit	s	1,35 … 1,7
Stickstoff	g	1,25
Steinkohlenschwelgas	g	0,9 … 1,2
Steinkohlenteer	s	1,1 … 1,2
Tantal	s	16,6
Temperguss	s	7,2 … 7,6
Terpentinöl	l	0,86
Titan	s	4,5
Tombaklegierung	s	8,6 … 8,8
Ton		
erdfeucht	s	2,0
trocken	s	1,6
Torf	s	0,1 … 0,8
Torfmull	s	0,16 … 0,2
Transformatorenöl	l	0,87
Uran	s	19,1
Vanadium	s	6,12
Vulkanfiber	s	1,1 … 1,5
Wachs	s	0,94 … 1,0
Wasser 4 °C	l	1,0
Wasser 20 °C	l	0,9982
Wasser 40 °C	l	0,9922
Wasser 60 °C	l	0,9832
Wasser 100 °C	l	0,9583
Wassergas	g	0,67 … 0,77
Weißmetall	s	7,5 … 10,1
Wolfram	s	19,27
Wolframstahl 6 %	s	8,2
Woodmetall	s	≈ 10
Zement		
Portland, frisch	s	3,1 … 3,2
Ziegelstein, s. Mauerziegel		
Zink, gegossen	s	6,86
Zinn, gegossen	s	7,2

T3 Haft- und Gleitreibungszahlen (Durchschnittswerte bei 20 °C)

Auf Temperaturabhängigkeit achten!

Werkstoffpaarung		Haftreibungszahl μ_0		Gleitreibungszahl μ	
		trocken	geschmiert	trocken	geschmiert
Bronze	Bronze	0,28	0,11	0,2	0,06
Bronze	Grauguss	0,28	0,16	0,21	0,08
Eisen	Eisen	–	–	1,0	–
Kupfer	Kupfer	–	–	0,8	–
Stahl	Stahl	0,15	0,10	0,10	0,05
Chrom	Chrom	–	–	0,40	–
Nickel	Nickel	–	–	0,55	–
Al-Legierung	Al-Legierung	–	–	0,37	–
Stahl	Bronze	0,27	0,11	0,18	0,07
Stahl	Grauguss	0,20	0,10	0,16	0,05
Stahl	Weißmetall	–	–	0,20	–
Stahl	Blei	–	–	0,50	–
Stahl	Zinn	–	–	0,60	–
Stahl	Kupfer	–	–	0,27	–
Stahl	Bremsbelag	–	–	0,55	0,40
Stahl	Polyamid	–	–	0,35	0,10
Stahl	Eis	0,027	–	0,014	–
Leder	Grauguss	0,55	0,22	0,28	0,12
Holz	Metall	0,50	0,10	0,30	0,05
Holz	Holz	0,65	0,16	0,35	0,05
Holz	Eis	–	–	0,035	–

T4.1 Metrisches ISO-Gewinde → DIN 13, Teile 1 bis 11 vom Dezember 1986

Gewindeteil	Abmessungsfunktion
Nenndurchmesser	$d = D$
Steigung	P
Gewindetiefe Bolzen	$h_3 = 0{,}61343 \cdot P$
Gewindetiefe Mutter (Flankenüberdeckung)	$H_1 = 0{,}54127 \cdot P$
Flankendurchmesser	$d_2 = D_2 = d - 0{,}64952 \cdot P$
Kerndurchmesser Bolzen	$d_3 = d - 1{,}22687 \cdot P$
Kerndurchmesser Mutter	$D_1 = d - 2 \cdot H_1$
Flankenwinkel	$\beta = 60°$

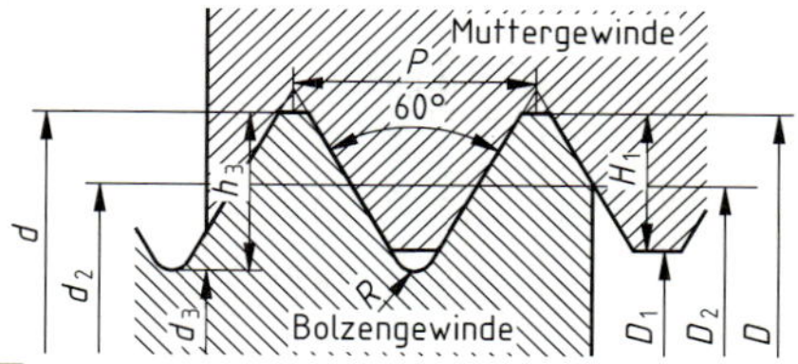

1

Regelgewinde Reihen 1, 2 und 3 — **DIN 13** — **Maße in mm**

Gewindebezeichnung (Nenndurchmesser) $d = D$ Reihe 1	Reihe 2	Reihe 3	Steigung P	Flanken-ø $d_2 = D_2$	Kern-ø Bolzen d_3	Kern-ø Mutter D_1	Gewindetiefe Bolzen h_3	Gewindetiefe Mutter H_1	Rundung R	Spannungsquerschnitt A_s mm^2
M 1			0,25	0,838	0,693	0,729	0,153	0,135	0,036	0,46
	M 1,1		0,25	0,938	0,793	0,829	0,153	0,135	0,036	0,59
M 1,2			0,25	1,038	0,893	0,929	0,153	0,135	0,036	0,73
	M 1,4		0,3	1,205	1,032	1,075	0,184	0,162	0,043	0,98
M 1,6			0,35	1,373	1,171	1,221	0,215	0,189	0,051	1,27
	M 1,8		0,35	1,573	1,371	1,421	0,215	0,189	0,051	1,70
M 2			0,4	1,740	1,509	1,567	0,245	0,217	0,058	2,07
	M 2,2		0,45	1,908	1,648	1,713	0,276	0,244	0,065	2,48
M 2,5			0,45	2,208	1,948	2,013	0,276	0,244	0,065	3,39
M 3			0,5	2,675	2,387	2,459	0,307	0,271	0,072	5,03
	M 3,5		0,6	3,110	2,764	2,850	0,368	0,325	0,087	6,77
M 4			0,7	3,545	3,141	3,242	0,429	0,379	0,101	8,78
	M 4,5		0,75	4,013	3,580	3,688	0,460	0,406	0,108	11,3
M 5			0,8	4,480	4,019	4,134	0,491	0,433	0,115	14,2
M 6			1	5,350	4,773	4,917	0,613	0,541	0,144	20,1
		M 7	1	6,350	5,773	5,917	0,613	0,541	0,144	28,8
M 8			1,25	7,188	6,466	6,647	0,767	0,677	0,180	36,6
		M 9	1,25	8,188	7,466	7,647	0,767	0,677	0,180	48,1
M 10			1,5	9,026	8,160	8,376	0,920	0,812	0,217	58,0
		M 11	1,5	10,026	9,160	9,376	0,920	0,812	0,217	72,3
M 12			1,75	10,863	9,853	10,106	1,074	0,947	0,253	84,3
	M 14		2	12,701	11,546	11,835	1,227	1,083	0,289	115
M 16			2	14,701	13,546	13,835	1,227	1,083	0,289	157
	M 18		2,5	16,376	14,933	15,294	1,534	1,353	0,361	192
M 20			2,5	18,376	16,933	17,294	1,534	1,353	0,361	245
	M 22		2,5	20,376	18,933	19,294	1,534	1,353	0,361	303
M 24			3	22,051	20,319	20,752	1,840	1,624	0,433	353
	M 27		3	25,051	23,319	23,752	1,840	1,624	0,433	459
M 30			3,5	27,727	25,706	26,211	2,147	1,894	0,505	561
	M 33		3,5	30,727	28,706	29,211	2,147	1,894	0,505	693
M 36			4	33,402	31,093	31,670	2,454	2,165	0,577	817
	M 39		4	36,402	34,093	34,670	2,454	2,165	0,577	976
M 42			4,5	39,077	36,479	37,129	2,760	2,436	0,650	1121
	M 45		4,5	42,077	39,479	40,129	2,760	2,436	0,650	1306
M 48			5	44,752	41,866	42,587	3,067	2,706	0,722	1473
	M 52		5	48,752	45,866	46,587	3,067	2,706	0,722	1758
M 56			5,5	52,428	49,252	50,046	3,374	2,977	0,794	2030
	M 60		5,5	56,428	53,252	54,046	3,374	2,977	0,794	2362
M 64			6	60,103	56,639	57,505	3,681	3,248	0,866	2676
	M 68		6	64,103	60,639	61,505	3,681	3,248	0,866	3055

$A_s = \frac{\pi}{4} \cdot \left(\frac{d_2 + d_3}{2}\right)^2$ **Spannungsquerschnitt** in mm²

Reihe 1 ist bevorzugt zu verwenden. Reihen 2 und 3: Zwischengrößen.

Feingewinde — **DIN 13** — **Maße in mm**

Gewindebezeichnung $d \times P$	Flanken-ø $d_2 = D_2$	Kern-ø Bolzen d_3	Kern-ø Mutter D_1	Gewindebezeichnung $d \times P$	Flanken-ø $d_2 = D_2$	Kern-ø Bolzen d_3	Kern-ø Mutter D_1	Gewindebezeichnung $d \times P$	Flanken-ø $d_2 = D_2$	Kern-ø Bolzen d_3	Kern-ø Mutter D_1
M 2 x 0,25	1,84	1,69	1,73	M 10 x 0,25	9,84	9,69	9,73	M 24 x 2	22,70	21,55	21,84
M 3 x 0,25	2,84	2,69	2,73	M 10 x 0,5	9,68	9,39	9,46	M 30 x 1,5	29,03	28,16	28,38
M 4 x 0,2	3,87	3,76	3,78	M 10 x 1	9,35	8,77	8,92	M 30 x 2	28,70	27,55	27,84
M 4 x 0,35	3,77	3,57	3,62	M 12 x 0,35	11,77	11,57	11,62	M 36 x 1,5	35,03	34,16	34,38
M 5 x 0,25	4,84	4,69	4,73	M 12 x 0,5	11,68	11,39	11,46	M 36 x 2	34,70	33,55	33,84
M 5 x 0,5	4,68	4,39	4,46	M 12 x 1	11,35	10,77	10,92	M 42 x 1,5	41,03	40,16	40,38
M 6 x 0,25	5,84	5,69	5,73	M 16 x 0,5	15,68	15,39	15,46	M 42 x 2	40,70	39,55	39,84
M 6 x 0,5	5,68	5,39	5,46	M 16 x 1	15,35	14,77	14,92	M 48 x 1,5	47,03	46,16	46,38
M 6 x 0,75	5,51	5,08	5,19	M 16 x 1,5	15,03	14,16	14,38	M 48 x 2	46,70	45,55	45,84
M 8 x 0,25	7,84	7,69	7,73	M 20 x 1	19,35	18,77	18,92	M 56 x 1,5	55,03	54,16	54,38
M 8 x 0,5	7,68	7,39	7,46	M 20 x 1,5	19,03	18,16	18,38	M 56 x 2	54,70	53,55	53,84
M 8 x 1	7,35	6,77	6,92	M 24 x 1,5	23,03	22,16	22,38	M 64 x 2	62,70	61,55	61,84

Spannungsquerschnitt und Abmessungsfunktionen entsprechend Regelgewinde (Seite 163).

T4.2 Metrisches ISO-Trapezgewinde → DIN 103, Teil 1 vom April 1977

Gewindeteil	Abmessungsfunktion
Nenndurchmesser	d
Steigung eingängig und Teilung mehrgängig	P
Steigung mehrgängig	P_h
Kerndurchmesser Bolzen	$d_3 = d - (P - 2 \cdot a_c)$
Kerndurchmesser Mutter	$D_1 = d - P$
Außendurchmesser Mutter	$D_4 = d + 2 \cdot a_c$
Flankendurchmesser	$d_2 = D_2 = d - 0{,}5 \cdot P$
Gewindetiefe	$h_3 = H_4 = 0{,}5 \cdot P - a_c$
Flankenüberdeckung	$H_1 = 0{,}5 \cdot P$
Spitzenspiel	a_c
Flankenwinkel	$\beta = 30°$

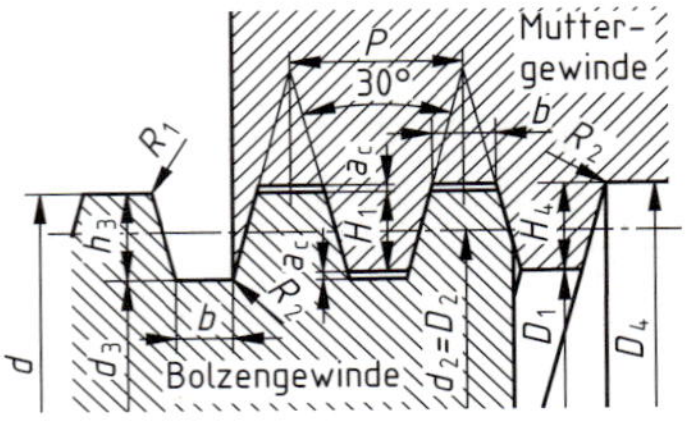

1

Maße in mm

Gewindebezeichnung $d \times P$	Flanken-ø $d_2 = D_2$	Kern-ø Bolzen d_3	Kern-ø Mutter D_1	Außen-ø D_4	Gewindetiefe $h_3 = H_4$	Drehmeißelbreite b
Tr10 x 2	9	7,5	8	10,5	1,25	0,60
Tr12 x 3	10,5	8,5	9	12,5	1,75	0,96
Tr16 x 4	14	11,5	12	16,5	2,25	1,33
Tr20 x 4	18	15,5	16	20,5	2,25	1,33
Tr24 x 5	21,5	18,5	19	24,5	2,75	1,70
Tr28 x 5	25,5	22,5	23	28,5	2,75	1,70
Tr32 x 6	29	25	26	33	3,5	1,93
Tr36 x 3	34,5	32,5	33	36,5	2,0	0,83
Tr36 x 6	33	29	30	37	3,5	1,93
Tr36 x 10	31	25	26	37	5,5	3,39
Tr40 x 7	36,5	32	33	41	4	2,29
Tr44 x 7	40,5	36	37	45	4	2,29
Tr48 x 8	44	39	40	49	4,5	2,66
Tr52 x 8	48	43	44	53	4,5	2,66
Tr60 x 9	55,5	50	51	61	5	3,02
Tr70 x 10	65	59	60	71	5,5	3,39
Tr80 x 10	75	69	70	81	5,5	3,39
Tr90 x 12	84	77	78	91	6,5	4,12
Tr100 x 12	94	87	88	101	6,5	4,12
Tr110 x 12	104	97	98	111	6,5	4,12
Tr120 x 14	113	104	106	122	7,5	4,85
Tr140 x 14	133	124	126	142	8	4,58

Beispiel für ein **mehrgängiges Trapezgewinde**:
Tr110 x 36 P12 → P_h = 36 mm, P = 12 mm
n = 3 (Gangzahl)

$n = \frac{P_h}{P}$ **Gangzahl**

$A_K = \frac{\pi}{4} \cdot d_3^2$ **Kernquerschnitt** in mm²

Maß	für Steigungen P in mm 1,5	2 … 5	6 … 12	14 … 44
a_c	0,15	0,25	0,5	1
R_1	0,075	0,125	0,25	0,5
R_2	0,15	0,25	0,5	1

Die Rechengröße A_s = Spannungsquerschnitt gibt es beim Trapezgewinde nicht!

Tabellen

T4.3 **Sägengewinde** → DIN 513 vom April 1985

Gewindeteil	**Abmessungsfunktion**
Nenndurchmesser	$d = D$
Steigung	P
Gewindetiefe Bolzen	$h_3 = 0{,}868 \cdot P$
Gewindetiefe Mutter (Flankenüberdeckung)	$H_1 = 0{,}75 \cdot P$
Flankendurchmesser	$d_2 = D_2 = d - 0{,}75 \cdot P$
Kerndurchmesser Bolzen	$d_3 = d - 1{,}736 \cdot P$
Kerndurchmesser Mutter	$D_1 = d - 1{,}5 \cdot P$
Flankenwinkel	$\beta = 33°$

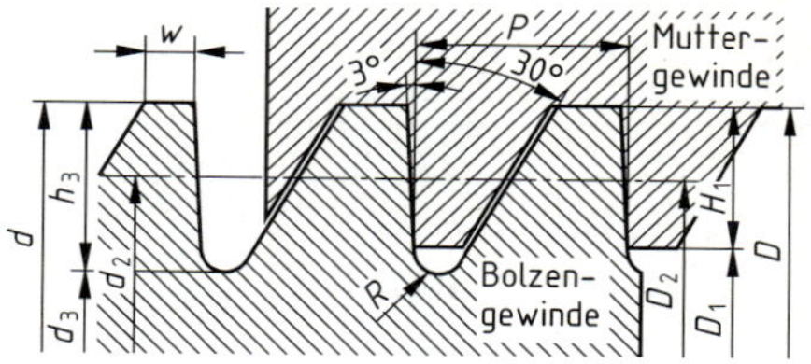

1

Für Bewegungsgewinde bei extremer einseitiger axialer Belastung. **Maße in mm.**

Gewindebezeichnung $d \times P$	Bolzen Kern-ø d_3	Bolzen Gewindetiefe h_3	Mutter Kern-ø D_1	Mutter Gewindetiefe H_1	Flanken-ø $d_2 = D_2$	Gewindebezeichnung $d \times P$	Bolzen Kern-ø d_3	Bolzen Gewindetiefe h_3	Mutter Kern-ø D_1	Mutter Gewindetiefe H_1	Flanken-ø $d_2 = D_2$
S12 x 3	6,79	2,60	7,5	2,35	9,75	S 44 x 7	31,85	6,08	33,5	5,25	38,75
S16 x 4	9,06	3,47	10	3	13	S 48 x 8	34,12	6,94	36	6	42,00
S20 x 4	13,06	3,47	14	3	17	S 52 x 8	38,11	6,94	40	6	46
S24 x 5	15,32	4,34	16,5	3,75	20,25	S 60 x 9	44,38	7,81	46,5	6,75	53,25
S28 x 5	19,32	4,34	20,5	3,75	24,25	S 70 x 10	52,64	8,68	55	7,5	62,50
S32 x 6	21,58	5,21	23	4,5	27,5	S 80 x 10	62,64	8,68	65	7,5	72,50
S36 x 6	25,59	5,21	27	4,5	31,50	S 90 x 12	69,17	10,41	72	9	81,00
S40 x 7	27,85	6,07	29,5	5,25	34,75	S100 x 12	79,17	10,41	82	9	91,00

$A_K = \frac{\pi}{4} \cdot d_3^2$ **Kernquerschnitt** in mm²

Die Rechengröße A_s = Spannungsquerschnitt gibt es beim Sägengewinde nicht!

Tabellen

T5 Thermische Längenausdehnungskoeffizienten (Wärmedehnzahlen)

Temperaturabhängigkeit: Werte beziehen sich auf **Raumtemperatur 20 °C**

Stoff	α in $\frac{m}{m \cdot K} = \frac{1}{K}$	**Stoff**	α in $\frac{m}{m \cdot K} = \frac{1}{K}$
Aluminium	0,0000238	Magnesium	0,0000261
AlCuMg	0,0000235	Mangan	0,000023
Antimon	0,0000109	Manganin	0,0000175
Beton (Stahlbeton)	0,000012	Mauerwerk, Bruchstein	0,000012
Bismut (Wismut)	0,0000134	Mauerwerk, Mauerziegel	0,000005
Blei	0,000029	Messing	0,0000184
Bronze	0,000018	Molybdän	0,0000052
Cadmium	0,0000308	Neusilber	0,000018
Chrom	0,0000085	Nickel	0,000013
Chromstahl	0,000010	Nickelstahl, 58 % Ni	0,000012
Cobalt	0,0000127	Palladium	0,0000119
Diamant	0,000001	Platin	0,000009
Eisen, rein	0,0000123	Polyvinylchlorid (PVC)	0,000080
Flussstahl	0,000013	Porzellan	0,000004
Gips	0,000025	Quarz	0,000001
Glas (Fensterglas)	0,000010	Quarzglas	0,000005
Gold	0,0000142	Schwefel	0,000090
Graphit	0,0000079	Silber	0,000020
Gusseisen	0,0000104	Stahl, weich	0,000012
Holz in Faserrichtung	0,000008	Stahl, hart	0,0000117
Invarstahl, 36 % Ni	0,0000015	Tantal	0,0000065
Iridium	0,0000065	Titan	0,0000062
Kalium	0,000083	Wolfram	0,0000045
Kohle	0,000006	Zink	0,000036
Konstanten	0,0000152	Zinn	0,0000267
Kupfer	0,0000165		

T6 Elastizitätsmodul von Werkstoffen

Auf Temperaturabhängigkeit achten!

Werkstoff (20 °C)	**E-Modul** in N/mm^2	**Werkstoff** (20 °C)	**E-Modul** in N/mm^2
Diamant	1 000 000	Al-Legierungen	66 000 … 83 000
Hartmetall	343 000 … 667 000	Gold	80 000
Wolframcarbid	450 000 … 650 000	Aluminium	64 000 … 70 000
Osmium	560 000	Granit	62 000
Siliciumcarbid	450 000	Zinn	44 000
Wolfram	407 000	Beton	40 000 … 45 000
Aluminiumoxid	210 000 … 380 000	Glasfaserverstärkter Kunststoff	10 000 … 45 000
Titancarbid	250 000 … 380 000	Mg-Legierungen	42 000 … 44 000
Molybdän	334 000	Magnesium	39 000 … 40 000
Magnesiumoxid	250 000	Graphit	27 000
Chrom	250 000	Blei	14 000 … 17 000
Stahl	196 000 … 215 000	Sperrholz	4 000 … 16 000
Nickellegierungen	158 000 … 213 000	Laubholz	9 000 … 12 000
Nickel	210 000	Harnstoffharz	5 000 … 9 000
Cobalt	210 000	Melaminharz	5 000 … 9 000
Kohlenstofffaserverstärkter Kunststoff	70 000 … 275 000	Nadelholz	8 000 … 9 000
Tantal	185 000	Polyamid	2 000 … 4 000
Platin	170 000	Polyvinylchlorid (PVC)	1 000 … 3 000
Zink	128 000	Polyesterharz	100 … 3 000
Titanlegierungen	101 000 … 128 000	Polystyrol	3 000 … 3 400
Zinklegierungen	100 000 … 128 000	Epoxidharz	2 000 … 3 000
Kupfer	122 000 … 123 000	Polycarbonat	2 000 … 3 000
Bronze	105 000 … 124 000	Polypropylen	400 … 900
Gusseisen	73 000 … 102 000	Phenolharz	300
Messing	78 000 … 98 000	Polyethylen	200
Glas	40 000 … 95 000	Silikonkautschuk	10 … 100
Porzellan	60 000 … 90 000		

T7 Definition der Einheitennormale (Basiseinheiten)

Meter	Das Meter ist die **Länge** der Strecke, die Licht im Vakuum während der Dauer von (1/299.792.458) Sekunden durchläuft.
Kilogramm	Das Kilogramm ist die Einheit der Masse; es ist gleich der **Masse** des internationalen Kilogrammprototyps (Platin-Iridium-Zylinder mit $d = 39$ mm und $h = 39$ mm).
Sekunde	Die Sekunde ist das 9.192.631.770fache der Periodendauer der dem Übergang zwischen den beiden Hyperfeinstrukturniveaus des Grundzustandes von Atomen des Nuklids ^{133}Cs entsprechenden Strahlung.
Ampere	Das Ampere ist die Stärke eines konstanten **elektrischen Stroms**, der durch zwei parallele, geradlinige, unendlich lange und im Vakuum im Abstand von 1 Meter voneinander angeordnete Leiter von vernachlässigbar kleinem, kreisförmigem Querschnitt fließend, zwischen diesen Leitern je 1 Meter Leiterlänge die Kraft $2 \cdot 10^{-7}$ Newton hervorrufen würde.
Kelvin	Das Kelvin, die Einheit der **thermodynamischen Temperatur**, ist der 273,16. Teil der thermodynamischen Temperatur des **Tripelpunktes** des Wassers (→ **C1**).
Mol	Das Mol ist die **Stoffmenge** eines Systems, das aus ebensoviel Einzelteilchen besteht, wie Atome in 0,012 Kilogramm des Kohlenstoffnukilds ^{12}C enthalten sind. Die Einzelteilchen müssen spezifiziert sein und können Atome, Moleküle, Ionen sowie andere Teilchen – oder Gruppen solcher Teilchen – genau angegebener Zusammensetzung sein.
Candela	Die Candela ist die **Lichtstärke** in einer bestimmten Richtung, einer Strahlenquelle, die monochromatische Strahlung der Frequenz $540 \cdot 10^{12}$ Hertz aussendet und deren **Strahlstärke** in dieser Strahlung (1/683) Watt durch Steradiant beträgt.

T8 Oberflächenspannung

Auf Temperaturabhängigkeit achten!

Flüssigkeit	**angrenzendes Gas bzw. angrenzender Dampf**	**Temperatur** in °C	**Oberflächenspannung σ** in N/m
Ammoniak	Luft	20	0,021
Benzol	Luft	20	0,0288
Essigsäure	Luft	20	0,028
Ethanol	Alkoholdampf	20	0,022
Glyzerin	Luft	20	0,058
Kochsalzlösung (10 %)	Luft	18	0,0755
Natronlauge (50 %)	Luft	20	0,128
Natronlauge (20 %)	Luft	20	0,087
Petroleum	Luft	0	0,0289
Quecksilber	Luft/Wasser	20	0,47/0,375
Terpentinöl	Luft	18	0,0268
Toluol	Luft	20	0,029
Wasser	Luft	0	0,0756
Wasser	Luft	10	0,0742
Wasser	Luft	20	0,0725
Wasser	Luft	40	0,0696
Wasser	Luft	60	0,0662
Wasser	Luft	80	0,0626
Wasser	Luft	100	0,0588
Xylol	Luft	20	0,029

T9 Kompressibilität von Flüssigkeitem

Auf Temperaturabhängigkeit achten!

Stoff, Temperatur	**Kompressibilität** in bar^{-1}	Stoff, Temperatur	**Kompressibilität** in bar^{-1}
Stahl 0 °C (fest)	$6 \cdot 10^{-7}$	Wasser 10 °C	$4{,}9 \cdot 10^{-5}$
Quecksilber 0 °C	$3 \cdot 10^{-6}$	Wasser 18 °C	$4{,}7 \cdot 10^{-5}$
Ethanol 7,3 °C	$8{,}6 \cdot 10^{-5}$	Wasser 25 °C	$4{,}6 \cdot 10^{-5}$
Hydrauliköl 20 °C	$6{,}3 \cdot 10^{-5}$	Wasser 43 °C	$4{,}5 \cdot 10^{-5}$
Meerwasser 17,5 °C	$4{,}5 \cdot 10^{-5}$	Wasser 53 °C	$4{,}5 \cdot 10^{-5}$
Wasser 0 °C	$5{,}1 \cdot 10^{-5}$		

T10 Kinematische Viskosität bei 1013 hPa

Auf Druck- und Temperaturabhängigkeit achten!

Stoff, Temperatur	ν in m^2/s	Stoff, Temperatur	ν in m^2/s
Ethanol bei 20 °C	$1{,}5 \cdot 10^{-6}$	Wasser bei 0 °C	$1{,}79 \cdot 10^{-6}$
Benzol bei 20 °C	$0{,}74 \cdot 10^{-6}$	Wasser bei 20 °C	$1{,}01 \cdot 10^{-6}$
Glyzerin bei 20 °C	$850 \cdot 10^{-6}$	Wasser bei 100 °C	$0{,}28 \cdot 10^{-6}$
Motorenöl bei 10 °C	$800 \cdot 10^{-6}$	Luft bei 0 °C	$132 \cdot 10^{-6}$
Motorenöl bei 50 °C	$80 \cdot 10^{-6}$	Luft bei 20 °C	$169 \cdot 10^{-6}$
Motorenöl bei 100 °C	$180 \cdot 10^{-6}$	Luft bei 100 °C	$1810 \cdot 10^{-6}$
Motorenöl bei 150 °C	$0{,}5 \cdot 10^{-6}$	Sauerstoff bei 20 °C	$18 \cdot 10^{-6}$

T11 Thermodynamische Daten von Gasen und Dämpfen

(→ T12, T13, T14)

Gas, Dampf	**Formel** bzw. **chemisches Zeichen**	**Individuelle Gaskonstante** R_B in J/(kg · K)	**Normdichte** ϱ_n in kg/m^3	**Spezifische Wärmekapazität** bei 0 °C		**Verhältnis der spezif. Wärmekapazitäten** $\varkappa = \frac{c_p}{c_v}$
				c_p in J/(kg ·K)	c_v in J/(kg · K)	
Acetylen (Ethin)	C_2H_2	319,5	1,171	1,51	1,22	1,26
Ammoniak	NH_3	488,2	0,772	2,05	1,56	1,31
Argon	Ar	208,2	1,784	0,52	0,32	1,65
Chlorwasserstoff	HCl	228,0	1,642	0,81	0,58	1,40
Distickstoffmonoxid	N_2O	188,9	1,978	0,89	0,70	1,27
Ethan	C_2H_6	276,5	1,356	1,73	1,44	1,20
Ethylchlorid	C_2H_5Cl	128,9	2,880	1,005	0,718	1,16
Ethylen (Ethen)	C_2H_4	296,6	1,261	1,61	1,29	1,25
Helium	He	2077,0	0,178	5,24	3,16	1,66
Kohlenstoffdioxid	CO_2	188,9	1,977	0,82	0,63	1,30
Kohlenstoffmonoxid	CO	296,8	1,250	1,04	0,74	1,40
Luft	–	287,1	1,293	1,00	0,72	1,40
Methan	CH_4	518,3	0,717	2,16	1,63	1,32
Methylchlorid	CH_3Cl	164,7	2,307	0,73	0,57	1,29
Sauerstoff	O_2	259,8	1,429	0,91	0,65	1,40
Schwefeldioxid	SO_2	129,8	2,931	0,61	0,48	1,27
Stickstoff	N_2	296,8	1,250	1,04	0,74	1,40
Stickstoffmonoxid	NO	277,1	1,340	1,00	0,72	1,39
Wasserstoff	H_2	4124,0	0,0899	14,38	10,26	1,41
Wasserdampf	H_2O	461,5	0,804	1,86	1,40	1,33

T12 Spezifische Wärmekapazität (→ T11)
Spezifische Schmelzwärme und spezifische Verdampfungswärme

Stoff	Spezifische Wärmekapazität c in kJ/(kg · K) zwischen 0 und 100 °C	Spezifische Schmelzwärme q in kJ/kg bei Normalluftdruck *)	Spezifische Verdampfungswärme r in kJ/kg bei Normalluftdruck *)
Aluminium	0,896	396,07	11 723
Ammoniak	2,219 (c_p)	339,13	1 369
Antimon	0,206	164,96	1 256
Blei	0,127	24,79	921
Chlor	0,481	188,40	260
Eisen, rein	0,460	272,14	6 364
Ethanol	2,415	108,02	858
Gold	0,130	64,48	1 758
Helium	5,275 (c_p)	–	25
Kadmium (Cadmium)	0,234	54,43	1 005
Kalium	0,758	65,7	2 051,5
Kobalt (Cobalt)	0,427	268	6 489,5
Kohlenstoffdioxid	0,846 (c_p)	184,2	572,8
Konstantan	0,419	–	–
Kupfer	0,385	204,8	4 647,3
Luft	1,009 (c_p)	–	–
Magnesium	1,047	372,6	5 652,2
Mangan	0,469	251,2	4 186,8
Maschinenöl	1,675	–	–
Messing	0,389	167,5	–
Natrium	1,218	114,7	4 186,8
Nickel	0,431	299,8	6 196,5
Paraffin	2,135	146,5	–
Platin	0,131	111,4	2 512
Porzellan	0,795	–	–
Quecksilber	0,138	11,8	284,7
Sauerstoff	0,913 (c_p)	13,8	213,5
Schwefeldioxid	0,632 (c_p)	–	401,9
Silber	0,251	104,7	2 177,1
Terpentinöl	1,800	–	293,1
Toluol	1,750	–	347,5
Trichlormethan	1,005	79,5	247
Wachs	3,433	175,8	–
Wasser	4,180	333,7	2 256,2
Dampf	2,010 (c_p)	–	–
Eis	2,093	–	–
Wasserstoff	14,268 (c_p)	–	467,2
Wismut (Bismut)	0,124	52,3	837,4
Wolfram	0,134	192,6	4 814,8
Ziegelstein	0,837	–	–
Zink	0,385	104,7	1 800,3
Zinn	0,226	58,6	2 595,8

*) p_n = 1013 hPa

Tabellen

T13 Spezifischer Brennwert H_o bzw. $H_{o,n}$ und spezifischer Heizwert H_u bzw. $H_{u,n}$

Brennstoff	H_o in $\frac{kJ}{kg}$ bzw. $H_{o,n}$ in $\frac{kJ}{m^3}$	H_u in $\frac{kJ}{kg}$ bzw. $H_{u,n}$ in $\frac{kJ}{m^3}$
reiner Kohlenstoff	Je nach Wassergehalt, um den Betrag der zur Verdampfung dieses Wassers erforderlichen Wärme größer als H_u.	33 800
Steinkohle		30 000 bis 35 000
Braunkohle		8 000 bis 11 000
Brikett		17 000 bis 21 000
Torf		10 000 bis 15 000
Holz		9 000 bis 15 000
Heizöl EL	45 400	42 700
Heizöl S	42 300	40 200
Benzin	46 700	42 500
Benzol	41 940	40 230
Dieselöl	44 800	41 640
Petroleum	42 900	40 800
Hochofengichtgas	4 080	3 980
Koksofengas	19 670	17 370
Erdgas Typ H	41 300	37 300
Methan	39 850	35 790
Propan	100 890	92 890

T14 Wärmeleitfähigkeit (bei ϑ = 20 °C)

Auf Temperaturabhängigkeit achten!

Stoff	λ in W/(m · K)	Stoff	λ in W/(m · K)
Aluminium	209	Kupfer	394
Antimon	22,53	Leder	0,16
Asbest	0,17	Marmor	2,9
Benzen (Benzol)	0,135	Maschinenöl	0,126
Blei	35,01	Messing	81 … 105
Bronze	58,15	Neusilber	29
Dämmstoffe	0,015 … 0,11	Nickel	52
Flussstahl	46,5	Platin	80
Glas	0,6 … 0,9	Porzellan	0,8 … 1,9
Glimmer	0,41	Quarz	1,09
Glyzerin	0,28	Quecksilber	8,4
Gold	311	Roheisen, weiß	52
Graphit	140	Schwefel	0,27
Grauguss	48,8	Silber	418,7
Holz, Eiche	0,21	Stahlguss	52
Kiefer	0,14	Tombak	93 … 116
Rotbuche	0,17	Wasser	0,597
Holzkohle	0,08	Weißmetall	35 … 70
Kesselstein	1,16 … 3,5	Zink	110
Korkplatten	0,035 … 0,04	Zinn	64

Gesamtspektrum der elektromagnetischen Wellen

Wellenlängenbereich:

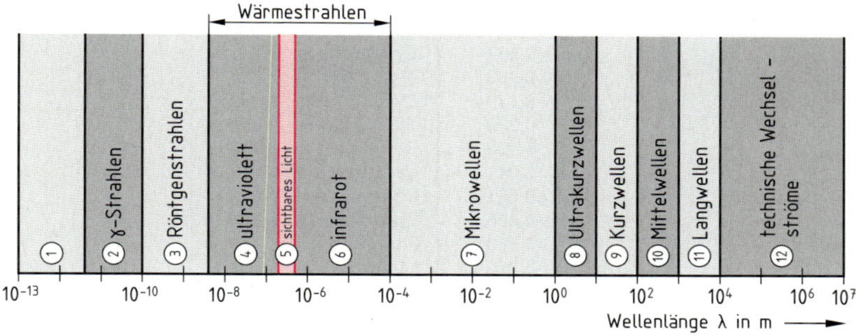

1

Frequenzbereich:

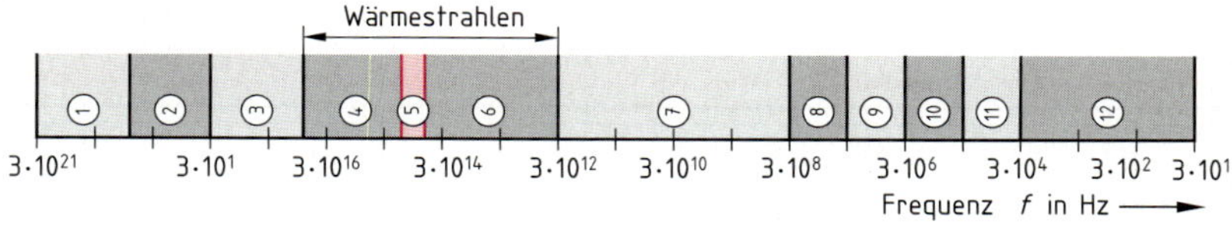

2

Wellenlängenbereich	Frequenzbereich	Bezeichnung deutsch/international	Verwendungsbeispiele
18 000 km	$16\frac{2}{3}$ Hz	techn. Wechselstrom / –	Bundesbahn
6000 km	50 Hz	techn. Wechselstrom / –	elektr. Energieversorgung
18 800 … 15 km	16 … 20 000 Hz	Tonfrequenz / af	Sprache und Musik
∞ … 30 000 m	0 … 10 kHz	Niederfrequenz / –	Regeltechnik
30 000 … 10 000 m	10 … 30 kHz	Längswellen / vlf	Telegraphie
10 000 … 1000 m	30 … 300 kHz	Langwellen / lf	Langwellenrundfunk
1000 … 182 m	300 … 1650 kHz	Mittelwellen / mf	Rund-, Flug-, Polizeifunk
182 … 100 m	1,65 … 3,0 MHz	Grenzwellen / –	Küstenfunk
100 … 10 m	3 … 30 MHz	Kurzwellen / hf	Rund- und Amateurfunk
10 … 1 m	30 … 300 MHz	Ultrakurzwellen / vhf	Rund-, Polizei-, Richtfunk
1 m … 1 dm	300 … 3000 MHz	Dezimeterwellen / uhf	Fernsehen, Richtfunk
10 … 1 cm	3 … 30 GHz	Zentimeterwellen / shf	Richtfunk, Radar, Maser
10 … 0,1 mm	30 … 3000 GHz	Millimeterwellen / –	techn. nicht genutzt
1 mm … 0,78 μm	$3 \cdot 10^{11}$ … $3{,}8 \cdot 10^{14}$ Hz	Infrarot / ir	Laser, Nachrichtentechnik
0,78 … 0,38 μm	**$3{,}8 \cdot 10^{14}$ $7{,}9 \cdot 10^{14}$ Hz**	**sichtbares Licht / –**	**Optik, Lasertechnik**
60 … 0,1 nm	$5 \cdot 10^{15}$… $2 \cdot 10^{25}$ Hz	Röntgenstrahlung / –	Röntgendiagnostik, -therapie, Materialprüfung
0,4 … 10^{-4} nm	$8 \cdot 10^{17}$ … $4{,}7 \cdot 10^{21}$ Hz	Gammastrahlen	Strahlentherapie, Materialprüfung, Kernreaktion

Tabellen

T16 Elektrochemische Äquivalente

Stoff	Ion	Wertigkeit	*c* in mg/C	Stoff	Ion	Wertigkeit	*c* in mg/C
Aluminium	Al^{3+}	3	0,093	Quecksilber	Hg^{2+}	2	1,039
Blei	Pb^{2+}	2	1,074	Silber	Ag^{+}	1	1,118
Cadmium	Cd^{2+}	2	0,583	Zink	Zn^{2+}	2	0,339
Calcium	Ca^{2+}	2	0,208	Zinn	Sn^{2+}	2	0,615
Chrom	Cr^{3+}	3	0,179	Zinn	Sn^{4+}	4	0,307
Eisen	Fe^{2+}	2	0,289	Wasserstoff	H^{+}	1	0,0105
Eisen	Fe^{3+}	3	0,193	Brom	Br^{-}	1	0,828
Gold	Au^{+}	1	2,041	Carbonat	CO_3^{2-}	2	0,311
Gold	Au^{3+}	3	0,681	Chlor	Cl^{-}	1	0,367
Kalium	K^{+}	1	0,405	Chromat	CrO_4^{2-}	2	0,601
Kupfer	Cu^{+}	1	0,659	Fluor	F^{-}	1	0,197
Kupfer	Cu^{2+}	2	0,329	Hydroxid	OH^{-}	1	0,176
Magnesium	Mg^{2+}	2	0,126	Jod	I^{-}	1	1,315
Natrium	Na^{+}	1	0,238	Phosphat	PO_4^{3-}	3	0,328
Nickel	Ni^{2+}	2	0,304	Sauerstoff	O^{2-}	2	0,083
Platin	Pt^{2+}	2	1,011	Schwefel	S^{2-}	2	0,166
Platin	Pt^{4+}	4	0,505	Sulfat	SO_4^{2-}	2	0,498

T17 Spezifischer elektrischer Widerstand ϱ, elektrischer Leitwert γ, Temperaturkoeffizient α fester Stoffe bei 20 °C

Werkstoff	spez. Widerstand ϱ_{20} in $\Omega \cdot mm^2/m$	Leitwert γ_{20} in $m/(\Omega \cdot mm^2)$	Temperaturkoeffizient α in 10^{-3} 1/K	Werkstoff	spez. Widerstand ϱ_{20} in $\Omega \cdot mm^2/m$	Leitwert γ_{20} in $m/(\Omega \cdot mm^2)$	Temperaturkoeffizient α in 10^{-3} 1/K
Elemente							
Aluminium	0,0278	36,0	4,0	Molybdän	0,047	21,3	4,7
Antimon	0,42	2,38	5,1	Natrium	0,043	23,3	5,5
Bismut	1,21	0,83	4,2	Nickel	0,095	10,5	5,2
Blei	0,208	4,8	4,2	Platin	0,098	10,2	3,9
Cadmium	0,077	13,0	4,2	Quecksilber	0,94	1,063	0,99
Chrom	0,130	7,7	5,8	Silber	0,016	62,5	4,1
Cobalt	0,057	17,5	6,6	Tantal	0,15	6,67	3,6
Eisen	0,1	10,0	6,6	Titan	0,6	1,7	5,3
Germanium	900	0,0011	1,5	Uran	0,32	3,1	2,0
Gold	0,022	45,5	4,0	Vanadium	0,20	5,0	3,5
Kalium	0,07	14,3	5,4	Wolfram	0,055	18,2	4,7
Kupfer	0,0178	56,2	3,9	Zink	0,0625	16,0	4,2
Magnesium	0,044	22,7	4,0	Zinn	0,115	8,7	4,6
Mangan	0,049	20,4	5,9				
Legierungen und sonstige Stoffe							
Aldrey	0,033	30	3,6	Messing	0,062	16,1	1,6
Aluchrom	1,38	0,74	0,05	Nickelin	0,43	2,3	0,11
Chromnickel	1,1	0,9	0,2	Platinrhodium	0,20	5,0	1,7
Konstanten	0,49	2,04		Graphitkohle	20	0,05	– 0,5
Manganin	0,43	2,3		Kohlenstoff	30	0,033	– 0,4

ϱ von Isolierstoffen (→ T18)

T18 Spezifischer elektrischer Widerstand ϱ von Isolierstoffen

$1\ \Omega \cdot mm^2/m = 10^{-6}\ \Omega\ m$

Werkstoff	Spezifischer Widerstand ϱ in Ωm	Werkstoff	Spezifischer Widerstand ϱ in Ωm
Benzol	$\approx 10^{15}$	Phenolharze	$\approx 10^{15}$
Bernstein	$\approx 10^{16}$	Plexiglas	$\approx 10^{13}$
Glas	$\approx 10^{12}$	Polyamid	$\approx 10^{10}$
Glimmer	$\approx 10^{14}$	Polypropylen	$\approx 10^{14}$
Hartgummi	$\approx 10^{15}$	Polystyrol	$\approx 10^{14}$
Holz (trocken)	$\approx 10^{12}$	Polyvinylchlorid	$\approx 10^{14}$
Keramik	$\approx 10^{12}$	Porzellan	$\approx 10^{12}$
Marmor	$\approx 10^{8}$	Quarz	$\approx 10^{12}$
Papier	$\approx 10^{15}$	Silikonöl	$\approx 10^{13}$
Paraffin	$\approx 10^{15}$	Wachs	$\approx 10^{12}$
Petroleum	$\approx 10^{11}$	Zelluloid	$\approx 10^{10}$

T19 Elektrochemische Spannungsreihe

Normalpotentiale der Elemente gegenüber der Wasserstoffnormalelektrode

Element	Symbol	Wertigkeit	Normalpotential in Volt	Element	Symbol	Wertigkeit	Normalpotential in Volt
Lithium	Li	1	– 3,02	Eisen	Fe	3	– 0,04
Kalium	K	1	– 2,93	Wasserstoff	H	1	0,00
Cäsium	Cs	1	– 2,92	Zinn	Sn	4	+ 0,05
Natrium	Na	1	– 2,71	Antimon	Sb	3	+ 0,20
Magnesium	Mg	2	– 2,35	Kupfer	Cu	2	+ 0,34
Chrom	Cr	2	– 0,91	Kupfer	Cu	3	+ 0,52
Zink	Zn	2	– 0,76	Kupfer	Cu	1	+ 0,51
Chrom	Cr	3	– 0,74	Silber	Ag	1	+ 0,80
Eisen	Fe	2	– 0,44	Quecksilber	Hg	2	+ 0,86
Cadmium	Cd	2	– 0,40	Platin	Pt	4	+ 0,87
Cobalt	Co	2	– 0,26	Gold	Au	2	+ 1,40
Nickel	Ni	2	– 0,25	Gold	Au	3	+ 1,50
Zinn	Sn	2	– 0,14				

T20 Permittivitätszahlen ε_r von Isolierstoffen

Werkstoff	ε_r	Werkstoff	ε_r	Werkstoff	ε_r
Feste Stoffe				**Flüssigkeiten**	
Acrylglas	3,1 … 3,6	Plexiglas	3,4	Benzol	2,3
Aluminiumoxid	6 … 9	Phenolharz	4 … 5	Cholophen	5
Bariumtitanat	bis 3000	Phosphor	4,1	Isolieröl	2 … 2,4
Bernstein	2,4 … 2,9	Polyamid (PA)	3 … 5	Petroleum	2 … 2,2
Epoxidharz	3,7 … 4,2	Polyethylen (PE)	2,3 … 2,6	Rizinusöl	4,5
Glas	3 … 16	Polycarbonat (PC)	2,8	Terpentinöl	2,3
Glimmer	5 … 9	Polystyrol (PS)	2,3 … 2,8	Wasser (rein)	81
Hartgummi	3 … 4	Polyurethan (PUR)	3,4		
Hartpapier	3,5 … 6	Polyvinylchlorid (PVC)	3,5 … 4	**Gase**	
Kautschuk	2,5	Porzellan	4 … 6	Alle Gase haben einen ε_r-Wert von nahezu 1.	
Keramik	> 10 000	Pressspan	2,6 … 3,8		
Mikanit	4,5 … 5,5	Quarz	3,5 … 4,8		
Paraffin	2,0 … 2,3	Schellack	3,5 … 4,2		
Pertinax	4,0 … 5,5	Zellulosepapier	4 … 6		

T21 Permeabilitätszahlen μ_r einiger Werkstoffe

ferromagnetische Werkstoffe				nichtferromagnetische Werkstoffe			
hartmagnetische Werkstoffe	μ_r	weichmagnetische Werkstoffe	μ_r	paramagnetische Werkstoffe	μ_r	diamagnetische Werkstoffe	μ_r
AlNiCo 12/6	4 bis 5,5	Mumetall	140 000	Luft	1,0000004	Quecksilber	0,999975
AlNiCo 35/5	3 bis 4,5	Permenorm	8 000	Sauerstoff	1,0000003	Silber	0,999981
FeCoVCr 11/2	2 bis 8	Trafoperm N2	35 000	Aluminium	1,000022	Zink	0,999988
SeCo 112/100	1,1	Hyperm 36 M	16 000	Platin	1,000360	Wasser	0,999991

T22 Strombelastbarkeit I_r bei 30 °C

Fest verlegte PVC-isolierte Leitungen. Verlegearten: A, B1, B2, C und E

Verlegeart	A		B1		B2		C		E	
Anzahl der belasteten Adern	2	3	2	3	2	3	2	3	2	3
Nennquerschnitt in mm² Kupfer	**Strombelastbarkeit** (Bemessungswert) I_r **in A** (nach DIN VDE 0298 Teil 4)									
1,5	15,5	13	17,5	15,5	15,5	14	19,5	17,5	20	18,5
2,5	19,5	18	24	21	21	19	26	24	27	25
4	26	24	32	28	28	26	35	32	37	34
6	34	31	41	36	37	33	46	41	48	43
10	46	42	57	50	50	46	63	57	66	60
16	61	56	76	68	68	61	85	76	89	80
25	80	73	101	89	90	77	112	96	118	101
35	99	89	125	111	110	95	138	119	145	126

T23 Wellenlänge der K_α-Linie

Element		Z	Wellenlänge λ in pm	Element		Z	Wellenlänge λ in pm
Aluminium	Al	13	832	Kupfer	Cu	29	154
Vanadium	V	23	250	Molybdän	Mo	42	71
Chrom	Cr	24	228	Silber	Ag	47	56
Eisen	Fe	26	193	Wolfram	W	74	21
Kobalt	Co	27	179	Uran	U	92	13
Nickel	Ni	28	166				

T24 Schwächungskoeffizienten μ für γ-Strahlen beim Durchgang durch verschiedene Stoffe in cm^{-1}

Stoff	Dichte g/cm³	Energie der γ-Strahlung in MeV						
		0,1	0,5	1,0	2,0	5,0	10	20
Luft	$1{,}29 \cdot 10^{-3}$	$1{,}8 \cdot 10^{-3}$	$1{,}1 \cdot 10^{-3}$	$0{,}76 \cdot 10^{-3}$	$0{,}52 \cdot 10^{-3}$	$0{,}32 \cdot 10^{-3}$	$0{,}26 \cdot 10^{-3}$	$0{,}20 \cdot 10^{-3}$
Wasser	1,0	0,17	0,098	0,071	0,048	0,031	0,022	0,017
Aluminium	2,7	0,46	0,22	0,17	0,12	0,075	0,062	0,056
Eisen	7,8	2,6	0,65	0,47	0,32	0,24	0,21	0,20
Beton	2,3	0,39	0,20	0,15	0,10	0,066	0,050	0,046
Kupfer	8,9	3,0	0,72	0,51	0,35	0,28	0,32	0,33
Blei	11,3	60	1,9	0,81	0,54	0,48	0,58	0,71

T25 Halbwertsdicken $d_{1/2}$ für verschiedene Stoffe bei der Absorption von γ-Strahlen in cm

Stoff	Dichte g/cm³	Energie in MeV						
		0,1	0,5	1,0	2,0	5,0	10	20
Luft	$1{,}29 \cdot 10^{-3}$	385	630	912	1333	2166	2666	3466
Wasser	1,0	4,0	7,0	9,8	14,4	22,4	31,5	40,7
Aluminium	2,7	1,5	3,1	4,1	5,8	9,2	11,2	12,3
Eisen	7,8	0,3	1,1	1,5	2,2	2,9	3,3	3,5
Beton	2,3	1,8	3,5	4,6	6,9	10,5	13,9	15,1
Kupfer	8,9	0,23	1,0	1,4	2,0	2,5	2,2	2,1
Blei	11,3	0,01	0,36	0,86	1,3	1,4	1,2	0,98

T26 **Elektronenaustrittsarbeit** E_A beim lichtelektrischen Effekt sowie **langwellige Grenze** λ_G und **Grenzfrequenz** f_G

Element	Symbol	E_A in eV	λ_G in nm	f_G in 10^{15} Hz	Element	Symbol	E_A in eV	λ_G in nm	f_G in 10^{15} Hz
Aluminium	Al	4,20	295	1,02	Magnesium	Mg	3,70	335	0,90
Barium	Ba	2,52	492	0,61	Molybdän	Mo	4,20	295	1,02
Blei	Pb	4,03	307	0,98	Nickel	Ni	5,09	243	1,24
Cadmium	Cd	4,10	302	1,00	Platin	Pt	5,66	219	1,38
Caesium	Cs	1,94	639	0,47	Rhodium	Rh	5,03	246	1,22
Calcium	Ca	3,20	387	0,78	Silber	Ag	4,48	277	1,09
Chrom	Cr	4,45	278	1,08	Thorium	Th	3,42	362	0,83
Eisen	Fe	4,63	268	1,13	Wolfram	W	4,55	272	1,11
Gold	Au	4,80	258	1,17	Zink	Zn	4,33	286	1,05
Kalium	K	2,25	551	0,55	Zinn	Sn	4,38	283	1,06
Kobalt	Co	4,97	249	1,21	Zirkonium	Zr	3,69	336	0,90
Kupfer	Cu	4,83	256	1,17					

T27 Wichtige Nuklide

(→ T28)

Z Ordnungszahl; E Elementsymbol; A Massenzahl; A_r relative Atommasse
H Häufigkeit (in %); Zf Zerfallsart; $T_{1/2}$ Halbwertszeit; β^- β^--Zerfall
β^+ β^+-Zerfall; α α-Zerfall; ε Elektroneneinfang; Sp spontane Spaltung

Z	E	A	A_r	H	Zf	$T_{1/2}$
1	H	1	1,007825	99,99		
	D	2	2,014102	0,01		
	T	3	3,016049		β^-	12,3 a
2	He	3	3,016030	10^{-4}		
		4	4,002604	100		
3	Li	6	6,015126	7,42		
		7	7,016005	92,6		
4	Be	9	9,012186	100		
		7	7,016929		ε	53 a
5	B	10	10,01294	19,7		
		11	11,00931	80,3		
6	C	12	12,00000	98,9		
		13	13,00335	1,1		
		14	14,00324		β^-	5730 a
7	N	14	14,00307	99,64		
		15	15,00011	0,4		
8	O	16	15,99492	99,8		
		18	17,99916	0,2		
9	F	19	18,99841	100		
10	Ne	20	19,99244	90,9		
		22	21,99138	9,1		
11	Na	22	21,99444		β^+	2,6 a
		23	22,98977	100		
12	Mg	24	23,98504	78,8		
		25	24,98584	10,1		
		26	25,98258	11,1		
		28	27,98388		β^-	21,3 h
13	Al	27	26,98154	100		
14	Si	28	27,97693	92,2		
		29	28,97649	4,7		
		30	29,97376	3,1		
		31	30,97402		β^-	2,64 h
		32	31,97402		β^-	710 a
15	P	31	30,97376	100		
		32	31,97391		β^-	14,3 d
16	S	32	31,97207	95,0		
		33	32,97146	0,8		
		34	33,96786	4,2		
		35	34,96903		β^-	87 d
		38	37,97120		β^-	2,87 h
17	Cl	34	33,97375		β^+	1,6 s
		35	34,96885	75,5		
		37	36,96599	24,5		
		38	37,96801		β^-	38 min
		39	38,96801		β^-	56 min
18	Ar	36	35,96754	0,4		
		39	38,96432		β^-	265 a
		40	39,96238	99,6		
19	K	39	38,96371	93,1		
		40	39,96401		β^-	$1,3 \cdot 10^9$ a
		41	40,96184	6,9		
20	Ca	40	39,96259	96,9		
		44	43,95549	2,1		
		45	44,95619		β^-	163 d

Z	E	A	A_r	H	Zf	$T_{1/2}$
21	Sc	45	44,95592	100		
22	Ti	46	45,95263	7,9		
		48	47,94795	73,9		
23	V	50	49,94716	0,26		
		51	50,94396	99,74		
24	Cr	52	51,94051	83,7		
		53	52,94065	9,5		
25	Mn	55	54,93805	100		
26	Fe	54	53,93962	5,9		
		56	55,93493	91,7		
27	Co	59	58,93319	100		
		60	59,93381		β^-	5,26 a
28	Ni	58	57,93534	68,0		
		60	59,93078	26,2		
29	Cu	63	62,92959	69,2		
		65	64,92779	30,8		
30	Zn	64	63,92915	48,9		
		66	65,92605	27,8		
		68	67,92487	18,6		
31	Ga	69	68,92568	60,3		
		71	70,92484	39,7		
32	Ge	70	69,92428	20,6		
		72	71,92174	27,5		
		74	73,92115	36,4		
33	As	75	74,92157	100		
34	Se	75	74,92253		ε	120 d
		78	77,91735	23,5		
		80	79,91651	49,9		
35	Br	79	78,91835	50,7		
		81	80,91634	49,3		
		82	81,91678		β^-	35,3 h
36	Kr	82	81,91348	11,6		
		83	82,91413	11,5		
		84	83,91150	57,0		
		85	84,91252		β^-	10,6 a
37	Rb	85	84,91171	72,2		
		87	86,90918	27,8	β^-	$4,7 \cdot 10^{10}$ a
38	Sr	86	85,90926	9,9		
		87	86,90892	7,0		
		88	87,90561	82,6		
		90	89,90772		β^-	29 a
39	Y	89	88,90543	100		
		90	89,90718		β^-	64,1 h
40	Zr	90	89,90432	51,5		
		92	91,9046	17,1		
		94	93,90645	17,4		
41	Nb	94	92,90621	100		
42	Mo	92	91,9063	15,5		
		95	94,9057	15,9		
		96	95,9045	16,6		
		98	97,9055	24,3		
43	Tc	99	98,9064		β^-	$2,1 \cdot 10^5$ a
		99	98,9064		γ	6 h

Z	E	A	A_r	H	Zf	$T_{1/2}$
44	Ru	101	100,904	17,1		
		102	101,904	31,6		
		104	103,906	18,6		
45	Rh	105	104,905	100		
46	Pd	105	104,905	22,2		
		106	105,903	27,3		
		108	107,904	26,7		
47	Ag	107	106,905	51,8		
		109	108,905	48,2		
48	Cd	112	111,903	24,0		
		114	113,904	28,8		
49	In	115	114,904	95,8		
50	Sn	116	115,902	14,3		
		118	117,902	24,0		
		120	119,902	32,9		
51	Sb	121	120,904	57,2		
		123	122,904	42,8		
52	Te	126	125,903	18,7		
		128	127,905	31,7		
		130	129,907	34,3		
53	J	127	126,904	100		
		131	130,906		β^-	8,1 d
54	Xe	129	128,905	26,4		
		131	130,905	21,2		
		132	131,904	26,9		
		135	134,907		β^-	9,1 h
55	Cs	133	132,905	100		
		134	133,907		β^-	2,1 a
		137	136,907		β^-	30,2 a
56	Ba	137	136,906	11,4		
		138	137,905	71,6		
57	La	139	138,906	99,9		
		140	139,909		β^-	40,2 h
58	Ce	140	139,905	88,5		
		142	141,909	11,1		
		144	143,914		β^-	284 d
59	Pr	141	140,907	100		
60	Nd	142	141,907	27,1		
		144	143,910	23,9		
		146	145,913	17,2		
61	Pm	149	148,918		β^-	53 h
62	Sm	152	151,920	26,8		
		154	153,922	22,8		
63	Eu	151	150,920	47,8		
		153	152,921	52,2		
64	Gd	158	157,924	24,8		
		160	159,927	21,8		
65	Tb	159	158,925	100		
66	Dy	162	161,927	25,5		
		164	163,929	28,2		
67	Ho	165	164,930	100		
68	Er	166	165,930	33,4		
		168	167,932	27,0		
69	Tm	169	168,934	100		
70	Yb	172	171,937	21,9		
		174	173,939	31,7		
71	Lu	175	174,941	97,4		
72	Hf	178	177,944	27,1		
		180	179,947	35,2		
73	Ta	181	180,948	100		
74	W	182	181,948	26,2		
		184	183,951	30,7		
		186	185,954	28,7		
75	Re	185	184,953	37,1		
		187	186,956	62,9		
76	Os	190	189,959	26,4		
		192	191,961	41,0		
77	Ir	191	190,961	37,3		
		193	192,963	62,7		
78	Pt	194	193,963	32,9		
		195	194,965	33,8		
79	Au	197	196,967	100		
		198	197,968		β^-	2,7 d
80	Hg	200	199,968	23,1		
		202	201,971	29,7		
81	Tl	203	202,972	29,5		
		205	204,974	70,5		
82	Pb	206	205,975	23,6		
		207	206,976	22,6		
		208	207,977	52,3		
83	Bi	209	208,980	100		
84	Po	209	208,982		α	102 a
		210	209,983		α	138,4 d
85	At	210	209,987		α, ε	8,3 h
86	Rn	220	219,992		α	55 s
		222	222,018		α	3,8 d
87	Fr	223	223,020		α, β^-	22 min
88	Ra	226	226,025		α	1600 a
89	Ac	227	227,028		α, β^-	21,8 a
90	Th	232	232,038	100	α	$1{,}4 \cdot 10^{10}$ a
91	Pa	231	231,036		α	$3{,}2 \cdot 10^{4}$ a
92	U	234	234,041	0,06	α, Sp	$2{,}5 \cdot 10^{5}$ a
		235	235,044	0,7	α, Sp	$7 \cdot 10^{8}$ a
		238	238,051	99,3	α, Sp	$4{,}5 \cdot 10^{9}$ a
93	Np	237	237,048		α, Sp	$2{,}2 \cdot 10^{6}$ a
94	Pu	239	239,052		α, Sp	24 400 a
95	Am	243	243,062		α, Sp	7370 a
96	Cm	247	247,070		α	$4 \cdot 10^{7}$ a
97	Bk	247	247,070		α	10^{4} a
98	Cf	251	251,079		α	800 a
99	Es	252	252,084		α, ε	20 d
100	Fm	252	252,083		α	30 h
101	Md	255	255,091		α, ε	30 min
102	No	253	253,091		α	1,7 min
103	Lr	257	257,099		α	8 s
104	Ku	261			α	65 s
105	Ha	262			α, Sp	35 s
106	Sg	263			α	0,9 s
107	Ns	262			α, Sp	5 ms

T28 Periodensystem der Elemente

(→ T27)

Hauptgruppen (Gruppennummer ≙ Anzahl der Außenelektronen) – Nebengruppen – Hauptgruppen

Perioden (Periodennummer ≙ Anzahl der Hauptenergieniveaus bzw. Elektronenschalen nach Bohr)	I	II	IIIa	IVa	Va	VIa	VIIa	VIIIa	VIIIa	VIIIa	Ia	IIa	III	IV	V	VI	VII	VIII
1	1 H 1,00794																	2 He 4,0026
2	3 Li 6,941	4 Be 9,0122											5 B 10,811	6 C 12,01115	7 N 14,0067	8 O 15,999	9 F 18,9984	10 Ne 20,1797
3	11 Na 22,9898	12 Mg 24,305											13 Al 26,9815	14 Si 28,086	15 P 30,9736	16 S 32,06	17 Cl 35,453	18 Ar 39,948
4	19 K 39,098	20 Ca 40,08	21 Sc 44,956	22 Ti 47,88	23 V 50,942	24 Cr 51,996	25 Mn 54,938	26 Fe 55,847	27 Co 58,933	28 Ni 58,69	29 Cu 63,546	30 Zn 65,38	31 Ga 69,72	32 Ge 72,59	33 As 74,922	34 Se 78,96	35 Br 79,904	36 Kr 83,80
5	37 Rb 85,468	38 Sr 87,62	39 Y 88,906	40 Zr 91,22	41 Nb 92,906	42 Mo 95,94	43 Tc* (98)	44 Ru 101,07	45 Rh 102,906	46 Pd 106,4	47 Ag 107,87	48 Cd 112,41	49 In 114,82	50 Sn 118,69	51 Sb 121,75	52 Te 127,6	53 I 126,9	54 Xe 131,3
6	55 Cs 132,905	56 Ba 137,33	57 La 138,91	72 Hf 178,49	73 Ta 180,948	74 W 183,85	75 Re 186,2	76 Os 190,2	77 Ir 192,2	78 Pt 195,08	79 Au 196,967	80 Hg 200,59	81 Tl 204,38	82 Pb 207,2	83 Bi 208,98	84 Po* (209)	85 At* (210)	86 Rn (222)
7	87 Fr* (223)	88 Ra* 226,03	89 Ac* (227)	104 Ku* (261)	105 Ha* (262)													

Metalle ← → Nichtmetalle (Grenze zwischen Po und At)

Lanthaniden-Elemente

58 Ce 140,12	59 Pr 140,908	60 Nd 144,24	61 Pm* 145	62 Sm 150,4	63 Eu 151,96	64 Gd 157,25	65 Tb 158,925	66 Dy 162,50	67 Ho 164,93	68 Er 167,26	69 Tm 168,93	70 Yb 173,04	71 Lu 174,97

Actiniden-Elemente

90 Th* 232,04	91 Pa* 231,04	92 U* 238,03	93 Np* (237)	94 Pu* (244)	95 Am* (243)	96 Cm* (247)	97 Bk* (247)	98 Cf* (251)	99 Es* (252)	100 Fm* –	101 Md* –	102 No* –	103 Lr* –

Protonenzahl: 13 – Elementsymbol: Al – Atommasse: 26,9815

Weißes Feld: Metalle (Ausnahme Wasserstoff)
Hellrotes Feld: Halbmetalle
Dunkelrotes Feld: Nichtmetalle
Rote Schrift: Künstlich hergestelltes Element

Naturkonstanten

Die Zahlenwerte sind dem **Codata Bulletin** (Committee on Data for Science and Technology) Nr. 63 aus 1986 und entsprechenden DIN-Normen entnommen. In Klammer steht jeweils die Unsicherheit der letzten Ziffern.

Beispiel: $G = 6{,}672\ 59\ (85) \cdot 10^{-11}\ \mathrm{m^3 / (kg \cdot s^2)}$ ist gleichbedeutend mit
$G = (6{,}672\ 59 \pm 0{,}000\ 85) \cdot 10^{-11}\ \mathrm{m^3 / (kg \cdot s^2)}$

Größe	Formelzeichen	Zahlenwert	Einheit
Mechanik			
Gravitationskonstante	G	$6{,}672\ 59\ (85) \cdot 10^{-11}$	$\mathrm{m^3/(kg \cdot s^2)}$
Fallbeschleunigung (Normwert)	g_n	9,806 65	$\mathrm{m/s^2}$
Kinetische Gastheorie (Thermodynamik)			
Molvolumen idealer Gase (0 C; 1013,25 mbar)	V_0	22,414 10 (19)	$\mathrm{dm^3/mol}$
Allgemeine Gaskonstante	R	8,314 510 (70)	J/(mol · K)
Physikalischer Normdruck	p_n	101 325	$\mathrm{Pa = N/m^2}$
		1013,25	mbar
Physikalische Normtemperatur	ϑ_n	273,15/0	K/°C
Absoluter Temperaturnullpunkt	T_0	0	K
	ϑ_0	– 273,15	°C
AVOGADRO-Konstante	N_A	$6{,}022\ 136\ 7\ (36) \cdot 10^{23}$	$\mathrm{1/mol = mol^{-1}}$
BOLTZMANN-Konstante	k	$1{,}380\ 658\ (12) \cdot 10^{-23}$	J/K
Elektrik			
Elektrische Feldkonstante	ε_0	$8{,}854\ 187\ 817 \cdot 10^{-12}$	F/m = As/Vm
Magnetische Feldkonstante	μ_0	$1{,}256\ 637\ 061\ 4 \cdot 10^{-6}$	H/m = Vs/Am
		$4 \cdot \pi \cdot 10^{-7}$	H/m = Vs/Am
FARADAY-Konstante	F	96 485,309 (29)	C/mol
Vakuum-Lichtgeschwindigkeit	c_0	$2{,}997\ 924\ 58 \cdot 10^{8}$	m/s
Atomistik			
Elementarladung	e	$1{,}602\ 177\ 33\ (49) \cdot 10^{-19}$	C
Elektronenmasse	m_e	$9{,}109\ 389\ 7\ (54) \cdot 10^{-31}$	kg
Spezifische Ladung des Elektrons	e/m_e	$1{,}758\ 819\ 62 \cdot 10^{11}$	C/kg
Atomare Masseneinheit	u	$1{,}660\ 540\ 2\ (10) \cdot 10^{-27}$	kg
Neutronenmasse	m_n	$1{,}674\ 928\ 6\ (10) \cdot 10^{-27}$	kg
		1,008 664 904 (14)	u
Protonenmasse	m_p	$1{,}672\ 623\ 1\ (10) \cdot 10^{-27}$	kg
		1,007 276 470 (12)	u
Massenverhältnis Proton / Elektron	m_p/m_e	1836,152 701 (37)	1
Masse des Wasserstoffatoms	m_H	$1{,}673\ 533\ 9\ (10) \cdot 10^{-27}$	kg
RYDBERG-Konstante	R	$10{,}973\ 373\ 153\ 4\ (13) \cdot 10^{6}$	$\mathrm{1/m = m^{-1}}$
PLANCK-Konstante	h	$6{,}626\ 075\ 5\ (40) \cdot 10^{-34}$	Js
		$4{,}135\ 669\ 3 \cdot 10^{-15}$	eVs

Sachwortverzeichnis

Bitte beachten Sie: Die Zahlenangaben im Sachwortverzeichnis sind Seitenzahlen!

A

Abbau eines Magnetfeldes 124
Abbe-Zahl 96
Abbildungsfehler 99
Abbildungsgleichung 97, 98
Aberration 99
Abgeleitete Größen 9
Abklingkoeffizient 87
Ablenkung 94 … 99
Ablenkungswinkel 94, 95, 101
Ablösearbeit 141
Abschirmung radioaktiver Strahlung 154
Absolute Größen 58, 59
Absolute Luftfeuchtigkeit 67
Absolute Temperatur 57
Absoluter Druck 44
Absoluter Nullpunkt 57
Absorberdicke 109
Absorption 109, 110
Absorptionsfläche 110
Absorptionskoeffizient 82
Absorptionsschalldämmung 109
Absorptionsschalldämpfung 109
Absorptionsspektrum 145
Abstrahlwinkel 104
Abwurfgeschwindigkeit 13, 15
Abwurfwinkel 15
Achromat 99
Achsabstand 38
Ackeret-Keller-Prozess 75
Addition von Geschwindigkeiten 14
Addition von Kräften 14
Additive Farbmischung 104
Adhäsionskraft 43
Adiabate 72, 76
Adiabatenexponent 56, 70, 71, 108
Adiabatenfunktion 72
Aerostatischer Druck 44
Aggregatzustand 9
Aktionskraft 16
Aktivität 149, 152, 153
Aktivität, spezifische 149
Akustik 105 … 110
Akustisch dicht 109
Akustisch dünn 109
Akustische Brechzahl 109
Allgemeine Flüssigkeitseigenschaften 49
Allgemeine Gaskonstante 61
Allgemeine Polytrope 73
Allgemeine Zustandsgleichung der Gase 59, 60
Allgemeines Kräftesystem 17
α-Strahlen 149
α-Zerfall 150
Ampere (Einheit) 9, 111, 167
Amplitude 84 … 94
Amplitudendifferenz 87
Amplitudenresonanz 88
Anastigmat 99
Änderung der Enthalpie 70
Änderung der Entropie 76
Änderung der inneren Energie 71, 72, 73
Änderung der Winkelgeschwindigkeit 36
Änderung des Impulses 25
Anergie 78, 79
Anfangsgeschwindigkeit 12, 37
Angriffspunkt 17
Anlassfarben 101
Anlaufreibungsmoment 27
Anpresskraft 26, 35
Anregung von Schwingungen 88
Anziehen 35
Anziehungskraft zweier Kondensatorplatten 119
Anzugsmoment 31
Aperiodischer Grenzfall 87
Apertur 97
Äquator 13
Äquatoriales Trägheitsmoment 23
Äquivalent, elektrochemisches 111, 172
Äquivalentdosis 153
Äquivalentdosisleistung 153
Äquivalentdosisrate 153
Äquivalenz 69
Ar (Einheit) 10
Arbeit 16, 32 … 35, 39, 46, 69, 71 … 79, 113, 141, 175
Arbeit, elektrische 113
Arbeitseinheit 32
Arbeitskomponente 32
Arbeitsweisen der Physik 9
Archimedes, Prinzip von 48
Astigmatismus 99
Atmosphäre 44
Atmosphärendruck 44, 67
Atmosphärische Druckdifferenz 44
Atomare Masseneinheit 10, 60, 149, 150
Atomare Wärmequellen 63
Atomarer Bereich 9
Atomgewicht 60, 178
Atomhülle 141
Atomkern 149, 150
Atommasse 60, 149
Atommodell, Bohr'sches 143
Atomphysik 141 … 154
Atomradius 150
Aufbau eines Magnetfeldes 124
Aufdruckkraft 48
Aufgewendete Arbeit 35, 46, 71 … 78
Aufgewendete Leistung 35
Aufladen eines Kondensators 120
Auflagereibungsmoment 31
Auflagerkräfte 20
Auftrieb 48, 54
Auftriebskraft 48, 54
Augenblicksleistung 128
Augenempfindlichkeit 102
Ausbreitungsgeschwindigkeit 91 … 94, 100 … 110, 139
Ausbreitungsmedium 105
Ausbreitungszentren 93
Ausdehnungskoeffizient 58
Ausfallwinkel 94 … 99
Ausfluss aus Gefäßen 52, 53
Ausfluss bei Überdruck 53
Ausflussgeschwindigkeit 53
Ausflusszahl 52
Ausflusszeit 52, 53
Auslenkung 84 … 94
Auslenkungs, Zeit-Gesetz 84
Auslöschung 89, 101
Ausschaltvorgang 124
Außenbackenbremse 28
Außengewinde 31
Äußere Reibung 26
Ausströmen von Gasen 56
Avogadro-Konstante 60, 179
Axiale Schraubenkraft 30
Axiales Flächenmoment 2. Grades 23, 24, 25
Axiales Widerstandsmoment 24, 25

B

Bach-Schüle-Potenzgesetz 16
Backenbremse 28
Bahndrehimpuls 143
Bahndrehimpulsquantenzahl 148
Bahngeschwindigkeit auf der n. Bahn 143
Bahnradius der n. Bahn 143
Balmer-Serie 145
Bandbremse 28
Bar (Einheit) 43
Barometerdruck 44
Barometrische Höhenformel 44
Basiseinheiten 9, 167
Basisgrößen 9
Befestigungsgewinde 31
Befestigungsschraube 31
Beharrungsgesetz 15
Belastungsgrenzen 17
Beleuchtungsstärke 103, 104
Benetzende Flüssigkeit 43
Benetzung 43
Bernoulli, Gleichung von 51, 55
Beschleunigte Bewegung 15
Beschleunigung 11 … 15, 31, 32, 33, 83
Beschleunigungsarbeit 33
Beschleunigungskraft 15, 31
Bestrahlungsstärke 103
β-Strahlen 149
β-Zerfall 150
Betrag 17
Beugung 94, 101, 109
Bewegungsbahnen 11, 14
Bewegungsenergie 33, 58
Bewegungsgewinde 31

Bewegungsgröße 25
Bewegungskriterien 11
Bewegungsmöglichkeit 11
Bewegungsschraube 31
Bewegungszustand 11
Bewertungsfaktor 153
Bewertungskurven 108
Bezugsschalldruck 106
Bezugsschallintensität 106
Bezugsschallleistung 106
Bezugsschallschnelle 106
Bezugssehweite 99
Biegekräfte 88
Biegekritische Drehzahl 88
Biegekritische Winkelgeschwindigkeit 88
Biegung 17
Bildart 98
Bildentstehung 97 ... 100
Bildfeldwölbung 99
Bildgröße 97, 98, 99
Bildweite 97, 98, 99
Bindungsenergie 151
Bindungsenergie je Nukleon 151
Blende 99
Blindfaktor 130, 131
Blindleistung 129, 130, 132, 134, 138
Blindleistung, induktive 129
Blindleistung, kapazitive 129
Blindleistungskompensation 132
Blindleitwert, induktiver 131
Blindleitwert, kapazitiver 131
Blindspannung, induktive 130
Blindspannung, kapazitive 130
Blindwiderstand, induktiver 129
Blindwiderstand, kapazitiver 129
Bodendruckkraft 47
Bogenlänge 10
Bogenmaß 10
Bohr'sche Postulate 143
Bohr'sches Atommodell 143
Boyle-Mariotte, Gesetz von 45, 59, 60, 72
Brackett-Serie 145
Bragg'sche Drehkristallmethode 147
Bragg'sche Gleichung 147
Brechender Winkel 96
Brechung 94 ... 97, 109
Brechungsgesetz 94, 95
Brechwert 98, 99
Brechzahl 94, 95, 96
Bremskraft 31
Bremsmoment 28
Brennweite 98, 99
Brennwert 64, 170

C

Candela (Einheit) 9, 103, 167
Carnot-Prozess 76, 78
Celsius-Temperatur 57
Chromatische Aberration 99
Compton-Effekt 142
Compton-Wellenlänge 142
Coriolisbeschleunigung 39
Corioliskraft 39
Coulomb'sches Gesetz 117
Coulomb'sches Reibungsgesetz 26
Coulomb (Einheit) 111
Curie (Einheit) 152, 153
C_W-Wert 54

D

d'Alembert 31, 32
Dalton, Gesetz von 61, 67
Dämmerungszahl 100
Dampf 9, 45
Dämpfcharakteristik 109
Dampfdichte 45
Dampfdruck 65, 67
Dampfdruckkurve 65
Dampferzeugung 78
Dampfturbine 78
Dämpfung 87, 109
Dämpfungsgrad 87, 109
Dämpfungsverhältnis 87
Dämpfungsvermögen 109
de Broglie-Beziehung 142
Debye-Frequenz 110
Deduktion 9
Deformation 16
Degressives Federverhalten 16
Dehngrenze 17
Dehnung 16, 58
Deutliche Sehweite 99
Dezibel (Einheit) 106, 107, 108
Dezimale Teile 10
Dezimale Vielfache 10
Dialyse 61, 62
Diamagnetische Stoffe 121
Dichte 11, 45, 48, 49, 59, 61, 160, 161
Dicke Linse 99
Dielektrizitätszahl 118
Diesel-Prozess 74
Differentialbandbremse 28
Diffusion 61, 62
Diffusion durch Wände 62
Diffusionskoeffizient 62
Diffusionsrichtung 62
Diffusionswiderstandsfaktor 62
Diffusionsstromdichte 62
Dioptrie (Einheit) 98
Dipollänge 139
Direktionsgröße 84
Direktionsmoment 86
Dispersion 96
Dispersionskurve 96
Dissipation 33, 109
Doppelter Zahntrieb 38
Doppler-Effekt 93, 94, 102, 109
Dosimetrie 152
Dosisbegriffe 152
Dosisgrenzwerte 154
Drall 41
Drallerhaltung 41
Dreharbeit 41
Drehenergie 39
Drehfläche 22
Drehimpuls 41
Drehimpulserhaltung 41
Drehkondensator 118
Drehkörper 22
Drehkritische Drehzahl 88
Drehkritische Winkelgeschwindigkeit 88
Drehleistung 35, 36
Drehmoment 19, 20, 36, 41, 86
Drehpendel 86
Drehpunkt 19
Drehschwingungen 85, 86, 88
Drehsinn 19
Drehspulmesswerk 126
Drehstoß 41
Drehstrom 132
Drehstrommotor 136
Drehwinkel 36, 37, 127
Drehzahl 35 ... 38, 88
Dreieck-Stern-Umwandlung 116
Dreieckschaltung 133, 134
Dreiphasenwechselspannung 132
Drittes Newton'sches Axiom 16
Druck 17, 43 ... 48, 105
Druck, Enthalpie-Diagramm 66
Druck, Volumen-Diagramm 69, 71 ... 78
Druckausbreitung 45
Druckberechnung 43 ... 48
Druckeinheiten 44
Druckenergie 50
Druckfortpflanzungsgesetz von Pascal 45
Druckgleichung 51
Druckhöhe 46
Druckhöhengleichung 51
Druckkraft 17, 45 ... 48, 58
Druckmittelpunkt 47
Drucksteigerung 44
Druckübersetzung 46
Druckübersetzungsverhältnis 46
Druckverlust 55
Druckverteilung 47
Druckverteilungsdiagramm 47
Dualismus des Lichts 141
Duane-Hunt'sches Gesetz 146
Dünne Blättchen 101
Dünne Linse 98
Durchbiegung 88
Durchflussgleichung 50, 56
Durchflutung, elektrische 120, 121
Dynamik 11
Dynamische Querkraft 54, 55
Dynamische Viskosität 53
Dynamische Zähigkeit 53
Dynamischer Auftrieb 54
Dynamisches Grundgesetz 15, 41

E

Ebene Fläche 45, 97
Ebener Spiegel 97
Effektivwert 105
Effektivwert der Wechselspannung 127
Effektivwert des Wechselstroms 127
Eigenfrequenz 87, 88, 93
Eigenträgheitsmoment 24, 25, 40
Einelektronensystem 143
Einfache Bandbremse 28
Einfacher Riementrieb 37, 38
Einfallwinkel 94 ... 99, 109
Einheiten 9, 10, 155 ... 159, 167
Einheitenzeichen 9
Einheitennormale 9, 167
Einpresskraft 26

Einschaltvorgang 124
Einschnürungszahl 52
Einseitiger Hebel 19
Einspritzverhältnis 74
Einstein'sche Gleichung 141
Eintauchtiefe 48
Eintrittspupille 100
Einzelbewegung 14
Einzeldrehmoment 19
Einzelgeschwindigkeit 14
Einzelkraft 14, 17, 18, 19
Einzelwirkungsgrad 35
Eispunkt 57
Elastische Verformung 16
Elastischer Stoß 26
Elastizitätsgrenze 17
Elastizitätsmodul 16, 166
Elektrische Arbeit 79, 113
Elektrische Energie 78, 79
Elektrische Feldkonstante 100, 117
Elektrische Heizleistung 79
Elektrische Leistung 79, 113
Elektrische Stromstärke 9, 79, 111
Elektrischer Leitwert 112, 172
Elektrischer Wirkungsgrad 79
Elektrisches Wärmeäquivalent 79
Elektrizitätslehre 111 ... 140
Elektrochemische Äquivalente 172
Elektrochemische Spannungsreihe 173
Elektrolytkondensator 118
Elektromagnet 125
Elektromagnetische Induktion 123
Elektromagnetische Wellen 91, 100 ... 104
Elektromotor 136
Elektronenanordnung im Atom 148
Elektronenaustrittsarbeit 141, 175
Elektronenhülle, Aufbau 148
Elektronenkonfiguration 148
Elementarladung 111
Elongation 84, 91
Emissionskoeffizient 82
Emissionsspektrum 145
Emittierte Energie 82
Endgeschwindigkeit 12, 37
Energie 32, 33, 34, 35, 43, 50, 51, 57, 58, 70, 78, 79, 82, 102, 105, 119, 122, 123, 141, 143, 151
Energie der Lage 33
Energie des Photons 141
Energie des Strahlungsquants 143
Energie im elektrischen Feld 119
Energie im magnetischen Feld 122, 123
Energieäqivalenz 32
Energiedichte, elektrische 119
Energiedichte, magnetische 122
Energiedosis 153
Energiedosisleistung 153
Energiedosisleistungskonstante 153
Energiedosisrate 153
Energieeinheiten 32
Energieerhaltung 33, 50
Energieerhaltungssatz 33
Energiegleichung von Bernoulli 51
Energiestrom 82
Energieumwandlung 33, 69 ... 79
Energieverteilung 85
Enger Spalt 101
Enthalpie 66, 70
Enthalpie, Wassergehalt-Diagramm 67, 68
Enthalpieänderung 70
Entladen eines Kondensators 120
Entleerungszeit 52
Entropie 76
Entropieänderung 76
Entropiezunahme 76
Entwicklungszeiträume der Physik 9
Erdbeschleunigung 13, 15, 42
Erdoberfläche 13
Erdpole 13
Erdradius 13
Erhaltung der Frequenz 94
Ericsson-Prozess 75
Erregerfrequenz 88
Ersatzkraft 18
Erstarren 64, 65
Erstarrungsbereich 64, 65
Erstarrungspunkt 64
Erstarrungstemperatur 64
Erstarrungswärme 65
Erster Hauptsatz 69, 70
Erstes Newton'sches Axiom 15
Erweiterungssatz 17
Erzwungene Bewegungsbahnen 14
Eutektikum 65
Eutektische Kältespeicher 65
Eutektische Legierungen 65
Eutektische Mischungen 65
Eutektische Zusammensetzung 65
eV (Einheit) 141
Exergie 78, 79
Experiment 9
Exzentrizität 88

F

Fahrenheit-Temperatur 57
Fahrwiderstand 27
Fahrwiderstandskraft 27
Fahrwiderstandszahl 27
Faktor der Messbereichserweiterung 115
Fallbeschleunigung 13, 15, 42
Fallgeschwindigkeit 13
Fallgesetze 13
Fallhöhe 13, 15
Fallzeit 13
Faraday-Konstante 112
Faraday'sche Gesetze 111, 112
Farbeindruck 104
Farbenlehre 102, 103, 104
Farbmischungen 104
Farbspektrum 104
Farbzerlegung 104
Federkennlinie 16, 34
Federkonstante 16, 34, 84
Federrate 16, 34, 84
Federrückstellkraft 84
Federspannarbeit 16, 34
Federsteifigkeit 16, 34, 84
Federweg 16, 34
Feld, elektrisches 117
Feld, magnetisches 120
Feldkonstante, elektrische 100, 117
Feldkonstante, magnetische 121
Feldstärke, elektrische 117
Feldstärke, magnetische 120, 122
Fernrohrvergrößerung 100
Ferromagnetische Stoffe 121
Feste Lösungen 64
Festigkeit 9
Festkörper 9, 16
Festkörperschwingungen 110
Feuchte Luft 66, 67
Feuchtkugeltemperatur 67
Fläche 10
Flächenladungsdichte 118
Flächenmoment 2. Grades 23, 24, 25, 47
Flächenmoment 21
Flächenpressung 17
Flächenschwerpunkt 21, 47
Flächenträgheitsmoment 23, 24, 25, 47
Flachführung 35
Flankendurchmesser 30
Flankenüberdeckung 30
Flankenwinkel 31
Flettner-Rotor 54
Fliehkraft 39
Fliesgrenze 17
Fluchtgeschwindigkeit 42
Fluglärm 108
Fluid 9
Fluidgemisch 9
Fluidität 53
Fluidreibung 26, 53
Fluss, magnetischer 120, 121, 123
Flussdichte, magnetische 121
Flüssigkeit 9
Flüssigkeitseigenschaften 49
Flüssigkeitsgewicht 46
Flüssigkeitsoberflächen 43, 49, 50, 52
Flüssigkeitsreibung 27, 50, 53
Flüssigkeitssäule 44, 46
Flüssigkeitsschall 105
Flüssigkeitsspiegel 43, 49, 50, 52
Form 9
Formelzeichen 155 ... 159
Fraunhofer'sche Linien 96, 145
Freie Bewegungsbahnen 14
Freie Diffusion 63
Freier Fall 13, 33
Freiheitsgrad 11
Frequenz 84 ... 94, 100, 101, 102, 106, 110, 170
Frequenz der K_α-Linie 146
Frequenzbereich 100, 171
Frequenzresonanz 88
F,s-Diagramm 69

G

γ-Strahlen 149
Gangunterschied 101
Gas 9
Gasdichte 45, 59
Gaskonstante 60, 61, 168
Gasmischungen 61
Gasturbine 78
Gay-Lussac, Gesetz von 59, 60, 71

Gefährliche Wirkungen des elektrischen Stroms 136
Gegenphasige Schwingung 90
Gegenstandsgröße 97, 98, 99
Gegenstandsweite 97, 98, 99
Gegenstromwärmetauscher 81, 82
Gekoppelte Schwingung 88, 90
Gekrümmter Linienzug 20
Genauer Eispunkt 57
Geneigte Fläche 45
Generator 78, 135
Geodätische Höhe 51
Geodätischer Druck 51
Geodätischer Druckverlust 55
Geometrische Optik 95 ... 100
Gerader Linienzug 20
Geräusch 108
Gerichtete Größen 14
Gesamtablenkung 96
Gesamtdrehmoment 19
Gesamtdruck 47, 61, 67
Gesamtenergie auf der n. Bahn 143
Gesamtgeschwindigkeit 14
Gesamtträgheitsmoment 25, 39
Gesamtreibungskraft 26
Gesamtschwingung 89
Gesamtspektrum 100, 170
Gesamtübersetzungsverhältnis 38
Gesamtwärmeleitwiderstand 80
Gesamtwirkungsgrad 35
Geschlossener Prozess 73
Geschwindigkeit 11 ... 15, 26, 52, 56, 83
Geschwindigkeits, Zeit-Diagramm 11, 12
Geschwindigkeitsänderung 11, 12, 50, 51, 52
Geschwindigkeitsdreieck 14
Geschwindigkeitsdruck 51
Geschwindigkeitsgefälle 53
Geschwindigkeitshöhe 51
Geschwindigkeitsparallelogramm 14
Geschwindigkeitsproportionale Dämpfung 87
Geschwindigkeitsunabhängige Dämpfung 87
Geschwindigkeitszahl 52
Gesetz von Boyle-Mariotte 44, 59, 60, 72
Gesetz von Dalton 61, 67
Gesetz von Gay-Lussac 59, 60, 71
Gesetz von Kirchhoff, Strahlungsgesetz 82
Gewicht 15, 29, 42, 48
Gewichtskraft 15, 29, 42, 48
Gewinde 30, 163, 164, 165
Gewindeabmessungen 30, 163, 164, 165
Gewindearten 30, 31, 163, 164, 165
Gewindereibung 30
Gewindereibungsmoment 31
Gewindereibungszahl 31, 35
Gewindetabellen 163, 164, 165
Gewölbte Fläche 45
Gipfelhöhe 13
Gitterkonstante 110, 147
Gleicharmiger Hebel 19
Gleichdruckprozess 74
Gleichförmig geradlinige Bewegung 11, 32
Gleichförmige Bewegung 11, 35, 36, 49
Gleichförmige Drehbewegung 35, 36
Gleichmäßig beschleunigte Bewegung 11, 12, 13, 36, 37, 49
Gleichmäßige Verzögerung 12, 13, 36, 37
Gleichphasige Schwingung 90
Gleichraumprozess 75
Gleichrichterschaltungen 140
Gleichstrommotor 136
Gleichstromwärmetauscher 81, 82
Gleitlager 27
Gleitreibungsarbeit 34
Gleitreibungskoeffizient 26, 29, 162
Gleitreibungskraft 26
Gleitreibungswinkel 29
Gleitreibungszahl 26, 29, 162
Goldene Regel der Mechanik 33
Gradmaß 10
Gravitation 42
Gravitationsfeld 42
Gravitationskonstante 42, 179
Gravitationskraft 42
Gray (Einheit) 153
Grenzflächenspannung 43
Grenzfrequenz 141, 146, 175
Grenzgeschwindigkeit 9
Grenzkurve 66
Grenzwellenlänge 146, 175
Grenzwinkel der Totalreflexion 97
Größen 9, 10, 14, 58, 59, 60, 155 ... 159
Grunddispersion 96
Grundgesetz der Wärmelehre 63
Grundsatz der Unabhängigkeit 14
Grundschwingung 93
Guldin'sche Regeln 22
Gütefaktor 131

H

Haftreibungsarbeit 34
Haftreibungskoeffizient 26, 29, 162
Haftreibungskraft 26
Haftreibungswinkel 29
Haftreibungszahl 26, 29, 162
Halbelastischer Stoß 26
Halbleiter 139
Halbleiterdiode 140
Halbleitertechnik 139, 140
Halbwertsdicke 147, 154, 175
Halbwertszeit 149
Haltekraft 29, 30
Hangabtriebskraft 23, 29, 32
Harmonische Bewegung 83, 84
Harmonische Schwingung 84, 85, 86, 87
Hauptquantenzahl 143, 144, 148
Hebel 19
Hebelarm 19
Hebelarm der Rollreibung 27
Hebelart 19
Hebelgesetz 19
Hebelkraft 28
Hebellager 28
Heben 31, 35
Heisenberg'sche Unbestimmtheitsrelation 142
Heisenberg'sche Unschärferelation 142
Heißdampfgebiet 66
Heißleiter 112
Heizleistung 79
Heizwert 64, 170
Hektar (Einheit) 10
Hektopascal 43
Hellempfindlichkeitsgrad 102
Hertz (Einheit) 84
Hertz'scher Dipol 139
Himmelskörper 13, 42
Himmelsmechanik 42
Hochpass 138, 139
Hooke'sches Gesetz 16
Hörbarer Schall 106, 107, 108
Hörfläche 107
Horizontale Leitung 51
Horizontaler Wurf 15
Horizontalkomponente 15, 18
Hörschwelle 106, 107
Hörschwellendruck 106, 107
Hubarbeit 33
Huygens, Prinzip von 91, 94
h,x-Diagramm 67, 68
Hydraulische Druckübersetzung 46
Hydraulische Kraftübersetzung 46
Hydrostatischer Druck 43 ... 48
Hydrostatisches Paradoxon 47
Hyperschall 106, 110

I

Ideales Gas 45
Immissionsrichtwerte 108
Impuls 25, 41, 141
Impuls des Photons 141
Impulsänderung 25, 41
Impulserhaltung 25, 41
Impulssatz 25, 41
Inch (Einheit) 10
Individuelle Gaskonstante 60, 61, 71, 168
Induktion 9
Induktion durch Bewegung eines Leiters im Magnetfeld 123
Induktion durch Flussänderung 123
Induktionsspannung 123
Induktivität 123
Infraschall 106
Inkompressibilität 50, 51
Inkompressibles Fluid 50
Innengewinde 31
Innenwiderstand von Spannungserzeugern 116
Innere Energie 70, 71, 72, 73
Innere Reibung 26
Interferenz 93, 101
Interstellarer Bereich 9
Invarianz 9
Ionendosis 152
Ionendosisleistung 152
Ionendosisrate 152

Irreversibilität 76
Irreversible Zustandsänderungen 76
Isentrope 72, 73, 76
Isentropen-
exponent 56, 70, 71, 73, 168
Isentropenfunktion 72
Isobare 59, 71, 73, 76
Isochore 59, 71, 73, 76
Isotherme 59, 72, 73, 76
Isotope 150

J

Joule (Einheit) 32, 58, 69, 75
Joule-Prozess 75

K

Kalorimeter 63
Kalorimetrie 63
Kältemaschinenprozess 77, 78
Kaltleiter 112
Kapazität 117
Kapillare 43
Kapillarwirkung 43
Kelvin (Einheit) 9, 57, 167
Kenngröße 115
Kepler'sche Gesetze 42
Kerndichte 149
Kernenergie 151
Kernladung 149
Kernmasse 150
Kernphysik 141
Kernradius 149
Kernspaltung 151
Kernumwandlungen, künstliche 151
Kernumwandlungen, natürliche 150
Kernverschmelzung 152
Kilogramm 9, 10, 167
Kilowatt 34
Kinematik 11
Kinematische Viskosität 53, 168
Kinematische Zähigkeit 53, 168
Kinetik 11
Kinetische Energie 33, 39, 50, 85
Kippmoment 23
Kippschwingung 90
Kippsicherheit 23
Kirchhoff, Gesetz von 82
Kirchhoff'sches Gesetz, erstes 113
Kirchhoff'sches Gesetz, zweites 114
Klassische Physik 9
Klemmenspannung 116
K_α-Linie 146
Knickung 17
Knotenpunkt 113
Knotenregel 113
Kohärentes Licht 101
Kohärenz 101
Kohäsionskraft 9, 43
Kolbenbeschleunigung 83
Kolbendampfmaschine 78
Kolbengeschwindigkeit 83
Kolbenkraft 45, 46, 69, 70
Kolbenmaschine 69
Kolbenstangenbeschleunigung 83
Kolbenstangengeschwindigkeit 83
Kolbenstangenweg 83
Kolbenweg 83
Koma 99
Kombilager 27
Kompressibilität 44, 168
Kompressibler Massenstrom 56
Kompressionsmodul 44
Kondensationspunkt 66
Kondensationswärme 66
Kondensator 117
Kondensator im
Wechselstromkreis 129
Kondensieren 65, 66
Konkav 98
Kontinuierliches Spektrum 104, 145
Kontinuitätsgleichung 50, 56
Kontraktion 16, 52
Kontraktionszahl 52
Konvex 98
Koppelung 88, 90
Körper 9, 10, 16
Körperform 9
Körperschall 105
Körperschwerpunkt 21, 22
Körpersystem 10
Körperwiderstand 137
Kraft 11, 14, 15, 17, 18, 25, 26, 122
Kraft, Weg-Diagramm 16, 69
Kräfte im Magnetfeld 122
Krafteck 14
Kräftedreieck 18
Kräftegleichgewicht 11
Krafteinheit 15
Kräftemaßstab 17
Kräftepaar 19, 20
Kräfteparallelogramm 14, 18
Kräftepolygon 14
Kräftesystem 17, 18
Kraftkomponenten 18, 30
Kraftmaschine 69
Kraftmoment 18, 19
Kraftstoß 25
Kraftübersetzungsverhältnis 23, 43
Kraftübersetzung 23, 43
Kraftwirkung 15, 16
Kreis, magnetischer 121
Kreisfrequenz 84, 127
Kreisprozesse 73 ... 78
Kriechfall 87
Kritische Drehzahl 88
Kritische Reynolds'sche Zahl 54
Kritische Strömungs-
geschwindigkeit 54
Kritischer Punkt 66
K-Schale 148
Kugelkondensator 118
Kugelkonduktor 118
Kupferverlustleistung 135
Kupplungsmoment 28
Kurbelradius 83
Kurbelschleife 83
Kurven gleicher Lautstärke 107
Kurzschlussstrom 116
Kurzzeitig wirkende Kräfte 25, 26
k-Wert 81, 82

L

Ladezeit 120
Ladung, elektrische 111, 112
Ladung, negative 111
Ladung, positive 111
Lage der Kraft 18, 20
Lageplan 18
Lager 27
Lagerreibungskraft 27
Laminare Strömung 54, 55
Länge 9, 10
Längenänderung 16, 58
Längenausdehnungs-
koeffizient 58, 166
Längslager 27
Längsverschiebungssatz 17
Längswelle 91, 92, 105
Langwellige Grenze 175
Lärm 108
Laststrom 116
Latente Wärme 57, 64
Lautheit 108
Lautstärke 107, 108
Lautstärkepegel 107, 108
Lebensdauer, mittlere 149
Leerlaufspannung 115
Leistung, elektrische 113
Leistung, mechanische
34, 35, 36, 79
Leistungsdreieck 132
Leistungsfaktor 130, 131
Leistungszahl 78
Leiterspannung 133
Leiterstrom 133
Leitfähigkeit, elektrische 112
Leitwert, elektrischer 112, 172
Leitwertdreieck 131
Lenz'sche Regel 123
Leuchtdichte 103, 104
Licht-Frequenzbereich 100
Licht-Wellenlängenbereich 100
Lichtausbeute 102, 103
Lichteigenschaften 102
Lichtelektrischer Effekt 141
Lichtemission 144
Lichtgeschwindigkeit 9, 91, 100,
101, 102, 141
Lichtleiter 97
Lichtquant 102, 141
Lichtstärke 9, 103
Lichtstrahlen 95 ... 100
Lichtstrom 95, 102, 103
Lichttechnische Größen
102, 103, 104
Lichtverteilungskurve 104
Lichtzerlegung 104
Lineare Federkennlinie 16, 34
Linearer Ausdehnungs-
koeffizient 58, 166
Lineares Kraftgesetz 84, 86
Liniendiagramm 127
Linienmoment 20
Linienschwerpunkt 20
Linienspektrum 145
Linienzug 20
Linksdrehsinn 19
Linksgewinde 31
Linkslauf 28

Linkslaufender Kreisprozess 77, 78
Linsen 98, 99
Linsenformen 98, 99
Linsenquerschnitt 98, 99
Liter 10
Logarithmische Temperaturdifferenz 81
Longitudinalwelle 91, 92, 105
Lorentzkraft 122
Lösemoment 31
Lösen 31, 35
Lösungen 65
Lösungsdiagramm 65
L-Schale 148
Luft 66, 67
Luftfeuchtigkeit 67
Luftsäulen 93
Luftschall 105
Luftverunreinigung 108
Lumen (Einheit) 102, 103
Lupe 100
Lux (Einheit) 103
Lyman-Serie 145

M

Machwinkel 94
Machzahl 94
Magnetische Feldkonstante 100
Magnetisierungskurve 121
Magnetquantenzahl 148
Magnuseffekt 54, 55
Mantelfläche 22
Maschenregel 114
Maschinen, elektrische 135
Maße 106
Masse 9, 10, 11, 15, 39, 60
Masse des Photons 141
Massenanteil 61
Massendefekt 151
Massenerhaltungssatz 56
Massenstrom 50, 56
Massenstromdichte 56
Massenträgheitskraft 15, 31, 39, 84
Massenträgheitsmoment 39, 40, 41, 86
Massenzahl 150
Materiewellen 142
Mathematisches Pendel 85
Maximale Schallfrequenz 110
Mechanik der festen Körper 9 ... 42
Mechanik der Fluide 43 ... 56
Mechanische Größen 10
Mechanische Leistung 34, 35
Mechanische Wellen 91 ... 94, 105 ... 110
Mechanischer Wirkungsgrad 34, 35
Mechanisches Wärmeäquivalent 58
Mechanische Arbeit 32, 33, 34, 39, 46, 69
Mehrfachriementrieb 38
Mehrfachzahntrieb 38
Merkmale einer Kraft 17
Messbereichserweiterung 115
Messen 10
Messgröße 10
Messwert 10
Meter 9, 167
Meter Wassersäule 44
Metrisches Karat 10
Mikroskopvergrößerung 100
Millibar 44
Millimeter Quecksilbersäule 44
Minimalablenkung 96
Minute 10
Mischphasige Schwingung 90
Mischreibung 27
Mischung idealer Gase 61
Mischungsregel 63
Mischungstemperatur 63
Mitschwinger 88
Mittlere Leistung 34
Mittlere logarithmische Temperaturdifferenz 81
Mittlere spezifische Wärme 62, 77
Moderne Physik 9
Modul 38
Mol 9, 60, 167
Molare Gaskonstante 61
Molare Masse 60
Molare Zustände und Größen 60, 61
Molares Normvolumen 60
Molekularbewegung 61
Molekulargewicht 60
Molekularkräfte 43
Molekülmasse 60
Moment des Kräftepaars 20
Momentanleistung 34
Momentanwert der Spannung 127
Momentanwert des Stroms 127
Momentengleichgewicht 19, 20
Momentensatz 20, 21
Momentenstoß 41
Monochromatisches Licht 103
Moseley'sche Gleichung 146
Moseley'sches Gesetz 146
Motorregel 122
M-Schale 148
Mutter 30

N

Nachhallzeit 110
Nachtsehen 102
Nassdampfgebiet 66
Natriumlicht 95
Naturkonstanten 179
Nebenquantenzahl 148
Negativer Überdruck 44
Negatives Drehmoment 19
Nennleistung 113
Nennwirkungsgrad 135
Neper (Einheit) 106
Neptunium-Reihe 150
Netzebenenabstand 147
Newton (Einheit) 15
Newton'sche Ringe 101
Newton'sches Axiom, drittes 16
Newton'sches Axiom, erstes 15
Newton'sches Axiom, zweites 15
Newtonmeter (Einheit) 19, 32, 58, 69
Nicht benetzende Flüssigkeit 43
N-Leiter 139
Normalkomponente 31
Normalkraft 23, 26, 27, 31, 32
Normalluftdruck 45, 65
Normalpotentiale 173
Normalton 107
Normalvergrößerung 100
Normdichte 45, 59, 168
Normdruck 45
Normfallbeschleunigung 13, 42
Normfarbtafel 104
Normtemperatur 45
Normzustand 45, 59
N-Schale 148
NTC-Widerstand 112
Nuklide 176, 177
Nullphasenwinkel 84, 89, 128
Numerische Apertur 97
Nußelt-Zahl 81
Nutzarbeit 35, 46, 73 ... 78
Nutzleistung 35

O

Oberer Heizwert 64, 170
Oberer Totpunkt 69
Oberfläche 22, 43, 82
Oberflächenenergie 43
Oberflächenspannung 43, 167
Oberflächenverhalten 43
Oberflächenwellen 92
Oberschwingung 93
Ohm (Einheit) 112
Ohm'scher Widerstand 112
Ohm'sches Gesetz 112
Ohm'sches Gesetz der Wärmeleitung 80
Ohm'sches Gesetz des Wärmedurchgangs 81
Ohm'sches Gesetz des Wärmeübergangs 81
Optik 95 ... 104
Optisch dicht 97
Optisch dünn 97
Optischer Werkstoff 96
Optisches System 96
Optisches Verhältnis 97
Ort 14, 17
Ortsveränderung 14
Osmose 61, 62
Oszillator 84
Oszilloskop 126
Otto-Prozess 75

P

Parallele Kräfte 19
Parallelkompensation 132
Parallelschaltung von Kondensatoren 119
Parallelschaltung von *R*, *C* und *L* 131
Parallelschaltung von Spulen 124
Parallelschaltung von Widerständen 113
Parallelschaltung, erweiterte 114
Parallelschwingkreis 137, 138
Parallelversatz 96
Parallelverschiebungssatz 19, 20
Paramagnetische Stoffe 121
Partialdruck 61, 67
Pascal (Einheit) 43, 44, 45

Pascalsekunde 53
Paschen-Serie 145
Pauli-Prinzip 148
Pegel 106
Peltier-Effekt 79
Peltier-Element 79
Peltier-Koeffizient 79
Peltier-Wärme 79
Pendelschwingung 85, 86
Periodendauer 84 ... 94, 137
Periodensystem 60, 178
Periodische Bewegung 83
Permeabilität 121
Permeabilitätszahl 100, 121, 174
Permittivitätszahl 100, 117, 173
Permittivität 117
Pferdestärke 34
Pfund-Serie 145
Phasendifferenz 101
p,*h*-Diagramm 66
Phasenverschiebung 84, 89, 128
Phon 107, 108
Phonskala 107
Photoeffekt, äußerer 141
Photometrie 102, 103, 104
Photometrisches Entfernungsgesetz 104
Photometrisches Strahlungsäquivalent 102
Photon, Grundgrößen 141
Physikalische Atmosphäre 44
Physikalische Einheiten 9
Physikalische Größen 9, 18
Physikalisches Pendel 85, 86
Physisches Pendel 85, 86
Piezometerrohr 51
Pilot-Rohr 51
Planck'sches Wirkungsquantum 102, 141, 179
Planck'sche Konstante 141
Planetenbahnen 42
Planparallele Platte 96
Plattenkondensator 118
P-Leiter 139
Poisson'sche Zahl 16
Polares Trägheitsmoment 23
Polarisation 94
Polytrope 73, 76
Polytropenexponent 73
Poröse Schichten 62
Positives Drehmoment 19
Potentielle Energie 33, 50, 85
Pressdruck 43
Prinzip von Archimedes 48
Prinzip von d'Alembert 31, 32
Prinzip von Huygens 91, 94
Prisma 96, 104
Prismenführung 26, 35
Prismenwinkel 26
Progressives Federverhalten 16
Proportionalitätsgrenze 17
PS (Einheit) 34
Psychrometerformel 67
Psychrometrische Differenz 67
PTC-Widerstand 112
p,*V*-Diagramm 69, 71 ... 78

Q

Qualitätsfaktor 153
Quant 102, 141
Quantenbedingung 143
Quantentheorie 141
Quantenzahlen 148
Quecksilbersäule 44
Querdehnung 16
Querkontraktion 16
Querkraft 54, 55
Querkürzung 16
Querlager 27
Querstromverhältnis 115
Querwelle 91, 92

R

Rad (Einheit) 153
Radiant 10
Radioaktive Strahlung 149
Radioaktive Zerfallsreihen 150
Radioaktivität 149
Radius 10
Randausbildung 43
Randstrahlen 101
Rauheitshöhe 55
Raumdiagonale 21
Rauminhalt 22
Räumliche Kriterien 11
Raumwinkel 103
Reaktionskraft 16
Realer Stoß 26, 33, 34
Réaumur-Temperatur 57
Rechtsdrehsinn 19
Rechtsgewinde 31
Rechtslauf 28
Reduzierte Länge 86
Reduzierte Masse 41
Reduzierte Pendellänge 85, 86
Reflexion 94, 95, 97, 109
Reflexionsgesetz 94, 95
Reflexionsgrad 95
Regeln von Guldin 22
Reibleistung 34
Reibung 26 ... 32, 50
Reibungsarbeit 34
Reibungsbremse 28
Reibungsgesetz von Coulomb 26
Reibungskegel 29
Reibungskoeffizient 26, 27, 28, 29, 162
Reibungskraft 26 ... 32, 87, 88
Reibungskupplung 28
Reibungsmoment 27
Reibungsverluste 33
Reibungswärme 33, 34, 63
Reibungszahl 26, 27, 28, 29, 162
Reibungszahl der Rollreibung 27
Reihenkompensation 132
Reihenschaltung von Kondensatoren 119
Reihenschaltung von *R*, *C* und *L* 130
Reihenschaltung von Spulen 124
Reihenschaltung von Widerständen 114
Reihenschaltung, erweiterte 114
Reihenschwingkreis 137, 138
Relais 125
Relative Atommasse 60, 149, 178
Relative Dispersion 96
Relative Luftfeuchtigkeit 67
Relative Molekülmasse 60
Relative Rauheit 55
Rem (Einheit) 153
Resonanz 88
Resonanzdrehzahl 88
Resonanzfrequenz 88, 137
Resonanzstromstärke 138
Resultierende 14, 18, 19, 49
Resultierende Geschwindigkeit 14
Resultierende Kraft 14, 18, 19, 49
Resultierende Schwingung 89
Resultierendes Drehmoment 19, 20
Reversible Zustandsänderung 76
Reynolds'sche Zahl 54, 55
Richtgröße 84
Richtung 14, 17, 18, 20
Riementrieb 37, 38
Rohrleitung 55
Rohrreibungsdiagramm 55
Rohrreibungszahl 55
Rohrwand 82
Rollkörper 27
Rollkraft 27
Rollreibung 27
Rollreibungskraft 27
Röntgen (Einheit) 152, 153
Röntgen-Strahlen, Eigenschaften 145
Röntgenbremsspektrum 145, 146
Röntgenbremsstrahlung 145
Röntgenstrahlung, charakteristische 146
Rotation → Translation 41
Rotation 35 ... 41, 49
Rotationsbewegung 11
Rotationsdynamik 39, 40, 41
Rotationsenergie 39
Rotationskinematik 36, 37, 38
Rotationskörper 22
Rotationsbeschleunigung 41
Rotierendes Gefäß 49
Rückstellkraft 84, 85, 86
Ruhemasse 141, 142
Rutherford'sche Streuformel 142
Rydbergfrequenz 144, 146
Rydbergkonstante 144, 179

S

Sägengewinde 165
Sägezahnschwingung 90
Sammellinse 98
Sättigungsdruck 67
Sättigungstemperatur 67
Satz von Steiner 23, 24, 39, 40, 86
Saughöhe 48, 51
Saugpumpe 48
Saugwirkung 48, 51
Säulenführung 35
Schall 105 ... 110
Schallabsorptionsgrad 108, 110
Schallausbreitung 106, 107, 108, 110
Schallbewertung 106, 107, 108
Schalldämm-Maß 109

Schalldämmung 109
Schalldissipationsgrad 108
Schalldruck 105
Schalldruckpegel 105, 106
Schallempfindung 106, 107, 108
Schallenergie 105, 109
Schallfeld 105, 106
Schallfrequenz 106, 110
Schallgeschwindigkeit 50, 91 ... 94, 105
Schallintensität 105, 109
Schallintensitätspegel 106
Schallleistung 105
Schallleistungspegel 106
Schallreflexionsgrad 108
Schallschnelle 105
Schallschnellepegel 106
Schallspektrum 106, 110
Schallströmung 105
Schalltransmissionsgrad 108
Schallverteilung 107
Scheibenbremse 28
Scheinleistung 130, 131, 134, 135
Scheinleistung, abgegebene 135
Scheinleistung, aufgenommene 135
Scheinleitwert 131
Scheinwiderstand 130
Scheitelwert der Wechselspannung 127
Scheitelwert des Wechselstroms 127
Scherung 17
Schiefe Ebene 23, 29, 30, 32, 33
Schiefer Wurf 15
Schlupf 136
Schlupfdrehzahl 136
Schmelzbereich 64, 65
Schmelzen 64, 65
Schmelzpunkt 64
Schmelztemperatur 64
Schmelzwärme 65, 169
Schmerzschwelle 106, 107
Schnelle 91, 105
Schnittgeschwindigkeit 35
Schräge Wand 47
Schräger Wurf 15
Schrägkräfte 19
Schraube 30
Schraubenberechnung 31
Schraubengang 30
Schraubenkraft 30
Schraubenwirkungsgrad 35
Schubkurbel 83
Schütz 125
Schutzmaßnahmen gegen elektromagnetische Störungen 137
Schutzmaßnahmen gegen gefährliche Körperströme 137
Schutzmaßnahmen von elektrischen Betriebsmitteln 137
Schutzschalter 125
Schützsteuerung 125
Schwächungsgesetz 147
Schwächungskoeffizient 147, 175
Schwankungsbreite 44
Schwarzer Körper 82
Schweben 49
Schwebung 89
Schwebungsfrequenz 89, 90
Schweredruck 43, 46
Schwerpunkt 20, 21, 22, 47
Schwerpunktabstände 20
Schwimmbedingung 49
Schwimmen 49
Schwinger 88
Schwingfall 87
Schwingungen und Wellen 83 ... 94
Schwingungen, elektromagnetische 137
Schwingungsdämpfung 87
Schwingungsdauer 84 ... 94
Schwingungsenergie 85, 137
Schwingungsfähiges System 84
Schwingungslehre 83 ... 94
Schwingungsmittelpunkt 86
Schwingungsüberlagerung 89, 90
Seebeck-Effekt 78
Seemeile 10
Sehweite 99
Sehwinkel 99
Seiliger-Prozess 75
Seilkraft 27
Seilreibung 27
Seilreibungskraft 27
Seitendruckkraft 47
Seitlicher Ausfluss 52
Sekunde 9, 10, 167
Selbsthemmung 28, 29
Selbsthemmungskriterien 28
Selbstinduktion 123
Selbstinduktionsspannung 124
Senken 31, 35
Senkrechter Wurf 13
Sensible Wärme 57
Sichtbare Strahlung 100, 102
Sichtbares Licht 100, 102
Siedepunkt 57, 65, 66
Siemens (Einheit) 112
Sievert (Einheit) 153
SI-Einheiten 9, 10, 167
SI-fremde Einheiten 10
Sinken 49
Sinkhöhe 49
Sinn 17
Skalare 14
Sone (Einheit) 108
Sonne 42
Spannung 16, 17
Spannung, elektrische 111, 112
Spannung, magnetische 120
Spannungs, Dehnungs-Diagramm 17
Spannungsdreieck 130
Spannungsfehlerschaltung 116
Spannungsreihe, elektrochemische 173
Spannungsteiler, belasteter 115
Spannungsteiler, unbelasteter 115
Spannungsverstärkung 140
Spektralfarben 104
Spektralserien 145
Spektren 104, 106, 145
Spektrum, kontinuierliches 145
Spezielle Gaskonstante 60, 61, 71, 168
Spezifische Enthalpie 66
Spezifische Entropie 76
Spezifische Gaskonstante 60, 61, 71, 168
Spezifische Schmelzwärme 64, 65, 169
Spezifische Sublimationswärme 66
Spezifische Verdampfungswärme 66, 169
Spezifische Wärme 62, 63, 70, 168, 169
Spezifische Wärme bei konstantem Druck 70, 71, 168
Spezifische Wärme bei konstantem Volumen 70, 71, 168
Spezifische Wärmekapazität 62, 63, 70, 168, 169
Spezifischer Brennwert 64, 170
Spezifischer elektrischer Widerstand 172, 173
Spezifischer Heizwert 64, 170
Spezifisches Volumen 59, 61
Sphärische Aberration 99
Sphärischer Spiegel 97
Spinquantenzahl 148
Spitzgewinde 30, 163, 164
Sprung'sche Psychrometerformel 67
Spule im Wechselstromkreis 129
Spurzapfen 27
Stabiles Gleichgewicht 23
Strahlstärke 103
Strahlungsäquivalent 102
Strahlungsfluss 102, 103
Standfestigkeit 23
Standmoment 23
Stangenverhältnis 83
Statik 11
Statische Auftriebskraft 48
Statische Druckhöhe 46
Statische Höhe 51
Statischer Druck 51
Statischer Druckverlust 55
s,t-Diagramm 11
Stehende Wellen 93
Steighöhe 13, 43, 49
Steigung 30, 32
Steigungswinkel 31
Steigzeit 13
Steiner'scher Verschiebungssatz 23, 24, 30, 40, 86
Stern-Dreieck-Umwandlung 116, 117
Sternschaltung 133
Stirling-Prozess 76
Stoffgemische 61, 64
Stoffmenge 9, 60
Stoffmengenbezogene Zustände und Größen 60, 61
Stokes 53
Störschall 107
Stoß 26, 33
Stoßzahl 34
Strahlablenkung 96
Strahlung aus natürlichen Quellen 154
Strahlung aus zivilisatorischen Einrichtungen 154
Strahlungsintensität 147
Strahlungskonstante 82
Strahlungsleistung 102, 103
Strahlungsphysikalische Größen 102, 103, 104
Strahlungsquant 143

Strahlungszahl 82
Strangspannung 133
Strangstrom 133
Strecke 11
Streckgrenze 17
Strom, Spannungs-Kennlinie 140
Strombelastbarkeit 174
Stromdreieck 131
Stromfehlerschaltung 115, 116
Stromrichtung, technische 111
Stromstärke, elektrische 111, 112
Stromstärkeeinheit 111
Strömungsenergie 50
Strömungsformen 54
Strömungsgeschwindigkeit 50, 51
Strömungsmaschine 69
Strömungswiderstand 54
Stromwirkung 111
Stunde 10
Sublimation 65, 66
Sublimationsgebiet 66
Sublimationslinie 66
Sublimationswärme 66
Sublimieren 65, 66
Subtraktive Farbmischung 104
Summenbandbremse 28
Summenvektor 14
Superposition 89, 90, 93
Symmetrische Prismenführung 26, 35
Symmetrische Strahlablenkung 96

T

Tag 10
Tagsehen 102
TA-Lärm 108
Tangentialbeschleunigung 36
Tauchgewichtskraft 48
Taupunkttemperatur 67
Technische Atmosphäre 44
Teilchengeschwindigkeit 91
Teilchenmodell 102
Teilchenzahl 60
Teildruck 61, 67
Teilgebiete der Mechanik 11
Teilgebiete der Physik 9
Teilkreisdurchmesser 38
Teilkreisumfang 38
Teilleitwerte 113
Teilung 30, 38
Temperatur 9, 57
Temperatur, Entropie-Diagramm 76, 77, 78
Temperaturabhängigkeit des elektrischen Widerstandes 112
Temperaturänderung 58
Temperaturdifferenz 57, 58
Temperatureinheiten 57
Temperaturgefälle 80, 81, 82
Temperaturkoeffizient des elektrischen Widerstandes 112, 113, 172
Temperaturmessung 57
Temperaturskalen 57
Temperaturverlauf 80, 81, 82
Tesla (Einheit) 120
Thermischer Längenausdehnungskoeffizient 58, 166
Thermischer Volumenausdehnungskoeffizient 58, 59
Thermischer Wirkungsgrad 74, 75, 76
Thermodynamische Kreisprozesse 73 ... 78
Thermodynamische Temperatur 9, 57
Thermodynamische Zustandsänderung 71 ... 78
Thermodynamisches System 70
Thermoelement 78
Thorium-Reihe 150
Tiefpass 139
Tonne 10
Torr (Einheit) 44
Torsion 17
Torsionskraft 88
Torsionspendel 86
Torsionswellen 91
Totalreflexion 97
Totpunkt 69
Träger auf zwei Stützen 20
Tragflügel 54
Trägheitsgesetz 15
Trägheitsmoment 23, 24, 25, 39, 40, 86
Trägheitsradius 41
Tragkraft von Magneten 122
Tragzapfen 27
Transformator 134
Transistor 140
Translation → Rotation 41
Translationsbewegung 11
Transmission 109
Transmissionsgrad 147
Transversalwelle 91, 92
Trapezgewinde 30, 164
Trennfläche 47
Tripelpunkt 57
Tripelpunktdruck 57
Tripelpunkttemperatur 57
Trockene Luft 66
Trockenkugeltemperatur 67
Trockenreibung 27
T,s-Diagramm 76, 77, 78
Tubuslänge 100
Turbulente Strömung 54, 55

U

Überdruck 44, 53
Überführungsarbeit 111, 117
Überlagerung von Schwingungen 89, 90
Überschallströmung 105
Übersetzung 37, 38
Übersetzungsverhältnis 38, 46
Ultraschall 106, 110
Umdrehungsfrequenz 35
Umfangsgeschwindigkeit 35, 36
Umfangskraft 30, 31, 36
Umlaufgeschwindigkeit 42
Umlaufzeiten 42
Umströmter Körper 54
Unabhängigkeit 14
Unbestimmtheit der Energie und der Zeit 142
Unbestimmtheit des Ortes und des Impulses 142
Unbestimmtheitsrelation, Heisenberg'sche 142
Unbunt 104
Unelastischer Stoß 26
Ungedämpfte Schwingung 84 ... 90
Ungerichtete Größen 14
Ungleicharmiger Hebel 19
Ungleichförmig geradlinige Bewegung 11, 12
Ungleichförmige Bewegung 11, 12
Ungleichmäßig beschleunigte Bewegung 11, 12
Universelle Gaskonstante 61
Unschärferelation, Heisenberg'sche 142
Unsymmetrische Prismenführung 26, 35
Unterdruck 44
Unterer Heizwert 64, 170
Unterer Totpunkt 69
Unterschalen 148
Unterschallströmung 105
Unterwasser 52
Uran-Actinium-Reihe 150
Uran-Radium-Reihe 150, 151

V

Vakuum 13
Vakuum-Lichtgeschwindigkeit 100
Vakuumpumpe 48
van der Waals'sche Zustandsgleichung 60
VDI-Wärmeatlas 82
Vektoren 14, 17
Vektorielle Addition 14
Vektorielle Größe 14
Vektorpolygon 14
Vektorvieleck 14
Venturiprinzip 51
Verbrennungsmotor 71 ... 78
Verbrennungswärme 64
Verbundene Gefäße 48
Verdampfen 65, 66
Verdampfungsdruck 65
Verdampfungstemperatur 65
Verdampfungswärme 64, 66, 169
Verdichtungsverhältnis 74
Vereinigtes Gasgesetz 59
Verformende Wirkung 16
Verformung 16
Vergrößerung 99, 100
Verhältnis der spezifischen Wärmekapazitäten 70, 71, 168
Verlustfaktor 131
Verlustleistung, gesamte 135
Verschiebungsdichte 118
Verschiebungssatz von Steiner 23, 24, 39, 40, 86
Verstärkung 89, 101
Vertikalkomponente 15, 18
Verzeichnung 99
Verzögerte Bewegung 11, 12, 13, 36, 37
Verzögerung 11, 12, 13, 31
Viskose Dämpfung 87

Viskosimeter 53
Viskosität 53, 54
Viskositätsermittlung 53
Viskositätswerte 53, 168
Volldruckverhältnis 74
Volumen 10, 11, 22
Volumenänderung 58, 59
Volumenänderungsarbeit 69 ... 78
Volumenanteil 61
Volumenausdehnungskoeffizient 58, 59
Volumenstrom 50, 52
Vorzeichen 17, 18
Vorzeichen des Drehmoments 19
Vorzeichenwahl 18
v,t-Diagramm 11, 12

W

Waagerechter Wurf 15
Wandgrenztemperaturen 81
Wärme → Mechanische Arbeit 69 ... 78
Wärme 57, 58
Wärmeäquivalent 58
Wärmeausdehnung 58, 59
Wärmeaustauscher 81, 82
Wärmedehnzahl 58, 166
Wärmediagramm 76, 77, 78
Wärmedurchgang 81, 82
Wärmedurchgangszahl 81, 82
Wärmeenergie 33, 57, 58, 63, 71, 72, 73
Wärmeinhalt 70
Wärmekapazität 62, 63
Wärmekraftmaschine 69
Wärmelehre 57 ... 82
Wärmeleitfähigkeit 80, 81, 82, 170
Wärmeleitung 79, 80, 81
Wärmeleitwiderstand 80
Wärmeleitzahl 80, 81, 82, 170
Wärmemenge 57, 58, 63
Wärmemitführung 79, 81
Wärmepumpenprozess 77, 78
Wärmequellen 63, 64
Wärmespannung 58
Wärmestrahlen 79, 82, 100
Wärmestrom 79, 80, 81, 82
Wärmestromdichte 80
Wärmetauscher 81, 82
Wärmetransport 77, 79, 80, 81, 82
Wärmeübergang 81, 82
Wärmeübergangswiderstand 81
Wärmeübergangszahl 81
Wärmeübertragung 79, 80, 81, 82
Wärmedurchgangswiderstand 81
Wasserdampf 66
Wasserdampf-Diffusionswiderstandsfaktor 52
Wasserdampfpartialdruck 67
Wassergehalt 67
Wassersäule 44
Wasserspiegel 43, 49
Wasserstoffähnliche Ionen 144
Wasserstoffatom 143, 144
Wasserstoffspektrum 144, 145
Wasserstrahlpumpe 51
Watt (Einheit) 34, 113
Wattsekunde (Einheit) 32, 113
Weber (Einheit) 120
Wechseldruck 105
Wechselstromkreis 127
Wechselwirkungsgesetz 16
Weg 11
Weg, Zeit-Diagramm 11
Weißes Licht 104
Wellen 90 ... 94, 100 ... 110
Wellen, elektromagnetische 139
Wellenausbreitung 90 ... 94, 100 ... 110
Wellengleichung 91
Wellenlänge 91 ... 94
Wellenlänge der K_α-Linie 175
Wellenlängenbereich 96, 100, 171
Wellenmodell 102
Wellenoptik 100 ... 104
Wellenzahl der K_α-Linie 146
Wellrad 23
Wertigkeit 171
Wickelkondensator 118
Widerstand, elektrischer 112
Widerstand, magnetischer 121
Widerstand, Ohm'scher 112
Widerstand, spezifischer 112, 172, 173
Widerstandsbeiwert 54
Widerstandsdreieck 130
Widerstandsmessbrücke 116
Widerstandsmoment 24, 25
Widerstandsschaltungen 113
Windkessel 53
Winkel 10
Winkelbeschleunigung 36, 37
Winkelgeschwindigkeit 36, 37, 38, 39, 88
Winkelhebel 19
Wirkleistung 128, 134, 135
Wirkleistung, abgegebene 135
Wirkleistung, aufgenommene 135
Wirkungen der Kraft 15, 16
Wirkungen des Kraftmoments 18
Wirkungsgrad 34, 35, 46, 74, 75, 76, 79, 113
Wirkungslinie 17, 18
Wirkungsquantum, Planck'sches 102, 141, 179
Wirkwiderstand im Wechselstromkreis 128
Wurf 13, 14, 15
Wurfhöhe 13
Wurfweite 15
Wurfzeit 15

X, Y, Z

Zähigkeit 53, 54
Zahnrad 38
Zahntrieb 38
Zapfenreibung 33
Zehnerpotenzen 10
Zeigerdiagramm 127
Zeit 9, 10, 11
Zeit, Strom-Gefährdungsdiagramm 136
Zeitkonstante 120, 124
Zeitliche Kriterien 11
Zeitspanne 11
Zentistokes (Einheit) 53
Zentrales Kräftesystem 17, 18
Zentralpunkt 104
Zentrifugalkraft 39
Zentripetalbeschleunigung 39, 42
Zentripetalkraft 39
Zerfallsgesetz 149
Zerfallskonstante 149
Zerfallsreihen, radioaktive 150
Zerlegung von Kräften 18
Zerlegung von Licht 104
Zerstreuungslinse 98
Zoll 10
Zug 16, 17
Zugfestigkeit 17
Zugkraft 17, 29, 30, 58
Zustandsänderungen 71 ... 78
Zustandsformen 9
Zustandsgrößen 58
Zweiseitiger Hebel 19
Zweistoffgemisch 64, 65, 66
Zweiter Hauptsatz 74, 79
Zweites Newton'sches Axiom 15
Zylinderkondensator 118
Zylindrische Säulenführung 35

Griechisches Alphabet

A	α	alpha	N	ν	ny
B	β	beta	Ξ	ξ	xi
Γ	γ	gamma	O	o	omikron
Δ	δ	delta	Π	π	pi
E	ε	epsilon	P	ϱ	rho
Z	ζ	zeta	Σ	σ	sigma
H	η	eta	T	τ	tau
Θ	ϑ	theta	Y	υ	ypsilon
I	ι	iota	Φ	φ	phi
K	$\varkappa$	kappa	X	χ	chi
Λ	λ	lambda	Ψ	ψ	psi
M	μ	my	Ω	ω	omega